PREPARO DE ALIMENTOS
UM GUIA PRÁTICO PARA PROFISSIONAIS

PREPARO DE ALIMENTOS
UM GUIA PRÁTICO PARA PROFISSIONAIS

11ª EDIÇÃO

Margaret McWilliams, Ph.D, R.D.
Professor Emeritus
California State University, Los Angeles

Manole

Copyright © 2013, 2009, 2006 by Pearson Education, Inc. All rights reserved.

Tradução autorizada da edição original em língua inglesa, intitulada *Illustrated Guide to Food Preparation – 11th edition*, de Margaret McWilliams, publicada pela Pearson Education, Inc, pela divisão Prentice Hall. Copyright © 2013, 2009, 2006 Pearson Education, Inc. Todos os direitos reservados.

Nenhuma parte deste livro poderá ser reproduzida ou veiculada por qualquer meio ou processo, seja eletrônico ou mecânico, incluindo fotocópia, gravações ou qualquer outro sistema de recuperação de dados, sem a permissão da Pearson Education, Inc.

Edição em língua portuguesa publicada pela Editora Manole Ltda, Copyright © 2013.

Este livro contempla as regras do Novo Acordo Ortográfico da Língua Portuguesa.

Editor gestor: Walter Luiz Coutinho
Editora de traduções: Denise Yumi Chinem
Produção editorial: Priscila Mota e Cláudia Lahr Tetzlaff

Tradução: Elisa Duarte Teixeira
    Graduada em Linguística pela Universidade de São Paulo (USP) e em *Culinary Arts* pelo El Centro College, Dallas, EUA
    Especialista em Tradução – Inglês pela Universidade de São Paulo (USP)
    Mestre e Doutora em Língua Inglesa, com foco na Tradução Culinária, pelo Programa de Estudos Linguísticos
      e Literários em Inglês do Departamento de Letras Modernas da Universidade de São Paulo (USP)
    Pesquisadora, tradutora e autora nas áreas de Tradução Culinária, Linguística de Corpus e Terminologia

Revisão de tradução e revisão de prova: Depto. editorial da Editora Manole
Diagramação: Tkd Editoração Ltda.
Capa: Ricardo Yoshiaki Nitta Rodrigues
Imagens: Plycon Press

Dados Internacionais de Catalogação na Publicação (CIP)
(Câmara Brasileira do Livro, SP, Brasil)

McWilliams, Margaret
    Preparo de alimentos : um guia prático para
profissionais / Margaret McWilliams ; [tradução
Elisa Duarte Teixeira]. - - 11. ed. - - Barueri,
SP : Manole, 2013.

    Título original: Illustrated guide to food
preparation.
    ISBN 978-85-204-3559-5

    1. Culinária 2. Culinária – Manuais de
laboratório 3. Receitas I. Título.

13-09155   CDD-641.5

Índices para catálogo sistemático:
1. Culinária : Preparo de alimentos : Manuais
de laboratório   641.5

A Editora Manole é filiada à ABDR – Associação Brasileira de Direitos Reprográficos.

Edição brasileira – 2013

Editora Manole Ltda.
Av. Ceci, 672 – Tamboré
06460–120 – Barueri – SP – Brasil
Fone: (11) 4196–6000
Fax: (11) 4196–6021
www.manole.com.br
info@manole.com.br

Impresso no Brasil
Printed in Brazil

Sumário

	Prefácio	vii
	Agradecimentos	ix
Capítulo 1	Noções básicas de uma cozinha-laboratório	3
Capítulo 2	Legumes e verduras	15
Capítulo 3	Frutas	73
Capítulo 4	Saladas e molhos para salada	97
Capítulo 5	Preparações à base de caldas de açúcar	129
Capítulo 6	Preparo de amidos e cereais	139
Capítulo 7	Leites e queijos	159
Capítulo 8	Preparo de ovos	179
Capítulo 9	Carnes, aves, peixes e frutos do mar	211
Capítulo 10	Pães e doces	247
Capítulo 11	Bolos e biscoitos	287
Capítulo 12	Tortas doces	323
Capítulo 13	Bebidas	351
Capítulo 14	Conservação de alimentos	359
Capítulo 15	Planejamento de refeições	373
Apêndice	Sistemas de medida	383
	Índice remissivo	387

Dedico esta edição à memória de Paul Peterson,
fotógrafo e engenheiro extraordinário.

Prefácio

Bem-vindo à cozinha-laboratório, onde você poderá saciar sua fome de conhecimento, e saborear os prazeres da mesa também. Você aprenderá não apenas as propriedades e características distintivas de uma vasta gama de ingredientes, mas também desenvolverá suas habilidades e o conhecimento necessários para criar pratos deliciosos e nutritivos. Uma vantagem extra é poder ter o prazer de provar muitas dessas criações saborosas.

Preparo de alimentos – um guia prático para profissionais é uma obra única que combina princípios científicos e estéticos com a realidade prática do trabalho com alimentos em uma cozinha-laboratório. Alguns experimentos podem ser feitos por uma equipe de pessoas, ao passo que outros oferecem a chance de se explorar várias técnicas e ingredientes para enriquecer a experiência do leitor com os alimentos. Várias fotografias foram incluídas com o intuito de ajudar a ilustrar as técnicas usadas no preparo dos diversos tipos de alimentos incluídos neste livro.

Em virtude do reconhecimento crescente da importância dos alimentos orgânicos, dos fitoquímicos e do controle do peso como preocupações da saúde e segurança alimentares, enfatizou-se o preparo de legumes, verduras e frutas em pratos apetitosos e tentadores. As receitas foram adaptadas para minimizar as calorias e, ao mesmo tempo, produzir refeições convidativas e saborosas.

As técnicas básicas para uma cozinha-laboratório apresentadas no Capítulo 1 visam garantir segurança e higiene no preparo de alimentos. Padrões para se trabalhar com sucesso em uma cozinha-laboratório, na produção e avaliação de alimentos de qualidade, também foram incluídos. Os capítulos subsequentes foram escritos de forma independente, de modo que podem ser estudados na sequência que lhe for mais conveniente.

Os Capítulos 2 a 4 tratam dos alimentos de origem vegetal e de seu preparo, tanto crus como cozidos, em uma variedade de receitas, assim como de seu vasto uso em saladas. O Capítulo 5, sobre o preparo de caldas de açúcar e similares, introduz os carboidratos. O comportamento dos amidos presentes em cereais e em muitos outros alimentos é demonstrado nas receitas incluídas no Capítulo 6. Alimentos ricos em proteínas – leite e seus derivados, ovos, carnes e vários produtos alternativos – são o tema dos Capítulos 7, 8 e 9, respectivamente. Os produtos de panificação e confeitaria, dos Capítulos 10 a 12, incluem pães, bolos, biscoitos e tortas. Um capítulo sobre bebidas completa o menu. Métodos de conservação de alimentos usando calor (conservas), congelamento e adição de açúcar e/ou acidulantes são examinados no Capítulo 14. O planejamento de refeições enfatizando a nutrição, o novo programa MyPlate e a otimização da qualidade dos alimentos e de seu preparo são os tópicos do Capítulo 15.

Enquanto você estiver preparando e avaliando as várias receitas que ilustram princípios importantes, certamente encontrará pratos que entrarão para a sua lista de favoritos. O bom disso é que você poderá manter este livro a seu alcance, em uma estante em sua cozinha, e continuar a preparar esses pratos sempre que quiser, até mesmo anos depois de ter concluído este curso. Essas receitas podem ser o trampolim para uma vida plena dos prazeres da mesa. Elas ajudarão você a expandir sua criatividade com relação à alimentação, ao mesmo tempo em que reforçarão conceitos científicos.

Ex-alunos muitas vezes me procuram para dizer que ainda estão preparando muitas das receitas que fizeram pela primeira vez em sala de aula. Relatam que, embora algumas páginas de seus livros contivessem respingos, surgidos nas vezes em que essas receitas foram preparadas, eles continuaram a usá-los por muito tempo depois de se formarem. Espero que você sinta o mesmo prazer em aprender sobre os alimentos e seu preparo. E espero que sempre aprecie comer bem (mas não em demasia) ao longo de toda a sua vida profissional e pessoal.

Margaret McWilliams
Redondo Beach, Califórnia

Agradecimentos

É com prazer que agradeço a Pat Chavez por sua ajuda artística e criativa ao longo dos dias em que tiramos as fotos. E palmas para ela também por suas incontáveis horas revisando o manuscrito para tentar manter os escorregões longe do texto final e das receitas.

PREPARO DE ALIMENTOS
UM GUIA PRÁTICO PARA PROFISSIONAIS

CAPÍTULO 1

Noções básicas de uma cozinha-laboratório

Conceitos básicos, 4
Manipulação segura de alimentos, 3
Fundamentos de uma cozinha-laboratório, 4
    Precauções com o calor, 4
    Fritura por imersão, 6
    Técnicas de corte, 7
    Batedeiras, 8

Técnicas de medição, 9
    Ingredientes secos, 9
    Gorduras sólidas, 11
    Líquidos, 12
Temperaturas usadas no preparo de alimentos, 12
Experimento prático, 13
Vocabulário, 13

Bem-vindo à cozinha-laboratório! Aqui você desenvolverá técnicas de laboratório ao mesmo tempo que expandirá seu conhecimento sobre os alimentos e de como prepará-los em receitas apetitosas e nutritivas. Há muito que aprender sobre esse preparo e sobre os resultados alcançados na execução dos pratos. Deixe sua mente, assim como seu apetite, participar de todas as aulas.

MANIPULAÇÃO SEGURA DE ALIMENTOS

Objetivos

1. Cultivar hábitos de higiene e segurança na manipulação de alimentos.
2. Promover padrões de profissionalismo na cozinha-laboratório.

As boas práticas na manipulação de alimentos, embora constituam um assunto sem muito *glamour*, são essenciais no trabalho com o preparo de alimentos em uma cozinha-laboratório. Um lapso de atenção nesse requisito pode resultar em várias doenças, capazes de causar um desconforto considerável e até mesmo a morte. Em razão da importância das boas práticas de manipulação no preparo de alimentos, você deve adquirir certos hábitos e empregá-los sempre que estiver cozinhando. Certifique-se de internalizar e pôr em prática as regras a seguir.

- Cubra o cabelo ou amarre-o sempre que for entrar na cozinha-laboratório.
- Lave muito bem as mãos com água quente e sabão antes de manipular alimentos.
- Sempre vire a cabeça para o lado e cubra a boca e o nariz ao espirrar ou tossir.
- Lave as mãos com água quente e sabão sempre que assoar o nariz, tossir, espirrar ou tocar seu cabelo ou a boca, e toda vez que usar o banheiro.
- Use colheres limpas para provar os alimentos. Coloque as colheres usadas na pia ou em outro lugar designado, de modo que não sejam reutilizadas sujas. Nunca use os dedos para provar a comida.
- Mantenha a cozinha limpa e evite contaminar os alimentos ao prepará-los.
- Mantenha os alimentos ricos em proteínas resfriados ou quentes o suficiente para minimizar o risco de contaminação por bactérias.

Conceitos básicos

1. Os alimentos podem causar doenças caso não sejam preparados observando-se rigorosamente a higiene e o controle da temperatura.
2. Todas as pessoas que preparam ou manipulam alimentos de alguma forma devem assumir total responsabilidade por seus hábitos pessoais para prevenir a contaminação dos alimentos.
3. A segurança precisa ser uma preocupação constante durante o preparo de alimentos, especialmente quando fontes de calor, instrumentos cortantes e/ou máquinas estão sendo utilizados.
4. Medições precisas são importantes no preparo de produtos alimentícios.
5. Várias temperaturas podem ser usadas no preparo de receitas, dependendo do alimento submetido à ação do calor, dos resultados desejados e da forma de cozimento empregada.
   a. A água pode ser aquecida até ficar *morna, fervente, fervida em fogo brando* ou *fervida em fogo forte* para cozinhar alimentos.
   A adição de açúcar ou sal à água do cozimento tem o poder de alterar a temperatura em que a ebulição se inicia, mas alimentos que não *ionizam* – ou que se dissolvem em moléculas muito pequenas – não têm um efeito significativo.
   b. Óleos podem ser aquecidos a temperaturas muito altas para fritar alimentos pois não fervem ao atingir a temperatura necessária para a fritura.

- Sempre use utensílios de servir para transferir para seu prato o alimento a ser provado. Jamais utilize seus talheres para provar alimentos de panelas ou cubas gastronômicas.
- Lave os utensílios na lava-louça ou em água bem quente, com bastante sabão. Enxágue completamente com água fervente.

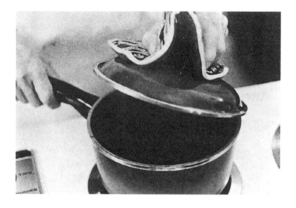

FUNDAMENTOS DE UMA COZINHA-LABORATÓRIO

Precauções com o calor

Luvas ou pegadores antitérmicos para proteger as mãos de panelas e alimentos quentes devem sempre estar disponíveis perto do fogão, para uso imediato. Para evitar queimaduras com o vapor, que podem ocorrer quando se destampa uma panela que está no fogo, incline ligeiramente a tampa para que o ar quente escape para longe do seu corpo. Essa é uma precaução muito importante, já que o vapor pode causar queimaduras graves. Se a queimadura ocorrer, aplique imediatamente gelo enrolado em papel-toalha ou pano sobre a área atingida, por alguns segundos, com cuidado para não congelar a pele.

É preciso ter um cuidado especial com panelas quentes para que não danifiquem as superfícies de trabalho. Quaisquer panelas que tenham sido usadas para fritar ou grelhar estarão muito acima da temperatura de ebulição da água. Essas panelas e frigideiras devem permanecer sobre o fogão e ser colocadas sobre descansos apropriados ou sobre uma superfície de metal até que esfriem. Jamais as coloque sobre superfícies sintéticas, como as de vinil ou fórmica. O calor as derreterá e danificará permanentemente. Por outro lado, panelas que tenham sido utilizadas para aferventar legumes ou cozinhar outros alimentos contendo água podem ser postas sobre a maioria das superfícies comumente usadas em móveis de cozinha. A temperatura de panelas contendo água não danificará ou derreterá as superfícies de trabalho.

Ao serem aquecidas no fogão, as panelas devem conter algo: panelas vazias não devem ser aquecidas por muito tempo, pois podem tornar-se perigosamente quentes em pouco tempo, ficando deformadas e podendo até mesmo provocar incêndios. Quando for cozinhar em banho-maria no fogão, certifique-se de que sempre haja água na panela de baixo. Se o cozimento for prolongado, será preciso checar o nível da água de vez em quando e adicionar mais quando o nível tiver se reduzido muito. A quantidade correta de água em uma panela para cozinhar em banho-maria é de aproximadamente 2,5 cm, mas essa quantidade pode variar conforme o formato da panela. Aquela que contém o alimento a ser cozido não deve tocar a água da panela de baixo. Geralmente, a água deve estar fervendo em fogo médio, mas, para certas preparações mais delicadas, pode ser necessário mantê-la em fervura branda.

Nunca deixe os cabos das panelas próximos do fogo dos outros acendedores nem projetando-se para fora do fogão. Para sua segurança, crie o hábito de sempre segurar o cabo das panelas usando um pegador antitérmico quando for mexer um alimento. Essa prática ajuda a evitar que a panela vire e caia do fogão, ou que você queime a mão ao encostar no cabo quente. As colheres de pau são um utensílio útil para mexer alimentos durante seu cozimento. O formato do cabo é agradável ao toque, e a colher não fica muito quente conforme o alimento vai sendo aquecido.

Antes de começar a aquecer um forno, certifique-se de que as grades estejam bem posicionadas e firmes, para que não caiam ou virem quando o alimento for colocado sobre elas. Esse deve ser o primeiro passo antes de se preparar qualquer item assado. É nesse momento também que se ajusta a posição das grades, caso seja necessário. Não se esqueça de verificar se as grades trocadas de lugar estão firmes e seguras.

Assadeiras com grade têm formatos variados, mas basicamente visam proteger a gordura e os sucos liberados pelo alimento do calor excessivo da salamandra*. Siga as instruções do fabricante. Isso impedirá que a gordura entre em combustão quando a carne estiver sendo assada. Não se deve usar papel-alumínio para forrar a grade da forma, pois isso fará com que poças de gordura se acumulem na superfície. Como a grelha fica muito próxima da fonte de calor, é possível que entre em combustão e inicie um incêndio.

---

* N.T.: Muito comum nos fornos dos países de língua inglesa, em que é conhecida como *broiler*, é uma fonte de calor intenso localizada na parte superior de alguns fornos.

Fritura por imersão

Para fritar alimentos por imersão, a gordura deve ser aquecida apenas o suficiente para que atinja a temperatura de 190°C – ideal para fritar rosquinhas e a maioria dos alimentos. Um termômetro próprio para gordura é muito útil para monitorar a temperatura durante a fritura. Óleos vegetais, como os de milho e canola, são opções adequadas para fritar por imersão porque seu ponto de fumaça é alto. Eles podem ser usados várias vezes se forem aquecidos apenas até atingir a temperatura de fritura e mantidos nessa temperatura até que se termine de fritar. Aquecer a gordura por longos períodos faz com que suas moléculas comecem a se quebrar e liberar ácidos graxos, glicerol e, por fim, acroleína. Essa quebra baixa o ponto de fumaça do óleo, aproximando-o cada vez mais da temperatura necessária para fritar. As substâncias liberadas prejudicam o sabor dos alimentos fritos, e a acroleína causa irritação nos olhos.

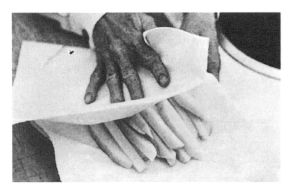

Uma das preocupações na fritura por imersão é o transbordamento que pode ocorrer. As temperaturas usadas são consideravelmente mais altas que a da água fervente. Se acontecer de água e gordura quente entrarem em contato, a água irá espirrar, havendo risco de causar queimaduras e sujar as superfícies próximas. Esses problemas podem ser evitados enxugando-se os alimentos com toalhas absorventes antes de fritá-los.

Use uma escumadeira ou um pegador de alimentos para depositá-los na gordura quente quando esta alcançar a temperatura correta. Assim, elimina-se o risco de os dedos entrarem em contato com o óleo quente e minimizam-se os respingos.

Para maximizar a vida útil da gordura de fritura, deve-se coá-la, utilizando-se um pedaço de gaze após cada uso para filtrar as partículas estranhas que possam ter ficado na panela depois que o alimento foi retirado. Deve-se fazer isso quando a gordura já estiver fria. Como os óleos são geralmente os mais usados para fritar por imersão, não há risco de se solidificarem antes de estar frios o bastante para que possam ser manipulados com segurança. Uma lata vazia ou outro recipiente com uma tampa plástica bem ajustada são ideais para o armazenamento da gordura filtrada.

Técnicas de corte

Na cozinha-laboratório, é preciso prestar muita atenção, o tempo todo, para evitar ferimentos e também para seguir os padrões de preparo seguro de alimentos. A escolha de equipamentos adequados pode tornar muitas tarefas mais simples e rápidas. O corte dos alimentos pode ser feito usando-se uma faca de *chef*. Esse tipo de faca caracteriza-se por possuir uma lâmina larga, um cabo elevado (permitindo que se possa segurá-lo sem que os nós dos dedos batam na tábua de cortar) e uma ponta triangular, em vez de curva. A ponta da faca é mantida sempre em contato com a tábua por uma pressão suave da mão esquerda. A mão direita mexe o cabo para cima e para baixo realizando o movimento de corte. Por segurança, e para conservar as lâminas afiadas, guarde as facas sempre em local apropriado ou cobertas com sua guarda.

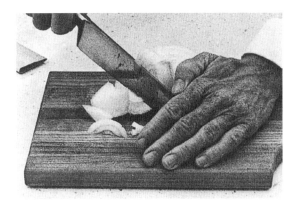

Uma faca de uso geral pode ser empregada para várias tarefas menores na cozinha. Utilize sempre uma tábua, evite segurar os alimentos com a mão enquanto os corta e tome muito cuidado para não cortar o polegar. O uso constante de uma tábua já ajudará bastante na redução de acidentes causados pelo uso indevido das facas. A tábua precisa ser totalmente lavada e desinfetada depois de cada utilização. Essa prática evita a possibilidade de os agentes patogênicos se propagarem quando os alimentos entram em contato com uma superfície não higienizada.

Tesouras de cozinha são úteis para vários fins, desde cortar um frango pelas juntas até aparar as partes não utilizadas da cebolinha e da salsinha. Precisam ser muito bem lavadas depois de cada uso, o que pode ser feito na lava-louça ou manualmente.

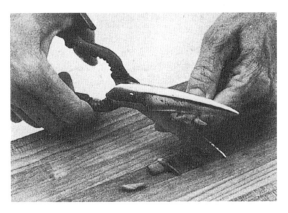

O descascador de legumes é usado para descascar rapidamente batatas, cenouras e outros vegetais. Faça longos movimentos na direção contrária à do corpo. Esse utensílio também pode ser empregado para cortar fatias bem finas de batatas e para cortar a parte central de cenouras e fazer rolinhos decorativos.

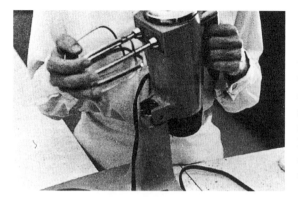

Batedeiras

Para obter melhores resultados ao usar uma batedeira elétrica, primeiro leia cuidadosamente as instruções do fabricante. Os batedores devem ser inseridos com a batedeira desligada e com o botão na posição DESLIGADO. Essa medida dupla de segurança certamente diminuirá o risco de os batedores começarem a girar quando ainda estiverem sendo manuseados. Embora pareça redundante, essa precaução dá uma margem extra de segurança contra a possibilidade de acidentes na cozinha.

Os melhores resultados são obtidos quando a batedeira está ajustada de acordo com o tamanho da tigela (pequena ou grande). Verifique esse ajuste antes de ligar a batedeira. Certifique-se também de que os batedores estão encaixados corretamente e bem presos. Use somente tigelas indicadas pelo fabricante.

Nenhum utensílio mais resistente que uma espátula de borracha deve ser usado para raspar as laterais da tigela quando batedeiras convencionais estão em movimento. Jamais utilize quaisquer utensílios de metal. No caso de batedeiras planetárias, nem mesmo uma espátula de borracha deve ser usada para raspar as laterais da tigela; o trajeto irregular dos batedores torna impossível evitar que colidam com a espátula. Para maior segurança, seja qual for o modelo do equipamento, *desligue a batedeira* antes de raspar as laterais da tigela.

Retire os batedores seguindo as instruções do fabricante, depois de desligar o botão da batedeira e tirá-la da tomada. Para retirar as pás de batedeiras de modelo semelhante ao da foto, aperte o botão na parte superior do motor, liberando a trava. Depois que são destravadas, fica fácil retirar as pás do eixo.

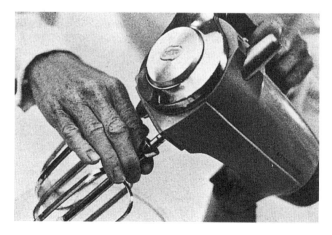

TÉCNICAS DE MEDIÇÃO

Objetivos

1. Conhecer os equivalentes das medidas usadas no preparo de alimentos.
2. Medir com precisão ingredientes líquidos, sólidos e em pó, empregando as técnicas recomendadas.

O sucesso no preparo de alimentos começa com medições precisas. Uma medição descuidada resulta em pratos cuja proporção de ingredientes é diferente da indicada nas receitas testadas, o que pode gerar produtos inferiores. A metodologia necessária não é difícil, mas é preciso estudá-la e empregá-la. As técnicas recomendadas e os utensílios apropriados para a medição de ingredientes líquidos e secos são apresentados a seguir. Pratique sempre essas técnicas. Desse modo, em breve elas se tornarão um hábito inestimável.

É essencial conhecer as equivalências entre as medidas para alterar receitas. Elas podem ser memorizadas rapidamente; esse conhecimento economiza tempo e evita erros durante o preparo de receitas.

Medidas equivalentes	
1 colher (sopa)	= 3 colheres (chá)
2 colheres (sopa)	= 15 mL
4 colheres (sopa)	= ¼ de xícara (chá)
250 mL	= 1 xícara (chá)
16 colheres (sopa)	= 1 xícara (chá)
2 xícaras (chá)	= ½ litro (500 mL)
4 xícaras (chá)	= 1 litro (1.000 mL)

Ingredientes secos

Farinha

A farinha de trigo deve ser peneirada antes de ser medida. Esse procedimento ajuda a deixá-la mais leve, permitindo uma medição por volume suficientemente precisa. A farinha pode ser passada por uma peneira ou um coador posicionados sobre uma folha de papel-manteiga. Deixe que ela caia suavemente sobre o papel e peneire apenas uma vez antes de medir. As receitas deste livro usam medidas de farinha peneirada.

Utilizando uma colher, coloque a farinha delicadamente dentro da xícara-medida. Tome cuidado para não socá-la no recipiente, e evite agitar ou bater a xícara-medida na bancada para que a farinha não seja compactada. As xícaras-medida são apropriadas para medir qualquer ingrediente, com exceção de líquidos*. Seu formato permite que os ingredientes sejam raspados e nivelados com a borda, proporcionando uma medição acurada para o preparo de alimentos. Lembre-se: essa técnica é usada para ajudar a padronizar a medição de farinhas. O objetivo não é ver quanto de farinha você consegue compactar dentro da medida.

---

* N.T.: Nos países de língua inglesa, 1 xícara-medida tem 237 mL (e não 250 mL, que equivale a ¼ de litro). Lembre-se disso ao medir por volume os ingredientes secos deste livro.

Sem pressionar a farinha, passe uma espátula de metal rente à borda da medida para raspar o excesso. Certifique-se de que está usando a parte reta da espátula para fazer isso. Evite usar a parte angulada da lâmina, próxima ao cabo, e a ponta arredondada.

Açúcar mascavo

O açúcar mascavo apresenta um problema ligeiramente diferente ao ser medido, em relação a outros ingredientes secos. A xícara-medida ainda é o utensílio usado. No entanto, o açúcar é ligeiramente pressionado dentro da medida até que comece a transbordar. Usa-se, então, uma espátula para nivelar a superfície. Quando medido com precisão, o açúcar mascavo é compactado apenas o bastante para manter o formato do recipiente quando o conteúdo é despejado após a medição. Essa técnica de apertá-lo na xícara permite medições suficientemente precisas.

Outros ingredientes secos

Para medir outros ingredientes secos, como o açúcar comum, o fubá e o arroz, simplesmente adicione-os às colheradas à xícara-medida. Pode-se alcançar uma precisão maior empregando-se o mínimo possível de medidas. Por exemplo, é provável que se consiga uma medição mais acurada de ¾ de xícara de arroz usando-se a medida de ½ xícara uma vez e a medida de ¼ de xícara uma vez do que ao utilizar três vezes a medida de ¼.

A medição de ingredientes secos é sempre finalizada nivelando-se o excesso com a borda da medida, o que deve ser feito com a parte reta da lâmina de uma espátula de metal.

Quantidades menores

Quando uma receita pede ingredientes secos em quantidades menores que ¼ de xícara, usam-se colheres-medida em vez de xícaras-medida. A maioria dos jogos de colheres-medida contém uma colher de sopa, uma colher de chá, uma medida equivalente a ½ colher de chá e uma medida equivalente a ¼ de colher de chá*. Quantidades menores podem ser apenas estimadas. Enche-se a colher apropriada até que esteja transbordando e, então, usa-se uma espátula para nivelar a superfície com a borda da medida.

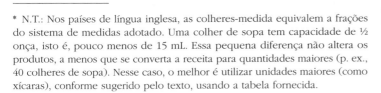

* N.T.: Nos países de língua inglesa, as colheres-medida equivalem a frações do sistema de medidas adotado. Uma colher de sopa tem capacidade de ½ onça, isto é, pouco menos de 15 mL. Essa pequena diferença não altera os produtos, a menos que se converta a receita para quantidades maiores (p. ex., 40 colheres de sopa). Nesse caso, o melhor é utilizar unidades maiores (como xícaras), conforme sugerido pelo texto, usando a tabela fornecida.

Gorduras sólidas

Gorduras vegetais, manteiga, margarina e banha podem ser medidas pelas marcas contidas nos pacotes ou usando-se xícaras-medida. Para obter maior precisão, devem ser pressionadas com firmeza para dentro do medidor, de modo que as bolhas de ar sejam eliminadas.

Depois de encher a medida apropriada apertando bem o ingrediente, use uma espátula para nivelar a superfície. Tome cuidado para que somente a parte reta da lâmina seja empregada nesse momento.

Líquidos

Medidores transparentes e graduados são os mais apropriados para medir líquidos. Devem ser colocados sobre uma superfície plana para uma medição precisa. O ingrediente é despejado na medida até que o volume atinja a marca desejada. Para fazer a leitura da medição, abaixe-se até que seus olhos fiquem no mesmo nível da medida. Assim, evitam-se as distorções que podem ocorrer quando se aufere a medida olhando de cima. Medidores graduados como o da foto são adequados apenas para medir líquidos, pois não é possível nivelar a superfície dos ingredientes secos com a espátula. Esse espaço extra na borda existe para evitar que os líquidos sejam derramados ao se transportar o ingrediente da bancada de trabalho para a tigela.

Ingredientes líquidos em quantidades menores que ¼ de xícara são medidos com colheres-medida. O procedimento deve ser feito sobre uma tigela vazia ou sobre o recipiente usado para guardar o ingrediente em questão. A medição não deve ser feita sobre uma tigela contendo outros ingredientes, por causa da possibilidade de se derramar uma quantidade maior que a necessária. Os líquidos devem ser despejados lentamente, para evitar que transbordem.

TEMPERATURAS USADAS NO PREPARO DE ALIMENTOS

Objetivos

1. Saber qual é a aparência da água e do óleo quando atingem as temperaturas necessárias para o preparo de alimentos.
2. Tomar consciência das diferentes temperaturas usadas no preparo de alimentos, de acordo com o tipo de cozimento e o equipamento utilizado.
3. Determinar o efeito de diferentes ingredientes acrescentados à água sobre seu ponto de ebulição.

EXPERIMENTO PRÁTICO

1. Coloque um termômetro em uma panela de 1 litro contendo 2 xícaras de água. Aqueça até ferver. Na tabela a seguir, registre a aparência da água a cada temperatura atingida.

Temperatura	Aparência
40°C (morna)	
65°C (fervente)	
82 a 99°C (fervura branda)	
100°C (fervura rápida)	

2. Selecione duas panelas que se encaixem uma sobre a outra para cozinhar em banho-maria. Coloque um copo de água em cada uma. Aqueça até que a água da panela de cima atinja uma temperatura constante. Anote a temperatura mais alta alcançada pela água na panela de cima.

 °C

Coloque uma xícara de água em uma panela para cozimento no vapor. Coloque a cesta dentro da panela e tampe. Aqueça a água até que ferva, enchendo a panela de vapor. Levante a tampa somente o suficiente para inserir um termômetro no compartimento cheio de vapor. Tome nota da temperatura.

 °C

3. Coloque 2 xícaras de água em uma panela de 1 litro. Marque o nível da água pelo lado de dentro usando um giz de cera. Aqueça a água até ferver. Quando alcançar o ponto de fervura forte, tome nota da temperatura. Junte o ingrediente indicado na tabela a seguir, uma colher (sopa) de cada vez. Depois de cada adição, aguarde até que o líquido volte à fervura forte e então tome nota da temperatura. Conforme o nível de água for ficando abaixo da marca, acrescente mais, para que o volume se mantenha sempre o mesmo. Registre os resultados na tabela.

Quantidade	Ingrediente acrescentado			
	Sal	Açúcar	Fubá	Gelatina[1]
1 colher (sopa)				
2 colheres (sopa)				
3 colheres (sopa)				
4 colheres (sopa)				

[1] Antes de utilizar a gelatina, hidrate-a, usando a seguinte proporção: 1 envelope em ¼ de xícara (chá) de água.

4. Aqueça 1 xícara de óleo vegetal em uma panela de 1 litro e complete a tabela a seguir. Desligue o fogo e deixe a panela de óleo esfriar sobre uma boca apagada do fogão.

Temperatura	Aparência do óleo
100°C	
190°C	

VOCABULÁRIO

Morna

Fervente

Fervura branda

Fervura rápida

Pressão atmosférica

Pressão do vapor

Solução verdadeira

Ionização

Dispersão coloidal

Suspensão

CAPÍTULO 2

Legumes e verduras

Conceitos básicos, 16
Pigmentos e textura, 15
    Pigmentos, 16
    Textura, 17
    Experimento: meios de cocção ácidos e alcalinos, 18
Como preparar legumes e verduras, 18
    Escolha, 19
    Pré-preparo para o cozimento, 19
    Cozinhar em água, 19
    Cozinhar no vapor, 24
    Assar na salamandra, 25
    Assar no forno, 25
    Grelhar no forno, 25
    Saltear, 25
    Refogar à chinesa, 26

    Fritar por imersão, 26
    Cozinhar no micro-ondas, 26
Receitas, 28
Molhos para legumes e verduras, 52
Batata, 55
    Como cozinhar em água, 56
    Como fritar, 56
    Como fazer purê, 56
    Como assar, 57
    Resumo de como escolher, 57
Receitas, 57
Leguminosas, 62
Receitas, 64
Vocabulário, 71

Legumes e verduras vêm ganhando prestígio conforme são divulgados seus méritos nutricionais e seus benefícios à saúde, tais como a probabilidade de ajudarem a prevenir o câncer. Vegetais são tão importantes que uma campanha nacional foi lançada nos EUA recomendando a todos o consumo de cinco porções diárias de vegetais e frutas. Este capítulo foi organizado para ensiná-lo a preparar vegetais de formas variadas.

A gama de receitas possíveis é muito grande; as que constam neste capítulo são apenas uma introdução ao que você pode, depois, querer fazer por conta própria. Entre elas, há exemplos de como cozinhar em água e no vapor, assar na salamandra e no forno, refogar e fritar por imersão. Tente algumas ideias simples, como cozinhar um legume em água ou no vapor e servi-lo com um dos molhos sugeridos aqui. Você também pode querer testar diferentes combinações de legumes e verduras, além das sugeridas nas receitas deste capítulo. Considere também usar vegetais crus ou cozidos em saladas (ver o Cap. 4 para obter mais ideias). Deixe sua criatividade com os legumes e verduras florescer.

PIGMENTOS E TEXTURA

Objetivos

1. Identificar as mudanças de cor pelas quais os pigmentos passam quando são aquecidos em (a) meio ácido e em (b) meio alcalino.
2. Determinar as mudanças na textura dos legumes e verduras quando são cozidos em (a) meio ácido e em (b) meio alcalino.

Conceitos básicos

1. A cor e a textura dos vegetais são ampliadas pela redução do tempo de cozimento e pelo controle do pH da água.
2. A seleção do método de cozimento do vegetal (cozinhar em água, no vapor ou no micro-ondas, saltear, refogar, fritar por imersão, assar no forno ou na salamandra) é determinada considerando-se fatores como o tipo de vegetal que se quer preparar, o tempo e o equipamento disponíveis, além das recomendações dietéticas ou preferências pessoais.
3. O cozimento da batata vai depender de suas características quanto ao nível de açúcar e de amido de sua polpa.

   a. Batatas cerosas, ou suculentas, têm um conteúdo relativamente alto de açúcar e baixo de amido.
   b. Batatas enxutas (farinhentas) têm maior teor de amido e um nível mais baixo de açúcar que as cerosas.

4. Há vários tipos de leguminosas que são fonte de proteína, oferecendo baixo custo e bons benefícios à saúde; feijões secos devem ser deixados de molho por longos períodos e cozidos lentamente para que fiquem macios.

Pigmentos

Embora muitos compostos específicos contribuam para a pigmentação de frutas, legumes e verduras, essas substâncias podem ser classificadas como clorofilas, carotenoides e flavonoides. As clorofilas são subdivididas em clorofila *a* e clorofila *b*; os carotenoides são os compostos responsáveis por várias tonalidades vivas de amarelo, laranja e vermelho; os flavonoides vão do branco aos vermelhos e azuis. Esses pigmentos são modificados, em alguns casos, pelo meio ao qual são expostos. Assim, é preciso conhecer as alterações que podem ocorrer conforme os pigmentos entram em contato com meios ácidos e com meios alcalinos, também chamados de básicos.

A **clorofila** *a* confere uma coloração verde-azulada forte aos alimentos, tal como se vê nos brócolis. A *clorofila b* também é verde, mas com uma tonalidade mais amarelada. A maioria dos legumes e verduras verdes contém esses dois tipos de clorofila. Em meios alcalinos, como o obtido acrescentando-se bicarbonato de sódio à água do cozimento, a cor verde é intensificada. No entanto, em meios mais ácidos, que podem ser exemplificados pela adição de suco de limão ou vinagre à água, o verde da clorofila muda para um verde-oliva, a cor da feofitina. Essa cor é geralmente considerada menos atrativa que o verde da clorofila. Assim, pode-se concluir que o cozimento de vegetais verdes deve ser feito em panela destampada, para que os ácidos voláteis, que poderiam promover o desenvolvimento de feofitina durante o cozimento, possam escapar. Outro fator que pode causar a formação de feofitina é o cozimento prolongado. Para minimizar o problema, deve-se aferventar previamente os vegetais, de modo a diminuir seu tempo de cozimento, e cortá-los em pedaços pequenos, que ficarão macios mais rapidamente.

Os *carotenoides* incluem compostos de uma vasta gama de amarelos, passando por laranjas e vermelhos. Os carotenos, cuja importância nutricional é significativa, por serem precursores da vitamina A, vão do amarelo ao laranja e são dominantes na cenoura e em outros vegetais alaranjados. O licopeno dá a cor vermelha aos tomates; as xantofilas também conferem outras tonalidades de amarelo e laranja, como a que se observa no milho. Todos os carotenoides são pigmentos estáveis, mantendo-se praticamente inalterados tanto em meio ácido quanto em alcalino. Legumes e verduras que contêm essas substâncias podem ser cozidos com a panela tampada sem que isso prejudique sua cor.

Os *flavonoides* incluem as **antoxantinas** e as **antocianinas**, dois tipos de pigmento quimicamente relacionados, mas com cores muito diferentes. As *antoxantinas* podem desbotar ou perder toda a cor em meios ácidos. Um bom exemplo é a couve-flor. Em meio ácido, o pigmento é descorado até transformar-se em um branco atrativo. Em meio alcalino, as antoxantinas adquirem uma coloração amarelada desagradável, como ocorre ao se cozinhar a couve-flor em meio alcalino, criado pela adição de bicarbonato de sódio à água. Cozinhar em panela tampada não prejudica os vegetais pigmentados por antoxantina.

As *antocianinas* conferem as colorações vermelha e roxa encontradas em algumas frutas, no repolho-roxo e na beterraba. O repolho-roxo é o melhor exemplo para ilustrar as mudanças por que passa o pigmento quando a antocianina é exposta a meios ácidos e alcalinos. Em meio ácido, a antocianina adquirirá uma coloração mais avermelhada que lembra a mudança de cor ocorrida com o papel de tornassol; já em meio alcalino ficará mais azulada, assim como acontece com as fitas de papel usadas para medir o pH de soluções. O repolho-roxo pode até mesmo tornar-se verde-escuro em um meio alcalino, pois o amarelo das antoxantinas, ao se sobrepor ao azul das antocianinas, causa a impressão de ter deixado o alimento verde.

Em suma, um meio de cozimento ácido promove mudanças de cor nas clorofilas, que passam do verde a um verde-oliva indesejável, e nos flavonoides (tanto as antoxantinas como as antocianinas), que adquirirão uma cor satisfatória. Já nos carotenoides, a influência é insignificante. Em meio alcalino, as antoxantinas tornam-se amareladas e as antocianinas ficam azuladas. A clorofila adquire um tom vivo de verde em meios alcalinos; os carotenoides não sofrem alteração. Portanto, do ponto de vista estético, as mudanças nos flavonoides são prejudiciais, ao passo que as mudanças na clorofila são aceitáveis.

	Cor do pigmento em meio	
	Ácido	**Alcalino**
Clorofila	Verde-oliva	Verde-vivo
Carotenoide	Laranja	Laranja
Antoxantina	Branco	Amarelado
Antocianina	Avermelhado	Azulado

Textura

A adição de suco de limão ou vinagre retarda consideravelmente o amaciamento da celulose, tornando extremamente difícil cozinhar os vegetais até o ponto correto de maciez. Se for usar suco de limão ou outro agente de sabor de componente ácido, deve-se acrescentá-los somente depois que o vegetal estiver macio. Em meio alcalino, a celulose amolecerá rapidamente, tornando-se muito pastosa em um curto espaço de tempo. Além disso, ocorrerá uma perda excessiva de tiamina no meio de cozimento alcalino. Esse aspecto nutricional tem especial importância quando se está cozinhando leguminosas secas, já que estas são excelentes fontes de vitamina B se preparadas adequadamente.

A influência de meios de cozimento ácidos e alcalinos nos pigmentos e na textura dos vegetais pode ser demonstrada cozinhando-se alimentos específicos, que representem os vários tipos de pigmento, em uma solução contendo vinagre e em outra, que contenha bicarbonato de sódio.

EXPERIMENTO PRÁTICO

Meios de cocção ácidos e alcalinos

1 maço de brócolis
¼ de couve-flor
¼ de repolho-roxo
1 cenoura grande

Modo de fazer:

1. Lave os legumes; descarte as pontas da cenoura e corte todos ao meio.
2. Prepare quatro panelas de um litro, cada uma contendo 2 xícaras de água fervente e ¼ de xícara de vinagre cada.
3. Coloque meia cenoura em uma das panelas e tome nota da hora. Coloque metade do repolho-roxo em outra e tome nota da hora. Faça o mesmo com metade da couve-flor e dos brócolis usando as outras duas panelas, anotando o tempo inicial de cozimento.
4. Prepare quatro panelas de um litro, cada uma contendo 2 xícaras de água fervente e 2 colheres (sopa) de bicarbonato de sódio.
5. Coloque a metade restante de cada legume em uma das panelas, anotando o tempo inicial de cozimento.
6. Cozinhe os legumes sem tampar até que estejam macios ao serem espetados com um garfo. Marque o tempo decorrido até esse ponto ser alcançado, anotando-o na tabela.
7. Retire os legumes da água e coloque-os em uma travessa. Complete a tabela anotando o aspecto dos pigmentos e as texturas.

Pigmento	Vegetal usado	Cor[1]		Tempo de cozimento/Textura[2]	
		Ácido	Alcalino	Ácido	Alcalino
Clorofila					
Carotenoide					
Antoxantina					
Antocianina					

[1] Marque com um asterisco todas as alterações em meio ácido e em meio alcalino que sejam visualmente agradáveis (ignore a textura e observe apenas a cor ao inserir os asteriscos). No caso de vegetais que apresentam uma cor mais interessante em meio alcalino, é preferível cozinhá-los sem a tampa para que os ácidos orgânicos voláteis se dispersem. Se um vegetal tiver uma aparência melhor em meio ácido, considere cozinhá-lo com a panela tampada.
[2] Que generalizações podem ser feitas sobre o tempo de cozimento em meio ácido *versus* em meio alcalino?

COMO PREPARAR LEGUMES E VERDURAS

Objetivos

1. Identificar critérios significativos para a seleção e a compra de legumes e verduras.
2. Esquematizar procedimentos que podem ser usados no pré-preparo de legumes e verduras para o cozimento.
3. Demonstrar as técnicas apropriadas para cozinhar legumes e verduras frescos em água fervente, no vapor, assar na salamandra, no forno, saltear, refogar à chinesa e fritar por imersão.
4. Identificar os métodos de cozimento apropriados para variados tipos de legumes e verduras.
5. Avaliar a qualidade do preparo de legumes e verduras frescos.
6. Determinar o efeito de vários molhos na palatabilidade de certos legumes e verduras frescos.

Escolha

Legumes e verduras frescos não podem ser preparados de modo que fiquem com uma qualidade maior do que a que tinham quando foram comprados. Portanto, é importante selecionar e comprar vegetais de boa aparência, firmes, sem manchas ou imperfeições. Na maioria dos casos, devem ser guardados imediatamente na geladeira, na gaveta apropriada. Batatas, cebolas (exceto a cebolinha) e abóboras maduras devem ser armazenadas em local frio e seco, mas não na geladeira.

Pré-preparo para o cozimento

Antes de serem cozidos, os legumes e as verduras precisam ser bem lavados. No caso de verduras de folha, como o espinafre, pode-se realizar essa tarefa com mais facilidade mergulhando-se as folhas em água abundante e trocando-se esta água quantas vezes forem necessárias. Ao preparar batatas e outros vegetais que retêm terra, esfregue vigorosamente a casca com uma escova de cerdas firmes. Enxaguar legumes e verduras sob água fria corrente é a maneira mais eficiente de retirar sujeiras que podem estar presas a eles.

A apresentação final do vegetal preparado deve ser levada em conta neste momento. Se uma couve-flor vai ser servida inteira com um molho de queijo por cima, a única preparação necessária antes do cozimento é a retirada das folhas e dos pontos batidos, e a remoção da parte central e mais fibrosa do miolo e do talo central. Por outro lado, se o plano é cozinhar cunhas de repolho, ele deve ser lavado e cortado antes de ser levado ao fogo para ajudar a reduzir o tempo de cozimento e para melhorar a sua cor e o seu sabor.

Cenoura, mandioquinha e outros legumes com casca são geralmente pré-preparados antes de ser cozidos. Uma exceção a essa regra é a beterraba, que é cozida com a casca para ajudar a conservar seu pigmento altamente solúvel. As partes fibrosas de certos vegetais, como as pontas da vagem e a parte mais grossa dos talos dos brócolis, são retiradas com uma faca afiada. Em seguida, os vegetais são cortados no tamanho e formato desejados.

Cozinhar em água

O cozimento em água fervente é um método adequado para o preparo da maioria dos vegetais. Para realizá-lo com eficiência, deve-se levar ao fogo uma panela com a quantidade desejada de água salgada, tampá-la bem e aquecer até que a água comece a ferver. Enquanto isso, prepare os vegetais. Ao colocar os vegetais para cozinhar em água já fervente, o tempo total de cozimento é reduzido. Isso ajuda a reter a cor e o sabor ideais. Cozimentos longos são prejudiciais para os pigmentos verdes, para o valor nutritivo e para os compostos de sabor sulfuroso de certos vegetais.

As duas principais preocupações ao se cozinhar vegetais em água são (1) a quantidade de água e (2) o uso da tampa. Para vegetais de sabor suave, pode-se conservar ao máximo esse sabor usando-se apenas a quantidade de água necessária para cobri-los e mantendo-se a panela tampada. Os de sabor forte podem tornar-se mais palatáveis usando-se pelo menos 1 cm de água acima do nível do alimento, para diluir esse sabor, e evitando-se o uso da tampa, para que as substâncias voláteis possam se dispersar no ar. Vegetais verdes terão uma cor mais atrativa se forem cozidos sem tampa, pois esta retém os ácidos orgânicos voláteis na panela, aumentando as chances de a clorofila transformar-se em um composto indesejável, a feofitina.

Se o uso da tampa prejudicar a cor ou a textura de um vegetal, recomenda-se não utilizá-la. O principal foco no preparo de vegetais é sua palatabilidade. Quando são apresentados com aparência tentadora, quantidades suficientes são consumidas, tornando

Figura 2.1 Cunhas de repolho podem ser aparadas de modo que fiquem apenas com miolo suficiente para manter as folhas juntas durante o cozimento.

seus nutrientes disponíveis. Ainda que sejam extremamente nutritivos, se não forem apetitosos, não serão consumidos e, portanto, haverá desperdício.

Obviamente, alguns vegetais conflitam com essa lógica. A ervilha, por exemplo, tem sabor suave, o que nos levaria a pensar que deve ser cozida tampada, mas a clorofila seria prejudicada com isso. A recomendação, nesses casos, é cozinhar sem a tampa. Se não houver uma razão específica que impeça o uso da tampa, ela deve ser usada.

De qualquer forma, os vegetais devem ser cozidos apenas até que estejam macios o suficiente para serem cortados com um garfo. Vegetais muito macios têm uma textura menos interessante, e sua cor e seu sabor serão menos apetitosos.

Um guia de como cozinhar vários legumes e verduras frescos é apresentado na tabela a seguir. Vegetais enlatados precisam apenas ser aquecidos até alcançarem uma temperatura uniforme. Os congelados devem ser preparados de acordo com as instruções da embalagem. Instruções específicas para aferventar espinafre, alcachofras inteiras, cebola, repolho, cenoura e brócolis são apresentadas na sequência.

Guia para o cozimento de vegetais frescos em água

Vegetal	Tamanho	Quantidade de água	Uso da tampa	Tempo (min.)
Abóbora	em cubos de 5 cm	2,5 cm	sim	20
Abobrinha comum	em rodelas	2,5 cm	não	5
Abobrinha-italiana	em rodelas de 2,5 cm	2,5 cm	não	5
Alcachofra comum	inteira	2,5 cm	sim	40-60
Alcachofra-de-jerusalém*	inteira	até cobrir	sim	25-35
Aspargo	inteiro	até cobrir todo o talo	não	7
Batata-doce	em cunhas	até cobrir	sim	20
Batatas	metades	até cobrir	sim	20
Beterraba	inteira	para cobrir	sim	35-60
Brócolis japonês	picado	até o nível dos floretes	não	7
Cebola pequena	inteira	2,5 cm acima do vegetal	não	15-20
Cenoura	em palitos	para cobrir	sim	12
Couve-de-bruxelas	inteira	2,5 cm acima do vegetal	não	15
Couve-flor	em floretes	2,5 cm acima do vegetal	não	10
Couve-flor	inteira	2,5 cm acima do vegetal	não	20-30
Ervilha fresca	sem a vagem	até cobrir	não	10
Espinafre	folhas	que estiver nas folhas	até murchar	5-8
Feijão-de-lima fresco	sem a vagem	para cobrir	não	30
Folhas de beterraba	folhas e talos	que estiver nas folhas	até murchar	10
Milho-verde	na espiga	até cobrir	sim	6
Nabo-roxo	em rodelas	2,5 cm acima do vegetal	não	18
Pastinaca (cenoura amarela)	em palitos	2,5 cm acima do vegetal	não	10-15
Quiabo	em rodelas	até cobrir	não	12
Repolho	em cunhas	2,5 cm acima do vegetal	não	7
Rutabaga	em cubos	2,5 cm acima do vegetal	não	25
Vagem	2,5 cm	para cobrir	não	20

* N.T.: Tubérculo da planta *Helianthus tuberosus*, é conhecida também como girassol-batateiro e tupinambo, entre outros nomes.

Figura 2.2 A couve-de-bruxelas cresce rente a um talo comprido e vertical.

Como cozinhar em água alguns vegetais específicos

Espinafre O espinafre fresco requer uma lavagem cuidadosa. Veios fundos nas folhas escondem areia e terra, que aderem ao espinafre quando ele é colhido no campo. A forma mais fácil e eficiente de fazer uma lavagem bem-feita é mergulhando as folhas na pia cheia de água e empurrando-as para cima e para baixo várias vezes.

Segurando as folhas de lado, deixe a água escorrer pelo ralo e jogue mais água para lavar os sedimentos que ficarem no fundo da pia. Recoloque a tampa no ralo e encha novamente com água. Movimente as folhas na água para ajudar a soltar a sujeira incrustada nos veios; escorra a água novamente pelo ralo. Repita esse processo até que não haja mais areia ou terra no fundo da pia quando a água é escorrida. Em seguida, elimine folhas estragadas, raízes e talos mais grossos.

Para cozinhar o espinafre, coloque as folhas em uma panela grande. Não adicione água, pois haverá líquido suficiente nas folhas recém-lavadas para impedir que o espinafre queime. Coloque a tampa na panela para ajudar a conservar o vapor, o que murchará as folhas até cobrirem o fundo da panela. Quando elas estiverem murchas e submersas no líquido liberado, a panela pode ser destampada.

Continue cozinhando até o espinafre ficar macio, o que geralmente leva apenas de 3 a 5 minutos depois que ele murcha. Como a quantidade de líquido no fundo da panela é pequena, pode-se obter um cozimento mais uniforme usando-se uma colher ou um garfo para virar as folhas, de modo que todas entrem em contato com o líquido ao longo do cozimento. Para servir, escorra bem em uma peneira antes de adicionar os temperos desejados.

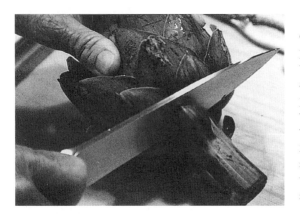

Alcachofra As alcachofras têm uma aparência expressiva e são muito adequadas para cardápios em que não há tempo para toques de última hora. O preparo começa deixando-se um fio de água correr por entre suas pétalas para lavar qualquer sujeira que possa estar presa ali. Vire a alcachofra de cabeça para baixo e deixe a água escorrer. Repita esse processo várias vezes para certificar-se de que toda a terra e areia foram removidas. Corte o cabo rente à base, com cuidado para que o corte fique plano, permitindo que a alcachofra pare em pé no prato ao ser servida. Como em qualquer tarefa envolvendo corte, uma tábua deve ser usada para prevenir que a faca perca o fio ao tocar a superfície dura da bancada.

A alcachofra poderá ser degustada com mais facilidade e terá um aspecto mais apetitoso se as pontas das pétalas forem aparadas, o que pode ser feito rapidamente com o auxílio de uma tesoura de cozinha. Basta dar um corte reto e descartar a ponta de cada pétala.

Esse vegetal requer um longo período de cozimento, em geral de 45 a 60 minutos, para amaciar seu miolo (também chamado de fundo de alcachofra ou coração de alcachofra). A maneira mais prática de cozinhar a alcachofra é colocá-la em uma panela contendo cerca de 2 cm de água salgada. Pode-se juntar sal com alho e uma colher (chá) de azeite à água caso se deseje um sabor mais pronunciado. Coloca-se a tampa na panela para reter o vapor, o que ajudará a cozinhar as pétalas, que ficam acima do nível da água. Cozinha-se até que a base esteja macia ao ser espetada com um garfo. Vire a alcachofra para baixo e escorra bem a água.

Pode ser servida quente ou fria. Para consumi-la, deve-se retirar uma pétala e mergulhar a base em manteiga derretida ou outro molho; depois, raspa-se a porção carnosa com os dentes. Cada pétala contém apenas uma pequena quantidade comestível. Esse procedimento é repetido até que se chegue ao miolo da alcachofra. Retira-se a parte com aparência aveludada que o recobre, descartando-a. Mais manteiga ou molho são despejados sobre o miolo, agora exposto, que é a principal parte comestível do vegetal.

Cebola pequena Cebolas pequenas são um exemplo de vegetal de sabor marcante cuja aceitabilidade pode ser aumentada com boas técnicas de preparo. A pungência pode ser minimizada usando-se água suficiente para cobrir as cebolas com pelo menos 1 cm de líquido acima delas, o que ajudará a diluir seu gosto forte. Compostos de sabor volátil podem ser diminuídos também cozinhando-se o alimento sem a tampa, para que possam escapar. Depois de lavadas, as cebolas são cozidas inteiras até que o miolo possa ser facilmente perfurado com um garfo. Depois de escorridas, são colocadas sobre uma tábua para que as pontas sejam aparadas. Corte a parte de cima, depois esprema a cebola para fora da casca, então descarte a extremidade contendo a raiz.

Repolho O repolho é um vegetal que pode ser muito apetitoso se preparado corretamente. Uma boa forma de consumi-lo é cortado em cunhas e cozido em água fervente. As cunhas são cortadas com uma faca afiada depois que o repolho é lavado. Deve-se tomar cuidado para manter as folhas das cunhas bem presas a uma parte da base do talo, para não se separarem durante o cozimento. Para ajudar a diminuir o tempo de cozimento, uma parte do talo central pode ser aparada, deixando-se apenas cerca de 1 cm de seu comprimento. Isso deve ser feito sobre uma tábua de corte, com cuidado para não aparar demais, soltando as folhas que estão presas a essa base.

Para obter os melhores resultados em relação à cor e à textura, é importante cozinhar o repolho pelo mínimo de tempo possível. Isso pode ser feito juntando-se as cunhas a água salgada em fervura rápida e mantendo-se a fervura forte até que estejam cozidas. O repolho e outros vegetais da mesma família têm uma sabor pronunciado que pode ser melhorado acrescentando-se mais água ao cozimento. Cozinhar com a panela destampada até que estejam macios o suficiente para serem cortados com um garfo também ajuda a melhorar o sabor desses vegetais que contêm enxofre. É melhor cozinhar o repolho até que esteja apenas *al dente* do que até que esteja desmanchando, pois o sabor vai ficando cada vez mais forte durante o cozimento.

Um tempo de cozimento curto é importante tanto para a cor quanto para o sabor do repolho. A clorofila se transformará em feofitina se for aquecida por mais de 7 minutos. Essa mudança para uma cor verde-oliva tornará o repolho menos atrativo para quem for comê-lo. Em suma, o repolho e outros vegetais da mesma família ficarão mais palatáveis se cozidos muito rapidamente em panela destampada contendo bastante água.

Cenoura A cenoura pode acrescentar variedade aos cardápios ao mesmo tempo que contribui como fonte potencial de vitamina A. Servida crua ou cozida, requer uma limpeza profunda da casca com uma escova. Sua aparência pode ser melhorada retirando-se a casca. Isso pode ser feito rapidamente com um descascador de legumes. Depois de descascada, pode ser deixada inteira ou cortada em diversos formatos que complementarão os alimentos com os quais será servida. Use uma faca afiada e uma tábua de corte para cortá-la em palitos ou rodelas, tomando cuidado para que os pedaços tenham tamanho uniforme.

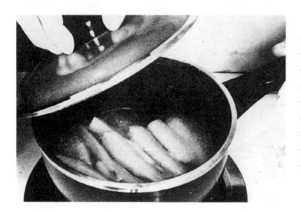

A cenoura tem um sabor suave e deve ser cozida com cuidado para que seja preservado o máximo possível. Esse objetivo é alcançado cozinhando-se apenas até que esteja macia, em panela tampada, com o mínimo possível de água salgada, apenas a suficiente para cobrir o vegetal; sua cor não sofrerá danos por causa da retenção dos ácidos voláteis na panela. Se a água do cozimento já estiver fervendo quando a cenoura for acrescentada, o tempo total de preparo será menor. Essa medida é importante para preservar ao máximo o sabor e os nutrientes da cenoura.

Brócolis Os melhores brócolis têm uma coloração verde-azulada em seus floretes. Antes de serem cozidos, é preciso lavá-los cuidadosamente, apará-los e picá-los. O talo é ligeiramente fibroso e duro, mas seu cozimento pode ser facilitado se as partes mais duras forem descartadas e os talos restantes forem cortados no sentido do comprimento, quase até a altura dos floretes. Os talos podem ser cortados ao meio ou em quatro no sentido do comprimento, dependendo da espessura, para diminuir o tempo necessário para amaciá-los. Isso ajuda a completar o cozimento antes que a clorofila verde seja convertida no verde-oliva pouco atrativo da feofitina.

Cozinhar no vapor

Legumes e verduras podem ser cozidos no vapor usando-se uma panela apropriada. Neste método, a água é aquecida até ferver ativamente no compartimento de baixo, e os vegetais são colocados em uma área acima da água, mas exposta a seu vapor. A panela fica bem tampada para que o vapor seja retido. Qualquer vegetal adequado para cozimento em água pode ser cozido também no vapor. A preparação começa colocando-se água para ferver na parte inferior da panela. Os legumes e verduras são colocados na parte superior e a panela é tampada. Deve-se manter uma grande quantidade de vapor dentro da panela durante todo o período de cozimento. O tempo de preparo é mais longo do que no cozimento em água. Este método é bom para conservar as vitaminas hidrossolúveis, apesar de o tempo de cozimento ser mais longo. A clorofila, no entanto, passará por uma mudança indesejável de cor, a menos que os pedaços do vegetal sejam pequenos o bastante para que cozinhem rapidamente.

Assar na salamandra

Para assar vegetais na salamandra, como rodelas de tomate, berinjela e abobrinha, ou chapéus de cogumelo, arrume-os em uma assadeira com grade, polvilhando com bastante pão fresco esmigalhado misturado com manteiga e coloque-a a cerca de 7,5 cm da fonte de calor, esperando até que os vegetais estejam bem dourados e quentes. Fatias mais grossas podem ser colocadas a 10 cm ou mais da salamandra, para que o alimento tenha tempo de cozinhar antes que sua superfície doure demais. Alguns vegetais, como cebolas pequenas e pimentões, devem ser branqueados (afervetados até ficarem *al dente*) antes de serem colocados sob a salamandra para dourar. Esse processo amacia o alimento, ao passo que o assamento sob a salamandra confere a ele uma aparência dourada apetitosa.

Alguns legumes e verduras têm uma estrutura delicada o bastante para serem levados diretamente à salamandra. Tomate e cogumelo *in natura* são alguns dos vegetais mais usados. Assar na salamandra, assim como refogar à chinesa, são métodos que evitam a perda das vitaminas hidrossolúveis. Para fazer o pré-preparo dos vegetais, lave-os bem. Tomates são geralmente cortados ao meio. A camada de pão fresco esmigalhado com manteiga ou de parmesão é opcional, mas dará uma aparência mais convidativa ao produto final. Tomates são arrumados em uma assadeira com grade e colocados sob a salamandra com a parte cortada virada para cima, a cerca de 7,5 cm da fonte de calor.

Não é necessário virar os alimentos durante o assamento, mas é importante acompanhar de perto o cozimento para evitar que se queimem. O calor intenso irá dourá-los bem rapidamente. Os vegetais devem ser retirados do forno assim que alcançarem a aparência desejada e estiverem completamente aquecidos.

Assar no forno

Abóboras e batatas de todos os tipos são os vegetais mais comumente assados. Depois de bem lavadas e escovadas, são perfuradas com um garfo, para permitir que o vapor escape, colocadas diretamente sobre a prateleira central do forno e assadas a uma temperatura de 175 a 190°C. Estarão cozidas quando puderem ser facilmente perfuradas com um garfo. Se desejar, coloque-as sobre papel-alumínio ou sobre uma assadeira rasa para proteger o forno.

Grelhar no forno

Para grelhar no forno, cubra os vegetais com uma camada fina de óleo, polvilhe com ervas e temperos a gosto e leve ao forno quente (175 a 190°C), sem cobrir, por cerca de uma hora, mexendo de vez em quando, até que adquiram um apetitoso tom dourado.

Saltear

Este é um método adequado para preparar vegetais muito delicados ou cortados em rodelas bem finas, como batatas pré-cozidas fatiadas. Para saltear, derreta manteiga ou margarina em quantidade suficiente, ou use óleo vegetal, para cobrir o fundo de uma frigideira. Junte os vegetais fatiados e deixe que cozinhem em fogo médio até que a parte de baixo das fatias esteja dourada. Vire com uma espátula para dourar do outro lado. Se as fatias ainda estiverem cruas no centro, vire mais algumas vezes. Vá cozinhando até que estejam macias. O calor deve ser controlado durante todo o tempo de cozimento para evitar que a gordura espirre muito ou aqueça a ponto de soltar fumaça. Assim que estiverem com uma aparência atrativa, retire da frigideira, tempere com sal e sirva.

Refogar à chinesa

Legumes e verduras usados para refogar à chinesa são cortados em tiras bem finas, a menos que sejam muito delicados e cozinhem muito rápido, como a abobrinha. O método de refogar à chinesa foi desenvolvido pela culinária oriental. Um *wok* é o utensílio mais adequado para este método pois somente uma pequena porção do fundo da panela torna-se muito quente ao ser levada ao fogo.

Os vegetais são acrescentados ao *wok* (contendo um pouco de óleo no fundo) e mexidos constantemente para que as porções já douradas de alimento deem lugar aos pedaços crus que ainda não entraram em contato com o óleo quente. Este é um método de cozimento muito rápido, que requer bastante atenção e um agitar constante para que seja bem executado. Assim que todas as porções de vegetais estiverem douradas e *al dente*, sirva imediatamente. Se estiver preparando um vegetal de cozimento mais demorado, reduza um pouco a chama depois da refogada inicial e coloque a tampa na panela, para que termine de cozinhar no vapor até que esteja no ponto. Este método de cozimento é excelente porque é tão rápido que tanto o sabor quanto a cor e o valor nutritivo são preservados ao máximo.

Fritar por imersão

Legumes e verduras podem ser fritos por imersão. Este método de cozimento dá mais variedade às possibilidades de preparo dos vegetais, mas seu uso deve ser restrito por causa dos níveis mais altos de gordura dos alimentos cozidos desta forma. Para que os vegetais fritos por imersão alcancem seu melhor resultado, os pedaços devem ter de 0,6 a 1,2 mm. Enquanto corta os vegetais, aqueça o óleo em uma fritadeira ou panela funda controlando a temperatura com um termômetro para que não ultrapasse os 190°C. Os pedaços de alimento devem ser bem secos com papel-toalha antes de serem levados à panela de óleo quente. Se desejar, passe-os em farinha de trigo ou em uma massa mole antes de fritar. Este procedimento envolvendo o uso de uma massa mole pode ser observado no preparo do *tempura* japonês. Frite até que adquiram uma cor dourada e estejam macios. Escorra muito bem em papel-toalha, polvilhe com sal e sirva imediatamente.

Figura 2.3 Esta *chef* chinesa está fritando vegetais mergulhados em massa mole em seu *wok*.

Cozinhar no micro-ondas

Legumes e verduras destinados ao cozimento no forno micro-ondas aquecem mais rapidamente quando são cortados em pedaços pequenos do que quando estão inteiros. Coloque o vegetal lavado em um recipiente de vidro com as partes que demoram mais para cozinhar (talos ou miolos) dispostas na parte mais próxima à borda do recipiente. Para a maioria dos legumes, a adição de cerca de meia xícara de água melhora a qualidade do produto final. O recipiente deve ser tampado, seja com sua própria tampa ou com filme plástico, para reter os vapores. Durante o cozimento, deve-se mexer o alimento de vez em quando para facilitar uma distribuição uniforme do calor.

Como os vegetais continuarão a cozinhar mesmo depois que forem tirados do micro-ondas, recomenda-se que sejam cozidos apenas até que estejam ligeiramente crocantes. O tempo necessário para chegar a essa consistência vai variar conforme o ingrediente e a quantidade sendo preparada. Depois de cozidos, é aconselhável deixar os vegetais em repouso por 3 minutos, tampados, para que o calor se distribua bem. Sugestões de diretrizes para cozimento de alguns vegetais no micro-ondas são apresentadas na tabela a seguir.

Cozimento de vegetais no forno micro-ondas[1]

Vegetal	Tamanho do pedaço	Quantidade	Quantidade de água (xícaras)	Tempo (minutos) (potência alta)	Modo de fazer
Abóbora	metade	1	–	8	Retire as sementes, coloque com o lado cortado para baixo; cubra com papel-manteiga.
congelada	polpa	300 g	–	6	Tampe; mexa depois de 3 minutos.
Abobrinha	em rodelas	500 g	1/8	10	Tampe; mexa depois de 5 minutos.
Alcachofra		4	1	15	Tampe; vire depois de 8 minutos.
	inteira	1	1/4	8	Tampe; vire depois de 4 minutos.
Aspargo	5 cm	250 g	1/4	7	Tampe; mexa depois de 3 minutos.
	inteiro	8	1/4	7	Tampe; mantenha as pontas voltadas para o centro do prato.
congelado	inteiro	300 g	–	9	Tampe; mude a posição depois de 5 minutos.
Batata	inteira	1	–	5	Fure antes de assar; vire depois de 3 minutos.
Berinjela	em cubos de 2,5 cm, sem casca	3 xícaras	1/8	6	Tampe; mexa depois de 3 minutos.
Beterraba	inteira	4 médias	até cobrir	20	Tampe; mude a posição depois de 10 minutos.
Brócolis japonês	em floretes cortados ao meio	1 pé	1/4	12	Tampe; mantenha os talos voltados para fora.
	em pedaços de 2,5 cm	500 g	1/2	9	Tampe; mexa depois de 5 minutos.
congelado	picado	300 g	1/8	9	Tampe; mexa depois de 5 minutos.
Cebola	em cunhas	4 médias	1/2	11	Tampe; mude de lugar depois de 6 minutos.
Cenoura	em rodelas finas	4 médias	1/2	12	Tampe; mexa depois de 6 minutos.
Couve-de-bruxelas	inteira	250 g	1/4	5	Tampe; mexa depois de 3 minutos.
congelada	inteira	300 g	1/8	8	Tampe; mexa depois de 4 minutos.
Couve-flor	em floretes	1 pé pequeno	1/2	13	Tampe; mexa depois de 7 minutos.
	inteira	1 pé pequeno	1/2	14	Tampe; inverta depois de 7 minutos.
congelada	floretes	300 g	1/8	8	Tampe; mexa depois de 4 minutos.
Ervilha fresca	sem a vagem	500 g	1/4	10	Tampe; mexa depois de 5 minutos.
congelada	sem a vagem	300 g	1/8	6	Tampe; mexa depois de 3 minutos.
Espinafre	folhas	500 g	–	7	Tampe para reter as gotículas presas às folhas; mexa depois de 4 minutos.
congelado	folhas	300 g	1/8	8	Tampe; mexa depois de 4 minutos.
Milho-verde	em grãos	1 xícara	1/2	5	Tampe; mexa depois de 3 minutos.
	na espiga	2	1/4	4	Tampe; mude a posição depois de 4 minutos.
congelado	em grãos	300 g	1/8	5	Tampe; mexa depois de 3 minutos.
Nabo-roxo	em cubos de 2,5 cm	2 médios	1/4	10	Tampe; mexa depois de 5 minutos.
Pastinaca (cenoura amarela)	em palitos	2	1/4	7	Tampe; mexa depois de 4 minutos.
Repolho	em tiras	1 pequeno	1/4	9	Tampe; mexa depois de 5 minutos.
Vagem	2,5 a 5 cm	500 g	3/4	15	Tampe; mexa depois de 8 minutos.
congelada		300 g	1/4	9	Tampe; mexa depois de 5 minutos.

[1] Os tempos são aproximados. Recomenda-se o uso de recipientes de vidro ou pratos, e filme plástico para cobrir. O plástico ou a tampa devem possuir uma pequena abertura.

28 Preparo de alimentos

RECEITAS

Alcachofra com manteiga de alho

Para 2 porções

2	alcachofras
1 colher (chá)	azeite
½ colher (chá)	sal de alho*
1 colher (sopa)	manteiga
⅛ de colher (chá)	sal de alho

Para 4 porções

4	alcachofras
1 colher (chá)	azeite
½ colher (chá)	sal de alho
2 colheres (sopa)	manteiga
¼ de colher (chá)	sal de alho

* N. T.: Tempero pronto que consiste em uma mistura de cerca de três partes de sal para uma parte de alho em pó.

Tempo de preparo: 1 hora

1. Corte o talo rente à base para que as alcachofras parem em pé no prato.
2. Use uma tesoura de cozinha para aparar a ponta das pétalas.
3. Coloque as alcachofras em uma panela funda contendo azeite, sal de alho e 5 cm de água.
4. Tampe, aqueça até ferver e então abaixe o fogo para cozinhar em fogo brando até que a base esteja ligeiramente mole ao ser espetada com um garfo.
5. Pouco antes de servir, derreta a manteiga e junte o sal de alho.
6. Escorra as alcachofras, virando-as para baixo para que sequem bem. Sirva-as acompanhadas de tigelas individuais de manteiga com sal de alho (e um prato extra para descartar as pétalas e a parte fibrosa que cobre o miolo).

Vagem carnavalesca

Para 2 porções

250 g	vagem
1 ½ colher (chá)	margarina ou manteiga
¼ de colher (chá)	mostarda em pó
½ colher (chá)	farinha de trigo
uma pitada	sal
uma pitada	pimenta-do-reino
1	gema batida
6 colheres (sopa)	leite
1 colher (chá)	suco de limão
2 colheres (chá)	pimentão vermelho assado, sem pele e sem semente, picado

Para 4 porções

500 g	vagem
1 colher (sopa)	margarina ou manteiga
½ colher (chá)	mostarda em pó
1 colher (chá)	farinha de trigo
¼ de colher (chá)	sal
¼ de colher (chá)	pimenta-do-reino
2	gemas batidas
⅔ de xícara	leite
1 ½ colher (chá)	suco de limão
1 colher (sopa)	pimentão vermelho assado, sem pele e sem semente, picado

Tempo de preparo: 20 minutos

1. Aqueça a água até ferver; junte a vagem e cozinhe até ficar *al dente* (cerca de 8 minutos).
2. Enquanto isso, derreta a manteiga em uma panela; junte a mostarda, a farinha, o sal e a pimenta.
3. Bata a gema com o leite; junte ao *roux* (a mistura cozida de farinha e gordura), mexendo sem parar.
4. Aqueça, mexendo sempre, até que o molho engrosse ligeiramente. Cuidado para não deixar ferver.
5. Junte o suco de limão.
6. Escorra bem a vagem. Despeje o molho por cima e decore com o pimentão vermelho.

Figura 2.4 Vegetais fornecem uma variedade de cores, texturas e sabores que podem ser combinados e complementados com manjericão fresco ou outros ingredientes de sabor.

Vagem ao forno *deluxe*

Para 2 porções

250 g	vagem congelada
1 colher (sopa)	margarina ou manteiga
1 colher (sopa)	cebola picada
2 colheres (sopa)	cogumelos em conserva, sem o caldo
1 colher (chá)	farinha de trigo
⅓ de xícara	leite
2 colheres (sopa)	queijo *cheddar* ralado
¼ de colher (chá)	molho de soja
¼ de colher (chá)	molho inglês
¼ de xícara	castanhas-d'água em conserva, escorridas e fatiadas
1 colher (sopa)	amêndoas laminadas

Para 4 porções

500 g	vagem congelada
2 colheres (sopa)	margarina ou manteiga
2 colheres (sopa)	cebola picada
¼ de xícara	cogumelos em conserva, sem o caldo
2 colheres (chá)	farinha de trigo
⅔ de xícara	leite
¼ de xícara	queijo *cheddar* ralado
½ colher (chá)	molho de soja
½ colher (chá)	molho inglês
½ xícara	castanhas-d'água em conserva, escorridas e fatiadas
2 colheres (sopa)	amêndoas laminadas

Tempo de preparo: 25 minutos

Tempo para assar: forno a 190°C por 15 minutos

1. Preaqueça o forno.
2. Cozinhe a vagem em água fervente de acordo com as instruções da embalagem e escorra bem.
3. Em uma frigideira, refogue a cebola e os cogumelos na manteiga até dourarem. Retire do fogo.
4. Junte a farinha e misture bem com a cebola e os cogumelos.
5. Adicione o leite, mexendo sem parar.
6. Leve a panela de volta ao fogo e mexa, sem parar, até começar a ferver.
7. Retire do fogo e junte o queijo, o molho de soja, o molho inglês e as castanhas-d'água.
8. Misture a vagem escorrida com o molho e coloque em um refratário.
9. Polvilhe com as amêndoas.
10. Asse por 15 minutos a 190°C.

Beterraba polonesa com creme de leite azedo (por Mary Kramer)

Para 2 porções

3	beterrabas cozidas
1 colher (sopa)	margarina ou manteiga
1 ½ colher (chá)	farinha de trigo
1 ½ colher (chá)	vinagre
uma pitada	sal
1 ½ colher (chá)	açúcar
¼ de xícara	creme de leite azedo*

Para 4 porções

6	beterrabas cozidas
2 colheres (sopa)	margarina ou manteiga
1 colher (sopa)	farinha de trigo
1 colher (sopa)	vinagre
$^1/_8$ de colher (chá)	sal
1 colher (sopa)	açúcar
½ xícara	creme de leite azedo

* N. T.: Se não encontrar, substitua por coalhada seca ou uma mistura de 1 colher (sopa) de suco de limão para cada 150 mL de creme de leite (junte-os, mexa e espere engrossar).

Tempo de preparo: 10 minutos

1. Rale as beterrabas no ralo grosso.
2. Derreta a manteiga.
3. Junte a farinha e mexa bem.
4. Retire do fogo. Acrescente o vinagre, o sal e o açúcar; depois junte a beterraba ralada, mexendo.
5. Cozinhe em fogo brando, mexendo sempre, por 5 minutos.
6. Retire do fogo.
7. Adicione o creme de leite azedo logo em seguida e sirva imediatamente, para evitar que talhe.

Brócolis na salamandra

Para 2 porções

1 xícara	brócolis em floretes
1 ½ colher (chá)	cebola picada
2 colheres (chá)	margarina ou manteiga
1 ½ colher (chá)	farinha de trigo
¼ de colher (chá)	mostarda em pó
$^1/_8$ de colher (chá)	manjerona
uma pitada	pimenta-do-reino
½	cubo de caldo de galinha
½ xícara	leite
3 colheres (sopa)	queijo parmesão ralado
a gosto	páprica

Para 4 porções

2 xícaras	brócolis em floretes
1 colher (sopa)	cebola picada
1 ½ colher (sopa)	margarina ou manteiga
1 colher (sopa)	farinha de trigo
½ colher (chá)	mostarda em pó
¼ de colher (chá)	manjerona
uma pitada generosa	pimenta-do-reino
1	cubo de caldo de galinha
1 xícara	leite
$^1/_3$ de xícara	queijo parmesão ralado
a gosto	páprica

Tempo de preparo: 15 minutos

1. Cozinhe os brócolis em água fervente por 3 minutos.
2. Enquanto isso, refogue ligeiramente a cebola na manteiga, em uma panela com capacidade para um litro.
3. Retire do fogo e junte a farinha e os temperos à cebola refogada.
4. Junte o cubo de caldo de galinha e depois o leite, aos poucos, mexendo sempre.
5. Leve a panela de volta ao fogo e aqueça até ferver, sem parar de mexer. Retire do fogo, reserve 2 colheres de sopa do queijo e junte o restante à panela.
6. Escorra os brócolis e arrume-os em um refratário.
7. Despeje por cima o molho. Polvilhe com o queijo reservado e a páprica.
8. Asse sob a salamandra até que comece a dourar.

Salada chinesa de brócolis

Para 2 porções

½	dente de alho amassado
1 ⅓ colheres (sopa)	óleo de nozes
1 colher (chá)	óleo de gergelim
1 colher (chá)	molho de soja
¼ de colher (chá)	sal
2 colheres (chá)	suco de limão
1 ⅓ colheres (sopa)	vinagre de arroz
½ colher (chá)	gengibre fresco ralado bem fino
3	cogumelos frescos médios
½ maço	brócolis
1 colher (sopa)	amêndoas tostadas em lascas
(opcional)	salada de folhas

Para 4 porções

1	dente de alho amassado
2 ⅔ colheres (sopa)	óleo de nozes
2 colheres (chá)	óleo de gergelim
2 colheres (chá)	molho de soja
½ colher (chá)	sal
1 ⅓ colheres (sopa)	suco de limão
2 ⅔ colheres (sopa)	vinagre de arroz
1 colher (chá)	gengibre fresco ralado bem fino
6	cogumelos frescos médios
1 maço	brócolis
2 colheres (sopa)	amêndoas tostadas em lascas
(opcional)	salada de folhas

Tempo de preparo: 30 minutos

1. Faça uma marinada com o alho, os óleos, o molho de soja, o sal, o suco de limão, o vinagre e o gengibre.
2. Limpe os cogumelos, corte em fatias de cerca de 0,5 cm e junte à marinada, mexendo para cobrir bem. Leve à geladeira.
3. Lave os brócolis, corte-os em pedaços e cozinhe no vapor até começar a ficar *al dente*. Leve-os à geladeira.
4. Depois de gelados, junte os brócolis ao cogumelo marinado e misture bem para cobrir todos os pedaços com a marinada.
5. Retire os vegetais da marinada com uma escumadeira. Sirva-os salpicados com as lascas de amêndoas tostadas. Coloque-os sobre uma salada de folhas ou sirva em uma tigela.

Creme de brócolis

Para 2 porções

1 colher (sopa)	margarina ou manteiga
1 colher (sopa)	pimentão verde picado
1 ½ colher (sopa)	cebola picada
1 xícara	brócolis picados
⅓ de xícara	água
⅓ de xícara	creme de leite *light*
¼ de xícara (aprox.)	leite
¼ de colher (chá)	*curry* em pó
a gosto	sal e pimenta-do-reino
2 colheres (sopa)	creme de leite azedo*
1 colher (chá)	salsinha picada

Para 4 porções

2 colheres (sopa)	margarina ou manteiga
2 colheres (sopa)	pimentão verde picado
3 colheres (sopa)	cebola picada
2 xícaras	brócolis picados
⅔ de xícara	água
⅔ de xícara	creme de leite *light*
½ xícara (aprox.)	leite
½ colher (chá)	*curry* em pó
a gosto	sal e pimenta-do-reino
¼ de xícara	creme de leite azedo
2 colheres (chá)	salsinha picada

Tempo de preparo: 15 minutos

1. Em uma panela grande, derreta a manteiga. Refogue o pimentão e a cebola até que ela fique transparente.
2. Junte os brócolis e a água e cozinhe até que estejam macios.
3. Coloque no liquidificador e bata até obter um creme.
4. Junte o creme de leite; acrescente o leite conforme necessário, até obter uma textura de sopa-creme.
5. Tempere com o *curry*, sal e pimenta-do-reino a gosto.
6. Aqueça até que o creme chegue a uma temperatura adequada. Sirva com uma colherada de creme de leite azedo e salpique salsinha picada.

* N. T.: Se não encontrar, substitua por coalhada seca ou uma mistura de 1 colher (sopa) de suco de limão para cada 150 mL de creme de leite (junte-os, mexa e espere engrossar).

Repolho-roxo agridoce

Para 2 porções

1	maçã Pippin ou de outra variedade ácida
1 colher (sopa)	óleo
2 xícaras	repolho-roxo em tiras
2 colheres (sopa)	açúcar mascavo
2 colheres (sopa)	vinagre
¾ de colher (chá)	sal
2 colheres (sopa)	água

Para 4 porções

2	maçãs Pippin ou de outra variedade ácida
2 colheres (sopa)	óleo
4 xícaras	repolho-roxo em tiras
¼ de xícara	açúcar mascavo
¼ de xícara	vinagre
1 ½ colher	sal
¼ de xícara	água

Tempo de preparo: 15 a 25 minutos

1. Lave a maçã, descasque, retire as sementes e corte em fatias finas.
2. Misture os ingredientes em uma frigideira ou *wok*.
3. Tampe e leve ao fogo brando, mexendo de vez em quando. Cozinhe até que o repolho adquira a consistência desejada (cerca de 8 minutos para que fique *al dente* e 15 minutos para que fique macio).

Charuto de repolho vegetariano

Para 2 porções

4	folhas de repolho
110 g	broto de feijão picado
65 g	cogumelo fresco picado
1 ½ colher (sopa)	margarina ou manteiga
6 colheres (sopa)	germe de trigo
2 colheres (sopa)	castanhas-d'água em conserva, escorridas e picadas
¼ de xícara	amêndoas laminadas
2 ½ colheres (sopa)	salsinha bem picada
½ colher (chá)	manjerona seca esmigalhada
⅛ de colher (chá)	sal
6 colheres (sopa)	queijo parmesão ralado
½ xícara	molho de tomate

Para 4 porções

8	folhas de repolho
225 g	broto de feijão picado
125 g	cogumelo fresco picado
3 colheres (sopa)	margarina ou manteiga
¾ de xícara	germe de trigo
¼ de xícara	castanhas-d'água em conserva, escorridas e picadas
½ xícara	amêndoas laminadas
⅓ de xícara	salsinha bem picada
1 colher (chá)	manjerona seca esmigalhada
¼ de colher (chá)	sal
¾ de xícara	queijo parmesão ralado
1 xícara	molho de tomate

Tempo de preparo: 35 minutos

Tempo para assar: forno a 180°C por 25 minutos

1. Preaqueça o forno.
2. Afervente as folhas de repolho por 3 minutos; escorra.
3. Refogue o broto de feijão e o cogumelo na manteiga, mexendo sempre, até dourarem.
4. Retire do fogo e junte os demais ingredientes, menos o molho de tomate e metade do queijo.
5. Divida a mistura entre as folhas de repolho; enrole e prenda com palitos de dente.
6. Coloque em um refratário; cubra com o molho de tomate e salpique o queijo reservado.
7. Asse a 180°C por 25 minutos.
8. Descarte os palitos de dente e sirva.

Repolho holandês

Para 2 porções

1	fatia de bacon
1 colher (sopa)	farinha de trigo
2 colheres (sopa)	açúcar
$1/8$ de colher	sal
1 xícara	água
$1/2$	ovo
$1/4$ de xícara	vinagre
$1/2$	repolho pequeno cortado em tiras
$1/4$ de xícara	salsão cortado em cubos
uma pitada	pimenta-do-reino

Para 4 porções

2	fatias de bacon
2 colheres (sopa)	farinha de trigo
$1/4$ de xícara	açúcar
$1/2$ colher (chá)	sal
1 xícara	água
1	ovo
$1/4$ de xícara	vinagre
1	repolho pequeno cortado em tiras
$1/2$ xícara	salsão cortado em cubos
$1/8$ de colher (chá)	pimenta-do-reino

Tempo de preparo: 10 minutos

1. Frite o bacon. Escorra sobre papel-toalha, reservando a gordura na frigideira.
2. Em uma panela, misture a farinha, o açúcar e o sal. Mexendo sempre, junte aos poucos a água e depois o vinagre e o ovo. Misture bem.
3. Leve ao fogo baixo, mexendo sem parar, e aqueça até que esteja grosso o bastante para cobrir as costas de uma colher. Reserve.
4. Coloque o repolho e o salsão na frigideira contendo a gordura do bacon reservada; refogue até o repolho ficar *al dente*.
5. Junte o bacon já esmigalhado, a pimenta e o molho; misture bem e sirva.

Kaldomar (charuto de repolho escandinavo)

Para 2 porções

4	folhas grandes de repolho
250 g	carne moída
¾ de xícara	arroz aferventado (bem *al dente*)
½	ovo
½	cebola bem picada
¼ de colher (chá)	sal
½ colher (chá)	pimenta-da-jamaica
¼ de xícara	leite
1 colher (sopa)	margarina ou manteiga
¼ de xícara	água
1 colher (sopa)	pó para sopa de cebola

Para 4 porções

8	folhas grandes de repolho
500 g	carne moída
1 ½ xícara	arroz aferventado (bem *al dente*)
1	ovo
1	cebola bem picada
½ colher (chá)	sal
1 colher (chá)	pimenta-da-jamaica
½ xícara	leite
2 colheres (sopa)	margarina ou manteiga
½ xícara	água
2 colheres (sopa)	pó para sopa de cebola

Tempo de preparo: 1 hora e 20 minutos

Tempo para assar: forno a 190°C por 1 hora

1. Preaqueça o forno.
2. Afervente as folhas de repolho por 10 minutos.
3. Enquanto isso, misture a carne com o arroz, o ovo, a cebola, o sal, a pimenta-da-jamaica e o leite.
4. Modele a mistura em forma de bolas grandes e enrole nas folhas de repolho, prendendo com palitos de dente.
5. Derreta a manteiga em uma frigideira e doure os charutos.
6. Coloque-os em um refratário.
7. Junte a água misturada com a sopa de cebola à gordura que ficou na panela; despeje sobre os charutos.
8. Asse a 190°C por 1 hora.
9. Descarte os palitos de dente e sirva.

Capítulo 2 ■ Legumes e verduras **37**

Supremo de repolho

Para 2 porções

1 ½ colher (chá)	margarina ou manteiga
2 xícaras	repolho cortado em tiras finas
2 colheres (sopa)	água
⅛ de colher (chá)	alho em pó
2 colheres (sopa)	creme de leite azedo*
½ colher (chá)	açúcar
1 ½ colher (chá)	vinagre
¼ de colher (chá)	sal
⅛ de colher (chá)	sementes de gergelim tostadas

Para 4 porções

1 colher (sopa)	margarina ou manteiga
4 xícaras	repolho cortado em tiras finas
3 colheres (sopa)	água
¼ de colher (chá)	alho em pó
¼ de xícara	creme de leite azedo
1 colher (chá)	açúcar
1 colher (sopa)	vinagre
½ colher (chá)	sal
¼ de colher (chá)	sementes de gergelim tostadas

* N. T.: Se não encontrar, substitua por coalhada seca ou uma mistura de 1 colher (sopa) de suco de limão para cada 150 mL de creme de leite (junte-os, mexa e espere engrossar).

Tempo de preparo: 15 minutos

1. Derreta a manteiga em uma frigideira.
2. Junte o alho em pó, a água e o repolho.
3. Tampe e deixe cozinhar no bafo por 5 minutos.
4. Em uma tigela pequena, misture o creme de leite azedo, o açúcar, o vinagre e o sal.
5. Acrescente ao repolho e aqueça até que todos os ingredientes estejam bem quentes.
6. Sirva imediatamente, polvilhado com as sementes de gergelim.

Cenouras ao gengibre

Para 2 porções

3	cenouras pequenas
1 colher (chá)	açúcar
½ colher (chá)	amido de milho
⅛ de colher (chá)	sal
⅛ de colher (chá)	gengibre fresco ralado
2 colheres (sopa)	suco de laranja
⅛ de colher (chá)	raspas de limão
1 colher (chá)	margarina ou manteiga

Para 4 porções

6	cenouras pequenas
2 colheres (chá)	açúcar
1 colher (chá)	amido de milho
¼ de colher (chá)	sal
¼ de colher (chá)	gengibre fresco ralado
¼ de xícara	suco de laranja
¼ de colher (chá)	raspas de limão
2 colheres (chá)	margarina ou manteiga

Tempo de preparo: 12 minutos

1. Lave e limpe as cenouras. Corte em palitos (de aproximadamente 5 cm de comprimento e 8 mm de diâmetro).
2. Aqueça até ferver uma quantidade de água suficiente para cobrir as cenouras.
3. Junte as cenouras à água fervente, tampe a panela e cozinhe até ficarem macias, mas *al dente* (cerca de 10 minutos).
4. Enquanto isso, misture o açúcar com o amido de milho e o sal.
5. Junte aos poucos o suco de laranja; continue mexendo.
6. Leve essa mistura ao fogo, mexendo sem parar. Assim que ferver, deixe cozinhar em fogo alto por 1 minuto.
7. Retire a panela do fogo, junte a manteiga, o gengibre e as raspas de limão.
8. Escorra bem as cenouras antes de despejar o molho por cima.
9. Misture bem para que o molho cubra todos os pedaços.
10. Sirva imediatamente.

Enformado de cenoura com especiarias

Para 2 porções

250 g	cenoura (4 médias)
1 ½ colher (sopa)	farinha de trigo
½ colher (chá)	essência de baunilha
2	ovos
2 colheres (sopa)	manteiga derretida
uma pitada	noz-moscada em pó
uma pitada generosa	pimenta-caiena
$1/8$ de colher (chá)	*curry* em pó
2 colheres (sopa)	nozes-pecã picadas grosseiramente

Para 4 porções

500 g	cenoura (8 médias)
3 colheres (sopa)	farinha de trigo
1 colher (chá)	essência de baunilha
3	ovos
¼ de xícara	manteiga derretida
uma pitada generosa	noz-moscada em pó
$1/8$ de colher (chá)	pimenta-caiena
¼ de colher (chá)	*curry* em pó
¼ de xícara	nozes-pecã picadas grosseiramente

Tempo de preparo: 75 minutos

Tempo para assar: forno a 180°C por 40 minutos e depois por mais 10 minutos

1. Preaqueça o forno.
2. Descasque as cenouras, corte-as ao meio e cozinhe em água fervente até ficarem macias.
3. Escorra. Mergulhe-as em água gelada e escorra novamente.
4. Coloque as cenouras, a farinha, a baunilha, os ovos, a noz-moscada, a pimenta-caiena, o *curry* em pó e a manteiga (derretida, mas fria) no processador de alimentos.
5. Bata até obter um purê completamente liso, raspando as laterais quando necessário.
6. Asse em forno preaquecido a 180°C por 40 minutos. Polvilhe as nozes e depois asse por mais 10 minutos.

Couve-flor inteira gratinada

Para 2 porções

½	couve-flor, em um pedaço só
½ colher (chá)	sal
conforme necessário	água para cobrir a couve-flor
¼ de xícara	maionese ou molho de salada cremoso
1 colher (chá)	mostarda
$1/3$ de xícara	queijo *cheddar* ralado, do tipo *sharp**

Para 4 porções

1	couve-flor inteira
1 colher (chá)	sal
conforme necessário	água para cobrir a couve-flor
½ xícara	maionese ou molho de salada cremoso
2 colheres (chá)	mostarda
$2/3$ de xícara	queijo *cheddar* ralado, do tipo *sharp*

Tempo de preparo: 20 minutos (receita pequena); 25 minutos (receita grande)

Tempo para assar: forno a 190°C por 10 minutos

1. Preaqueça o forno.
2. Apare as folhas e a parte mais dura do miolo da couve-flor.
3. Lave bem em água fria corrente.
4. Aqueça uma panela com água salgada até ferver. Junte a couve-flor.
5. Cozinhe em fogo alto, sem tampar, até que comece a amolecer ao ser espetada com um garfo (cerca de 10 a 15 minutos).
6. Escorra bem e transfira para uma assadeira rasa forrada com papel-alumínio.
7. Misture bem a maionese com a mostarda, espalhe sobre toda a superfície da couve-flor.
8. Polvilhe com o queijo ralado.
9. Asse a 190°C até que o queijo esteja derretido e comece a borbulhar (cerca de 10 minutos).

* N. T.: Queijo firme e de sabor forte. Se não encontrar, use outro queijo forte que possa ser gratinado.

Salsão com cogumelos e amêndoas

Para 2 porções

3	talos grandes (externos) de salsão
1 colher (sopa)	margarina ou manteiga
½ xícara	cogumelos frescos fatiados
2 colheres (sopa)	amêndoas sem pele, picadas

Para 4 porções

6	talos grandes (externos) de salsão
2 colheres (sopa)	margarina ou manteiga
1 xícara	cogumelos frescos fatiados
¼ de xícara	amêndoas sem pele, picadas

Tempo de preparo: 5 minutos

1. Lave bem os talos de salsão; corte na diagonal em fatias de 8 mm. Lave, escorra e fatie os cogumelos.
2. Em um *wok* ou uma frigideira, derreta a manteiga.
3. Junte o salsão e refogue, mexendo sem parar, até que comece a ficar macio.
4. Acrescente os cogumelos e as amêndoas.
5. Continue refogando, sem parar de mexer, até que os cogumelos comecem a ficar transparentes e as amêndoas, douradas.

Chiles rellenos

Para 2 porções

conforme necessário	óleo para fritar por imersão
½ xícara	molho de tomate
1 colher (sopa)	cebola cortada em cubos
⅛ de colher	orégano
a gosto	sal e pimenta-do-reino
½ lata (60 g)	pimenta anaheim inteira em conserva, escorrida*
¼ de xícara	queijo Monterey Jack ralado
2	ovos (gemas separada das claras)
½ colher (sopa)	farinha de trigo

Para 4 porções

conforme necessário	óleo para fritar por imersão
1 xícara	molho de tomate
2 colheres (sopa)	cebola cortada em cubos
¼ de colher (chá)	orégano
a gosto	sal e pimenta-do-reino
1 lata (120 g)	pimenta anaheim inteira em conserva, escorrida
½ xícara	queijo Monterey Jack ralado
4	ovos (gemas separadas da claras)
1 colher (sopa)	farinha de trigo

Tempo de preparo: 30 minutos

Temperatura de fritura: 190°C

1. Aqueça o óleo a 190°C.
2. Enquanto isso, coloque o molho de tomate e os temperos em uma panela de 1 litro, tampe e aqueça em fogo brando por 10 minutos.
3. Recheie as pimentas anaheim com o queijo.
4. Bata as gemas até formar uma espuma e reserve.
5. Bata as claras em neve até obter picos moles.
6. Incorpore as gemas batidas (polvilhe-as antes com a farinha) às claras em neve.
7. Uma a uma, mergulhe as pimentas recheadas nessa mistura, cobrindo-as bem.
8. Com cuidado, deposite uma a uma no óleo já quente e frite até que fiquem douradas.
9. Escorra sobre papel-toalha e sirva-as cobertas com o molho de tomate.

* N. T.: Se não encontrar as pimentas enlatadas, substitua por outra pimenta suave graúda. Chamusque-a no forno ou no fogo até ficar preta, abafe e depois descarte a casca, raspando-a com um pano úmido ou sob água corrente. Descarte também as sementes.

40 Preparo de alimentos

Berinjela à italiana

Para 2 porções

½	berinjela média, descascada e cortada em rodelas de 1,25 cm
¼ de xícara	margarina ou manteiga, derretida
⅓ de xícara	biscoito salgado moído
uma pitada generosa	sal
½ xícara	molho de tomate
⅛ de colher (chá)	orégano em pó
1 colher (sopa)	cogumelos em conserva, sem o caldo, fatiados
½ xícara	queijo mussarela ralado

Para 4 porções

1	berinjela média, descascada e cortada em rodelas de 1,25 cm
½ xícara	margarina ou manteiga, derretida
⅔ de xícara	biscoito salgado moído
⅛ de colher (chá)	sal
1 xícara	molho de tomate
¼ de colher	orégano em pó
2 colheres (sopa)	cogumelos em conserva, sem o caldo, fatiados
1 xícara	queijo mussarela ralado

Tempo de preparo: 15 minutos (receita pequena); 17 minutos (receita grande)

Tempo para assar: forno a 230°C por 10 a 12 minutos

1. Preaqueça o forno.
2. Passe a berinjela pela manteiga e depois pelo biscoito moído.
3. Coloque em uma assadeira rasa forrada com papel-alumínio.
4. Polvilhe com um pouco de sal.
5. Coloque uma colherada de molho sobre cada fatia; polvilhe com um pouco de orégano e cubra com os cogumelos e o queijo.
6. Asse a 230°C até que fiquem macias (10 a 12 minutos).

Cogumelo aperitivo

Para 2 porções

¼	cebola picada
2	ovos bem batidos
2 colheres (sopa)	farinha de rosca
¼ de colher (chá)	sal
uma pitada generosa	pimenta-do-reino
uma pitada generosa	páprica
uma pitada generosa	orégano
1 gota	molho de pimenta Tabasco
120 g	queijo *cheddar* ralado, do tipo *sharp**
180 g	cogumelo em conserva, sem o caldo, bem picado

Para 4 porções

½	cebola picada
4	ovos bem batidos
¼ de xícara	farinha de rosca
½ colher (chá)	sal
⅛ de colher (chá)	pimenta-do-reino
⅛ de colher (chá)	páprica
⅛ de colher (chá)	orégano
3 gotas	molho de pimenta Tabasco
180 g	queijo *cheddar* ralado, do tipo *sharp*
360 g	cogumelo em conserva, sem o caldo, bem picado

Tempo de preparo: 30 minutos

Tempo para assar: forno a 180°C por 15 a 20 minutos

1. Preaqueça o forno.
2. Cozinhe a cebola em ½ xícara de água fervente até amaciar; escorra.
3. Misture bem todos os ingredientes e espalhe em uma forma (de bolo inglês, para a receita pequena; ou de 22 x 22 cm para a receita grande).
4. Asse a 180°C até ficar firme (cerca de 15 minutos para a receita pequena e 20 para a grande).
5. Corte em quadrados de 2,5 cm e sirva quente.

* N. T.: Queijo firme e de sabor forte. Se não encontrar, use outro queijo forte que possa ser assado.

Cogumelos recheados com pinhole

Para 2 porções

125 g	espinafre picado congelado
2	cogumelos grandes
1 colher (sopa)	cebola picada
½	dente de alho espremido
2 colheres (chá)	azeite
1 colher (sopa)	queijo parmesão ralado
1 colher (sopa)	farinha de rosca
2 colheres (sopa)	pinhole
⅛ de colher (chá)	orégano seco
⅛ de colher (chá)	manjericão seco

Para 4 porções

250 g	espinafre picado congelado
4	cogumelos grandes
2 colheres (sopa)	cebola picada
1	dente de alho espremido
1 ½ colher (sopa)	azeite
2 colheres (sopa)	queijo parmesão ralado
2 colheres (sopa)	farinha de rosca
¼ de xícara	pinhole
¼ de colher (chá)	orégano seco
¼ de colher (chá)	manjericão seco

Tempo de preparo: 20 minutos

Tempo para assar: forno a 220°C por 10 a 12 minutos

1. Preaqueça o forno.
2. Descongele o espinafre no micro-ondas e escorra bem.
3. Limpe os cogumelos, reservando os cabinhos.
4. Pique os cabinhos; refogue-os no azeite com a cebola e o alho por 2 minutos.
5. Junte o espinafre e aqueça para evaporar o líquido.
6. Acrescente a farinha de rosca, o pinhole e os temperos.
7. Cubra a parte de cima de cada cogumelo com esta mistura; polvilhe com um pouco de parmesão.
8. Asse a 220°C por cerca de 10 minutos, ou até os cogumelos ficarem macios.

Capítulo 2 ▪ Legumes e verduras **43**

Quiche florentina

Para 2 porções

2	massas de torta individuais assadas (ver capítulo sobre tortas)
250 g	espinafre fresco
1 ½	ovo
½ xícara	creme de leite fresco
2 colheres (sopa)	leite
75 g	queijo *gruyère* ralado
¼ de colher (chá)	sal
uma pitada generosa	pimenta-do-reino

Para 4 porções

1	massa de torta de 25 cm de diâmetro, assada em uma forma de quiche (ver capítulo sobre tortas)
500 g	espinafre fresco
3	ovos
1 xícara	creme de leite fresco
¼ de xícara	leite
150 g	queijo *gruyère* ralado
½ colher (chá)	sal
⅛ de colher (chá)	pimenta-do-reino

Tempo de preparo: 40 minutos

Tempo para assar: forno a 180°C por 25 minutos

1. Preaqueça o forno.
2. Cozinhe o espinafre e esprema bem para retirar toda a água.
3. Bata os ovos até espumarem; junte o leite, o creme de leite e o queijo.
4. Passe o espinafre no processador de alimentos até obter um purê e junte à mistura de ovos. Tempere com sal e pimenta-do-reino.
5. Despeje em uma forma forrada com a massa já assada.
6. Asse a 180°C até que o recheio esteja firme ao sacudir levemente a forma (cerca de 25 minutos).
7. Sirva ainda quente.

Espinafre à espanhola

Para 2 porções

1	maço de espinafre fresco
2	fatias de bacon
2 colheres (sopa)	azeitonas fatiadas, recheadas com pimentão
⅛ de colher (chá)	alho em pó
½ colher (chá)	raspas de limão-siciliano
1 ½ colher (chá)	suco de limão

Para 4 porções

2	maços de espinafre fresco
4	fatias de bacon
¼ de xícara	azeitonas fatiadas, recheadas com pimentão
¼ de colher (chá)	alho em pó
1 colher (chá)	raspas de limão-siciliano
3 colheres (chá)	suco de limão

Tempo de preparo: 10 minutos

1. Lave bem o espinafre e escorra toda a água.
2. Em uma frigideira, frite o bacon até ficar crocante e retire-o da panela. Esfarele e reserve.
3. Descarte a gordura que ficou na panela, deixando apenas 1 colher (sopa).
4. Acrescente os ingredientes restantes.
5. Refogue em fogo médio, mexendo sempre, até que todo o espinafre esteja murcho e bem aquecido.
6. Polvilhe com o bacon esmigalhado.

Espinafre salteado (por Mary Kramer)

Para 2 porções

1	maço de espinafre
1 colher (sopa)	margarina ou manteiga
1 colher (sopa)	óleo
¼ de xícara	cebola picada
½	dente de alho espremido
1 ½ colher (chá)	suco de limão
¼ de xícara	creme de leite azedo*
¹/₈ de colher (chá)	sal
¹/₈ de colher (chá)	pimenta-do-reino

Para 4 porções

2	maços de espinafre
2 colheres (sopa)	margarina ou manteiga
2 colheres (sopa)	óleo
½ xícara	cebola picada
1	dente de alho, espremido
1 colher (sopa)	suco de limão
½ xícara	creme de leite azedo
¼ de colher (chá)	sal
¼ de colher (chá)	pimenta-do-reino

Tempo de preparo: 10 minutos

1. Descarte os talos mais grossos e as folhas estragadas do espinafre.
2. Lave bem, trocando a água várias vezes, até que esteja limpo; escorra bem.
3. Em uma frigideira, derreta a manteiga, depois junte o óleo.
4. Refogue a cebola e o alho por 5 minutos.
5. Junte o espinafre aos poucos e refogue, mexendo, até murchar.
6. Em uma tigela, misture o suco de limão, o creme de leite azedo, o sal e a pimenta-do-reino.
7. Se o espinafre tiver soltado algum líquido, escorra.
8. Incorpore a mistura de creme de leite azedo ao espinafre, misturando bem.
9. Aqueça um pouco, sem deixar ferver, e sirva imediatamente. Se o creme de leite azedo ferver, pode talhar.

* N. T.: Se não encontrar, substitua por coalhada seca ou uma mistura de 1 colher (sopa) de suco de limão para cada 150 mL de creme de leite (junte-os, mexa e espere engrossar).

Spanakopita (torta grega de espinafre)

Para 4 porções

500 g	espinafre
1 colher (sopa)	margarina ou manteiga
$1/3$ de xícara	cebolinha picada
1 colher (sopa)	salsinha picada
1 colher (chá)	endro fresco picado
125 g	queijo *feta* esfarelado
60 g	queijo *pecorino romano* ralado
3	ovos batidos
8	folhas de massa filo cortadas ao meio
60 g	margarina ou manteiga

Para 8 porções

1 Kg	espinafre
2 colheres (sopa)	margarina ou manteiga
$2/3$ de xícara	cebolinha picada
2 colheres (sopa)	salsinha picada
2 colheres (chá)	endro fresco picado
250 g	queijo *feta* esfarelado
125 g	queijo *pecorino romano* ralado
7	ovos batidos
16	folhas de massa filo cortadas ao meio
125 g	margarina ou manteiga

Tempo de preparo: 1 hora e 15 minutos

Tempo para assar: forno a 150°C por 1 hora

1. Preaqueça o forno.
2. Limpe, pique e branqueie* o espinafre; escorra muito bem.
3. Refogue a cebolinha até murchar.
4. Misture todos os ingredientes, com exceção da massa filo e da manteiga.
5. Derreta a manteiga.
6. Forre uma forma (20 x 20 cm para a receita pequena; 33 x 22 cm para a grande) com 8 folhas de massa filo, besuntando cada uma delas com a manteiga derretida.
7. Espalhe a mistura de espinafre sobre a massa.
8. Cubra com mais 8 folhas de massa filo besuntadas com manteiga derretida.
9. Faça cortes diagonais na massa, a intervalos de 5 cm.
10. Asse por 1 hora a 150°C, até dourar.
11. Corte em triângulos para servir.

* N. T.: Mergulhe o espinafre em água fervente e, em seguida, em água bem gelada.

Delícia de quiabo

Para 2 porções

½	cebola cortada ao meio e fatiada
½ colher (sopa)	azeite
6	quiabos pequenos inteiros
1 xícara	tomate refogado cortado em pedaços grandes
$^1/_8$ de colher (chá)	sal
¼ de colher (chá)	pimenta-do-reino moída grosseiramente
2	fatias de bacon
125 g	camarão cru sem casca
1 xícara	arroz branco cozido

Para 4 porções

1	cebola cortada ao meio e fatiada
1 colher (sopa)	azeite
12	quiabos pequenos inteiros
2 xícaras	tomate refogado cortado em pedaços grandes
¼ de colher (chá)	sal
½ colher (chá)	pimenta-do-reino moída grosseiramente
4	fatias de bacon
250 g	camarão cru sem casca
2 xícaras	arroz branco cozido

Tempo de preparo: 35 minutos

1. Refogue a cebola no azeite até dourar.
2. Junte o quiabo (inteiro), o tomate, o sal e a pimenta. Tampe e deixe cozinhar em fogo brando por 25 minutos.
3. Cozinhe o bacon no micro-ondas até ficar crocante; esfarele grosseiramente.
4. Junte o camarão e o bacon ao refogado de quiabo.
5. Cozinhe em fogo brando por mais 4 minutos.
6. Sirva sobre o arroz.

Cebola-pérola com ervas

Para 2 porções

250 g	cebola-pérola
1 colher (sopa)	manteiga
1 colher (sopa)	farinha de trigo
½ xícara	leite
¼ de colher (chá)	sal
¼ de colher (chá)	tomilho seco
¼ de colher (chá)	alho em pó
a gosto	pimenta-do-reino moída na hora (opcional)
1 colher (sopa)	queijo parmesão ralado

Para 4 porções

500 g	cebola-pérola
2 colheres (sopa)	manteiga
2 colheres (sopa)	farinha de trigo
1 xícara	leite
½ colher (chá)	sal
½ colher (chá)	tomilho seco
½ colher (chá)	alho em pó
a gosto	pimenta-do-reino moída na hora (opcional)
2 colheres (sopa)	queijo parmesão ralado

Tempo de preparo: 40 minutos

Tempo para assar: forno a 180°C por 30 minutos

1. Preaqueça o forno.
2. Branqueie as cebolas com a casca por 3 minutos.
3. Apare as pontas e descasque.
4. Derreta a manteiga em uma panela pequena e retire do fogo. Junte a farinha e o leite, mexendo. Aqueça, sem parar de mexer, até que o molho engrosse e comece a ferver.
5. Junte os temperos e as cebolas e misture bem.
6. Arrume-as em um refratário raso; despeje molho por cima e polvilhe com o queijo.
7. Asse a 180°C até que comecem a dourar e estejam bem quentes.

Preparo de alimentos

Ratatouille

Para 2 porções

½ xícara	cebola cortada em rodelas
½ xícara	pimentão vermelho cortado em tiras
½ xícara	pimentão amarelo cortado em tiras
1	dente de alho espremido
1 colher (sopa)	azeite
¼ de xícara	queijo parmesão ralado
2 colheres (chá)	manjericão seco
2 colheres (chá)	orégano seco
uma pitada generosa	sal
$\frac{1}{8}$ de colher (chá)	pimenta-do-reino
1 xícara	abobrinha cortada em rodelas
350 g	tomate cortado em rodelas
½	berinjela pequena cortada em rodelas de 0,5 cm

Para 4 porções

1 xícara	cebola cortada em rodelas
1 xícara	pimentão vermelho cortado em tiras
1 xícara	pimentão amarelo cortado em tiras
2	dentes de alho espremidos
2 colheres (sopa)	azeite
½ xícara	queijo parmesão ralado
4 colheres (chá)	manjericão seco
4 colheres (chá)	orégano seco
¼ de colher (chá)	sal
¼ de colher (chá)	pimenta-do-reino
2 xícaras	abobrinha cortada em rodelas
700 g	tomate cortado em rodelas
1	berinjela pequena cortada em rodelas de 0,5 cm

Tempo de preparo: 70 minutos

Tempo para assar: forno a 180°C por 50 minutos

1. Preaqueça o forno.
2. Refogue a cebola, os pimentões e o alho no azeite por 4 minutos. Reserve.
3. Em uma tigela, misture o queijo, o manjericão, o orégano, o sal e a pimenta-do-reino. Reserve.
4. Use metade dos vegetais para formar uma camada no fundo de um refratário.
5. Espalhe metade do refogado sobre os vegetais; polvilhe com metade do queijo.
6. Repita as camadas.
7. Asse, tampado, a 180°C, por 40 minutos. Destampe e asse por mais 10 minutos.

Refogado chinês de ervilha-torta

Para 2 porções

60 g	ervilha-torta
60 g	cogumelo fresco
2 colheres (chá)	azeite
1 colher (sopa)	castanhas-d'água em conserva, escorridas e fatiadas
2 colheres (chá)	molho de soja

Para 4 porções

125 g	ervilha-torta
125 g	cogumelo fresco
1 colher (sopa)	azeite
2 colheres (sopa)	castanhas-d'água em conserva, escorridas e fatiadas
4 colheres (chá)	molho de soja

Tempo de preparo: 15 minutos

1. Lave a ervilha e descarte as pontas e o fio.
2. Limpe os cogumelos e corte em fatias de 3 mm.
3. Aqueça ligeiramente o azeite em uma frigideira rasa, junte as ervilhas, os cogumelos e as castanhas-d'água escorridas.
4. Refogue, mexendo sempre, até que os cogumelos comecem a ficar transparentes.
5. Junte o molho de soja e sirva em seguida.

Salada de abóbora-espaguete

Para 2 porções

½	abóbora-espaguete* pequena
2	rabanetes
2	folhas de manjericão fresco
2	ramos de cebolinha
1	tomate Roma
30 g	queijo provolone
30 g	salame
30 g	queijo feta com ervas, esfarelado
2 colheres (sopa)	pimentão verde cortado em cubos
2 colheres (sopa)	pimentão vermelho cortado em cubos
¼ de xícara	broto de alfafa
1 colher (sopa)	molho de salada tipo italiano
a gosto	sal e pimenta-do-reino

Figura 2.5 A abóbora-espaguete ganhou seu nome devido à aparência da polpa, que se separa em fios parecidos com o macarrão de mesmo nome depois que ela é cozida.

Para 4 porções

1	abóbora-espaguete pequena
4	rabanetes
4	folhas de manjericão fresco
4	ramos de cebolinha
2	tomates Roma
60 g	queijo provolone
60 g	salame
60 g	queijo feta com ervas, esfarelado
¼ de xícara	pimentão verde cortado em cubos
¼ de xícara	pimentão vermelho cortado em cubos
½ xícara	broto de alfafa
2 colheres (sopa)	molho de salada tipo italiano
a gosto	sal e pimenta-do-reino

Tempo de preparo: 30 minutos

1. Corte a abóbora-espaguete ao meio, no sentido do comprimento, e descarte as sementes. Cozinhe no micro-ondas, com ¼ de xícara de água, até ficar macia (10 a 15 minutos).
2. Separe os fios, retirando-os da casca com um garfo. Leve à geladeira.
3. Corte o rabanete em rodelas finas; pique bem o manjericão e a cebolinha; corte o tomate em cubos e o queijo e o salame, em julienne.
4. Junte todos os ingredientes e misture bem.

* N. T.: Também conhecida como melão-espaguete. Quando cozida, a polpa dessa variedade de abóbora se separa em longos fios.

Tomate recheado *provençale*

Para 2 porções

½ xícara	arroz branco cru
2	tomates grandes
¼ de xícara	cebola-roxa cortada em cubos
½	dente de alho espremido
2 colheres (chá)	azeite
2	azeitonas pretas
½ colher (chá)	vinagre balsâmico
2	folhas de manjericão fresco
a gosto	sal e pimenta-do-reino

Para 4 porções

1 xícara	arroz branco cru
4	tomates grandes
½ xícara	cebola-roxa cortada em cubos
1	dente de alho espremido
1 colher (sopa)	azeite
4	azeitonas pretas
1 colher (chá)	vinagre balsâmico
4	folhas de manjericão fresco
a gosto	sal e pimenta-do-reino

Tempo de preparo: 1 hora

Tempo para assar: forno a 190°C por 30 a 40 minutos

1. Preaqueça o forno.
2. Prepare o arroz de acordo com as instruções da embalagem.
3. Corte uma tampa fina do topo de cada tomate. Reserve.
4. Com cuidado, retire a polpa, deixando as laterais do tomate com pelo menos 1 cm de espessura.
5. Pique a polpa, escorrendo o excesso de líquido.
6. Refogue a cebola e o alho no azeite.
7. Misture o arroz, o refogado de cebola e alho, o vinagre, as azeitonas, o sal e a pimenta.
8. Recheie os tomates com essa mistura e finalize com uma folha de manjericão. Ponha a tampa de volta.
9. Coloque-os em uma forma forrada com papel-alumínio e asse a 190°C por cerca de 30 minutos, até que o tomate esteja bem quente, mas não desmanchando.

Abobrinha refogada (por Mary Kramer)

Para 2 porções

2	abobrinhas pequenas, raladas grosseiramente
1 colher (sopa)	óleo
½	cebola picada
½	dente de alho espremido
1	tomate, sem pele, cortado em cubos
¼ de colher (chá)	sal temperado
¼ de colher (chá)	pimenta-do-reino
a gosto	queijo parmesão

Para 4 porções

4	abobrinhas pequenas, raladas grosseiramente
2 colheres (sopa)	óleo
1	cebola picada
1	dente de alho espremido
2	tomates, sem pele, cortados em cubos
½ colher (chá)	sal temperado
½ colher (chá)	pimenta-do-reino
a gosto	queijo parmesão

Tempo de preparo: 7 minutos

1. Lave bem as abobrinhas e descarte as pontas.
2. Rale no ralo grosso.
3. Em uma frigideira, refogue a cebola e o alho no óleo por 2 minutos.
4. Junte o tomate e aqueça até ferver.
5. Acrescente as abobrinhas raladas, o sal e a pimenta.
6. Aqueça apenas até começar a ferver. (Cozinhar por mais tempo fará com que a abobrinha solte muita água).
7. Sirva polvilhada com parmesão.

Abobrinha ao perfume de limão

Para 2 porções

2	abobrinhas médias cortadas em rodelas de 3 mm
1 colher (sopa)	cebola bem picada
1 colher (sopa)	azeite
¼ de xícara	salsinha picada
⅛ de colher (chá)	raspas de limão-siciliano
1 colher (chá)	suco de limão-siciliano

Para 4 porções

4	abobrinhas médias cortadas em rodelas de 3 mm
2 colheres (sopa)	cebola bem picada
2 colheres (sopa)	azeite
½ xícara	salsinha picada
¼ de colher (chá)	raspas de limão-siciliano
2 colheres (chá)	suco de limão-siciliano

Tempo de preparo: 7 minutos

1. Refogue as abobrinhas e a cebola no azeite até amaciarem.
2. Junte os ingredientes restantes.
3. Sirva imediatamente.

Figura 2.6 Flores de abobrinha às vezes são preparadas e servidas com a abobrinha.

MOLHOS PARA LEGUMES E VERDURAS

Molho de limão

Para 2 porções

1 colher (sopa)	margarina ou manteiga
2 colheres (chá)	suco de limão

Para 4 porções

3 colheres (sopa)	margarina ou manteiga
2 colheres (sopa)	suco de limão

Tempo de preparo: 1 minuto

1. Derreta a manteiga.
2. Junte o suco de limão e misture bem. Sirva sobre vegetais cozidos em água e bem escorridos, como cenoura e brócolis.

Molho cremoso

Para 2 porções

1 colher (chá)	margarina ou manteiga
1 colher (chá)	farinha de trigo
	uma pitada de sal
¼ de xícara	leite

Para 4 porções

2 colheres (chá)	margarina ou manteiga
2 colheres (chá)	farinha de trigo
⅛ de colher (chá)	sal
½ xícara	leite

Tempo de preparo: 5 minutos

1. Derreta a manteiga.
2. Retire do fogo e junte a farinha e o sal, mexendo.
3. Despeje o leite aos poucos, batendo sempre para evitar que empelote.
4. Leve a panela de volta ao fogo. Cozinhe, sem parar de mexer, até ferver e borbulhar.

Molho de queijo

Para 2 porções

¼ de xícara	Molho cremoso (veja receita anterior)
3 colheres (sopa)	queijo *cheddar* ralado, do tipo *sharp**

Para 4 porções

½ xícara	Molho cremoso (veja receita anterior)
⅓ de xícara	queijo *cheddar* ralado, do tipo *sharp*

Tempo de preparo: 7 minutos

1. Junte o queijo ralado ao molho cremoso.
2. Leve ao fogo brando para aquecer e derreter o queijo.
3. Sirva imediatamente sobre vegetais cozidos em água e bem escorridos, ou use para gratinar.
4. Evite deixar que o molho ferva, ou mantê-lo aquecido por mais de 5 minutos. O calor excessivo fará com que o queijo endureça e pode ocasionar a separação da gordura. Se isso acontecer, adicione leite suficiente apenas para homogeneizar o molho.

Figura 2.7 O molho de queijo deixa os brócolis cozidos mais coloridos e nutritivos.

* N. T.: Queijo firme e de sabor forte. Se não encontrar, use outro queijo forte que possa ser assado.

Molho agridoce

Para 2 porções

1 colher (chá)	margarina ou manteiga
½ colher (chá)	amido de milho
½ colher (chá)	açúcar
uma pitada	sal
¼ de xícara	vinagre de vinho branco

Para 4 porções

1 colher (sopa)	margarina ou manteiga
1 ½ colher (chá)	amido de milho
1 ½ colher (chá)	açúcar
uma pitada	sal
½ xícara	vinagre de vinho branco

Tempo de preparo: 5 minutos

1. Derreta a manteiga.
2. Retire do fogo e, mexendo, acrescente o amido de milho, o açúcar e o sal. Aos poucos, misture o vinagre.
3. Leve a panela de volta ao fogo. Cozinhe, sem parar de mexer, até começar a ferver.
4. Quando o molho estiver transparente e grosso, despeje sobre vegetais cozidos em água e bem escorridos.

Molho holandês

Para 2 porções

2 colheres (sopa)	margarina ou manteiga
1	gema
2 colheres (sopa)	água quente
1 colher (chá)	suco de limão

Para 4 porções

¼ de xícara	margarina ou manteiga
2	gemas
¼ de xícara	água quente
2 colheres (chá)	suco de limão

Tempo de preparo: 10 minutos

1. Bata a manteiga até amaciar.
2. Com cuidado, misture a gema, bem batida.
3. Junte a água quente aos poucos, batendo sempre.
4. Cozinhe em banho-maria (não deixe a água da panela de baixo ferver), sem parar de mexer, até o molho engrossar.
5. Retire do fogo e misture aos poucos o suco de limão.
6. Sirva sobre vegetais cozidos em água e bem escorridos.

Molho holandês rápido

Para 2 porções

2 colheres (sopa)	creme de leite azedo*
2 colheres (sopa)	maionese
¼ de colher (chá)	mostarda
½ colher (chá)	suco de limão

Para 4 porções

¼ de xícara	creme de leite azedo
¼ de xícara	maionese
½ colher (chá)	mostarda
1 colher (chá)	suco de limão

Tempo de preparo: 5 minutos

1. Misture o creme de leite azedo com a maionese, a mostarda e o suco de limão.
2. Leve ao fogo brando, mexendo, até que o molho esteja quente o suficiente para servir.

* N. T.: Se não encontrar, substitua por coalhada seca ou uma mistura de 1 colher (sopa) de suco de limão para cada 150 mL de creme de leite (junte-os, mexa e espere engrossar).

Dip de *roquefort*

Para 2 porções

60 g	queijo *roquefort* ou gorgonzola
¼ de xícara	maionese
¼ de xícara	creme de leite azedo*
1 colher (sopa)	suco de limão
1 colher (sopa)	salsinha picada
1 colher (sopa)	cebolinha picada (parte verde)
uma pitada generosa	*curry* em pó
algumas gotas	molho inglês
uma pitada generosa	sal temperado
uma pitada generosa	alho em pó
⅛ de colher (chá)	pimenta-do-reino moída grosseiramente
uma pitada generosa	pimenta-caiena
a gosto	legumes crus variados para acompanhar

Para 4 porções

125 g	queijo *roquefort* ou gorgonzola
½ xícara	maionese
½ xícara	creme de leite azedo
2 colheres (sopa)	suco de limão
2 colheres (sopa)	salsinha picada
2 colheres (sopa)	cebolinha picada (parte verde)
$^1/_8$ de colher (chá)	*curry* em pó
$^1/_8$ de colher (chá)	molho inglês
$^1/_8$ de colher (chá)	sal temperado
$^1/_8$ de colher (chá)	alho em pó
¼ de colher (chá)	pimenta-do-reino moída grosseiramente
$^1/_8$ de colher (chá)	pimenta-caiena
a gosto	legumes crus variados para acompanhar

Tempo de preparo: 5 minutos

(Para acompanhar uma travessa de vegetais crus servidos como aperitivo)

1. Em uma tigela, amasse o queijo com um garfo.
2. Junte aos poucos a maionese e o creme de leite azedo, mexendo até obter um creme liso.
3. Junte os demais ingredientes e misture bem.
4. Conserve em geladeira, em recipiente bem tampado.
5. Sirva o molho em uma tigela, sobre uma travessa bonita, rodeado de palitos de cenoura, rosas de rabanete, rodelas de nabo-roxo, floretes de couve-flor, talos de salsão, fatias de abobrinha ou outros vegetais crus frescos.

* N. T.: Se não encontrar, substitua por coalhada seca ou uma mistura de 1 colher (sopa) de suco de limão para cada 150 mL de creme de leite (junte-os, mexa e espere engrossar).

BATATA

Objetivos

1. Demonstrar as propriedades culinárias das batatas cerosas (suculentas) e enxutas (farinhentas) em diferentes pratos.
2. Preparar alimentos contendo batatas e avaliar sua qualidade.

Há no mercado batatas de diversas variedades. Basicamente, elas podem ser classificadas em cerosas e enxutas. De modo geral, as de formato arredondado tendem a ser mais suculentas, ao passo que as alongadas e achatadas costumam ser mais farinhentas. Batatas suculentas, ou cerosas, têm um teor relativamente alto de açúcar e baixo de amido. Batatas farinhentas, ou enxutas, são o oposto — apresentam teor de amido alto e de açúcar, baixo.

A temperatura de armazenamento, assim como a variedade da batata, influenciará no teor de umidade desse vegetal. Quando mantida em temperatura ambiente, sua concentração de amido aumenta, enquanto temperaturas abaixo de 7°C promovem a formação de mais açúcar. O ideal é armazenar as batatas a aproximadamente 15°C. Nessa temperatura, a proporção original de amido e açúcar de cada variedade será mantida. A batata do tipo Russet* é o exemplo clássico da batata enxuta, ao passo que a batata-rosa é uma batata cerosa típica.

A alta concentração de amido das batatas farinhentas as torna ideais para o preparo de purês leves, batatas fritas e *baked potato*. A melhor opção para preparar batata cozida, salada de batata e batata gratinada é a batata cerosa, que contém mais açúcar.

---
* N. T.: Usada para preparar a tradicional *baked potato* norte-americana.

Como cozinhar em água

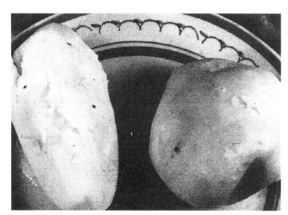

Batatas cozidas em água devem manter seu formato mesmo depois de concluído o cozimento. As variedades suculentas são as mais adequadas para cozinhar em água e usar em receitas que levem batata em pedaços. Batata gratinada, salada de batata e maionese de legumes são exemplos de pratos em que é importante manter os contornos da batata picada na preparação final, o que não acontece com as batatas farinhentas, que esfarelam e desmancham com facilidade depois de cozidas. A imagem ao lado mostra duas batatas cozidas: à esquerda, uma variedade enxuta (farinhenta) e, à direita, uma suculenta (cerosa).

Como fritar

A batata frita em palitos deve ser macia no centro sem que esteja escura demais na parte de fora. A superfície externa doura em decorrência das mudanças químicas ocorridas no açúcar de sua composição. Batatas com alto teor de açúcar, especificamente as cerosas (lado direito da imagem ao lado), ficam escuras tão rapidamente que podem parecer queimadas antes mesmo que o centro esteja cozido. Batatas enxutas (à esquerda) são a melhor opção na hora de fritar, pois seu reduzido teor de açúcar faz com que levem mais tempo para adquirir a coloração dourada desejada. Desse modo, há tempo suficiente para cozinhar o interior dos palitos.

Como fazer purê

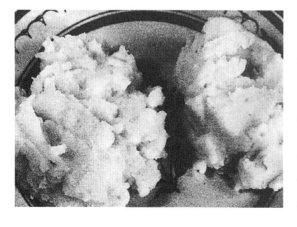

Um bom purê de batata deve ser leve e aerado**. Para obter um purê fofo, é preciso usar batatas com alto teor de amido, o qual inchará durante o processo de gelatinização. A variedade preferida para essa preparação, portanto, é a batata enxuta (na imagem ao lado, à esquerda), pois contém mais amido que a batata cerosa (à direita). Batatas cerosas ficam mais pegajosas e pastosas, e geralmente adquirem um tom mais escuro que as enxutas quando amassadas.

** N. T.: Essa característica é importante na cultura dos países de língua inglesa. No Brasil, segue-se mais a tradição francesa, que privilegia o purê cremoso e de consistência mais mole.

Como assar

Batatas enxutas (na imagem ao lado, à esquerda) são mais adequadas para fazer *baked potato* porque o produto final deve ter uma polpa quebradiça. Essa textura pode ser obtida usando-se variedades com alto teor de amido. Batatas cerosas (à direita) ficarão pegajosas e encharcadas depois de assadas.

Resumo de como escolher

Batatas enxutas ou farinhentas, como a Russet, são as mais indicadas para fazer purê, *baked potato* e batata frita, por causa de seu teor mais alto de amido. Já as cerosas ou suculentas, como a batata-rosa, são as melhores para cozinhar em água e para usar em receitas em que a batata deve manter seu formato até o término da preparação. Quando possível, é aconselhável usar a variedade mais adequada para cada tipo de receita. Entretanto, se o consumo de batata for reduzido, pode-se optar por uma variedade que sirva para diferentes pratos, como a batata inglesa. Essas batatas não são ideais para preparações que exijam variedades mais suculentas ou mais enxutas, mas podem ser usadas em ambas com resultados satisfatórios.

RECEITAS

Para determinar qual variedade de batata é mais adequada para preparar cada uma das receitas a seguir, prepare-as duas vezes, usando um tipo de batata de cada vez. Identifique e anote as características de cada uma na tabela de avaliação da página 59 e aponte qual tipo de batata é mais adequado para cada receita. Compare suas impressões com as informações apresentadas anteriormente.

Batata cozida

Para 2 porções

2	batatas
½ colher (chá)	sal

Para 4 porções

4	batatas
1 colher (chá)	sal

Tempo de preparo: 22 minutos

1. Descasque as batatas.
2. Coloque-as em uma panela contendo água fervente suficiente apenas para cobrir as batatas. Acrescente sal.
3. Tampe e cozinhe em fogo alto até que possa enfiar um garfo na polpa com facilidade.
4. Escorra e sirva.

Batata frita em palitos

Para 2 porções

2	batatas
conforme necessário	óleo
a gosto	sal

Para 4 porções

4	batatas
conforme necessário	óleo
a gosto	sal

Tempo de preparo: 20 minutos

Temperatura de fritura: 190°C

1. Aqueça o óleo a 190°C.
2. Enquanto isso, descasque as batatas. Corte-as em palitos no sentido do comprimento.
3. Seque os palitos, usando papel-toalha.
4. Coloque-os em uma cesta para fritura e mergulhe no óleo preaquecido a 190°C.
5. Frite até dourar por fora e ficar macia por dentro.
6. Escorra bem e deixe sobre papel-toalha para absorver o óleo.
7. Polvilhe com sal e sirva.

Purê de batata

Para 2 porções

2	batatas
conforme necessário	leite desnatado
2 colheres (chá)	margarina ou manteiga
a gosto	sal e pimenta-do-reino

Para 4 porções

4	batatas
conforme necessário	leite desnatado
4 colheres (chá)	margarina ou manteiga
a gosto	sal e pimenta-do-reino

Tempo de preparo: 25 minutos

1. Descasque as batatas, corte em cunhas e cozinhe em água salgada (suficiente para cobrir) até ficarem macias.
2. Escorra a água.
3. Usando um espremedor de batata ou uma batedeira (em velocidade baixa), amasse as batatas.
4. Acrescente a manteiga e adicione o leite morno conforme necessário. Bata até obter um purê leve e fofo.
5. Se desejar, tempere com mais sal e adicione pimenta.
6. Sirva imediatamente.

Baked potato

Para 2 porções

| 2 | batatas |
| conforme necessário | margarina, manteiga ou creme de leite azedo* |

Para 4 porções

| 4 | batatas |
| conforme necessário | margarina, manteiga ou creme de leite azedo |

* N. T.: Se não encontrar, substitua por coalhada seca ou uma mistura de 1 colher (sopa) de suco de limão para cada 150 mL de creme de leite (junte-os, mexa e espere engrossar).

Tempo de preparo: 1 hora

Tempo para assar: forno a 220°C por 1 hora

1. Preaqueça o forno.
2. Lave bem as batatas sob água corrente, usando uma escovinha de cerdas duras própria para alimentos.
3. Unte a casca de cada uma com margarina, manteiga ou creme de leite azedo, coloque-as em uma forma forrada com papel-alumínio e asse a 190°C por cerca de 1 hora.
4. Após 30 minutos, perfure a casca com um garfo para liberar o vapor.
5. Depois de assadas, use uma faca para fazer um X na parte superior. Pressione as laterais, usando as duas mãos, para abrir ligeiramente.
6. Coloque um pouco de margarina, manteiga ou creme de leite azedo sobre a abertura de cada batata.

Avaliação dos tipos de batata usados nas receitas[1]

Receita	Tipo preferido	Aparência e palatabilidade	
		Cerosa (suculenta)	Enxuta (farinhenta)
Batata cozida			
Batata frita em palitos			
Purê de batata			
Baked potato			

[1] A batata-rosa é um exemplo típico de batata cerosa; já a Russet é um exemplo clássico de variedade enxuta. Temperaturas de armazenamento em torno de 7°C salientam a qualidade cerosa das batatas, enquanto temperaturas entre 15 e 21°C favorecem as características de batatas enxutas.

Batata ao forno

Para 2 porções

2	batatas cerosas
1 colher (sopa)	margarina ou manteiga
1 colher (sopa)	farinha de trigo
¼ de colher (chá)	sal
1 xícara	leite
	refratário com tampa com capacidade para 2 xícaras

Para 4 porções

4	batatas cerosas
2 colheres (sopa)	margarina ou manteiga
2 colheres (sopa)	farinha de trigo
½ colher (chá)	sal
2 xícaras	leite
	refratário com tampa com capacidade para 1 litro

Tempo de preparo: 1 hora e 15 minutos (receita pequena); 1 hora e 30 minutos (receita grande)

Tempo para assar: forno a 180°C por 1 hora a 1 hora e 15 minutos

1. Preaqueça o forno.
2. Descasque as batatas e corte-as em rodelas bem finas.
3. Em uma panela de 1 litro, derreta a manteiga; retire do fogo.
4. Junte a farinha e o sal e misture.
5. Adicione o leite aos poucos, mexendo sem parar.
6. Leve a panela de volta ao fogo. Cozinhe, sem parar de mexer, até começar a ferver.
7. Coloque um terço da batata em um refratário; despeje um terço do molho por cima. Repita as camadas, terminando com o molho.
8. Asse, tampado, a 180°C por 1 hora.
9. Retire a tampa e continue assando até que a superfície fique dourada (cerca de 15 minutos).

Observação: Pode-se acrescentar pimentão verde, pimentão vermelho ou cebola picados para variar a receita. Caso queira dar um toque diferente, acrescente uma pitada generosa de *curry* em pó, pimenta-do-reino ou alho em pó. Também é possível preparar este prato no micro-ondas, com o refratário tampado, na potência alta, por 9 a 10 minutos (receita pequena) ou por 18 a 20 minutos (receita grande), fazendo-se uma pausa na metade do tempo para virar as batatas. Terminado o cozimento, é necessário aguardar pelo menos 5 minutos para que as batatas estejam completamente cozidas.

Figura 2.8 Batatas Anna, uma variação da batata de forno, são servidas rodeadas de brócolis, cebola cozida e tomates-cereja.

Batata *au gratin*

Para 2 porções

	Batata ao forno (veja receita anterior)
$^2/_3$ de xícara	queijo *cheddar* ralado, do tipo *sharp**

Para 4 porções

	Batata ao forno (veja receita anterior)
1 $^1/_3$ de xícara	queijo *cheddar* ralado, do tipo *sharp*

* N. T.: Queijo firme e de sabor forte. Se não encontrar, use outro queijo forte que possa ser assado.

Tempo de preparo: 1 hora e 15 minutos (receita pequena); 1 hora e 30 minutos (receita grande)

Tempo para assar: forno a 180°C por 1 hora a 1 hora e 15 minutos

1. Preaqueça o forno.
2. Prepare o molho usado na receita de Batata ao forno e acrescente o queijo *cheddar* do tipo *sharp* ralado.
3. Monte as camadas no refratário e asse como na receita anterior.

Hash brown (batata assada na frigideira)

batata enxuta
óleo
sal

Tempo de preparo: 30 minutos

1. Lave, descasque e rale as batatas no ralo grosso.
2. Coloque em uma frigideira grossa contendo 0,5 cm de óleo quente.
3. Aqueça em fogo médio-alto até que a parte de baixo esteja dourada e crocante.
4. Vire como se fosse uma panqueca, para dourar do outro lado.
5. Deixe no fogo até que também esteja dourado e crocante.
6. O tempo total de cozimento é de cerca de 25 minutos. Polvilhe com sal e sirva.

62 Preparo de alimentos

Batata assada recheada

batata enxuta
leite
margarina ou manteiga

Tempo de preparo: 1 hora e 10 minutos

Tempo para assar: forno a 220°C por 1 hora

1. Preaqueça o forno.
2. Lave as batatas e unte a casca de cada uma delas antes de assar (por cerca de 1 hora a 220°C).
3. Quando puder espetar um garfo com facilidade na polpa, use uma faquinha para cortar uma tampa grande na superfície de cada batata.
4. Raspe o miolo e transfira para uma tigela.
5. Adicione a manteiga e o leite, conforme necessário, e prepare como se fosse um purê de batata.
6. Usando uma colher, coloque o purê de volta nas cavidades, sem apertar.
7. Se desejar, coloque as batatas sob a salamandra para dourar levemente.

Observação: Variações podem ser criadas acrescentando-se bacon frito esmigalhado, queijo ralado ou cebolinha-francesa picada ao recheio. Para obter uma aparência mais sofisticada, use um saco de confeitar para colocar o recheio de volta nas batatas.

LEGUMINOSAS

Objetivos

1. Identificar as características de vários membros da família das leguminosas.
2. Demonstrar o uso das leguminosas, apresentando receitas de pratos principais apetitosos, relativamente baratos e ricos em proteína.

Preparo básico de leguminosas secas

Leguminosa	Xícaras de água/ xícaras de leguminosa	Tempo de molho	Tempo de cozimento (horas)*
Ervilha seca	4	30 minutos	1
Feijão-carioca	4	–	2
Lentilha	6	–	1
Feijão-branco miúdo	3	Ferva por 2 minutos e deixe de molho por 1 hora	2
Feijão-rosinha	3	Ferva por 2 minutos e deixe de molho por 1 hora	1
Feijão-branco graúdo	3	Ferva por 2 minutos, deixe de molho por 1 hora	3
Feijão-fradinho	4	Deixe de um dia para o outro ou ferva por 2 minutos e deixe de molho por 1 hora	1 hora e 30 minutos
Feijão-vermelho	4	De um dia para o outro	2
Grão-de-bico	4	De um dia para o outro	30 minutos
Feijão-de-lima	3	Ferva por 2 minutos e deixe de molho por 1 hora	1 hora e 30 minutos

* N. T.: Em panela comum, não de pressão.

Capítulo 2 • Legumes e verduras 63

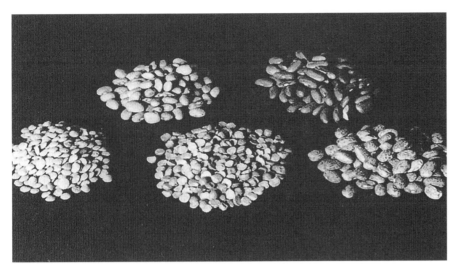

Figura 2.9 Leguminosas. Na fileira da frente, da esquerda para a direita: lentilha, ervilha seca, feijão-carioquinha; na fileira de trás: feijão-rosinha e feijão-vermelho.

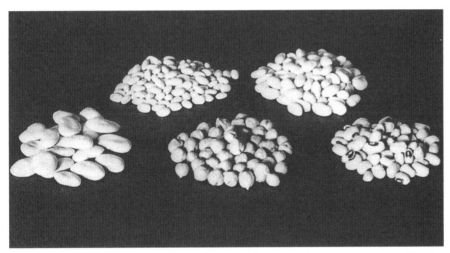

Figura 2.10 Leguminosas. Na fileira da frente, da esquerda para a direita: feijão-de-lima, grão-de-bico, feijão-fradinho; na fileira de trás: feijão-branco miúdo e graúdo.

RECEITAS

Feijão *el rancho*

Para 2 porções

½ xícara	feijão-carioca
2 xícaras	água
3	fatias de bacon
1	cebola pequena picada
¼ de xícara	molho de tomate
¼ de colher (chá)	sal

Para 4 porções

1 xícara	feijão-carioca
4 xícaras	água
6	fatias de bacon
1	cebola média picada
½ xícara	molho de tomate
½ colher (chá)	sal

Tempo de preparo: 2 horas

1. Lave o feijão.
2. Acrescente a água e aqueça até ferver.
3. Abaixe o fogo para o mínimo e cozinhe por 1 hora.
4. Frite ligeiramente o bacon e escorra a gordura.
5. Corte em pedaços pequenos e misture aos ingredientes restantes.
6. Junte essa mistura ao feijão e continue cozinhando em fogo baixo por mais 1 hora. Adicione mais água, conforme necessário. Mantenha a panela tampada durante todo o cozimento.

Feijões agridoces ao forno (por Paul Peterson)

Receita pequena

4	fatias de bacon
2	cebolas cortadas em rodelas
¼ de xícara	açúcar mascavo
½ colher (chá)	mostarda em pó
¼ de colher (chá)	alho em pó
½ colher (chá)	sal
¼ de xícara	vinagre de maçã
1 lata grande (425 g)	feijão-branco cozido
1 lata (225 g)	feijão-de-lima cozido
1 lata (225 g)	feijão-vermelho
1 lata (225 g)	*baked beans**

Receita grande

8	fatias de bacon
4	cebolas cortadas em rodelas
½ xícara	açúcar mascavo
1 colher (chá)	mostarda em pó
½ colher (chá)	alho em pó
1 colher (chá)	sal
½ xícara	vinagre de maçã
2 latas grandes (425 g)	feijão-branco cozido
2 latas (225 g)	feijão-de-lima cozido
2 latas (225 g)	feijão-vermelho
2 latas (225 g)	*baked beans*

Tempo de preparo: 1 hora e 30 minutos

Tempo para assar: forno a 180°C por 1 hora

1. Preaqueça o forno.
2. Leve o bacon ao micro-ondas ou frite-o em uma frigideira até ficar crocante.
3. Escorra e esfarele.
4. Refogue os anéis de cebola na gordura do bacon até murcharem.
5. Mexendo constantemente, adicione o açúcar, a mostarda, o alho em pó, o sal e o vinagre; cozinhe em fogo brando por 20 minutos.
6. Em um refratário, misture o feijão-branco, o feijão-de-lima e o feijão-vermelho, escorridos, e todo o conteúdo da lata de *baked beans*.
7. Asse a 180°C por 1 hora.

* N. T.: Feijão cozido em molho geralmente à base de tomate contendo açúcar mascavo e especiarias. Ver receita na página 70.

Costeletas de porco com feijão-branco

Para 2 porções

¾ de xícara	feijão-branco graúdo
1 ½ xícara	água
½ xícara	molho de tomate
1	cebola pequena picada
2 colheres (sopa)	catchup
⅛ de colher (chá)	mostarda em pó
1 colher (sopa)	açúcar mascavo
1 colher (sopa)	melado
2	costeletas de porco

Para 4 porções

1 ½ xícara	feijão-branco graúdo
3 xícaras	água
1 xícara	molho de tomate
1	cebola média picada
¼ de xícara	catchup
¼ de colher (chá)	mostarda em pó
2 colheres (sopa)	açúcar mascavo
2 colheres (sopa)	melado
4	costeletas de porco

Tempo de preparo: 3 horas

Tempo para assar: forno a 180°C por 1 hora

1. Preaqueça o forno.
2. Lave o feijão.
3. Cubra com água, aqueça até ferver e cozinhe por 2 minutos. Desligue o fogo e deixe de molho, com a panela tampada, por 1 hora.
4. Leve a panela de volta ao fogo e cozinhe em fogo baixo até o feijão ficar macio.
5. Escorra bem e transfira para um refratário.
6. Misture os ingredientes restantes, com exceção das costeletas, e despeje sobre o feijão.
7. Em uma frigideira, doure as costeletas. Coloque-as sobre o feijão.
8. Asse por 1 hora a 180°C.

Chili de feijão-fradinho

Para 2 porções

½ xícara	feijão-fradinho
2 xícaras	água
1	cebola pequena picada
½	pimentão verde picado
1 xícara	tomate cortado em pedaços grandes e refogado
¹⁄₈ de colher (chá)	alho em pó
1 ½ colher (chá)	molho inglês
½ colher (chá)	pó para *chili*
½	folha de louro
¼ de colher (chá)	sal
½ xícara	queijo *cheddar* ralado

Para 4 porções

1 xícara	feijão-fradinho
4 xícaras	água
1	cebola média picada
1	pimentão verde picado
2 xícaras	tomate cortado em pedaços grandes e refogado
¼ de colher (chá)	alho em pó
1 colher (sopa)	molho inglês
1 colher (chá)	pó para chili
1	folha de louro
½ colher (chá)	sal
1 xícara	queijo *cheddar* ralado

Tempo de preparo: 3 horas e 45 minutos

Tempo para assar: forno a 180°C por 45 minutos

1. Preaqueça o forno.
2. Lave o feijão.
3. Coloque-o em uma panela com tampa e adicione com a água.
4. Leve ao fogo até ferver e cozinhe por 2 minutos.
5. Desligue o fogo e deixe repousar por 1 hora. Depois continue cozinhando até o feijão ficar macio (cerca de 1 hora e 30 minutos).
6. Transfira para um refratário. Misture os ingredientes restantes, com exceção do queijo, e espalhe sobre o feijão.
7. Asse a 180°C por 45 minutos.
8. Polvilhe com uma camada generosa de queijo, leve novamente ao forno e asse somente até o queijo derreter.

Ensopado de joelho de porco com feijão-de-lima

Para 2 porções

2	joelhos de porco frescos
3 xícaras	água
¾ de colher (chá)	sal
uma pitada generosa	pimenta-do-reino
1	dente de alho amassado
1	folha de louro pequena
½	cebola média cortada em cunhas
3	cravos-da-índia
150 g	feijão-de-lima seco
1 ¾ xícara	água
2	cenouras descascadas e cortadas em pedaços grandes

Para 4 porções

4	joelhos de porco frescos
1,5 L	água
1 ½ colher (chá)	sal
¼ de colher (chá)	pimenta-do-reino
2	dentes de alho amassados
1	folha de louro
1	cebola média cortada em cunhas
6	cravos-da-índia
300 g	feijão-de-lima seco
3 ½ xícaras	água
4	cenouras descascadas e cortadas em pedaços grandes

Tempo de preparo: 3 horas

1. Coloque os joelhos de porco em um caldeirão e adicione a água.
2. Acrescente o sal, a pimenta, o alho, o louro, a cebola e os cravos-da-índia.
3. Tampe e aqueça até ferver.
4. Abaixe o fogo e cozinhe em fogo brando por 1 hora e 30 minutos.
5. Enquanto isso, enxágue o feijão.
6. Leve ao fogo com a água, em uma panela grande, e aqueça até ferver. Depois, deixe cozinhar por 2 minutos.
7. Retire do fogo, tampe a panela e deixe descansar por 1 hora.
8. Escorra.
9. Junte à panela com os joelhos de porco e continue cozinhando, em fogo brando, por mais 1 hora.
10. Adicione a cenoura e cozinhe por mais 30 minutos, ou até que a carne e os vegetais estejam macios.
11. Descarte o louro.
12. Retire a carne dos joelhos de porco usando uma faca afiada. Disponha em um prato aquecido, com o feijão e as cenouras.

Figura 2.11 O *Ensopado de joelho de porco com feijão-de-lima* é um prato substancioso e muito propício para o inverno.

Capítulo 2 ▪ Legumes e verduras **69**

Salada de feijão-vermelho

Para 2 porções

½ xícara	feijão-vermelho
1 ½ xícara	água
¼ de xícara	salsão picado
½	pimentão verde picado
½	cebola pequena picada
1	ovo cozido e picado
¼ de xícara	*relish* de pepino
2 colheres (sopa)	maionese

Para 4 porções

1 xícara	feijão-vermelho
3 xícaras	água
½ xícara	salsão picado
1	pimentão verde picado
1	cebola pequena picada
2	ovos cozidos e picados
½ xícara	*relish* de pepino
¼ de xícara	maionese

Tempo de preparo: molho de um dia para o outro mais 3 horas

1. Lave o feijão e deixe de molho de um dia para o outro.
2. Cozinhe em fogo baixo até ficar macio (cerca de 2 horas).
3. Escorra e leve à geladeira.
4. Misture o feijão com os demais ingredientes.
5. Tampe bem e leve à geladeira por pelo menos uma hora, para absorver bem os sabores.

Sopa de ervilha partida

Para 2 porções

½ xícara	ervilha seca
2 xícaras	água
¼ de xícara	salsão picado
½	cenoura picada
1 colher (sopa)	cebola picada
⅛ de colher (chá)	tomilho
1 pedaço	folha de louro
a gosto	osso de pernil assado
a gosto	sal

Para 4 porções

1 xícara	ervilha seca
4 xícaras	água
½ xícara	salsão picado
1	cenoura picada
½	cebola média picada
¼ de colher (chá)	tomilho
1	folha de louro
a gosto	osso de pernil assado
a gosto	sal

Tempo de preparo: 1 hora e 30 minutos

1. Deixe a ervilha de molho em uma panela com água por 30 minutos.
2. Acrescente os ingredientes restantes.
3. Tampe e cozinhe em fogo brando por 1 hora, ou até que a ervilha esteja macia o bastante para ser passada por uma peneira.
4. Passe a sopa pela peneira.
5. Tempere com sal a gosto.
6. Sirva bem quente. Se necessário, reaqueça depois de passar pela peneira.

Sopa de lentilha

Para 2 porções

½ xícara	lentilha
3 xícaras	água
¼ de xícara	pedaços de presunto
2 colheres (sopa)	cenoura cortada em rodelas
1 colher (chá)	cebola desidratada
uma pitada generosa	sal

Para 4 porções

1 xícara	lentilha
6 xícaras	água
½ xícara	pedaços de presunto
¼ de xícara	cenoura cortada em rodelas
2 colheres (chá)	cebola desidratada
⅛ de colher (chá)	sal

Tempo de preparo: 1 hora e 20 minutos

1. Lave a lentilha.
2. Cubra com a água e cozinhe em fogo brando por 1 hora, ou até que esteja macia o suficiente para ser transformada em purê.
3. Bata a sopa no liquidificador e depois acrescente os ingredientes restantes.
4. Cozinhe em fogo baixo, com a panela tampada, por 20 minutos.
5. Sirva bem quente.

Baked beans (feijão de forno)

Para 2 porções

½ xícara	feijão-branco miúdo
1 ½ xícara	água
½ xícara	molho de tomate
¼ de xícara	catchup
2 colheres (sopa)	melado
½ colher (chá)	mostarda em pó
¼ de xícara	açúcar mascavo
1	cebola pequena picada
1 pedaço	folha de louro
¼ de colher (chá)	sal
3	fatias de bacon picadas

Para 4 porções

1 xícara	feijão-branco miúdo
3 xícaras	água
1 xícara	molho de tomate
½ xícara	catchup
¼ de xícara	melado
1 colher (chá)	mostarda em pó
½ xícara	açúcar mascavo
1	cebola média picada
1	folha de louro
½ colher (chá)	sal
6	fatias de bacon picadas

Tempo de preparo: 4 horas

Tempo para assar: forno a 180°C por 3 horas

1. Preaqueça o forno.
2. Lave o feijão.
3. Cubra com a água e aqueça até ferver.
4. Abaixe o fogo para o mínimo e cozinhe até ficar macio (cerca de 1 hora).
5. Escorra, reservando o caldo do cozimento.
6. Misture o feijão com os ingredientes restantes e coloque em um refratário fundo com tampa. Junte uma quantidade suficiente do caldo reservado para cobrir totalmente o feijão.
7. Tampe e asse a 180°C por 3 horas. Acrescente mais caldo do cozimento, se necessário.

Avaliação das receitas produzidas – legumes e verduras

Receita	Anotações sobre cor, textura, sabor e outras características	Comentários ou sugestões para preparo futuro

VOCABULÁRIO

Clorofila

Carotenoide

Flavonoide

Antoxantina

Antocianina

Leguminosa

Batata cerosa (suculenta)

Batata enxuta (farinhenta)

CAPÍTULO 3

Frutas

Conceitos básicos, 74
Como cozinhar frutas, 73

Receitas, 74
Vocabulário, 95

As frutas são geralmente consumidas *in natura* para aproveitar ao máximo suas cores e sabores maravilhosos. Também são usadas em muitas receitas, especialmente nas de sobremesa, em que seu paladar adocicado maximiza o prazer da degustação. Sejam cozidas ou cruas, as frutas sempre dão um toque especial a uma refeição ou lanche.

O preparo de qualquer fruta deve começar com uma lavagem cuidadosa, para que todos os microrganismos e contaminantes que porventura estejam presentes no produto fresco sejam eliminados. Uma aparência limpa não garante a ausência de microrganismos. Se você considerar que as frutas são colhidas em condições não muito sanitárias, é possível que passe a lavar até mesmo a casca da banana antes de servi-la.

Como regra geral, prepare as frutas o mais perto possível da hora de servir. Superfícies cortadas liberam líquidos, fazendo com que a fruta murche um pouco quando deixada descansando, principalmente se houver a adição de açúcar. Duas outras medidas importantes são (1) evitar que o abacaxi fresco entre em contato com carnes e gelatina por mais de alguns minutos e (2) usar o bom-senso quando estiver combinando várias cores de frutas para fazer um suco, ou acabará produzindo uma bebida com aparência de lama.

COMO COZINHAR FRUTAS

Objetivos

1. Demonstrar o controle da pressão osmótica para melhorar a qualidade das frutas cozidas.
2. Determinar as propriedades de cozimento de qualidades diferentes de uma mesma fruta.
3. Ilustrar a vasta gama de preparos possíveis para as frutas.

A diferença entre um purê de maçã e maçãs cozidas inteiras exemplifica o uso da pressão osmótica no preparo de frutas. No caso do purê de maçã, a fruta é cozida lentamente em água. Durante esse processo, a água entra nas células da fruta, que tendem a romper-se, resultando na textura pastosa pretendida. O açúcar é então adicionado apenas para dar sabor. Maçãs em calda são cozidas lentamente em uma solução de água e açúcar, cuja concentração é similar à do líquido presente nas células da fruta. Assim, apenas uma quantidade pequena da calda é forçada para dentro de suas células (o suficiente para dar-lhes uma aparência viçosa). Se a calda ficar muito concentrada em decorrência da evaporação que ocorre durante o cozimento, as maçãs murcharão, por causa da perda do líquido de suas células.

Conceitos básicos

1. Para criar pressão osmótica em sistemas constituídos de frutas e calda, basta alterar a concentração de açúcar para forçar a água para dentro ou para fora de suas células.

2. Quando houver mais de uma fruta disponível (p. ex., maçãs e peras), selecione a que mais se adequar ao tipo de preparação escolhido.

Figura 3.1 Entre as muitas variedades de maçã geralmente disponíveis nos mercados estão (da esquerda para a direita): Red Delicious, Golden Delicious, Granny Smith, Fuji e Gala.

Com frequência, é preciso escolher entre mais de uma variedade da mesma fruta. Cada uma tem características que são mais adequadas para um tipo específico de preparo. Um exemplo disso pode ser visto nas receitas de purê de maçã, maçã em calda e torta de maçã, que usam diferentes tipos de maçã. Compare, por exemplo, as maçãs verde (como a Granny Smith), a Fuji e a Red Delicious – cada uma terá características de cozimento muito distintas.

RECEITAS

Purê de maçã

Para 2 porções

2	maçãs
2 colheres (sopa)	açúcar
a gosto	canela em pó (opcional)

Para 4 porções

4	maçãs
¼ de xícara	açúcar
a gosto	canela em pó (opcional)

Tempo de preparo: 15 minutos

1. Lave as maçãs, descasque e corte em quatro. Retire todo o miolo.
2. Coloque em uma panela com capacidade para 1 litro e junte uma quantidade de água suficiente apenas para cobrir o fundo.
3. Cozinhe em fogo brando, com a panela tampada, até que a maçã esteja macia (cerca de 10 minutos).
4. Passe por uma peneira ou bata no liquidificador até obter um purê. Junte o açúcar e sirva, polvilhado com canela, se desejar.

Observação: As maçãs podem ser colocadas em uma panela tampada com ¼ de xícara de água e cozidas no micro-ondas, em potência alta, por 1 minuto e 30 segundos por maçã, ou até que estejam macias.

Rodelas de maçã em calda

Para 2 porções

2	maçãs
2 xícaras	açúcar
1 xícara	água

Para 4 porções

(Se desejar, a receita grande pode ser preparada em uma frigideira.)

4	maçãs
2 xícaras	açúcar
1 xícara	água

Tempo de preparo: 15 minutos

1. Lave as maçãs e retire o miolo, deixando-as inteiras.
2. Corte em fatias horizontais (que vão ficar com um furo no meio) de cerca de 0,5 cm de espessura.
3. Mergulhe-as em água enquanto prepara a calda, para evitar que escureçam.
4. Em uma panela com capacidade para 1 litro, misture o açúcar e a água e observe bem o nível do líquido. Use uma frigideira grande para a receita maior.
5. Aqueça até atingir uma fervura branda.
6. Acrescente algumas fatias de maçã e continue cozinhando, em fogo brando, até que estejam macias (cerca de 10 minutos).
7. Junte água quando necessário para manter a calda no nível original.
8. Quando as fatias estiverem macias, retire-as da calda com uma escumadeira.
9. Sirva de sobremesa, ou como acompanhamento para carnes.

Maçã assada

Para 2 porções

2	maçãs
2 colheres (sopa)	açúcar mascavo
¼ de colher (chá)	canela em pó
½ colher (chá)	manteiga
1 colher (sopa)	uva-passa

Para 4 porções

4	maçãs
¼ de xícara	açúcar mascavo
½ colher (chá)	canela em pó
1 colher (chá)	manteiga
2 colheres (sopa)	uva-passa

Observação: As maçãs podem ser colocadas em um recipiente tampado com 2 colheres (sopa) de água por maçã e cozidas no micro-ondas, em potência alta, por 2 minutos por maçã.

Tempo de preparo: 1 hora

Tempo para assar: forno a 190°C por 45 a 60 minutos

1. Preaqueça o forno.
2. Lave as maçãs e descarte o miolo, sem cortá-las e tomando cuidado para retirar toda a parte fibrosa que envolve as sementes.
3. Corte uma tira de 0,5 cm da casca das maçãs ao redor da "linha do equador" e coloque-as em um refratário.
4. Misture os ingredientes restantes e recheie o centro das maçãs, apertando bem.
5. Despeje 1 xícara de água no fundo do refratário. Cubra e asse a 190°C até que estejam macias (45 a 60 minutos).
6. Regue a cada 15 minutos.

Avaliação dos tipos de maçã

Tipo de maçã	Aparência e sabor		
	Purê	Em calda	Assada
Red Delicious			
Fuji			
Granny Smith			

Apple dumplings (maçã embrulhada em massa)

Para 2 porções

½ xícara	açúcar
¾ de xícara	água
⅛ de colher (chá)	canela em pó
2	gotas de corante alimentício vermelho
1 colher (sopa)	margarina ou manteiga
2	maçãs médias

Massa (pode-se usar massa de torta pronta):

1 xícara	farinha de trigo
½ colher (chá)	sal
⅓ de xícara	gordura vegetal
2 ⅔ colheres (sopa)	água
1 colher (sopa)	uva-passa
a gosto	açúcar
a gosto	canela em pó

Para 4 porções

1 xícara	açúcar
1 ½ xícara	água
¼ de colher (chá)	canela em pó
4	gotas de corante alimentício vermelho
2 colheres (sopa)	margarina ou manteiga
4	maçãs médias

Massa (pode-se usar massa de torta pronta):

2 xícaras	farinha de trigo
1 colher (chá)	sal
⅔ de xícara	gordura vegetal
⅓ de xícara	água
2 colheres (sopa)	uva-passa
a gosto	açúcar
a gosto	canela em pó

Tempo de preparo: 1 hora

Tempo para assar: forno a 200°C por 40 minutos

1. Preaqueça o forno.
2. Aqueça a água com o açúcar, a canela, o corante alimentício e a manteiga em uma panela com capacidade para 1 litro. Depois que ferver, cozinhe por 2 minutos.
3. Lave as maçãs, descasque e retire o miolo.
4. Misture a farinha com o sal.
5. Em um processador de alimentos, bata a mistura de farinha com a gordura vegetal até obter uma farofa grossa.
6. Transfira para uma tigela. Vá mexendo com um garfo enquanto acrescenta aos poucos a água.
7. Misture com o garfo até formar uma bola.
8. Abra a massa sobre uma superfície ligeiramente enfarinhada até obter um retângulo de 16 x 32 cm (32 x 32 cm para a receita grande) e 3 mm de espessura. Corte em quadrados de 16 cm de lado.
9. Coloque uma maçã no centro de cada quadrado.
10. Recheie o centro da maçã com a uva-passa.
11. Polvilhe com bastante açúcar e canela.
12. Umedeça ligeiramente as bordas do quadrado de massa.
13. Junte as pontas no topo da maçã, apertando bem para que fiquem juntas.
14. Aperte as beiradas dos quatro lados da massa selando-as bem.
15. Repita o processo para cada maçã.
16. Coloque as maçãs embrulhadas em massa em uma assadeira, com cuidado para que haja uma distância de pelo menos 2,5 cm entre elas.
17. Despeje a calda por cima. Asse a 200°C por 40 minutos, ou até que a superfície esteja dourada e a maçã macia.

Consommé de morango

Para 2 porções

1 xícara	morangos
1 xícara	ruibarbo fresco (ou 250 g do congelado)
4 cm	canela em pau
½ xícara	açúcar
1 xícara	água
¼ de xícara	vinho tinto encorpado
¼ de xícara	água com gás
2 colheres (sopa)	creme de leite azedo*

Para 4 porções

2 xícaras	morangos
2 xícaras	ruibarbo fresco (ou 250 g do congelado)
7,5 cm	canela em pau
1 xícara	açúcar
2 xícaras	água
½ xícara	vinho tinto encorpado
½ xícara	água com gás
¼ de xícara	creme de leite azedo

* N.T.: Se não encontrar, substitua por coalhada seca ou uma mistura de 1 colher (sopa) de suco de limão para cada 150 mL de creme de leite – mexa e espere engrossar.

Tempo de preparo: 20 minutos

1. Lave, limpe e fatie os morangos.
2. Cozinhe em fogo brando com o ruibarbo, a canela, o açúcar e a água por 5 minutos.
3. Coe, reservando o líquido.
4. Junte o vinho e a água com gás ao líquido reservado.
5. Sirva o consommé quente ou frio, guarnecido com uma colherada de creme de leite azedo por porção.

Cobbler de frutas

Para 2 porções

6 colheres (sopa)	açúcar
1 ½ colher (chá)	amido de milho
1 ¼ xícara	frutas em calda, com o líquido

Massa:

½ xícara	farinha de trigo
¾ de colher (chá)	fermento em pó químico
1 ½ colher (chá)	açúcar
¼ de colher (chá)	sal
4 colheres (chá)	gordura vegetal
3 colheres (sopa)	leite
a gosto	açúcar
a gosto	canela em pó (opcional)

Para 4 porções

¾ de xícara	açúcar
1 colher (sopa)	amido de milho
2 ½ xícaras	frutas em calda, com o líquido

Massa:

1 xícara	farinha de trigo
1 ½ colher (chá)	fermento em pó químico
1 colher (sopa)	açúcar
½ colher (chá)	sal
3 colheres (sopa)	gordura vegetal
6 colheres (sopa)	leite
a gosto	açúcar
a gosto	canela em pó (opcional)

Tempo de preparo: 45 minutos

Tempo para assar: forno a 200°C por 30 minutos

1. Preaqueça o forno.
2. Misture o açúcar com o amido de milho; junte aos poucos as frutas em calda com seu suco, mexendo bem.
3. Despeje em um refratário e leve ao forno a 200°C para aquecer enquanto prepara a massa.
4. Misture os ingredientes secos.
5. Mexa a mistura de farinha com a gordura, usando um garfo, até obter uma farofa grossa.
6. Junte o leite de uma só vez e mexa com o garfo até que toda a farinha esteja umedecida.
7. Coloque colheradas dessa massa sobre as frutas quentes.
8. Polvilhe com um pouco de açúcar e canela, se desejar.
9. Asse por 30 minutos a 200°C, até que a superfície esteja dourada.

Figura 3.2 O *Cobbler* de pêssego é uma sobremesa rápida e deliciosa que pode ser feita com fruta fresca ou em calda.

Grapefruit caramelizada

Para 2 porções

1	*grapefruit*
1 colher (sopa)	açúcar mascavo

Para 4 porções

2	*grapefruits*
2 colheres (sopa)	açúcar mascavo

Tempo de preparo: 10 minutos

1. Corte a *grapefruit* em metades. Com cuidado, passe a faca ao longo da circunferência, rente à casca, e depois separe os gomos de suas membranas, sem retirá-los da casca.
2. Polvilhe a superfície com o açúcar mascavo.
3. Coloque sob a salamandra a cerca de 7,5 cm da fonte de calor. Acompanhe de perto o cozimento.
4. Retire imediatamente quando o açúcar começar a caramelizar e borbulhar.
5. Sirva quente.

Bolo de mirtilo

Para 2 porções

¼ de xícara	açúcar
¼ de xícara	gordura vegetal
½	ovo
1 xícara	farinha de trigo
1 colher (chá)	fermento em pó químico
⅛ de colher (chá)	sal
¼ de xícara	leite
1 xícara	mirtilos (*blueberry*), bem escorridos

Cobertura:

¼ de xícara	açúcar mascavo
¼ de xícara	farinha de trigo
¼ de colher (chá)	canela em pó
1 colher (sopa)	margarina ou manteiga derretidas

Para 4 porções

½ xícara	açúcar
½ xícara	gordura vegetal
1	ovo
2 xícaras	farinha de trigo
2 colheres (chá)	fermento em pó químico
¼ de colher (chá)	sal
½ xícara	leite
2 xícaras	mirtilos (*blueberry*), bem escorridos

Cobertura:

½ xícara	açúcar mascavo
½ xícara	farinha de trigo
½ colher (chá)	canela em pó
2 colheres (sopa)	margarina ou manteiga derretidas

Tempo de preparo: 50 minutos (receita pequena); 60 minutos (receita grande)

Tempo para assar: forno a 180°C por 35 a 40 minutos

1. Preaqueça o forno.
2. Bata a gordura com o açúcar até obter um creme leve e fofo.
3. Junte o ovo, bem batido.
4. Peneire os ingredientes secos juntos.
5. Acrescente um terço desta mistura ao creme batido e misture bem.
6. Junte metade do leite; misture bem.
7. Repita o procedimento com os ingredientes restantes, alternando os secos com o leite.
8. Despeje a massa em uma forma bem untada (20 x 20 cm para a receita pequena, 30 x 20 cm para a grande).
9. Espalhe os mirtilos sobre a superfície da massa.
10. Misture o açúcar mascavo, a farinha, a canela e a manteiga derretida da cobertura em uma tigela pequena.
11. Polvilhe sobre os mirtilos.
12. Asse a 180°C por 35 a 40 minutos, até que, ao enfiar um palito no centro, ele saia limpo.

Sopa fria de frutas

Para 2 porções

¼ de xícara	damascos secos
¼ de xícara	ameixas-pretas secas
2 xícaras	água
10	canelas em pau
1	rodela de limão-siciliano
1 colher (sopa)	amido de milho
⅓ de xícara	açúcar
1 colher (sopa)	uvas-passas escuras
1 colher (sopa)	uvas-passas claras
2 colheres (chá)	uvas-passas de Corinto

Para 4 porções

½ xícara	damascos secos
½ xícara	ameixas-pretas secas
4 xícaras	água
20	canelas em pau
2	rodelas de limão-siciliano
2 colheres (sopa)	amido de milho
⅔ de xícara	açúcar
2 colheres (sopa)	uvas-passas escuras
2 colheres (sopa)	uvas-passas claras
1 colher (sopa)	uvas-passas de Corinto

Observação: Na Suécia, país de origem desta sopa, ela é tradicionalmente servida gelada como sobremesa, mas também pode ser servida morna.

Tempo de preparo: 50 minutos

1. Coloque os damascos, as ameixas e a água em uma panela e deixe de molho por 30 minutos.
2. Em uma tigela pequena, misture o amido de milho com o açúcar.
3. Junte essa mistura, a canela e o limão às frutas.
4. Leve ao fogo brando, mexendo até ferver.
5. Cozinhe por 8 a 10 minutos, com a panela tampada e em fogo bem baixo, mexendo de vez em quando.
6. Junte as passas e cozinhe lentamente, com a tampa, por mais 5 minutos.

Pão rápido de banana e nozes

Para 2 porções

6 colheres (sopa)	margarina ou manteiga
¾ de xícara	açúcar
1	ovo, batido
1 ½ xícara	farinha de trigo peneirada
1 colher (chá)	fermento em pó químico
¼ de colher (chá)	sal
¼ de colher (chá)	bicarbonato de sódio
2 colheres (sopa)	leite
6 colheres (sopa)	banana madura amassada
½ xícara	nozes picadas

Para 4 porções

¾ de xícara	margarina ou manteiga
1 ½ xícara	açúcar
2	ovos, batidos
3 xícaras	farinha de trigo peneirada
2 colheres (chá)	fermento em pó químico
½ colher (chá)	sal
½ colher (chá)	bicarbonato de sódio
¼ de xícara	leite
¾ de xícara	banana madura amassada
1 xícara	nozes picadas

Tempo de preparo: 1 hora

Tempo para assar: forno a 180°C por 40 a 45 minutos

1. Preaqueça o forno.
2. Bata a manteiga com o açúcar até obter um creme leve.
3. Junte o ovo.
4. Peneire os ingredientes secos juntos.
5. Misture o leite com a banana amassada.
6. Acrescente um terço dos ingredientes secos ao creme e misture bem.
7. Junte metade do leite com banana.
8. Adicione mais um terço dos ingredientes secos; misture.
9. Incorpore o leite com banana restante.
10. Coloque os ingredientes secos restantes e as nozes picadas; misture.
11. Unte uma forma (ou duas, para a receita grande) de bolo inglês de 21 x 11 cm. Despeje a massa.
12. Asse a 180°C por 40 a 45 minutos, até que, ao enfiar um palito no centro, ele saia limpo.
13. Passe uma faca para desgrudar as laterais da forma e deixe esfriar sobre uma grade de metal.

Riz à l'amande

Para 2 porções

¼ de xícara	arroz branco cru
¾ de xícara	leite
¼ de xícara	açúcar
1 colher (sopa)	xerez licoroso
½ xícara	creme de leite fresco para chantilly
¼ de xícara	amêndoas torradas, picadas
300 g	framboesa congelada, em temperatura ambiente
1 ½ colher (chá)	amido de milho

Para 4 porções

½ xícara	arroz branco cru
1 ½ xícara	leite
½ xícara	açúcar
2 colheres (sopa)	xerez licoroso
1 xícara	creme de leite fresco para chantilly
½ xícara	amêndoas torradas, picadas
600 g	framboesa congelada, em temperatura ambiente
1 colher (sopa)	amido de milho

Tempo de preparo: 1 hora

1. Misture o arroz, o leite e o açúcar em uma panela e leve ao fogo, mexendo, até começar a ferver.
2. Abaixe o fogo para o mínimo imediatamente e cozinhe até que o leite tenha sido absorvido (25 minutos), mexendo com frequência, para evitar que grude no fundo.
3. Tire do fogo e junte o xerez. Despeje em uma vasilha rasa para esfriar enquanto bate o creme de leite.
4. Bata o creme de leite até obter picos firmes, com cuidado para que não vire manteiga.
5. Incorpore delicadamente o creme de leite batido e as amêndoas picadas ao arroz-doce frio. Despeje em taças de sobremesa e leve à geladeira.
6. Prepare a calda de framboesa. Despeje, aos poucos, a água do descongelamento das framboesas sobre o amido de milho, mexendo bem.
7. Aqueça essa mistura, sem parar de mexer, até começar a ferver. Cozinhe em fogo alto por 3 minutos.
8. Junte as frutas descongeladas e leve à geladeira.
9. Ao servir, coloque uma colherada da calda sobre cada taça de arroz-doce.

Torta rápida de limão-siciliano

Para 2 porções

3 colheres (sopa)	margarina ou manteiga
¾ de xícara	biscoito doce moído*
1 colher (sopa)	açúcar
2	ovos, gema separada da clara
½	lata de leite condensado
¼ de xícara	suco de limão-siciliano
opcional	raspas bem finas de 1 limão-siciliano
¼ de colher (chá)	cremor tártaro
¼ de xícara	açúcar

Para 4 porções

⅓ de xícara	margarina ou manteiga
1 ½ xícara	biscoito doce moído
2 colheres (sopa)	açúcar
3	ovos, gema separada da clara
1	lata de leite condensado
½ xícara	suco de limão-siciliano
opcional	raspas bem finas de 2 limões-sicilianos
½ colher (chá)	cremor tártaro
6 colheres (sopa)	açúcar

* N.T.: O biscoito usado pelos norte-americanos para fazer a base de tortas deste tipo, chamado *graham cracker*, contém farinha integral e tem um leve sabor de canela.

Tempo de preparo: 50 minutos

Tempo para assar: forno a 180°C por 10 minutos para a massa e por 15 minutos para o merengue

1. Preaqueça o forno.
2. Derreta a manteiga e junte o biscoito esfarelado e o açúcar.
3. Forme uma camada no fundo e nas laterais de uma forma de torta, apertando bem.
4. Asse a 180°C por 10 minutos. Deixe esfriar.
5. Bata as gemas e junte, batendo, o leite, o suco e as raspas de limão, até que estejam bem misturados. Despeje dentro da massa assada.
6. Bata as claras até formar espuma; junte o cremor tártaro e, aos poucos, incorpore o açúcar. Continue batendo na batedeira até obter picos moles.
7. Espalhe o merengue sobre a torta, certificando-se de que cubra as laterais da massa.
8. Asse a 180°C por 12 a 15 minutos, até que a superfície adquira um dourado bonito.
9. Deixe esfriar em temperatura ambiente por 15 minutos antes de levar à geladeira.

Cereja de gala

Para 2 porções

⅓ de xícara	geleia de groselha-vermelha
1 xícara	cerejas escuras (do tipo Bing) em calda, com o líquido*
1 colher (chá)	amido de milho
uma pitada generosa	canela em pó
uma pitada generosa	cravo-da-índia em pó
uma pitada generosa	pimenta-da-jamaica moída
¼ de colher (chá)	raspas de limão-siciliano
1 colher (chá)	raspas de laranja
2 colheres (sopa)	kirsch (aguardente de cereja)
1 ¼ xícara	sorvete de baunilha

Para 4 porções

⅔ de xícara	geleia de groselha-vermelha
2 xícaras	cerejas escuras (do tipo Bing) em calda, com o líquido
2 colheres (chá)	amido de milho
¼ de colher (chá)	canela em pó
¼ de colher (chá)	cravo-da-índia em pó
¼ de colher (chá)	pimenta-da-jamaica moída
½ colher (chá)	raspas de limão-siciliano
2 colheres (chá)	raspas de laranja
¼ de xícara	kirsch (aguardente de cereja)
2 ½ xícaras	sorvete de baunilha

* N.T.: Nos EUA, este produto pode ser comprado em lata. Se não encontrar, prepare cerejas em calda usando cerejas escuras frescas.

Tempo de preparo: 10 minutos

1. Em um réchaud, derreta a geleia de groselha.
2. Misture muito bem o amido de milho com o suco da cereja.
3. Junte essa mistura à geleia derretida, batendo vigorosamente até que comece a ferver.
4. Junte as especiarias, as raspas de limão e laranja e continue aquecendo até que as cerejas estejam bem quentes.
5. Aqueça o *kirsch* em uma panela bem pequena antes de despejá-lo sobre o molho quente de cereja. Ateie fogo imediatamente, sem mexer o *kirsch*, para flambar.
6. Coloque colheradas da cereja em calda ainda em chamas sobre uma bola de sorvete de baunilha.

Figura 3.3 Cerejas recém-colhidas no pé são um ponto alto do verão nos países temperados, seja para consumir *in natura*, em um recheio de torta ou em outra iguaria. (Cortesia de Brian Jung.)

Bolo de banana com ameixa-seca

Bolo de 1 camada

½ xícara	ameixas-pretas em calda, escorridas
1 xícara	farinha de trigo peneirada
¾ de colher (chá)	fermento em pó químico
½ colher (chá)	bicarbonato de sódio
½ colher (chá)	sal
⅔ de xícara	açúcar
¼ de xícara	gordura vegetal
2 colheres (sopa)	leite
½ colher (chá)	essência de baunilha
½ xícara	banana amassada (aprox. 1 ½)
1	ovo
¼ de xícara	nozes picadas

Cobertura:

2 colheres (sopa)	margarina ou manteiga
1 colher (sopa)	creme de leite ou leite
1 ½ colher (chá)	suco de limão-siciliano
1 colher (chá)	raspas de limão-siciliano
1 ½ xícara	açúcar de confeiteiro

Bolo de 2 camadas

1 xícara	ameixas-pretas em calda, escorridas
2 xícaras	farinha de trigo peneirada
1 ½ colher (chá)	fermento em pó químico
1 colher (chá)	bicarbonato de sódio
1 colher (chá)	sal
1 ⅓ xícara	açúcar
½ xícara	gordura vegetal
¼ de xícara	leite
1 colher (chá)	essência de baunilha
1 xícara	bananas amassadas (aprox. 3)
2	ovos
½ xícara	nozes picadas

Cobertura:

¼ de xícara	margarina ou manteiga
2 colheres (sopa)	creme de leite ou leite
3 colheres (chá)	suco de limão-siciliano
2 colheres (chá)	raspas de limão-siciliano
3 xícaras	açúcar de confeiteiro

Tempo de preparo: 75 minutos

Tempo para assar: forno a 180°C por 30 minutos

1. Preaqueça o forno.
2. Cozinhe as ameixas em fogo baixo por 10 minutos.
3. Prepare uma forma de bolo redonda de 20 cm de diâmetro forrando seu fundo com um disco de papel-manteiga.
4. Peneire todos os ingredientes secos em uma tigela.
5. Junte a gordura vegetal, o leite, a essência de baunilha e a banana amassada e bata na batedeira, em velocidade média, por 2 minutos.
6. Junte o ovo e bata por mais 2 minutos.
7. Junte as ameixas, sem o caroço e picadas, e as nozes.
8. Asse a 180°C até que, ao enfiar um palito no centro, ele saia limpo (30 minutos).
9. Deixe esfriar sobre uma grade de metal.
10. Prepare a cobertura. Bata a manteiga, o creme de leite, o suco e as raspas de limão e o açúcar de confeiteiro até obter um creme leve e fofo.

Pêssegos na manteiga

Para 2 porções

2	pêssegos frescos, ou 4 metades em calda, escorridas
1 colher (sopa)	margarina ou manteiga
4 colheres (chá)	açúcar mascavo

Para 4 porções

4	pêssegos frescos, ou 8 metades em calda, escorridas
2 colheres (sopa)	margarina ou manteiga
3 colheres (sopa)	açúcar mascavo

Observação: Estes pêssegos podem ser servidos como um delicioso acompanhamento para pernil assado e outras carnes, e também como sobremesa, com uma bola de sorvete de baunilha ou creme de gemas batido.

Tempo de preparo: 15 minutos

1. Retire a pele dos pêssegos e corte-os ao meio.
2. Derreta a manteiga e junte as metades de pêssegos, com as cavidades recheadas de açúcar mascavo.
3. Salteie até ficarem macias.

Frutas secas em calda

frutas secas
água suficiente para cobrir

Observação: O tempo de cozimento necessário para amaciar as frutas varia de acordo com o tamanho dos pedaços e o diâmetro das superfícies cortadas. Estarão prontas quando ficarem inchadas, brilhantes e fáceis de cortar. O tempo aproximado de cozimento das seguintes frutas é: ameixa-preta seca, 35 minutos; damasco, 30 minutos; pêssego, 35 minutos; figo, 35 minutos; uva-passa, 10 minutos.

Tempo de preparo: 15 a 40 minutos

1. Lave bem as frutas secas.
2. Cubra com água e leve para ferver, em fogo brando e com a panela tampada, até que estejam macias.

Peras em calda

Para 2 porções

3 xícaras	água
1 xícara	açúcar
2,5 cm	canela em pau
1 colher (chá)	essência de baunilha
2	peras
1 colher (sopa)	creme de leite azedo*
a gosto	canela em pó

Para 4 porções

4 xícaras	água
1 $^1/_3$ xícara	açúcar
5 cm	canela em pau
1 $^1/_3$ colher (chá)	essência de baunilha
4	peras
2 colheres (sopa)	creme de leite azedo
a gosto	canela em pó

* N.T.: Se não encontrar, substitua por coalhada seca ou uma mistura de 1 colher (sopa) de suco de limão para cada 150 mL de creme de leite – mexa e espere engrossar.

Tempo de preparo: 15 minutos

1. Coloque os quatro primeiros ingredientes em uma panela e aqueça até ferver.
2. Descasque as peras, corte-as ao meio e descarte o miolo e o cabo.
3. Coloque na calda fervente.
4. Cozinhe em fogo brando até ficarem macias (cerca de 15 minutos).
5. Leve à geladeira e sirva em taças de sobremesa com uma colherada de creme de leite azedo e um pouco de canela em pó.

Preparo de alimentos

Torta nevada de cereja

Para 2 porções

7	biscoitos doces*
3 colheres (sopa)	açúcar
2 colheres (sopa)	margarina ou manteiga derretidas
6 colheres (sopa)	açúcar
1 1/3 colher (sopa)	amido de milho
1 xícara	cerejas em calda, escorridas
1/8 de colher (chá)	essência de amêndoa
a gosto	corante alimentício vermelho (opcional)
1	clara de ovo
uma pitada	cremor tártaro
2 colheres (sopa)	açúcar

Para 4 porções

15	biscoitos doces
6 colheres (sopa)	açúcar
1/4 de xícara	margarina ou manteiga derretidas
3/4 de xícara	açúcar
2 2/3 colheres (sopa)	amido de milho
2 xícaras	cerejas em calda, escorridas
1/4 de colher (chá)	essência de amêndoa
a gosto	corante alimentício vermelho (opcional)
3	claras de ovo
1/4 de colher (chá)	cremor tártaro
6 colheres (sopa)	açúcar

Tempo de preparo: 50 minutos

Tempo para assar: forno a 135°C por 35 minutos

1. Preaqueça o forno.
2. Coloque os biscoitos em um saco plástico e passe o rolo de macarrão por cima para moê-los. Misture com o açúcar e a manteiga.
3. Reserve um quarto dessa mistura. Use o restante para forrar o fundo e as laterais de uma forma de torta de 22 cm de diâmetro (use formas individuais para a receita pequena).
4. Leve à geladeira enquanto prepara o recheio.
5. Misture o açúcar e o amido de milho em uma panela com capacidade para 1 litro.
6. Junte as cerejas e aqueça, sem parar de mexer, até começar a ferver.
7. Retire do fogo; junte a essência de amêndoa e uma quantidade de corante suficiente para deixar a mistura com um tom vermelho vivo.
8. Despeje na forma forrada.
9. Bata a clara na batedeira até começar a formar espuma.
10. Junte o cremor tártaro e, aos poucos, incorpore o açúcar, batendo em velocidade alta.
11. Bata até obter picos moles.
12. Espalhe o merengue sobre a torta e polvilhe com a farofa de biscoito moído reservado.
13. Asse a 135°C por 35 minutos.

* N.T.: O biscoito usado pelos norte-americanos para fazer a base de tortas deste tipo, chamado *graham cracker*, contém farinha integral e tem um leve sabor de canela.

Creme de gemas cítrico

Para 2 porções

2	ovos, bem batidos
1 xícara	açúcar
2 colheres (sopa)	suco de limão-siciliano
2 colheres (sopa)	suco de laranja
1 ½ colher (chá)	raspas de limão-siciliano
1 ½ colher (chá)	raspas de laranja
2 colheres (sopa)	margarina ou manteiga

Para 4 porções

4	ovos, bem batidos
2 xícaras	açúcar
¼ de xícara	suco de limão-siciliano
¼ de xícara	suco de laranja
1 colher (sopa)	raspas de limão-siciliano
1 colher (sopa)	raspas de laranja
½ xícara	margarina ou manteiga

Observação: Este creme é mais adequado para ser servido com frutas *in natura*.

Tempo de preparo: 25 minutos

1. Coloque todos os ingredientes em uma tigela que possa ser apoiada sobre uma panela de água em fervura branda, sem que o fundo toque a água.
2. Mexa sem parar até que a mistura engrosse (cerca de 15 minutos).
3. Resfrie completamente.
4. Despeje sobre frutas frescas em taças de sobremesa.

Pavlova com recheio de tangerina e menta

Para 2 porções

¼ de xícara	açúcar
2 colheres (chá)	amido de milho
uma pitada	sal
½ xícara	suco de tangerina espremido na hora
1 ½ colher (chá)	raspas de tangerina
1	gota de essência de menta
1	tangerina descascada, sem semente, cortada em pedaços

ou

½ xícara	gomos de tangerina em calda, escorridos
2	merengues assados individuais
a gosto	folhas de menta ou rodelas caneladas de laranja*

Para 4 porções

½ xícara	açúcar
¼ de xícara	amido de milho
uma pitada generosa	sal
1 xícara	suco de tangerina espremido na hora
3 colheres (chá)	raspas de tangerina
2	gotas de essência de menta
2	tangerinas descascadas, sem semente, cortadas em pedaços

ou

1 xícara	gomos de tangerina em calda, escorridos
4	merengues assados individuais
a gosto	folhas de menta ou rodelas caneladas de laranja

* N.T.: Retire tiras finas da casca da laranja a intervalos de 1 cm, no sentido da altura, antes de cortar em rodelas para que elas fiquem com uma aparência semelhante a uma roda dentada.

Tempo de preparo: 30 minutos

1. Em uma panela pequena, misture o açúcar, o amido de milho e o sal.
2. Mexendo com uma colher de pau, incorpore o suco de tangerina.
3. Cozinhe em fogo médio, sem parar de mexer, até engrossar e ficar transparente.
4. Retire do fogo. Junte as raspas de tangerina e a essência de menta.
5. Leve à geladeira ou deixe esfriar em temperatura ambiente.
6. Enquanto isso, coloque os gomos de tangerina picados dentro dos merengues.
7. Despeje a calda por cima.
8. Deixe na geladeira até o momento de servir.

Morangos com mascarpone

Receita pequena

1/3 de xícara	queijo mascarpone
1 colher (sopa)	mel
a gosto	morangos frescos

Receita grande

1 xícara	queijo mascarpone
1/4 de xícara	mel
a gosto	morangos frescos

Tempo de preparo: 10 minutos

1. Junte o mel ao mascarpone e mexa apenas até misturar. Leve à geladeira por 10 minutos antes de servir.
2. Lave os morangos, deixando os cabinhos. Seque com papel-toalha antes de colocá-los em um recipiente para servir.
3. Coloque uma colherada do mascarpone sobre os morangos, para porções individuais, ou sirva-o em uma tigela pequena, para que seja usado como *dip*.

Figura 3.4 Espetinhos de frutas frescas são um aperitivo saudável e refrescante, especialmente nos dias quentes de verão, em que as frutas estão em seu pico de produção.

Bebida de inverno de laranja

Para 3 xícaras

1	laranja média
10	cravos-da-índia
2 colheres (sopa)	açúcar mascavo
2 xícaras	suco de uva
$2/3$ de xícara	água fervente
$2/3$ de xícara	suco de laranja

Para 1,5 litro

3	laranjas médias
30	cravos-da-índia
$1/3$ de xícara	açúcar mascavo
4 xícaras	suco de uva
1 $1/3$ xícara	água fervente
1 $1/3$ xícara	suco de laranja

Tempo de preparo: 35 minutos

Tempo para assar: forno a 160°C por 30 minutos

1. Preaqueça o forno.
2. Espete 10 cravos-da-índia em cada laranja; coloque em uma assadeira.
3. Asse por 30 minutos, até que o suco comece a escorrer.
4. Corte a laranja ao meio e transfira para um refratário.
5. Polvilhe com o açúcar mascavo.
6. Enquanto isso, aqueça o suco de uva e a água até quase ferverem.
7. Despeje, com o suco de laranja, sobre as metades assadas.
8. Sirva bem quente.

Delícia de pera

Para 2 porções

2	peras descascadas, cortadas ao meio e sem o miolo
2 ½ colheres (sopa)	nozes picadas
2 ½ colheres (sopa)	água
1 ½ colher (sopa)	xarope claro de glucose de milho
¾ de colher (chá)	suco de limão-siciliano
1 ½ colher (sopa)	margarina ou manteiga
2 ½ colheres (sopa)	açúcar mascavo
1 colher (chá)	farinha de trigo
⅛ de colher (chá)	gengibre em pó

Para 4 porções

4	peras descascadas, cortadas ao meio e sem o miolo
⅓ de xícara	nozes picadas
⅓ de xícara	água
⅓ de xícara	xarope claro de glucose de milho
1 ½ colher (sopa)	suco de limão-siciliano
3 colheres (sopa)	margarina ou manteiga
⅓ de xícara	açúcar mascavo
2 colheres (chá)	farinha de trigo
¼ de colher (chá)	gengibre em pó

Tempo de preparo: 35 minutos

Tempo para assar: forno a 160°C por 25 minutos

1. Preaqueça o forno.
2. Coloque as peras, com o lado cortado pra cima, em uma assadeira rasa untada com manteiga.
3. Recheie o centro da pera com as nozes.
4. Despeje a água, o xarope de glucose de milho e o suco de limão sobre as peras.
5. Misture a manteiga com o açúcar mascavo, a farinha e o gengibre em pó com um garfo até obter uma farofa; salpique sobre as peras.
6. Asse a 160°C até que estejam macias (cerca de 25 minutos).
7. Regue as peras com a calda quente antes de servir.

Figura 3.5 Entre os tipos de pera geralmente disponíveis nos mercados estão a Barlett (que tem uma variedade vermelha), a Bosc e a d'Anjou.

Uva Suzette

Para 2 porções

125 g	uva sem semente
2 colheres (sopa)	creme de leite azedo*
1 colher (sopa)	açúcar mascavo

Para 4 porções

250 g	uva sem semente
¼ de xícara	creme de leite azedo
2 colheres (sopa)	açúcar mascavo

* N.T.: Se não encontrar, substitua por coalhada seca ou uma mistura de 1 colher (sopa) de suco de limão para cada 150 mL de creme de leite – mexa e espere engrossar.

Tempo de preparo: 35 minutos

1. Lave as uvas e retire do cabo.
2. Em um refratário, misture com o creme de leite azedo até que todas as uvas estejam cobertas.
3. Polvilhe com o açúcar mascavo.
4. Asse sob a salamandra até que o açúcar comece a borbulhar.
5. Sirva imediatamente.

Avaliação das receitas produzidas – frutas

Receita	Observações sobre cor, textura, sabor e outras características	Comentários ou sugestões para preparo futuro

VOCABULÁRIO

Frutas vermelhas

Frutas cítricas

Drupas

Bagas

Melões e melancias

Pomos

Frutas tropicais e subtropicais

Escurecimento

Osmose

CAPÍTULO 4

Saladas e molhos para salada

Conceitos básicos, 98
Cuidados com as verduras de folha, 97
Manipulação, 97
    Folhas de alface para decoração, 98
    Rosas de rabanete, 98
Receitas, 99

Saladas à base de gelatina, 120
Receitas, 121
Como desenformar saladas à base de gelatina, 124
Receitas de molhos para salada, 125
Vocabulário, 127

CUIDADOS COM AS VERDURAS DE FOLHA

Objetivos

1. Ilustrar o efeito de diferentes condições de armazenamento sobre a qualidade das verduras de folha.
2. Preparar saladas apetitosas e de alta qualidade.
3. Demonstrar a influência de ingredientes e métodos de preparo na formação e estabilização de emulsões.

Este capítulo discute vários aspectos do armazenamento e do preparo de verduras de folha e outros ingredientes usados para saladas. Também inclui instruções para o preparo de emulsões, como demonstrado nas receitas de molho para salada.

MANIPULAÇÃO

Várias condições externas influenciam o fluxo de água para dentro e para fora das células das plantas. As verduras de folha são classificadas como *suculentas*; estarão viçosas quando as condições favorecerem o acúmulo de água nas células, mas murchas quando a água for retirada. Para ilustrar o efeito das condições de armazenamento sobre a alface, guarde algumas folhas de acordo com as diversas condições indicadas na tabela abaixo. Anote os resultados.

Efeitos de diferentes condições de armazenamento

Condições de armazenamento	Descrição da folha de alface	Explicação
Deixada sobre a bancada, em temperatura ambiente, por 24 horas		
Mergulhada em água gelada, sob refrigeração, por 24 horas		
Mergulhada em água salgada (1 colher de chá por xícara de água), sob refrigeração, por 24 horas		
Em recipiente bem fechado, sob refrigeração, por 24 horas		

Conceitos básicos

1. Armazenar verduras de folha sob refrigeração e em recipiente fechado ajuda a manter seu frescor, por conservar a água no interior das células da planta.
2. Ingredientes para saladas devem ser muito bem lavados para que fiquem limpos e adequados para o consumo. Escorrer e/ou secar as verduras de folha com cuidado evita que os molhos sejam diluídos, perdendo nuances de seus sabores.
3. Molhos para salada devem ser acrescentados apenas na hora de servir, por causa da pressão osmótica desfavorável ocasionada pelos sais presentes no molho, que drenam a água das células.
4. Quando quente, a mistura de gelatina e água forma um *sol*, que se transforma em *gel* quando a concentração da gelatina estiver adequada e a temperatura for suficientemente fria.
5. É preciso manter um gel sob refrigeração até o momento de servir para que ele conserve seus contornos depois de desenformado.

Folhas de alface para decoração

Para manter as folhas de alface intactas para servir de base para outras saladas e para decorar, primeiro descarte a base do talo, usando uma faca afiada. Coloque a alface sob água corrente fria de modo que ela preencha o buraco deixado pelo talo retirado. Deixe a água nesta cavidade por alguns minutos. Conforme as folhas começarem a ceder, separe-as com cuidado. Coloque-as sobre papel-toalha ou sobre um pano de prato. Leve à gaveta apropriada da geladeira até o momento de servir.

Rosas de rabanete

Rosas de rabanete constituem uma decoração rápida e colorida. Lave bem os rabanetes; descarte a raiz e as folhas (a menos que estejam bonitas). Faça um corte fundo em forma de X ou outro formato no lado onde estava presa a raiz, certificando-se de que os segmentos resultantes sejam razoavelmente delgados. Coloque em uma tigela com uma quantidade de água suficiente para cobri-la. Leve à geladeira por pelo menos 30 minutos.

Figura 4.1 Para desabrocharem, as rosas de rabanete precisam ser resfriadas (mergulhadas em água) depois de cortadas.

RECEITAS

Salada primavera

Para 2 porções

½ maço	manjericão fresco ou outras ervas/folhas
½	cebola-branca de sabor suave
½	tomate grande
2	fatias de queijo mussarela
1 colher (chá)	suco de limão-siciliano
1 colher (sopa)	vinagre de arroz
1 colher (sopa)	azeite

Para 4 porções

1 maço	manjericão fresco ou outras ervas/folhas
1	cebola-branca de sabor suave
1	tomate grande
4	fatias de queijo mussarela
2 colheres (chá)	suco de limão-siciliano
2 colheres (sopa)	vinagre de arroz
2 colheres (sopa)	azeite

Tempo de preparo: 10 minutos

1. Lave as folhas de manjericão e escorra; forre cada prato com uma cama de alface.
2. Corte a cebola em rodelas de 3 mm e coloque uma em cada prato.
3. Corte o tomate em rodelas de 8 mm e coloque uma sobre cada rodela de cebola.
4. Termine a salada colocando uma fatia de queijo em cada prato e decorando com folhas de manjericão.
5. Misture o suco de limão com o vinagre e o azeite e use a mistura para regar as saladas.

Salada de couve-flor com mostarda

Para 2 porções

¼	pé de couve-flor
3 colheres (sopa)	maionese
1 colher (sopa)	creme de leite azedo*
2 colheres (chá)	mostarda Dijon
½ colher (chá)	suco de limão-siciliano
uma pitada	sal
2	folhas de alface inteiras
⅛	pimentão vermelho
3 ramos	coentro

Para 4 porções

½	pé de couve-flor
6 colheres (sopa)	maionese
2 colheres (sopa)	creme de leite azedo
4 colheres (chá)	mostarda Dijon
1 colher (chá)	suco de limão-siciliano
⅛ de colher (chá)	sal
4	folhas de alface inteiras
¼	pimentão vermelho
6 ramos	coentro

Tempo de preparo: 30 minutos

1. Separe a couve-flor em floretes e cozinhe em água fervente com sal até ficar *al dente* (cerca de 5 minutos). Escorra e leve à geladeira.
2. Misture a maionese com o creme de leite azedo, a mostarda, o suco de limão e o sal.
3. Junte à couve-flor e misture até cobrir bem todos os pedaços. Leve à geladeira.
4. Coloque sobre uma folha inteira de alface e decore com as tirinhas de pimentão vermelho e o coentro.

* N.T.: Se não encontrar, substitua por coalhada seca ou uma mistura de 1 colher (sopa) de suco de limão para cada 150 mL de creme de leite – mexa e espere engrossar.

Salada de vegetais e lombinho canadense

Para 2 porções

45 g	nozes
2 colheres (chá)	manteiga ou margarina
2 colheres (sopa)	açúcar
6	aspargos, cortados em pedaços de 2,5 cm
60 g	ervilha fresca na vagem
¼	pimentão amarelo
3	cogumelos pequenos
4	tomates-cereja
2	folhas de *radicchio*
4	folhas de endívia
60 g	lombinho canadense, em cubos
2 colheres (sopa)	óleo de nozes
1 colher (sopa)	vinagre de arroz
½	abacate, em cubos
a gosto	sal e pimenta-do-reino

Para 4 porções

90 g	nozes
4 colheres (chá)	manteiga ou margarina
4 colheres (sopa)	açúcar
12	aspargos, cortados em pedaços de 2,5 cm
125 g	ervilha fresca na vagem
½	pimentão amarelo
6	cogumelos pequenos
8	tomates-cereja
4	folhas de *radicchio*
8	folhas de endívia
125 g	lombinho canadense, em cubos
¼ de xícara	óleo de nozes
2 colheres (sopa)	vinagre de arroz
1	abacate, em cubos
a gosto	sal e pimenta-do-reino

Tempo de preparo: 20 minutos

1. Em uma frigideira quente, caramelize as nozes na manteiga derretida misturada com o açúcar.
2. Mergulhe o aspargo em água fervente por 1 minuto. Escorra.
3. Lave o pimentão e corte em cubos.
4. Limpe e fatie os cogumelos.
5. Lave os tomates-cereja e corte ao meio.
6. Lave o *radicchio* e a endívia antes de separar as folhas.
7. Salteie o lombinho canadense rapidamente em uma frigideira.
8. Misture o aspargo com a ervilha, o tomate, o cogumelo, o pimentão, o óleo de nozes, o vinagre, o abacate, o sal e a pimenta, mexendo bem.
9. Arrume as folhas inteiras de *radicchio* e de endívia em pratos individuais e coloque uma porção da salada por cima.
10. Guarneça com o lombinho canadense e as nozes caramelizadas.

Salada de frango e *cranberry* ao *curry*

Para 2 porções

1 xícara	peito de frango cozido
½	maçã Red Delicious
½	talo de salsão
1	ramo de cebolinha
⅓ de xícara	maionese
1 colher (chá)	suco de limão-siciliano
³/₈ de colher (chá)	*curry* em pó
⅓ de xícara	*cranberry* seco
2 colheres (sopa)	nozes-pecã picadas
a gosto	salada de folhas

Para 4 porções

2 xícaras	peito de frango cozido
1	maçã Red Delicious
1	talo de salsão
2	ramos de cebolinha
⅔ de xícara	maionese
2 colheres (chá)	suco de limão-siciliano
¾ de colher (chá)	*curry* em pó
⅔ de xícara	*cranberry* seco
¼ de xícara	nozes-pecã picadas
a gosto	salada de folhas

Tempo de preparo: 15 minutos

1. Corte o frango em cubos do tamanho de uma mordida.
2. Corte a maçã em pedaços de 0,5 cm.
3. Corte o salsão e a cebolinha em fatias finas.
4. Misture muito bem a maionese com o suco de limão e o *curry*.
5. Junte todos os ingredientes e mexa bem para cobrir tudo com o molho.
6. Sirva sobre uma cama de folhas, se desejar.

Salada da horta

Para 2 porções

2	cogumelos frescos
2	rabanetes
1	talo de salsão
2	tomates Roma
90 g	peito de frango cozido
3	folhas de alface-lisa
¼	pimentão amarelo assado, sem pele e sem sementes, em cubos
¼	pimentão verde assado, sem pele e sem sementes, em cubinhos
45 g	queijo com pimenta, em cubos
3 colheres (sopa)	molho para salada (de preferência, feito com vinagre de champagne)
a gosto	sal e pimenta-do-reino

Para 4 porções

4	cogumelos frescos
4	rabanetes
2	talos de salsão
4	tomates Roma
180 g	peito de frango cozido
6	folhas de alface-lisa
½	pimentão amarelo assado, sem pele e sem sementes, em cubos
½	pimentão verde assado, sem pele e sem sementes, em cubos
90 g	queijo com pimenta, em cubos
6 colheres (sopa)	molho para salada (de preferência, feito com vinagre de champagne)
a gosto	sal e pimenta-do-reino

Tempo de preparo: 15 minutos

1. Lave e corte em fatias finas os cogumelos, os rabanetes e o salsão.
2. Pique os tomates e o frango em pedaços.
3. Rasgue a alface em pedaços pequenos.
4. Misture todos os ingredientes e mexa bem.

Observação: Para preparar os pimentões, asse-os sob a salamandra ou diretamente sobre a chama do fogão até que a pele estufe e fique chamuscada. Vá virando para que ele "queime" por igual. Cubra-os imediatamente com papel-toalha molhado. Assim que estiverem frios o suficiente para serem manuseados, retire toda a pele; enxágue sob água corrente. Descarte os cabos e as sementes antes de cortar em cubos ou fatiar.

Salada de frango à *la* Greco

Para 2 porções

3	folhas de alface-romana
1	tomate Roma
½	cebola-roxa, picada grosseiramente
¼ de xícara	azeitonas pretas temperadas, sem caroço
1 xícara	peito de frango cozido, em cubos
60 g	queijo *feta* (de preferência com manjericão e tomate seco), esfarelado
1 colher (sopa)	suco de limão-siciliano
¼ de xícara	azeite
1 ¼ colher (chá)	orégano fresco picado
1 ¼ colher (chá)	salsinha fresca picada
a gosto	sal e pimenta-do-reino

Para 4 porções

6	folhas de alface-romana
2	tomates Roma
1	cebola-roxa, picada grosseiramente
½ xícara	azeitonas pretas temperadas, sem caroço
2 xícaras	peito de frango cozido, em cubos
120 g	queijo *feta* (de preferência com manjericão e tomate seco), esfarelado
2 colheres (sopa)	suco de limão-siciliano
½ xícara	azeite
1 colher (sopa)	orégano fresco picado
1 colher (sopa)	salsinha fresca picada
a gosto	sal e pimenta-do-reino

Tempo de preparo: 15 minutos

1. Lave a alface-romana e corte em tiras de 1,25 cm.
2. Lave o tomate e corte em pedaços.
3. Coloque o tomate, a cebola, as azeitonas, o frango e o queijo em uma tigela.
4. Misture o suco de limão com o azeite, o orégano e a salsinha.
5. Junte o molho à salada e misture bem, temperando com sal e pimenta.

Wraps de frios e salada

Receita pequena

250 g	*cream cheese*
1	dente de alho
½	cebola-roxa
2 colheres (sopa)	azeitonas pretas picadas
¼	pé de alface-romana ou americana
3	tomates Roma, sem sementes
½	maço de salsinha (somente as folhas)
3	*tortillas* de farinha extragrandes (30 cm de diâmetro)
1 colher (sopa)	mostarda Dijon
125 g	peito de peru, em fatias finas
125 g	salame, em fatias finas

Receita grande

500 g	*cream cheese*
2	dentes de alho
1	cebola-roxa
¼ de xícara	azeitonas pretas picadas
½	pé de alface-romana ou americana
6	tomates Roma, sem sementes
1	maço de salsinha (somente as folhas)
6	*tortillas* de farinha extragrandes (30 cm de diâmetro)
2 colheres (sopa)	mostarda Dijon
250 g	peito de peru, em fatias finas
250 g	salame, em fatias finas

Observação: Estes *wraps* são um aperitivo colorido e saboroso, que pode ser preparado com um dia de antecedência.

Tempo de preparo: 30 minutos

1. Bata o *cream cheese* na batedeira até adquirir uma consistência boa para espalhar.
2. Pique muito bem o alho.
3. Pique finamente a cebola-roxa, a azeitona, o tomate, a alface e a salsinha. Misture bem e seque, batendo com uma folha de papel-toalha.
4. Espalhe uma camada grossa de *cream cheese* sobre a *tortilla* e cubra com uma camada fina de mostarda.
5. Coloque os frios fatiados por cima.
6. Arrume uma porção generosa da salada sobre os frios.
7. Enrole a tortilha formando um charuto grosso, com cuidado para que o recheio não vaze pelas extremidades. Enrole em um pedaço de papel-alumínio e leve à geladeira até que esteja bem gelado.
8. Descarte o papel-alumínio. Corte em rodelas de 1 cm. Enfie um palito em cada uma para que não desmanchem, ou coloque-as, em forma de leque, sobre uma travessa.

Salada de folhas mistas com rosbife e gorgonzola

Para 2 porções

1 ¼ xícara	verduras de folha variadas
¼	cebola-roxa pequena
2	cogumelos frescos
2 colheres (sopa)	nozes-pecã
½	filé-mignon (de 2,5 cm de espessura)
1 colher (sopa)	queijo gorgonzola esfarelado
a gosto	sal e pimenta-do-reino
1 colher (sopa)	vinagre balsâmico
2 colheres (sopa)	azeite

Para 4 porções

2 ½ xícaras	verduras de folha variadas
½	cebola-roxa pequena
4	cogumelos frescos
¼ de xícara	nozes-pecã
1	filé-mignon (de 2,5 cm de espessura)
2 colheres (sopa)	queijo gorgonzola esfarelado
a gosto	sal e pimenta-do-reino
2 colheres (sopa)	vinagre balsâmico
¼ de xícara	azeite

Tempo de preparo: 20 minutos

1. Lave e seque a salada com papel-toalha, batendo de leve.
2. Corte a cebola e os cogumelos em fatias finas.
3. Toste as nozes a 180°C.
4. Doure a carne até que esteja aquecida. Corte em fatias de 2 cm.
5. Misture todos os ingredientes e regue com o molho de azeite e vinagre balsâmico. Sirva imediatamente.

Salada de batata com atum, ervilha fresca e tomate

Para 2 porções

250 g	batata-rosa pequena
60 g	ervilha fresca na vagem
90 g	atum sólido em lata, conservado em água
1 ½ colher (chá)	vinagre de vinho branco
½ colher (chá)	mostarda Dijon
1 colher (chá)	suco de limão-siciliano
¼ colher (chá)	raspas de limão-siciliano
2 ½ colheres (sopa)	azeite
a gosto	pimenta-do-reino moída fina
3 colheres (sopa)	cebolinha-francesa bem picada
1 xícara	rúcula, sem os talos
2	tomates maduros pequenos, em cunhas

Para 4 porções

500 g	batata-rosa pequena
125 g	ervilha fresca na vagem
180 g	atum sólido em lata, conservado em água
1 colher (sopa)	vinagre de vinho branco
1 colher (chá)	mostarda Dijon
2 colheres (chá)	suco de limão-siciliano
¼ de colher (chá)	raspas de limão-siciliano
¼ de xícara	azeite
a gosto	pimenta-do-reino moída fina
⅓ de xícara	cebolinha-francesa bem picada
2 xícaras	rúcula, sem os talos
4	tomates maduros pequenos, em cunhas

Tempo de preparo: 30 minutos

1. Cozinhe a batata com a casca até ficar macia. Escorra. Corte em cubos.
2. Descarte as pontas das vagens de ervilha e branqueie em água com sal fervente por 30 segundos.
3. Escorra bem o atum; separe em lascas.
4. Misture a batata com a ervilha, o atum, o vinagre, a mostarda, o suco de limão, as raspas de limão, o azeite, a pimenta e a cebolinha-francesa; mexa bem.
5. Sirva a salada sobre uma cama de rúcula, decorada com tomates.

Salada de macarrão primavera

Para 2 porções

¼ de xícara	brócolis em floretes
¼ de xícara	ervilhas frescas
½ xícara	ervilhas frescas na vagem
2 colheres (sopa)	mostarda Dijon
¼ de xícara	azeite
2 colheres (sopa)	vinagre de vinho tinto
1	ramo de cebolinha, em fatias finas
½	dente de alho, espremido
½	tomate picado, sem sementes
1 xícara	macarrão cru, *penne* ou outro formato

Para 4 porções

½ xícara	brócolis em floretes
½ xícara	ervilhas frescas
1 xícara	ervilhas frescas na vagem
¼ de xícara	mostarda Dijon
½ xícara	azeite
¼ de xícara	vinagre de vinho tinto
2	ramos de cebolinha, em fatias finas
1	dente de alho, espremido
1	tomate picado, sem sementes
2 xícaras	macarrão cru, *penne* ou outro formato

Tempo de preparo: 1 hora

1. Cozinhe os floretes de brócolis e as ervilhas por 3 minutos. Escorra.
2. Misture a mostarda com o azeite, o vinagre, a cebolinha, o alho, o tomate e os legumes cozidos.
3. Deixe marinar por 45 minutos.
4. Enquanto isso, cozinhe o macarrão de acordo com as instruções da embalagem até ficar *al dente*. Escorra bem.
5. Misture o macarrão com os demais ingredientes.

108 Preparo de alimentos

Salada de trigo-sarraceno

Para 2 porções

½ xícara	trigo-sarraceno partido (*kasha*) ou trigo para quibe, crus
1 xícara	água
¼ de xícara	cogumelos fatiados
2 colheres (sopa)	pimentão verde em cubos
2 colheres (sopa)	pimentão vermelho em cubos
2 colheres (sopa)	castanhas-d'água em conserva, escorridas e cortadas em cubos
2 colheres (sopa)	salsinha picada
2 colheres (sopa)	cebolinha bem picada
2 colheres (sopa)	tomate sem semente, em cubos
¼ de xícara	azeite
¼ de xícara	molho de soja
1 ½ colher (sopa)	vinagre de vinho tinto
1 colher (chá)	mostarda Dijon

Para 4 porções

1 xícara	trigo-sarraceno partido (*kasha*) ou trigo para quibe, crus
2 xícaras	água
½ xícara	cogumelos fatiados
¼ de xícara	pimentão verde em cubos
¼ de xícara	pimentão vermelho em cubos
¼ de xícara	castanhas-d'água em conserva, escorridas e cortadas em cubos
¼ de xícara	salsinha picada
¼ de xícara	cebolinha bem picada
¼ de xícara	tomate sem sementes, em cubos
½ xícara	azeite
½ xícara	molho de soja
3 colheres (sopa)	vinagre de vinho tinto
2 colheres (chá)	mostarda Dijon

Tempo de preparo: 50 minutos

1. Cozinhe o trigo-sarraceno em água fervente, com a panela tampada, até que absorva toda a água. Espalhe em uma assadeira rasa e coloque no congelador, para resfriar rapidamente.
2. Enquanto isso, misture todos os legumes em uma tigela grande que possa ir à mesa.
3. Bata o azeite com o molho de soja, o vinagre e a mostarda em uma tigela pequena.
4. Junte o trigo aos legumes e regue com o molho, mexendo bem para cobrir. Deixe na geladeira até o momento de servir.

Salada morna de espinafre

Para 2 porções
2	fatias de bacon
½	maço de espinafre novo
1	ovo cozido, com a gema dura
1 colher (sopa)	vinagre

Para 4 porções
4	fatias de bacon
1	maço de espinafre novo
2	ovos cozidos, com a gema dura
2 colheres (sopa)	vinagre

Tempo de preparo: 20 minutos

1. Frite o bacon até ficar crocante.
2. Escorra sobre papel-toalha e parta em pedaços pequenos. Reserve a gordura para preparar o molho.
3. Lave bem o espinafre e escorra toda a água.
4. Corte em pedaços, descartando os talos mais duros.
5. Aqueça a gordura reservada e junte o vinagre, batendo.
6. Despeje um pouco dessa mistura sobre o espinafre. Misture bem.
7. Guarneça com o ovo picado e o bacon esmigalhado.
8. Sirva imediatamente.

Figura 4.2 Salada morna de espinafre, incrementada com ovo cozido e pedaços crocantes de bacon, que adiciona sabor, cor e nutrientes a uma refeição.

Salada de frutas *frozen*

Para 2 porções

½ xícara	creme de leite fresco para bater chantilly, bem gelado
½ xícara	frutas em calda, escorridas (ou frutas frescas)
2 colheres (sopa)	maionese
1	banana, em rodelas
¼ de xícara	*marshmallows* pequenos
1 colher (sopa)	açúcar

Para 4 porções

1 xícara	creme de leite fresco para bater chantilly, bem gelado
1 xícara	frutas em calda, escorridas (ou frutas frescas)
¼ de xícara	maionese
2	bananas, em rodelas
½ xícara	*marshmallows* pequenos
2 colheres (sopa)	açúcar

Observação: No preparo do chantilly, procure usar creme de leite bem gelado, pois isso facilita a formação da espuma. Certifique-se, também, de bater até obter uma consistência firme, mas sem bater demais, a ponto de forçar a separação da emulsão em manteiga e soro.

Tempo de preparo: pelo menos 2 horas

1. Bata o creme de leite na batedeira até ele ficar firme.
2. Escorra as frutas em calda, ou corte as frutas frescas em cubos.
3. Junte os demais ingredientes.
4. Mexa bem e despeje em forminhas individuais, ou em uma forma grande.
5. Cubra bem com papel-alumínio.
6. Leve ao congelador.

Capítulo 4 ▪ Saladas e molhos para salada **111**

Salada colorida

Para 2 porções

¼	pé de alface-americana, ou de outro tipo
1	talo de salsão
¼ de xícara	coração de alcachofra em conserva
1	ovo cozido
6	tomates-cereja
1 colher (sopa)	bacon esmigalhado
a gosto	azeitonas pretas sem caroço
a gosto	*croûtons*
a gosto	molho para salada tipo italiano
a gosto	espirais de cenoura

Para 4 porções

½	pé de alface-americana, ou de outro tipo
2	talos de salsão
½ xícara	coração de alcachofra em conserva
2	ovos cozidos
12	tomates-cereja
2 colheres (sopa)	bacon esmigalhado
a gosto	azeitonas pretas sem caroço
a gosto	*croûtons*
a gosto	molho para salada tipo italiano
a gosto	espirais de cenoura

Observação: Para fazer as espirais, descasque a cenoura e, usando o próprio descascador, retire lascas bem finas e longas do legume. Enrole essas tiras em forma de espiral no dedo indicador da mão e prenda com um palito de dente. Leve à geladeira, em uma tigela com água gelada suficiente para cobri-las. Deixe até o momento de servir. Descarte os palitos e use as espirais para decorar.

Tempo de preparo: 10 minutos

1. Lave e escorra a alface; rasgue-a em pedaços.
2. Em uma tigela, misture bem todos os ingredientes, com exceção da cenoura.
3. Junte o molho. Mexa ligeiramente.
4. Decore com as espirais de cenoura.

Salada de leguminosas

Para 4 porções

250 g	vagem cozida, picada
250 g	grão-de-bico cozido
250 g	vagem amarela cozida, picada
250 g	feijão-vermelho cozido
5 colheres (sopa)	pimentão verde em cubos
1	cebola pequena, em rodelas bem finas
½ xícara	vinagre de vinho tinto
¼ de xícara	óleo
2 colheres (sopa)	açúcar
½ colher (chá)	sal
½ colher (chá)	pimenta-do-reino moída grosseiramente

Para 8 porções

500 g	vagem cozida, picada
500 g	grão-de-bico cozido
500 g	vagem amarela cozida, picada
500 g	feijão-vermelho cozido
10 colheres (sopa)	pimentão verde em cubos
1	cebola média, em rodelas bem finas
1 xícara	vinagre de vinho tinto
½ xícara	óleo
¼ de xícara	açúcar
1 colher (chá)	sal
1 colher (chá)	pimenta-do-reino moída grosseiramente

Tempo de preparo: 12 horas

1. Escorra bem as leguminosas.
2. Coloque-as em uma tigela grande.
3. Junte os demais ingredientes e misture bem.
4. Tampe e leve à geladeira de um dia para o outro, mexendo uma ou duas vezes durante esse tempo.
5. Ao servir, mexa novamente e descarte o líquido da marinada.

Figura 4.3 A Salada de leguminosas não só proporciona um contraste ligeiramente pungente a uma refeição, como também é uma boa fonte de proteínas vegetais.

Salada morna de batata com bacon

Para 2 porções

2	batatas-rosa (cerosas) médias
3	fatias de bacon
1 colher (chá)	farinha de trigo
3 colheres (sopa)	vinagre
3 colheres (sopa)	água
¼	cebola média
⅛ de colher (chá)	mostarda em pó

Para 4 porções

4	batatas-rosa (cerosas) médias
6	fatias de bacon
2 colheres (chá)	farinha de trigo
6 colheres (sopa)	vinagre
6 colheres (sopa)	água
½	cebola média
¼ de colher (chá)	mostarda em pó

Tempo de preparo: 25 minutos

1. Cozinhe as batatas com casca, bem lavadas, em água fervente com sal (1 colher de chá de sal por litro de água).
2. Frite o bacon até ficar crocante, escorra sobre papel-toalha e esmigalhe.
3. Reserve 1 colher de chá da gordura do bacon na frigideira.
4. Junte a farinha e, aos poucos, vá acrescentando o vinagre e a água, batendo.
5. Aqueça até ferver, sem parar de mexer.
6. Junte a cebola picada e a mostarda em pó ao molho.
7. Descasque e pique as batatas ainda quentes.
8. Misture com o molho e o bacon e sirva. Reaqueça, se necessário.

Salada de batata

Para 2 porções

2	batatas-rosa (cerosas) médias
2	ovos cozidos, picados
½	cebola média, bem picada
½ colher (chá)	sementes de aipo
¼ de xícara	maionese
1 colher (chá)	mostarda
2 colheres (sopa)	*relish* de pepino

Para 4 porções

4	batatas-rosa (cerosas) médias
4	ovos cozidos, picados
1	cebola média, bem picada
1 colher (chá)	sementes de aipo
½ xícara	maionese
2 colheres (chá)	mostarda
¼ de xícara	*relish* de pepino

Tempo de preparo: pelo menos 2 horas e 30 minutos

1. Cozinhe as batatas com casca, bem lavadas, em água fervente com sal (1 colher de chá de sal por litro de água).
2. Descasque e corte em cubos.
3. Misture aos ingredientes restantes. Se necessário, junte mais sal.
4. Leve à geladeira por pelo menos 2 horas (de preferência de um dia para o outro) antes de servir.

Figura 4.4 A salada de batata com maionese é um sucesso no verão, mas por questões de segurança, é importante mantê-la sob refrigeração.

Capítulo 4 ▪ Saladas e molhos para salada **115**

Salada de frutos do mar

Para 2 porções

½ xícara	lagosta
½ xícara	caranguejo
⅓ de xícara	salsão picado
1 colher (sopa)	suco de limão-siciliano
⅛ de colher (chá)	*curry* em pó
1	ovo cozido, picado
3 colheres (sopa)	maionese
2	folhas de alface-lisa
½	limão-siciliano

Para 4 porções

1 xícara	lagosta
1 xícara	caranguejo
⅔ de xícara	salsão picado
2 colheres (sopa)	suco de limão-siciliano
¼ de colher (chá)	*curry* em pó
2	ovos cozidos, picados
6 colheres (sopa)	maionese
4	folhas de alface-lisa
1	limão-siciliano

Tempo de preparo: 30 minutos

1. Misture muito bem todos os ingredientes (exceto a alface e o limão para decoração).
2. Leve à geladeira e sirva sobre folhas inteiras de alface, usando rodelas caneladas ou cunhas de limão-siciliano para guarnecer.

Salada confete

Para 2 porções

1	pacote de gelatina de limão
1 xícara	água fervente
½	forma de cubos de gelo
1 xícara	repolho cortado em tiras bem finas
½ xícara	salsão bem picado
1 xícara	cenoura ralada
a gosto	verduras de folha para servir

Para 4 porções

2	pacotes de gelatina de limão
2 xícaras	água fervente
1	forma de cubos de gelo
2 xícaras	repolho cortado em tiras bem finas
1 xícara	salsão bem picado
2 xícaras	cenoura ralada
a gosto	verduras de folha para servir

Tempo de preparo: 2 horas

1. Misture bem a gelatina com a água fervente; mexa até que tenha dissolvido completamente.
2. Junte o gelo e mexa lentamente até que a mistura comece a engrossar visivelmente.
3. Retire os pedaços de gelo que tiverem sobrado e junte os legumes.
4. Leve à geladeira, em uma forma funda, até firmar.
5. Para servir, mergulhe o fundo da forma rapidamente em água morna, agite para soltar as laterais e então vire sobre uma travessa.
6. Guarneça com verduras de folha.

Salada Caesar

Para 2 porções

1	dente de alho
½	pé de alface-romana
1	ovo
1	filé de anchova
¼ de xícara	óleo (recomenda-se azeite)
½	limão, cortado e embrulhado em quadrados de gaze
¼ de colher (chá)	sal temperado
a gosto	pimenta-do-reino moída grosseiramente
a gosto	queijo parmesão ralado
½ xícara	*croûtons* sabor alho

Para 4 porções

1	dente de alho
1	pé de alface-romana
2	ovos
2	filés de anchova
½ xícara	óleo (recomenda-se azeite)
1	limão, cortado e embrulhado em quadrados de gaze
½ colher (chá)	sal temperado
a gosto	pimenta-do-reino moída grosseiramente
a gosto	queijo parmesão ralado
1 xícara	*croûtons* sabor alho

Tempo de preparo: 10 minutos

1. Lave bem a alface e seque as folhas batendo de leve com uma folha de papel-toalha. Corte em pedaços e coloque em uma tigela de madeira, esfregando antes seu interior com um dente de alho cortado.
2. Amorne o ovo: mergulhe-o em água fervente, retire a panela do fogo e deixe na água por 2 minutos.
3. Enquanto isso, em uma outra tigela, amasse a anchova em uma colherada do óleo antes de juntar o restante e o ovo aquecido. Bata bem e despeje sobre a alface.
4. Misture as folhas com o molho até que estejam todas bem cobertas.
5. Esprema o limão sobre a salada.
6. Guarneça com parmesão, pimenta-do-reino moída grosseiramente e *croûtons*. Sirva imediatamente.

Figura 4.5 A Salada Caesar é uma preparação clássica que se mantém fresca por causa da textura mais rústica da alface-romana, que é a folha geralmente usada em seu preparo.

Capítulo 4 ▪ Saladas e molhos para salada **117**

Salada de *grapefruit* e abacate

Para 2 porções

1	*grapefruit*
½	abacate do tipo Haas (vendido também com o nome de "*avocado*")
a gosto	bagos de romã, se desejar
2	folhas de alface inteiras

Para 4 porções

2	*grapefruits*
1	abacate do tipo Haas (vendido também com o nome de "avocado")
a gosto	bagos de romã, se desejar
4	folhas de alface inteiras

Tempo de preparo: 10 minutos

1. Usando uma faca afiada, retire a casca e a membrana branca que envolve a polpa da *grapefruit*, deixando a carne dos gomos exposta.
2. Passe a lâmina da faca rente à membrana que separa um gomo do outro, dos dois lados. Isso fará com que o gomo saia inteiro.
3. Repita o procedimento até retirar todos os gomos da fruta.
4. Corte o abacate ao meio, retire a casca e corte em fatias finas no sentido da altura.
5. Sobre uma folha inteira de alface, alterne os gomos de *grapefruit* com as fatias de abacate.
6. Decore com bagos de romã fresca.

Salada quente de peru

Para 2 porções

1 xícara	peito de peru assado, em cubos
1 xícara	salsão em cubos
2 colheres (sopa)	amêndoas laminadas
2 ½ colheres (sopa)	pimentão verde em cubos
2 colheres (chá)	pimentão vermelho assado, sem pele e sem semente, em cubos
¼	cebola média, bem picada
¼ de colher (chá)	sal
2 ½ colheres (chá)	suco de limão-siciliano
¼ de xícara	molho para salada ou maionese
¼ de xícara	queijo suíço ralado
¼ de xícara	batata chips esmigalhada

Para 4 porções

2 xícaras	peito de peru assado, em cubos
2 ¼ xícaras	salsão em cubos
¼ de xícara	amêndoas laminadas
⅓ de xícara	pimentão verde em cubos
1 ½ colher (sopa)	pimentão vermelho assado, sem pele e sem semente, em cubos
½	cebola média, bem picada
½ colher (chá)	sal
1 ½ colher (sopa)	suco de limão-siciliano
½ xícara	molho para salada ou maionese
½ xícara	queijo suíço ralado
½ xícara	batata chips esmigalhada

Tempo de preparo: 40 minutos

Tempo para assar: forno a 160ºC por 25 minutos

1. Misture todos os ingredientes, com exceção da batata chips, em um refratário fundo.
2. Polvilhe com a batata chips esmigalhada.
3. Asse, sem tampar, em forno a 160°C até que a salada esteja aquecida e o queijo tenha derretido (cerca de 25 minutos).
4. Sirva imediatamente.

Cole Slaw

Para 2 porções

1 xícara	repolho cortado em tiras finas
½ xícara	cenoura ralada
1 ½ colher (chá)	açúcar
1 ½ colher (chá)	óleo
1 colher (sopa)	vinagre
1 colher (chá)	raiz-forte preparada

Para 4 porções

2 xícaras	repolho cortado em tiras finas
1 xícara	cenoura ralada
1 colher (sopa)	açúcar
1 colher (sopa)	óleo
2 colheres (sopa)	vinagre
2 colheres (chá)	raiz-forte preparada

Tempo de preparo: 10 minutos

1. Misture os ingredientes e mexa delicadamente até que todos estejam cobertos de molho.

Figura 4.6 A *Cole Slaw* é uma salada de repolho muito conhecida nos países de língua inglesa, mas possui muitas variações.

Salada de *maccheroni*

Para 2 porções

½ xícara	*maccheroni* (qualquer massa seca curta), cru
2	fatias de bacon, fritas e esmigalhadas
1 colher (sopa)	cebola bem picada
1 colher (chá)	suco de limão-siciliano
2 colheres (sopa)	pimentão verde picado
2 colheres (sopa)	azeitonas recheadas picadas
¼ de xícara	salsão picado
1	ovo cozido, picado
¼ de xícara	maionese ou molho para salada
a gosto	páprica

Para 4 porções

1 xícara	*maccheroni* (qualquer massa seca curta), cru
4	fatias de bacon, fritas e esmigalhadas
2 colheres (sopa)	cebola bem picada
2 colheres (chá)	suco de limão-siciliano
¼ de xícara	pimentão verde picado
¼ de xícara	azeitonas recheadas picadas
½ xícara	salsão picado
2	ovos cozidos, picados
½ xícara	maionese ou molho para salada
a gosto	páprica

Tempo de preparo: 45 minutos

1. Cozinhe o macarrão em água fervente com sal até que seja fácil cortá-lo com um garfo. Escorra bem e leve à geladeira, em um recipiente raso, para esfriar.
2. Misture todos os ingredientes, com exceção da páprica, mexendo bem para cobrir todo o macarrão com o molho.
3. Se houver tempo hábil, leve à geladeira por mais 2 horas, para harmonizar os sabores.
4. Sirva sobre verduras de folha. Decore com páprica.

Salada de frango com castanha-de-caju

Para 2 porções

1 ½ colher (chá)	óleo
1	peito de frango inteiro, sem pele e sem osso, cortado em pedaços
¼ de xícara	abacaxi em lata, escorrido e cortado em cubos
½ xícara	salsão picado
½ xícara	broto de feijão
¼ de xícara	castanha-d'água ou *jícama* em cubos
⅛ de colher (chá)	*curry* em pó
2 ½ colheres (sopa)	creme de leite azedo*
2 ½ colheres (sopa)	maionese
¼ de xícara	castanha-de-caju
¼ de xícara	cebolinha, em rodelas bem finas (partes verde e branca)
¼ de xícara	azeitonas pretas sem caroço, fatiadas

Para 4 porções

1 colher (sopa)	óleo
2	peitos de frango inteiros, sem pele e sem osso, cortados em pedaços
½ xícara	abacaxi em lata, escorrido e cortado em cubos
1 xícara	salsão picado
1 xícara	broto de feijão
½ xícara	castanha-d'água ou *jícama* em cubos
¼ de colher (chá)	*curry* em pó
⅓ de xícara	creme de leite azedo
⅓ de xícara	maionese
½ xícara	castanha-de-caju
½ xícara	cebolinha, em rodelas bem finas (partes verde e branca)
½ xícara	azeitonas pretas sem caroço, fatiadas

* N.T.: Se não encontrar, substitua por coalhada seca ou uma mistura de 1 colher (sopa) de suco de limão para cada 150 mL de creme de leite – mexa e espere engrossar.

Tempo de preparo: 30 minutos, mais o tempo de esfriar

1. Refogue o frango no óleo bem quente, mexendo sempre, por cerca de 4 minutos.
2. Junte o abacaxi e o sal; continue refogando por mais 5 minutos.
3. Leve à geladeira, em uma tigela de vidro, até 10 minutos antes de servir.
4. Junte os ingredientes restantes, mexa bem e sirva a salada decorada com algumas azeitonas pretas e um pouco da parte verde da cebolinha picada.

SALADAS À BASE DE GELATINA

Gelatinas com sabor são usadas para fazer várias saladas salgadas enformadas, mas algumas dessas preparações, como o aspic de tomate, são feitas com gelatina sem sabor. Todos os tipos de gelatina precisam ser dissolvidos completamente em água; caso contrário, o produto final terá partes borrachudas ou granulosas. Gelatinas com sabor consistem em um pó razoavelmente fino, misturado com açúcar ou outro adoçante, o que facilita a sua dissolução. A gelatina sem sabor, no entanto, precisa ser hidratada em água fria (¼ de xícara por envelope) até que não haja mais partículas secas; só depois se acrescenta o líquido quente que vai dissolvê-la. Se esse passo inicial não for seguido, será muito mais difícil conseguir uma dispersão total da gelatina no líquido quente.

RECEITAS

Salada de damasco e abacaxi

Para uma forma de bolo inglês

1	pacote de gelatina de laranja
1 xícara	água fervente
½	forma de cubos de gelo
⅓ de xícara	*marshmallows* pequenos
1 ¾ xícara	damascos em calda (metades), escorridos
1 xícara	abacaxi em calda, escorrido e picado

Cobertura:

¼ de xícara	açúcar
1 ½ colher (chá)	farinha de trigo
½	ovo, batido
¼ de xícara	suco de damasco
1 colher (sopa)	margarina ou manteiga
½ xícara	creme de leite fresco para bater chantilly
a gosto	nozes-pecã, para decorar

Para uma forma de 20 x 20 cm

2	pacotes de gelatina de laranja
2 xícaras	água fervente
1	forma de cubos de gelo
⅔ de xícara	*marshmallows* pequenos
3 ½ xícaras	damascos em calda (metades), escorridos
2 xícaras	abacaxi em calda, escorrido e picado

Cobertura:

½ xícara	açúcar
1 colher (sopa)	farinha de trigo
1	ovo, batido
½ xícara	suco de damasco
2 colheres (sopa)	margarina ou manteiga
1 xícara	creme de leite fresco para bater chantilly
a gosto	nozes-pecã, para decorar

Observação: Pedaços de frutas e outros ingredientes devem ser acrescentados quando a gelatina começa a formar um gel. Se forem acrescentados antes disso, ficarão boiando na superfície, em vez de distribuídos por toda a gelatina.

Tempo de preparo: 1 hora

1. Em uma panela, dissolva a gelatina na água fervente. Mexa sem parar, passando a colher por todo o interior da panela, até que não haja mais partículas visíveis de gelatina.
2. Junte os cubos de gelo e mexa até que comece a formar um gel. Descarte o gelo que não derreter.
3. Junte os *marshmallows* e as frutas escorridas.
4. Leve à geladeira enquanto prepara a cobertura.
5. Misture o açúcar, a farinha, o ovo, o suco de damasco e cozinhe em banho-maria até a mistura engrossar.
6. Retire do fogo e junte a manteiga.
7. Leve ao congelador.
8. Bata o creme de leite até ele ficar firme.
9. Incorpore a mistura de ovo ao creme de leite batido e então espalhe sobre a gelatina já firme.
10. Decore com nozes-pecã.

Salada enformada de morango

Para 2 porções

1	pacote de gelatina de morango
1 xícara	água fervente
280 g	morango congelado
1	banana
2 colheres (sopa)	nozes-pecã, picadas
½ xícara	creme de leite azedo*

Para 4 porções

2	pacotes de gelatina de morango
2 xícaras	água fervente
560 g	morango congelado
2	bananas
¼ de xícara	nozes-pecã, picadas
1 xícara	creme de leite azedo

* N.T.: Se não encontrar, substitua por coalhada seca ou uma mistura de 1 colher (sopa) de suco de limão para cada 150 mL de creme de leite – mexa e espere engrossar.

Tempo de preparo: pelo menos 2 horas

1. Despeje a água fervente sobre a gelatina e mexa até que tenha dissolvido completamente.
2. Junte os morangos congelados.
3. Mexa de vez em quando para separar os blocos de fruta congelada conforme eles forem amolecendo.
4. Quando o morango tiver totalmente descongelado, junte a banana em rodelas e as nozes picadas.
5. Despeje em forminhas individuais e leve à geladeira.
6. Decore com o creme de leite azedo ao servir.

Aspic de tomate com caranguejo

Para 3 porções

1	pacote de gelatina sem sabor
¼ de xícara	água fria
1 xícara	suco de tomate
¼ de colher (chá)	sal de aipo
½	folha de louro
1 colher (sopa)	suco de limão-siciliano
½	cebola média, em rodelas finas
¼ de xícara	salsão em cubos
90 g	carne de caranguejo, fresca ou em lata

Para 6 porções

2	pacotes de gelatina sem sabor
½ xícara	água fria
2 xícaras	suco de tomate
½ colher (chá)	sal de aipo
1	folha de louro
2 colheres (sopa)	suco de limão-siciliano
1	cebola média, em rodelas finas
½ xícara	salsão em cubos
180 g	carne de caranguejo, fresca ou em lata

Tempo de preparo: 3 horas

1. Hidrate a gelatina em água fria.
2. Cozinhe o suco de tomate, o sal de aipo, a folha de louro, o suco de limão e a cebola em fogo brando por 15 minutos.
3. Coe e misture à gelatina hidratada. Mexa até que não haja mais nenhuma partícula sólida.
4. Leve à geladeira até começar a encorpar; acrescente o salsão e o caranguejo imediatamente.
5. Despeje em forminhas individuais, em uma forma de buraco grande ou em outra forma decorativa.
6. Deixe na geladeira até o momento de desenformar e servir.

Salada espumante

Para 4 forminhas individuais

1	pacote de gelatina de limão
1 xícara	água fervente
1 xícara	*ginger ale**
1 ¼ xícara	abacaxi picado[1]
½ xícara	gomos de tangerina em calda, sem a calda
1	banana, cortada em rodelas

Para 8 forminhas individuais

2	pacotes de gelatina de limão
2 xícaras	água fervente
2 xícaras	*ginger ale*
2 ½ xícaras	abacaxi picado
1 xícara	gomos de tangerina em calda, sem a calda
2	bananas, cortadas em rodelas

[1] Use abacaxi em lata. O abacaxi fresco ou congelado não permite que a gelatina adquira a consistência desejada em decorrência da ação da enzima *bromelina* presente na fruta crua.

* N.T.: Refrigerante de gengibre (também conhecido como gengibirra). Se não encontrar, use outro refrigerante de cor clara e sabor mais cítrico, ou água tônica.

Tempo de preparo: aproximadamente 3 horas

1. Dissolva muito bem a gelatina em água fervente.
2. Deixe esfriar até chegar à temperatura ambiente.
3. Junte o refrigerante, as frutas secas e a banana.
4. Despeje em forminhas individuais e leve à geladeira até firmar.

Salada enformada de cereja

Para 4 porções

1	pacote de gelatina de cereja
210 g	cereja escura (do tipo Bing) em calda*
1 xícara	calda reservada das cerejas, fervente[1]
½	forma de cubos de gelo
½ xícara	salsão picado
½ xícara	nozes-pecã ou comuns picadas, para decorar

Para 8 porções

2	pacotes de gelatina de cereja
420 g	cereja escura (do tipo Bing) em calda
2 xícaras	calda reservada das cerejas, fervente
1	forma de cubos de gelo
1 xícara	salsão picado
1 xícara	nozes-pecã ou comuns picadas, para decorar

[1] Se a cereja em calda estiver com muito pouco líquido, complete com água para obter a medida necessária.

* N.T.: Nos EUA, este produto pode ser comprado em latas. Se não encontrar, prepare cerejas em calda usando cerejas escuras frescas.

Tempo de preparo: 2 horas

1. Misture muito bem a gelatina com a calda fervente[1]; mexa até que tenha dissolvido completamente.
2. Junte o gelo e mexa lentamente até que a mistura comece a engrossar visivelmente.
3. Retire os pedaços de gelo que tiverem sobrado e junte os ingredientes restantes.
4. Leve à geladeira até firmar, em forminhas individuais ou em uma forma de buraco.
5. Para servir, mergulho o fundo da forma rapidamente em água morna, agite para soltar as laterais e, então, vire sobre uma travessa.
6. Guarneça com verduras de folha.

Salada luz do sol

Para 4 porções

1	pacote de gelatina de limão
½	forma de cubos de gelo
300 g	tangerina em calda
¾ de xícara	abacaxi em calda, picado
1	banana
1 xícara	calda reservada das frutas, fervente
a gosto	tiras de alface para decorar

Tempo de preparo: 2 horas

1. Misture muito bem a gelatina com o líquido fervente; mexa até dissolver completamente.
2. Junte o gelo e mexa lentamente até que a mistura comece a engrossar visivelmente.
3. Retire os pedaços de gelo que tiverem sobrado e junte os ingredientes restantes.
4. Leve à geladeira até firmar, em forminhas individuais ou em uma forma de buraco.
5. Para servir, mergulhe o fundo da forma rapidamente em água morna, agite para soltar as laterais e, então, vire sobre uma travessa.
6. Guarneça com verduras de folha.

COMO DESENFORMAR SALADAS À BASE DE GELATINA

1. Certifique-se de que o produto esteja bem firme.
2. Retire da geladeira somente no momento em que for desenformar e servir.
3. Mergulhe o fundo da forma em água quente; em seguida agite a forma com força para soltar as laterais. Cuidado para que a água quente não entre em contato com a gelatina.
4. Coloque um prato invertido sobre a forma.
5. Vire rapidamente, segurando o prato e a forma juntos com as duas mãos. A gelatina deve deslizar naturalmente para o prato. Cuidado para não aquecer demais. Isso fará com que os desenhos decorativos da forma fiquem com os contornos indefinidos.
6. Coloque a gelatina de volta na geladeira até o momento de servir.

Capítulo 4 ▪ Saladas e molhos para salada **125**

RECEITAS DE MOLHOS PARA SALADA

Molho francês (emulsão temporária)

Receita pequena

¼ de xícara	azeite
1 colher (sopa)	vinagre balsâmico
1 colher (chá)	suco de limão-siciliano
¼ de colher (chá)	páprica
¼ de colher (chá)	mostarda em pó
¼ de colher (chá)	sal
¼ de colher (chá)	açúcar
uma pitada generosa	pimenta-do-reino

Receita grande

½ xícara	azeite
2 colheres (sopa)	vinagre balsâmico
2 colheres (chá)	suco de limão-siciliano
½ colher (chá)	páprica
½ colher (chá)	mostarda em pó
½ colher (chá)	sal
½ colher (chá)	açúcar
¼ de colher (chá)	pimenta-do-reino

Tempo de preparo: 5 minutos

1. Coloque todos os ingredientes em um recipiente com uma tampa bem vedada.
2. Leve à geladeira.
3. Quando for servir, agite o recipiente vigorosamente para misturar bem os ingredientes e formar uma emulsão.

Molho francês sabor tomate

Receita pequena

½ xícara	vinagre
½ xícara	azeite
½ xícara	açúcar
½ colher (chá)	mostarda em pó
½ colher (chá)	sal
½ lata (150 g)	sopa de tomate concentrada, sem diluir*
½	cebola média
½	pimentão verde

Receita grande

1 xícara	vinagre
1 xícara	azeite
1 xícara	açúcar
1 colher (chá)	mostarda em pó
1 colher (chá)	sal
1 lata (300 g)	sopa de tomate concentrada, sem diluir
1	cebola média
1	pimentão verde

Tempo de preparo: 10 minutos

1. Pique muito bem a cebola e corte o pimentão em cubos.
2. Coloque todos os ingredientes em uma tigela.
3. Bata lentamente, com uma batedeira manual, até que estejam bem misturados.
4. Conserve na geladeira.

* N.T.: Se não encontrar, substitua por uma mistura de molho de tomate pronto com um pouco de açúcar, sal e amido de milho (1 colher de sopa para cada 225 g de molho).

Maionese (emulsão estável)

Receita pequena

¹/₈ de colher (chá)	sal
¼ de colher (chá)	açúcar
½ colher (chá)	mostarda em pó
uma pitada generosa	pimenta-caiena
1	gema
1 colher (sopa)	vinagre
½ xícara	óleo

Receita grande

¼ de colher (chá)	sal
½ colher (chá)	açúcar
1 colher (chá)	mostarda em pó
uma pitada generosa	pimenta-caiena
2	gemas
2 colheres (sopa)	vinagre
1 xícara	óleo

Observação: Se desejar, a textura da maionese pode ser suavizada com a adição de vinagre ou suco de limão.

Tempo de preparo: 10 minutos

1. Misture os ingredientes secos com a gema e o vinagre.
2. Bata com uma batedeira manual.
3. Junte o óleo gradualmente (uma colher de chá por vez), batendo depois de cada adição, até que tenha emulsificado e não haja mais resquícios do óleo na superfície.
4. Depois que tiver acrescentado cerca de ¼ de xícara do óleo, o restante pode ser incorporado mais rapidamente. Continue juntando e batendo até que esteja totalmente incorporado. Se a emulsão separar, coloque uma gema em uma tigela limpa e, muito lentamente, vá juntando a mistura desandada e batendo muito bem antes de juntar mais.
5. Conserve na geladeira, em um recipiente bem tampado.

Molho cozido para salada

Receita pequena

2 colheres (sopa)	farinha de trigo
½ colher (chá)	sal
½ colher (chá)	mostarda em pó
2 colheres (sopa)	açúcar
¾ de xícara	água
¼ de xícara	vinagre
1	ovo, batido
2 colheres (sopa)	margarina ou manteiga

Receita grande

¼ de xícara	farinha de trigo
1 colher (chá)	sal
1 colher (chá)	mostarda em pó
¼ de xícara	açúcar
1 ½ xícara	água
½ xícara	vinagre
2	ovos, batidos
¼ de xícara	margarina ou manteiga

Tempo de preparo: 15 minutos

1. Misture os ingredientes secos em uma panela com capacidade para 1 litro e, aos poucos, incorpore a água.
2. Aqueça até ferver, sem parar de mexer.
3. Retire do fogo.
4. Junte uma colherada dessa mistura ao ovo e bata bem, rapidamente.
5. Repita esse procedimento duas vezes.
6. Junte a mistura de ovo ao molho da panela.
7. Cozinhe em fogo muito brando por 5 minutos, mexendo lentamente e sem parar (cuidado para não deixar ferver).
8. Retire do fogo.
9. Junte o vinagre e a manteiga.
10. Espere esfriar e conserve na geladeira.

Avaliação das receitas produzidas – saladas

Receita	Observações sobre cor, textura, sabor e outras características	Comentários ou sugestões para preparo futuro

VOCABULÁRIO

Gelatina

Gelificação

Colágeno

Espuma

Sol

Gel

Bromelina

Enzima proteolítica

Osmose

Emulsão

Emulsão temporária

Emulsão semiestável

Emulsão estável

Fase contínua

Interfase

Fase dispersa

Suculentas

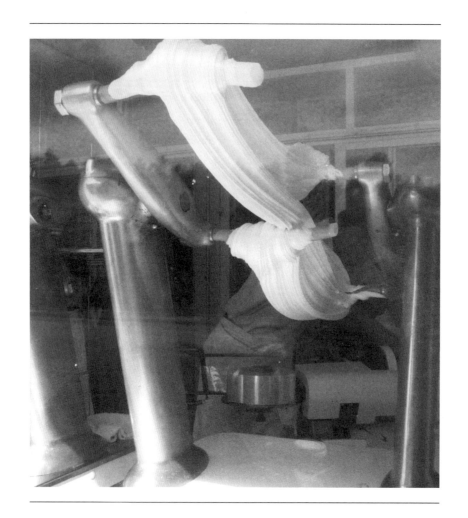

CAPÍTULO 5

Preparações à base de caldas de açúcar

Conceitos básicos, 129
Preparações à base de calda de açúcar cristalizado, 130

Preparações à base de calda de açúcar fundido, 134
Vocabulário, 137

Sim, sem sombra de dúvida, trabalhar com confeitaria é um doce trabalho! No entanto, há muito que se aprender com relação ao preparo de caldas de açúcar. Muitas transformações ocorrem durante o cozimento e esfriamento das caldas. A temperatura de cozimento vai subindo conforme a água evapora e a concentração de açúcar aumenta. Durante o preparo de balas leitosas e caramelos, a cor vai mudando conforme o açúcar passa por alterações químicas a altas temperaturas. A transição de uma solução saturada para uma supersaturada, culminando na formação de cristais de açúcar, pode ser observada durante o resfriamento de preparações à base de caldas de açúcar cristalizado.

Objetivos

1. Demonstrar a relação direta entre a temperatura de cozimento e a concentração de açúcar de uma calda.
2. Identificar os fatores que influenciam a textura de uma preparação à base de calda de açúcar cristalizado.
3. Identificar os fatores que determinam se uma preparação é à base de calda de açúcar cristalizado ou fundido.
4. Preparar e avaliar produtos à base de calda de açúcar cristalizado ou fundido de alta qualidade.

Conceitos básicos

1. A temperatura das caldas de açúcar aumenta durante o cozimento porque a água evapora, causando uma diminuição da pressão do vapor. Isso significa que a calda não ferverá a menos que se aplique mais energia (calor).

2. A temperaturas muito altas, as moléculas do açúcar começam a se quebrar e formar compostos menores que dão cor e sabor aos produtos.

3. Preparações à base de calda de açúcar cristalizado contêm estruturas organizadas de cristais que sofrem influência dos ingredientes, da velocidade do aquecimento, da temperatura final do cozimento e das condições em que a cristalização ocorreu.

4. Nas preparações à base de calda de açúcar fundido, não há a organização de pontos cristalinos durante o esfriamento por causa da alta viscosidade das soluções, que têm altas concentrações de açúcar.

130 Preparo de alimentos

PREPARAÇÕES À BASE DE CALDA DE AÇÚCAR CRISTALIZADO

Penuche

Receita pequena

¾ de xícara	açúcar comum
½ xícara	açúcar mascavo
⅓ de xícara	leite
1 ½ colher (sopa)	margarina ou manteiga
½ colher (chá)	essência de baunilha
¼ de xícara	oleaginosas secas picadas

Receita grande

1 ½ xícara	açúcar comum
1 xícara	açúcar mascavo
⅔ de xícara	leite
3 colheres (sopa)	margarina ou manteiga
1 colher (chá)	essência de baunilha
½ xícara	oleaginosas secas picadas

Observação: O *penuche* tem uma textura tipicamente mais granulosa que outros confeitos de calda de açúcar cristalizado.

Tempo de preparo: 45 minutos

Temperatura final: 113ºC

1. Teste a calibragem do termômetro para caldas: ferva um pouco de água e anote a temperatura registrada quando a água estiver borbulhando ativamente. Se o termômetro marcar uma temperatura diferente de 100°C para esse ponto, ajuste a temperatura final de cozimento da calda adicionando ou subtraindo os graus a menos ou a mais registrados. Por exemplo, se o termômetro marcar 2 graus abaixo da temperatura correta, subtraia esses dois graus da temperatura final indicada na receita para que o resultado final seja o mesmo.

2. Coloque o açúcar branco e o mascavo com o leite em uma panela com capacidade para 1 litro (receita pequena) ou para 2 litros (receita grande).

3. Leve ao fogo, mexendo lentamente até ferver. Quando o açúcar tiver dissolvido, mexa apenas de vez em quando.

4. Ferva a calda até atingir a temperatura de 113°C.

5. Retire do fogo e junte a margarina, com cuidado para não mexer a mistura de forma alguma.

6. Deixe esfriar, sem tirar do lugar.

7. Enquanto a calda esfria, unte uma forma rasa.

8. Deixe esfriar até que o fundo da panela esteja morno ao toque da mão (43°C). Não use o termômetro para medir; o teste manual é suficientemente preciso.

9. Junte a baunilha e as oleaginosas picadas e bata vigorosamente com uma colher de pau até que a calda espessa comece a ficar macia e perca o brilho.

10. Espalhe rapidamente na forma untada. Corte em quadradinhos.

Capítulo 5 ▪ Preparações à base de caldas de açúcar **131**

Fudge

Receita pequena

6 colheres (sopa)	leite
30 g	chocolate amargo[1]
1 xícara	açúcar
uma pitada	sal
1 colher (chá)	xarope claro de glucose de milho
1 colher (sopa)	manteiga ou margarina
½ colher (chá)	essência de baunilha

Receita grande

¾ de xícara	leite
60 g	chocolate amargo
2 xícaras	açúcar
uma pitada generosa	sal
2 colheres (chá)	xarope claro de glucose de milho
2 colheres (sopa)	manteiga ou margarina
1 colher (chá)	essência de baunilha

[1] 30 g de chocolate equivalem a aproximadamente 3 ½ colheres (sopa) de cacau em pó e ½ colher (sopa) de manteiga ou margarina.

Tempo de preparo: 45 minutos

Temperatura final: 112ºC

1. Teste o ponto de ebulição da água com o termômetro, conforme descrito no passo 1 da receita de *Penuche*.
2. Em uma panela com capacidade para 1 litro (receita pequena) ou 2 litros (receita grande), misture o chocolate com o açúcar, o sal, o xarope de glucose de milho e o leite.
3. Leve ao fogo brando, mexendo até ferver.
4. Quando o chocolate tiver derretido e o açúcar dissolvido, aumente o fogo para médio e passe a mexer de vez em quando, para evitar que a calda queime.
5. Deixe cozinhar até atingir 112°C. Lembre-se de fazer a correção da temperatura do termômetro, se necessário. Assim que a calda alcançar a temperatura indicada, junte a manteiga e a baunilha, sem mexer, e retire a panela do fogo.
6. Deixe esfriar em um lugar frio, sem tirar do lugar. Evite tocar ou movimentar a panela ou a calda até que a temperatura chegue a cerca de 43°C. O fundo da panela estará ligeiramente morno ao toque da mão quando isso acontecer. (Não é preciso usar o termômetro para verificar essa temperatura; se o termômetro for usado, dará início à cristalização, mesmo que a calda ainda não tenha esfriado o suficiente.)
7. Enquanto a calda esfria, unte uma forma rasa.
8. Bata vigorosamente com uma colher de pau até que a calda engrosse e perca o brilho.
9. Espalhe rapidamente na forma untada. Corte em quadradinhos.

132 Preparo de alimentos

Fondant

Receita pequena

1 xícara	açúcar
1 colher (sopa)	xarope de glucose de milho ou uma pitada generosa de cremor tártaro
½ xícara	água

Receita grande

2 xícaras	açúcar
2 colheres (sopa)	xarope de glucose de milho ou $1/8$ de colher (chá) de cremor tártaro
1 xícara	água

Variações: incorpore qualquer um dos seguintes ingredientes:

$1/8$ de colher (chá)	essência de limão-siciliano e corante alimentício amarelo
$1/8$ de colher (chá)	essência de laranja, 1 gota de corante alimentício amarelo e 1 de vermelho
$1/8$ de colher (chá)	essência de rum

Tempo de preparo: 45 minutos

Temperatura final: 114ºC

1. Teste o ponto de ebulição da água com o termômetro, conforme descrito no passo 1 da receita de *Penuche*.
2. Em uma panela com capacidade para 1 litro (receita pequena) ou 2 litros (receita grande), misture os ingredientes.
3. Aqueça em fogo médio, mexendo lentamente, até o açúcar se dissolver.
4. Deixe cozinhar até a calda atingir 114°C.
5. Retire do fogo e deixe esfriar, sem tirar do lugar.
6. Enquanto a calda esfria, unte uma travessa ou assadeira bem rasa.
7. Deixe esfriar até que o fundo da panela esteja morno ao toque da mão (43°C). Não use o termômetro para medir; o teste manual é suficientemente preciso.
8. Despeje no recipiente untado e comece a bater imediatamente, com uma colher de pau, até que a calda comece a ficar firme e perder seu brilho.
9. Lave as mãos com sabão, enxágue e seque bem. Amasse o *fondant* com a ponta dos dedos, até ficar completamente macio.
10. Embrulhe em papel-alumínio, vedando bem, e deixe descansar por 24 horas. O *fondant* pronto pode ser transformado em balinhas de menta para depois do jantar, ou usado para rechear frutas e bombons.

Divinity

Receita pequena

1 xícara	açúcar
¼ de xícara	xarope claro de glucose de milho
¼ de xícara	água
⅛ de colher (chá)	sal
1	clara
⅛ de colher (chá)	cremor tártaro
½ colher (chá)	essência de baunilha

Receita grande

2 xícaras	açúcar
½ xícara	xarope claro de glucose de milho
½ xícara	água
¼ de colher (chá)	sal
2	claras
¼ de colher (chá)	cremor tártaro
1 colher (chá)	essência de baunilha

Tempo de preparo: 45 minutos

Temperatura final: 127ºC

1. Teste o ponto de ebulição da água com o termômetro, conforme descrito no passo 1 da receita de *Penuche*.
2. Em uma panela com capacidade para 1 litro (receita pequena) ou 2 litros (receita grande), misture o açúcar com o xarope de glucose de milho, a água e o sal.
3. Leve ao fogo, mexendo lentamente até ferver. Depois que o açúcar se dissolver, mexa apenas de vez em quando.
4. Ferva até atingir a temperatura de 127°C (128°C se o tempo estiver úmido ou chuvoso). Retire do fogo.
5. Bata a clara em neve na batedeira até obter picos duros.
6. Junte o cremor tártaro e a essência de baunilha e, com a batedeira ligada na velocidade máxima, vá juntando a calda às claras batidas lentamente.
7. Continue batendo até obter uma massa firme.
8. Pingue em uma assadeira com o auxílio de duas colheres.

PREPARAÇÕES À BASE DE CALDA DE AÇÚCAR FUNDIDO

Caramelo duro de amêndoas

Receita pequena

½ xícara	manteiga ou margarina
⅔ de xícara	açúcar
1 ½ colher (chá)	xarope claro de glucose de milho
2 colheres (sopa)	água
¾ de xícara	amêndoas sem pele, picadas
180 g	chocolate ao leite

Receita grande

1 xícara	manteiga ou margarina
1 ⅓ xícara	açúcar
1 colher (sopa)	xarope claro de glucose de milho
3 colheres (sopa)	água
1 ½ xícara	amêndoas sem pele, picadas
450 g	chocolate ao leite

Tempo de preparo: 2 horas

Temperatura final: 149ºC

1. Teste o ponto de ebulição da água com o termômetro, conforme descrito no passo 1 da receita de *Penuche*.
2. Em uma panela com capacidade para 1 litro (receita pequena) ou 2 litros (receita grande), misture o açúcar com o xarope de glucose de milho e a água.
3. Leve ao fogo, junte a manteiga e aqueça, mexendo de vez em quando. Depois que o açúcar tiver dissolvido, mexa sem parar para que a mistura não queime.
4. Cozinhe até a calda atingir a temperatura de 149°C, com muito cuidado para que não queime.
5. Junte metade das amêndoas e despeje em uma assadeira rasa untada ou revestida de material antiaderente. Espalhe, formando uma camada de pouco menos de 1 cm.
6. Leve ao congelador para esfriar. Enquanto isso, derreta metade do chocolate em banho-maria (sem deixar a água tocar o fundo da tigela).
7. Retire a bala do congelador e espalhe o chocolate derretido por toda a superfície. Polvilhe com a segunda metade das amêndoas, bem picadas.
8. Deixe no congelador até que esteja firme. Enquanto isso, derreta o chocolate restante. Retire a bala do congelador. Torça ligeiramente a assadeira para descolar a placa de bala e vire-a.
9. Espalhe o chocolate derretido sobre o outro lado e polvilhe com as amêndoas picadas.
10. Deixe no congelador até o chocolate ficar firme.
11. Use um martelo ou o cabo de uma faca para partir em pedaços.

Capítulo 5 ▪ Preparações à base de caldas de açúcar **135**

Caramelos

Receita pequena

½ xícara	açúcar
7 colheres (sopa)	xarope claro de glucose de milho
¼ de xícara	margarina ou manteiga
½ xícara	creme de leite *light*
¼ de xícara	nozes-pecã, picadas (opcional)
¼ de colher (chá)	essência de baunilha

Receita grande

1 xícara	açúcar
⁷⁄₈ de xícara	xarope claro de glucose de milho
½ xícara	margarina ou manteiga
1 xícara	creme de leite *light*
½ xícara	nozes-pecã, picadas (opcional)
½ colher (chá)	essência de baunilha

Tempo de preparo: 30 minutos

Temperatura final: 127ºC para caramelos duros; 121ºC para macios

1. Teste o ponto de ebulição da água com o termômetro, conforme descrito no passo 1 da receita de *Penuche*.
2. Em uma panela com capacidade para 1 litro (receita pequena) ou 2 litros (receita grande), misture o açúcar com o xarope de glucose de milho, a manteiga e o creme de leite.
3. Aqueça até ferver, mexendo sempre.
4. Depois que ferver, mexa de vez em quando até atingir a temperatura indicada.
5. Unte uma forma quadrada.
6. Antes de despejar a calda na forma, junte as nozes e a baunilha e misture.
7. Marque a superfície da massa dividindo-a em quadrados do tamanho do produto final, para que depois fique mais fácil cortá-los quando o caramelo estiver frio.

Bala puxa-puxa

Receita pequena

1 xícara	açúcar
¼ de xícara	xarope claro de glucose de milho
¼ de xícara	água
⅛ de colher (chá)	cremor tártaro
½ colher (chá)	essência de baunilha

Receita grande

2 xícaras	açúcar
½ xícara	xarope claro de glucose de milho
½ xícara	água
¼ de colher (chá)	cremor tártaro
1 colher (chá)	essência de baunilha

Tempo de preparo: 45 minutos

Temperatura final: 129ºC

1. Teste o ponto de ebulição da água com o termômetro, conforme descrito no passo 1 da receita de *Penuche*.
2. Em uma panela com capacidade para 1 litro (receita pequena) ou 2 litros (receita grande), misture todos os ingredientes, exceto a essência de baunilha.
3. Leve ao fogo, mexendo lentamente até ferver. Depois que ferver, mexa de vez em quando até a calda atingir a temperatura de 129ºC.
4. Retire do fogo, junte a essência de baunilha, mexa e despeje em uma travessa grande, untada com manteiga.
5. Deixe esfriar até que a massa possa ser manipulada.
6. Unte as mãos e comece a puxar uma porção da bala. Vá puxando em fios compridos e dobrando, puxando e dobrando.
7. Repita o movimento até que a massa fique muito clara e ligeiramente porosa.
8. Torça como uma corda de aproximadamente 2 cm de diâmetro.
9. Corte em pedaços usando uma tesoura de cozinha.

Torrão de amendoim

Receita pequena

1 xícara	açúcar
½ xícara	xarope claro de glucose de milho
½ xícara	água
1 xícara	amendoins crus, sem pele
1 colher (chá)	manteiga ou margarina
⅛ de colher (chá)	bicarbonato de sódio

Receita grande

2 xícaras	açúcar
1 xícara	xarope claro de glucose de milho
1 xícara	água
2 xícaras	amendoins crus, sem pele
2 colheres (chá)	manteiga ou margarina
¼ de colher (chá)	bicarbonato de sódio

Tempo de preparo: 30 minutos

Temperatura final: 143ºC

1. Teste o ponto de ebulição da água com o termômetro, conforme descrito no passo 1 da receita de *Penuche*.
2. Em uma panela com capacidade para 1 litro (receita pequena) ou 2 litros (receita grande), misture os três primeiros ingredientes.
3. Leve ao fogo, mexendo lentamente, até a mistura chegar a 116ºC.
4. Junte os amendoins (e uma pitada de sal, se desejar).
5. Continue cozinhando a calda até atingir a temperatura de 143ºC, mexendo lentamente para que não queime.
6. Retire do fogo e junte, batendo, a manteiga e o bicarbonato.
7. Despeje em uma assadeira rasa untada ou revestida de material antiaderente.
8. Torça a forma ligeiramente para descolar a placa de doce.
9. Quebre em pedaços menores quando estiver fria.

Avaliação das receitas produzidas – preparações à base de calda de açúcar

Receita	Tipo de calda	Sabor	Consistência	Textura
Penuche				
Fudge				
Fondant				
Divinity				
Caramelo duro de amêndoas				
Caramelos				
Bala puxa-puxa				
Torrão de amendoim				

VOCABULÁRIO

Açúcar cristalizado

Açúcar fundido

Inversão

Solução saturada

Solução supersaturada

Higroscópico

Hidrólise ácida

Açúcar invertido

CAPÍTULO 6

Preparo de amidos e cereais

Conceitos básicos, 140
Amidos e agentes espessantes, 139
Experimento prático: o poder espessante
   de vários amidos, 140
Molhos e preparações engrossadsas com amido, 141

Como preparar um molho branco básico, 141
Sobremesas engrossadas com amido, 144
Cereais e massas, 147
Receitas, 149
Vocabulário, 157

Objetivos

1. Explicar duas técnicas adequadas para a dispersão do **amido** em vários produtos.
2. Observar as mudanças que ocorrem durante a **gelatinização** de uma mistura de amido.
3. Comparar o poder espessante de vários amidos.
4. Avaliar a qualidade de pastas e géis de amido.
5. Demonstrar o efeito do açúcar e/ou ácido sobre as pastas e géis de amido.
6. Preparar e avaliar produtos engrossados com amidos específicos.

AMIDOS E AGENTES ESPESSANTES

Dominar a técnica de cozimento de amidos não é difícil, mas requer bastante atenção durante todo o preparo, desde o momento da mistura até o final do cozimento. Você pode se livrar da dificuldade de ter de lidar com pelotas em molhos, cremes e outras preparações engrossadas com amido se se der ao trabalho de dissolver muito bem o amido antes de levá-lo ao fogo. Outro detalhe importante é mexer todo o conteúdo da panela de maneira uniforme durante a gelatinização, a uma velocidade que ao mesmo tempo evite o empelotamento e não deixe a mistura ficar grudenta. Há muitas receitas que envolvem a gelatinização de amidos; você usará as técnicas aprendidas neste capítulo no decorrer de toda a sua carreira no setor de alimentos. Você perceberá também que os conhecimentos sobre gelatinização são importantes para o preparo de massas e de outros produtos que contêm cereais ricos em amido.

Conceitos básicos

1. Amidos de várias fontes (mandioca, araruta, arroz, milho, trigo e farinha dextrinizada ou tostada) apresentam poder espessante distinto quando são suficientemente aquecidos, na presença de água, para desencadearem o processo de gelatinização.
2. A viscosidade, a aparência e a força de pastas e géis de amido são alteradas se um ácido e/ou açúcar estiverem presentes durante a gelatinização.
3. É possível dispersar o amido uniformemente antes que seja gelatinizado misturando-o por completo com (1) uma gordura líquida, (2) um líquido frio ou (3) uma grande quantidade de ingredientes secos.

EXPERIMENTO PRÁTICO

O poder espessante de vários amidos

2 colheres (sopa)	amido (p. ex., de mandioca, de arroz, araruta) ou farinha indicados
1 xícara	água fria

1. Em uma panela com capacidade para 1 litro, coloque o amido e junte a água fria aos poucos, mexendo com uma colher de pau, para obter uma ligação de amido (ou *slurry*, em inglês).

2. Conforme a ligação de amido for ficando menos espessa, a água pode ser acrescentada mais rapidamente, mas sempre batendo.
3. Aqueça a mistura até começar a ferver, mexendo sem parar e com atenção para raspar toda a superfície interna da panela. Use fogo médio.
4. Assim que a mistura começar a ferver no centro da panela, despeje-a em um copo graduado de vidro. Observe a viscosidade e transparência de cada tipo de amido; preencha a tabela com os dados.

Efeito do açúcar e dos ácidos sobre as pastas e géis de amido

2 colheres (sopa)	amido de milho		2 colheres (sopa)	amido de milho
2 colheres (sopa)	suco de limão ou vinagre		¼ de xícara	açúcar
14 colheres (sopa)	água		1 xícara	água

Pasta com ácidos:

1. Misture muito bem o amido com o ácido.
2. Junte a água aos poucos e cozinhe conforme indicado acima.
3. Despeje no recipiente de vidro e compare com as outras misturas.

Pasta com açúcar:

1. Misture os ingredientes.
2. Cozinhe conforme indicado acima.
3. Despeje no recipiente de vidro e compare com as outras misturas.

Viscosidade e aparência de pastas e géis engrossados com produtos diversos

Amido	Viscosidade		Aparência
	Quente	Frio	
Amido de mandioca			
Farinha de araruta			
Amido de arroz			
Amido de milho			
Amido de milho com açúcar			
Amido de milho com ácido			
Farinha de trigo			
Farinha de trigo tostada[1]			

[1] Antes de juntar a água, toste a farinha até ficar bem dourada e seca, mexendo sempre com uma colher de pau.

MOLHOS E PREPARAÇÕES ENGROSSADAS COM AMIDO

Objetivos

1. Explicar o uso do amido como agente espessante em molhos e cremes.
2. Demonstrar o uso de gordura, ingredientes secos e/ou líquido frio na dispersão uniforme dos amidos.
3. Identificar as características desejáveis em produtos engrossados com amido.
4. Identificar métodos de melhoria da qualidade de produtos engrossados com amido.

Molhos brancos de consistências variadas são muito usados no preparo de alimentos. Embora o produto final tenha características ligeiramente diferenciadas, são todos preparados da mesma maneira. Eis uma lista desses molhos e de suas aplicações:

- molho branco ralo – sopas-creme;
- molho branco médio – enformados e gratinados;
- molho branco espesso – suflês;
- molho branco firme ou duro – agente de ligação para manter os ingredientes juntos (*croquettes*).

Vários tipos de gordura podem ser usados para fazer molho branco. Margarina e manteiga acrescentam cor e sabor à preparação. Gorduras vegetais sólidas são adequadas e não alteram a cor ou o sabor do molho. Gorduras líquidas são de uso fácil no preparo de molhos brancos porque já estão na forma liquefeita, eliminando a necessidade de serem derretidas. Com exceção do azeite, os óleos não têm muita influência na cor e no sabor do produto final.

Como preparar um molho branco básico

1. O preparo de um molho branco homogêneo começa com a distribuição homogênea da farinha na gordura derretida ou óleo.

2. Uma mistura rala vai se formando conforme se acrescenta leite frio (ou outro líquido) lentamente, mexendo-se com cuidado para evitar o empelotamento.

3. Quando a mistura estiver homogênea, ela é aquecida em fogo médio até que todo o conteúdo da panela ferva. É preciso mexer de modo contínuo, em um ritmo relativamente rápido para manter o aquecimento uniforme da mistura. Também é preciso que a colher alcance todos os cantos da panela e as laterais, pois estas são as áreas que aquecem primeiro. Uma colher de pau com a ponta reta é o utensílio ideal para realizar esta tarefa, pois cada movimento cobre uma superfície relativamente maior quando a mistura é mexida.

4. O molho pronto deve ter a consistência desejada (a foto mostra um molho espesso), e a textura deve ser completamente lisa. Em molhos muito firmes, a gordura pode começar a se separar antes do fim do cozimento. Isso acontece quando há uma evaporação excessiva do líquido. Para remediar esse problema, junte uma quantidade bem pequena de água ou leite ao molho. Se a gordura ainda estiver se separando, junte um pouco mais. Acrescente uma quantidade de líquido suficiente apenas para homogeneizar a mistura.

Molho branco

Molho branco ralo (mostrado abaixo)

1 colher (sopa)	margarina (ou outra gordura)
1 colher (sopa)	farinha de trigo
¼ de colher (chá)	sal
1 xícara	leite

Molho branco médio (mostrado abaixo)

2 colheres (sopa)	margarina (ou outra gordura)
2 colheres (sopa)	farinha de trigo
¼ de colher (chá)	sal
1 xícara	leite

Molho branco espesso

3 colheres (sopa)	margarina (ou outra gordura)
3 colheres (sopa)	farinha de trigo
¼ de colher (chá)	sal
1 xícara	leite

Molho branco firme/duro

¼ de xícara	margarina (ou outra gordura)
¼ de xícara	farinha de trigo
¼ de colher (chá)	sal
1 xícara	leite

Tempo de preparo: 5 minutos

1. Derreta a manteiga. Retire do fogo.
2. Junte com cuidado a farinha, certificando-se de que esteja totalmente misturada à gordura.
3. Junte o sal e, aos poucos, o leite, mexendo sem parar. O leite deve ser acrescentado em uma velocidade lenta o suficiente para que a mistura não forme grumos.
4. Quando todo o leite tiver sido acrescentado, leve ao fogo médio. Mexa sem parar durante todo o tempo de cozimento. Certifique-se de que toda a superfície interna da panela seja raspada com a colher. Faça isso a uma velocidade rápida o suficiente para que o molho não fique empelotado.
5. Aqueça até toda a mistura ferver.
6. Use imediatamente. Se não for usar em seguida, tampe bem.

Molho branco

Tipo	Consistência	Usos
Ralo		
Médio		
Espesso		
Firme/duro		

SOBREMESAS ENGROSSADAS COM AMIDO

Flan de baunilha

Para 2 porções

1 ½ colher (sopa)	amido de milho
2 ²/₃ colheres (sopa)	açúcar
uma pitada	sal
¼ de xícara	leite frio
¾ de xícara	leite fervente
½ colher (chá)	essência de baunilha
½ colher (chá)	margarina ou manteiga

Para 4 porções

3 colheres (sopa)	amido de milho
¹/₃ de xícara	açúcar
uma pitada generosa	sal
½ xícara	leite frio
1 ½ xícara	leite fervente
1 colher (chá)	essência de baunilha
1 colher (chá)	margarina ou manteiga

Tempo de preparo: 10 minutos

1. Misture bem o amido de milho com o açúcar e o sal.
2. Junte aos poucos o leite frio, enquanto mexe, para fazer uma ligação de amido.
3. Acrescente lentamente o leite fervente.
4. Aqueça até ferver, mexendo sem parar e com atenção para raspar toda a superfície interna da panela.
5. Continue cozinhando até que a colher deixe um rastro ao ser passada de um lado ao outro da panela (ver foto).
6. Se o *flan* ainda estiver com gosto de amido cru, tampe e cozinhe em banho-maria por 5 minutos.
7. Junte a essência de baunilha e a manteiga.
8. Despeje em tigelas individuais, tampe bem e leve à geladeira.

Figura 6.1 Um creme à base de amido de milho estará no ponto quando uma colher, ao ser arrastada de um lado ao outro da panela, deixar um rastro na mistura.

Flan de caramelo

Para 2 porções

2 colheres (sopa)	açúcar (para a calda)
3 colheres (sopa)	água fervente
1 ½ colher (sopa)	amido de milho
2 colheres (sopa)	açúcar
uma pitada	sal
¼ de xícara	leite frio
¾ de xícara	leite fervente
½ colher (chá)	margarina ou manteiga
½ colher (chá)	essência de baunilha

Para 4 porções

¼ de xícara	açúcar (para a calda)
⅓ de xícara	água fervente
3 colheres (sopa)	amido de milho
¼ de xícara	açúcar
uma pitada generosa	sal
½ xícara	leite frio
1 ½ xícara	leite fervente
1 colher (chá)	margarina ou manteiga
1 colher (chá)	essência de baunilha

Tempo de preparo: 15 minutos

1. Derreta o açúcar em uma frigideira pequena e cozinhe, mexendo sempre com uma colher de pau, até formar uma calda dourado-escura.
2. Usando uma luva térmica, leve a frigideira para a pia (com cuidado para não encostar em superfícies não resistentes ao calor).
3. Junte a água imediatamente.
4. Em uma panela com capacidade para 1 litro, misture bem o amido de milho, o açúcar e o sal.
5. Junte o leite frio aos poucos, mexendo.
6. Junte o leite quente lentamente, depois a calda de caramelo.
7. Aqueça em fogo médio, mexendo sem parar e com atenção para raspar toda a superfície interna da panela, até a mistura ferver. Continue cozinhando até que a colher deixe um rastro na mistura ao ser passada de um lado ao outro da panela. Se o sabor de amido cru não tiver desaparecido ainda, cozinhe em banho-maria por mais 5 minutos.
8. Junte a essência de baunilha e a manteiga.
9. Despeje em tigelas individuais, tampe bem e leve à geladeira.

Figura 6.2 Um creme à base de amido de milho cede um pouco nos contornos, mas não desmorona nem escorre depois de desenformado.

Flan de chocolate

Para 2 porções

1 ⅓ colher (sopa)	amido de milho
¼ de xícara	açúcar
uma pitada	sal
¼ de xícara	leite frio
30 g	chocolate amargo
¾ de xícara	leite fervente
½ colher (chá)	essência de baunilha
½ colher (chá)	margarina ou manteiga

Para 4 porções

2 ⅔ colheres (sopa)	amido de milho
½ xícara	açúcar
uma pitada generosa	sal
½ xícara	leite frio
60 g	chocolate amargo
1 ½ xícara	leite fervente
1 colher (chá)	essência de baunilha
1 colher (chá)	margarina ou manteiga

Tempo de preparo: 10 minutos

1. Derreta o chocolate no leite quando for fervê-lo.
2. Enquanto o leite aquece, misture os ingredientes secos.
3. Junte a eles o leite frio, aos poucos e mexendo, para fazer uma ligação de amido.
4. Acrescente lentamente o leite fervente com o chocolate.
5. Leve ao fogo, mexendo sempre, até a mistura ferver e a colher deixar um rastro na mistura ao ser passada de um lado ao outro da panela. Se o sabor de amido cru não tiver desaparecido ainda, cozinhe em banho-maria por mais 5 minutos.
6. Junte a essência de baunilha e a manteiga.
7. Despeje em tigelas individuais, tampe bem e leve à geladeira até a hora de servir.

Sagu de laranja

Para 2 porções

¼ de xícara	açúcar
2 colheres (sopa)	sagu instantâneo*
1 ¼ xícara	suco de laranja
uma pitada	sal

Para 4 porções

½ xícara	açúcar
¼ de xícara	sagu instantâneo
2 ½ xícaras	suco de laranja
uma pitada generosa	sal

Tempo de preparo: 25 minutos

1. Em uma panela com capacidade para 1 litro, misture o açúcar e o sagu.
2. Junte o sal e o suco de laranja.
3. Deixe descansar por 5 minutos, para reidratar o sagu.
4. Aqueça até ferver, mexendo lentamente e com atenção para alcançar toda a mistura.
5. Tampe e deixe esfriar por 20 minutos.
6. Mexa e despeje em taças de sobremesa para servir.

* N.T.: Caso não encontrar, substitua por sagu comum.

Arroz-doce com passas

Para 2 porções

¼ de xícara	arroz branco cru
2 ½ colheres (sopa)	açúcar
⅛ de colher (chá)	sal
⅛ de colher (chá)	canela em pó
⅛ de colher (chá)	noz-moscada ralada
1 ¼ xícara	leite desnatado
¼ de xícara	uvas-passas escuras, sem semente
½ colher (chá)	raspas de limão-siciliano

Para 4 porções

½ xícara	arroz branco cru
⅓ de xícara	açúcar
¼ de colher (chá)	sal
¼ de colher (chá)	canela em pó
¼ de colher (chá)	noz-moscada ralada
2 ½ xícaras	leite desnatado
½ xícara	uvas-passas escuras, sem semente
1 colher (chá)	raspas de limão-siciliano

Observação: Sirva morno. Um creme batido à base de gemas acrescenta nutrientes e sabor a esta sobremesa simples.

Tempo de preparo: 1 hora e 10 minutos

1. Aqueça o leite em banho-maria até quase ferver.
2. Acrescente o arroz cru (recomenda-se o parboilizado para esta receita), o açúcar, o sal, a canela e a noz-moscada.
3. Cozinhe em banho-maria até que, ao esfregar um grão de arroz entre os dedos, ele esteja macio (cerca de 1 hora).
4. Mexa de vez em quando. Mantenha a panela tampada quando não estiver mexendo.
5. Durante os 10 minutos finais do cozimento, junte as passas e as raspas de limão.

Sobremesas engrossadas com amido

Tipo de sobremesa	Aparência	Sabor	Textura	Consistência
Flan de baunilha				
Flan de caramelo				
Flan de chocolate				
Sagu de laranja				
Arroz-doce				

CEREAIS E MASSAS

Objetivos

1. Observar como o beneficiamento dos cereais influencia suas técnicas de preparo e tempos de cozimento.
2. Comparar as características físicas e o valor nutritivo de variedades e tipos de arroz diferentes (grão curto, agulhinha, integral, polido, parboilizado, pré-cozido e selvagem).
3. Preparar e avaliar a qualidade de massas específicas.

O preparo de cereais tem dois objetivos: gelatinizar os amidos e amaciar a celulose. Ambos podem ser alcançados cozinhando-se os cereais em água. A quantidade de água e o tempo de cozimento requeridos variam de acordo com o tipo de cereal e o tipo de beneficiamento por qual o grão passou.

Preparo de alimentos

Para preparar cereais e massas, aqueça a quantidade de água sugerida com sal (1 colher de chá por litro) até ferver. Polvilhe o cereal ou a massa diretamente sobre a água fervente. Cereais moídos (como fubá, polenta e semolina) precisam ser misturados com um pouco de água fria antes de serem acrescentados à panela para que não empelotem. A tabela a seguir traz instruções específicas. Mexa de vez em quando para evitar que grudem no fundo da panela. Os cereais estarão cozidos quando engrossarem e perderem o gosto de amido cru. As massas estarão cozidas quando puderem ser cortadas com facilidade e não tiverem mais gosto de amido cru.

Tabela de cozimento de cereais[1]

Tipo de cereal	Xícaras de água por xícara de cereal	Tempo de cozimento (em minutos)	Método de preparo
Moídos			
Semolina	5	15	Faça uma ligação de amido com água fria. Despeje na água fervente.
Semolina instantânea	5	5	Mesmo procedimento da semolina comum.
Fubá	4 ½	5	Mesmo procedimento da semolina comum.
Em flocos			
Aveia	3	5	Polvilhe sobre água fervente.
Inteiros			
Arroz polido, longo ou curto	2 ¾	20	Polvilhe sobre água fervente.
Arroz parboilizado	2 ½	20	Polvilhe sobre água fervente.
Arroz *basmati*	1 ¾	20	Misture com água fria.
Arroz pré-cozido	1	–	Coloque em água fervente.
Arroz integral	2 ½	40	Polvilhe sobre água fervente.
Arroz integral pré-cozido	1 ½	15	Polvilhe sobre água fervente.
Arroz-selvagem	3	60	Polvilhe sobre água fervente.

[1] Junte uma colher (chá) de sal para cada litro de água.

Tabela de cozimento de massas[1]

Tipo de massa	Litros de água por 500 g de massa	Tempo de cozimento (minutos)[2]
Macarrão de ovos	4	10–15
Massa curta seca	4	15–20
Espaguete	6	15–20
Cabelinho-de-anjo	6	8–10

[1] Junte uma colher (chá) de sal para cada litro de água.
[2] Cozinhe até ficar *al dente* (cozido, mas resistente à mordida).

RECEITAS

Penne com tomate, abobrinha e manjericão

Para 2 porções

1 xícara	*penne* cru (ou outro formato)
1	dente de alho, descascado e bem picado
1	abobrinha-amarela, em rodelas de 0,5 cm de espessura
2	tomates Roma, sem sementes e picados grosseiramente
1 colher (sopa)	folhas de manjericão bem picadas (ou *pesto*)
½ colher (chá)	raspas de limão-siciliano
a gosto	sal e pimenta-do-reino moída grosseiramente
a gosto	pimenta
a gosto	queijo *pecorino* romano ralado

Para 4 porções

2 xícaras	*penne* cru (ou outro formato)
2	dentes de alho, descascados e bem picados
2	abobrinhas-amarelas, em rodelas de 0,5 cm de espessura
4	tomates Roma, sem sementes e picados grosseiramente
2 colheres (sopa)	folhas de manjericão bem picadas (ou *pesto*)
1 colher (chá)	raspas de limão-siciliano
a gosto	sal e pimenta-do-reino moída grosseiramente
a gosto	pimenta
a gosto	queijo *pecorino* romano ralado

Tempo de preparo: 20 minutos

1. Cozinhe o macarrão de acordo com as instruções da embalagem. Escorra bem.
2. Enquanto isso, refogue o alho, a abobrinha e o tomate em azeite por 2 minutos.
3. Acrescente o manjericão picado e os demais temperos.
4. Misture ao macarrão e sirva com o queijo ralado polvilhado.

Pesto

Rende 1 xícara

¼ de xícara	pinhole
2 xícaras	folhas de manjericão fresco
2	dentes de alho (descascados)
½ xícara	queijo parmesão ralado
2 colheres (sopa)	queijo *pecorino* romano ralado
½ xícara	azeite
a gosto	pimenta-do-reino

Tempo de preparo: 15 minutos

1. Misture o pinhole, o manjericão, o alho e os queijos em um liquidificador. Bata até obter um purê homogêneo, parando de vez em quando para raspar as laterais com uma espátula.
2. Junte aos poucos o azeite, com o liquidificador ligado.
3. Junte pimenta a gosto e bata até obter um creme liso.

Observação: Os aficionados por massas podem fazer seu próprio *pesto* e guardá-lo na geladeira (coberto com uma camada de azeite) por até um mês.

Cabelinho-de-anjo colorido

Para 2 porções

3	fatias de bacon
125 g	macarrão cabelinho-de-anjo
2	ramos de cebolinha, em rodelas bem finas
1	dente de alho, espremido
1 colher (sopa)	azeite
2 colheres (chá)	tomate seco picado
2 colheres (sopa)	pimentão verde picado
¼ de colher (chá)	pimenta calabresa
½ xícara	creme de leite fresco *light*
a gosto	queijo *pecorino* romano ralado

Para 4 porções

6	fatias de bacon
250 g	macarrão cabelinho-de-anjo
4	ramos de cebolinha, em rodelas bem finas
2	dentes de alho, espremidos
2 colheres (sopa)	azeite
4 colheres (chá)	tomate seco picado
¼ de xícara	pimentão verde picado
½ colher (chá)	pimenta calabresa
1 xícara	creme de leite fresco *light*
a gosto	queijo *pecorino* romano ralado

Tempo de preparo: 20 minutos

1. Cozinhe o bacon no micro-ondas até ficar crocante, coberto com papel-toalha para evitar que espirre. Seque as fatias com papel-toalha, batendo de leve, e depois esmigalhe.
2. Cozinhe o macarrão de acordo com as instruções da embalagem. Escorra bem.
3. Enquanto isso, refogue a cebola, a cebolinha e o alho no azeite até dourarem. Descarte o alho.
4. Junte o tomate seco, o pimentão verde, a pimenta calabresa e o creme de leite. Cozinhe em fogo brando (mexendo de vez em quando) até aquecer e adquirir a consistência desejada.
5. Misture ao macarrão e sirva com o queijo ralado polvilhado.

Arroz-selvagem ao forno

Para 2 porções

½ xícara	arroz-selvagem
1 xícara	água
½ xícara	cebola picada
¼ de xícara	uvas-passas escuras
3	cogumelos frescos, fatiados
¼ de xícara	cenoura, em rodelas finas
¾ de colher (chá)	tomilho seco
½	cubo de caldo de galinha dissolvido em ½ xícara de água

Para 4 porções

1 xícara	arroz-selvagem
2 xícaras	água
1 xícara	cebola picada
½ xícara	uvas-passas escuras
6	cogumelos frescos, fatiados
½ xícara	cenoura, em rodelas finas
1 ½ colher (chá)	tomilho seco
1	cubo de caldo de galinha dissolvido em 1 xícara de água

Tempo de preparo: 1 hora e 30 minutos
Tempo para assar: forno a 190ºC por 30 minutos

1. Preaqueça o forno.
2. Cozinhe o arroz-selvagem em fogo brando até ficar macio. Escorra.
3. Enquanto isso, cozinhe a cebola, as passas, os cogumelos, a cenoura e o tomilho no caldo de frango, em fogo brando, por 7 minutos.
4. Misture os legumes ao arroz e junte uma quantidade de líquido suficiente para umedecer a mistura.
5. Coloque em um refratário. Asse a 190°C por 30 minutos.

Macarrão nobre

Para 2 porções

2	metades de peito de frango
2	ramos de cebolinha, partes verde e branca
3	cogumelos frescos
½	pimentão verde, picado
½	pimentão vermelho, picado
1 xícara	brócolis em floretes pequenos
125 g	macarrão de fita larga
2 colheres (sopa)	azeite
⅛ de colher (chá)	alho em pó
1 colher (chá)	temperos secos mistos (manjericão, alecrim, tomilho, orégano, semente de gergelim)
¼ de colher (chá)	sal
⅛ de colher (chá)	páprica

Para 4 porções

4	metades de peito de frango
4	ramos de cebolinha, partes verde e branca
6	cogumelos frescos
1	pimentão verde, picado
1	pimentão vermelho, picado
2 xícaras	brócolis em floretes pequenos
250 g	macarrão de fita larga
3 colheres (sopa)	azeite
¼ de colher (chá)	alho em pó
2 colheres (chá)	temperos secos mistos (manjericão, alecrim, tomilho, orégano, semente de gergelim)
½ colher (chá)	sal
¼ de colher (chá)	páprica

Tempo de preparo: 25 minutos

1. Lave a cebolinha e os cogumelos e corte-os em fatias finas.
2. Cozinhe o pimentão e o brócolis no micro-ondas (em um recipiente com tampa contendo uma colher de sopa de água) por 2 minutos.
3. Cozinhe o macarrão de acordo com as instruções da embalagem, até ficar *al dente*. Escorra bem.
4. Em um *wok* ou frigideira, refogue o frango, a cebolinha e os cogumelos no azeite até que o frango esteja cozido. Junte os demais ingredientes e temperos. Mexa bem e continue aquecendo até atingirem a temperatura de servir.

Salada de macarrão à italiana

Para 2 porções

¾ de xícara	macarrão parafuso (ou outro), cru
1 colher (sopa)	azeitonas recheadas picadas
¼ de xícara	coração de alcachofra em conserva
1 colher (sopa)	pimentão verde, picado
1 colher (sopa)	cebolinha picada, partes verde e branca
1 colher (sopa)	salsinha, picada
¼ de colher (chá)	raspas de limão-siciliano
⅛ de colher (chá)	alho em pó
⅛ de colher (chá)	páprica
1 ½ colher (sopa)	molho para salada tipo italiano

Para 4 porções

1 ½ xícara	macarrão parafuso (ou outro), cru
2 colheres (sopa)	azeitonas recheadas picadas
½ xícara	coração de alcachofra em conserva
2 colheres (sopa)	pimentão verde, picado
2 colheres (sopa)	cebolinha picada, partes verde e branca
2 colheres (sopa)	salsinha, picada
½ colher (chá)	raspas de limão-siciliano
¼ de colher (chá)	alho em pó
¼ de colher (chá)	páprica
3 colheres (sopa)	molho para salada tipo italiano

Tempo de preparo: 1 hora

1. Cozinhe o macarrão de acordo com as instruções da embalagem e escorra bem.
2. Junte os ingredientes restantes e misture bem ao macarrão.
3. Leve à geladeira por pelo menos 45 minutos para fixar o sabor.

Figura 6.3 Saladas de macarrão podem ser variadas adicionando-se ingredientes que acrescentem contrastes de cor, sabor e textura.

Dolmas (charutinhos de folha de uva)

Para 2 porções

60 g	carne de carneiro moída
½	cebola média, picada
½	dente de alho, espremido
1 ½ colher (chá)	azeite
3 colheres (sopa)	molho de tomate
1 colher (sopa)	salsinha bem picada
2 colheres (sopa)	arroz-agulha
a gosto	sal e pimenta-do-reino
1 colher (sopa)	pinhole
1 colher (sopa)	uvas-passas de Corinto
6	folhas de uva em conserva
½ xícara	água fervente
1 ½ colher (chá)	suco de limão

Para 4 porções

120 g	carne de carneiro moída
1	cebola média, picada
1	dente de alho, espremido
1 colher (sopa)	azeite
6 colheres (sopa)	molho de tomate
2 colheres (sopa)	salsinha bem picada
¼ de xícara	arroz-agulha
a gosto	sal e pimenta-do-reino
2 colheres (sopa)	pinhole
2 colheres (sopa)	uvas-passas de Corinto
12	folhas de uva em conserva
1 xícara	água fervente
1 colher (sopa)	suco de limão

Tempo de preparo: 50 minutos
Tempo para assar: forno a 160ºC por 30 minutos

1. Preaqueça o forno.
2. Doure a carne de carneiro, a cebola e o alho no azeite.
3. Junte, mexendo, o molho de tomate, a salsinha, o arroz cru, o sal e a pimenta-do-reino. Cozinhe em fogo baixo por 3 minutos.
4. Acrescente o pinhole e as passas.
5. Mergulhe as folhas de uva em água quente para separá-las, seque com papel-toalha e coloque sobre uma tábua com a parte brilhante virada para baixo.
6. Coloque 1 colher de sopa da mistura de carne perto da extremidade do cabo, dobre as laterais sobre o recheio, sem apertar, e enrole, deixando espaço para o arroz crescer.
7. Coloque em um refratário untado. Coloque um prato que possa ir ao forno sobre os charutos para fixá-los.
8. Despeje a água fervente e o suco de limão por cima e cubra com papel-alumínio.
9. Asse a 160°C por 30 minutos. Pode ser servido quente ou frio.

Trigo com frutas secas

Para 2 porções

½ xícara	trigo para quibe
2 colheres (sopa)	cebola picada
2 colheres (sopa)	salsão picado
1 ½ colher (chá)	manteiga ou margarina
$1/8$ de colher (chá)	sal
a gosto	pimenta-do-reino
$1/8$ de colher (chá)	tomilho seco
$1/8$ de colher (chá)	sálvia
½	cubo de caldo de galinha
½ xícara	água quente
2 colheres (sopa)	uvas-passas escuras
2 colheres (sopa)	nozes grosseiramente picadas

Para 4 porções

1 xícara	trigo para quibe
¼ de xícara	cebola picada
¼ de xícara	salsão picado
1 colher (sopa)	manteiga ou margarina
¼ de colher (chá)	sal
a gosto	pimenta-do-reino
¼ de colher (chá)	tomilho seco
¼ de colher (chá)	sálvia
1	cubo de caldo de galinha
1 xícara	água quente
¼ de xícara	uvas-passas escuras
¼ de xícara	nozes grosseiramente picadas

Tempo de preparo: 20 minutos
Tempo para assar: forno a 160ºC por 15 minutos

1. Preaqueça o forno.
2. Refogue o trigo, a cebola e o salsão na manteiga.
3. Junte o sal, a pimenta, o tomilho, a sálvia, o cubo de caldo de galinha, as passas e a água.
4. Misture bem e asse a 160°C por 15 minutos.
5. Junte as nozes.

Observação: Este prato pode ser servido como acompanhamento ou usado para rechear costeletas de porco ou codornas.

Avaliação das receitas produzidas – massas e cereais

Receita	Observações sobre cor, textura, sabor e outras características	Comentários ou sugestões para preparo futuro

VOCABULÁRIO

Ligação de amido

Gelatinização

Dextrinização

Hidrólise ácida

Sinérese

Pasta de amido

Retrogradação

Grânulo de amido

Amilose

Amilopectina

Dextrinas

Amido

Endosperma

Farelo

Germe (embrião)

Polissacarídeo

CAPÍTULO 7

Leites e queijos

Conceitos básicos, 160
Tipos de leite, 159
Receitas, 161

Queijos naturais e processados, 165
Receitas, 166
Vocabulário, 177

Este capítulo passa do foco nos carboidratos e em seu comportamento durante o preparo de alimentos para um tipo de componente bem diferente – a proteína. Embora o leite contenha um carboidrato (a lactose), que tem um papel na tendência de o leite grudar no fundo da panela e queimar ao ser aquecido, suas proteínas têm um comportamento diferenciado durante o cozimento. A possibilidade de derramar, em decorrência da formação de espuma, e de talhar são problemas potenciais no preparo de pratos à base de leite. O enrijecimento e a separação da gordura durante o cozimento de produtos à base de queijo também podem resultar do teor de proteína do leite e seus derivados.

Sempre que estiver cozinhando alimentos que contenham leite e queijos, lembre-se de acompanhá-los de perto para que não esquentem demais. O prêmio será um produto cremoso e altamente palatável. A falta de atenção pode resultar em raspas queimadas no fundo da panela, produtos talhados e/ou rijos, às vezes vertendo óleo. Em outras palavras, fique de olho. Quando tudo vai bem, a recompensa é grande. Caso contrário, o preço a pagar é alto, e a limpeza da panela queimada é parte do problema.

TIPOS DE LEITE

Objetivos

1. Comparar a palatabilidade, o valor nutritivo e o custo de vários tipos de leite frescos e longa vida (pasteurizados ou UHT – sigla para *ultra high temperature*, temperatura ultra-alta) disponíveis no mercado.
2. Comparar tipos de leite em pó e em lata (evaporado e condensado) com leites frescos e pasteurizados.

Uma vasta gama de leites frescos e processados está à disposição do consumidor para compra. Leites frescos e pasteurizados podem ser encontrados nas versões integral (geralmente homogeneizado), semidesnatado e desnatado. Outros tipos especiais de leite líquido incluem os fermentados com acidófilos e adoçados, os de baixa lactose e os iogurtes. Substitutos e imitações do leite também podem ser encontrados. O leite UHT não precisa ser refrigerado até o momento em que for aberto pelo consumidor, porque foi esterilizado. Os leites podem ser desidratados e enlatados para reduzir seu volume e prolongar sua validade. Além do leite condensado tradicional, leites evaporados (cozidos sem a adição de açúcar) nas versões integral, semidesnatado e desnatado são comumente encontrados em lata nos EUA. Leites em pó (desnatados, semidesnatados e integrais) também estão à venda nos mercados.

Conceitos básicos

1. As proteínas presentes no leite passam por uma desnaturação e coagulam durante o aquecimento. O aquecimento excessivo acarreta o encolhimento dos coágulos de proteína, causando um enrijecimento considerável dos queijos expostos ao calor intenso.

2. As proteínas do leite coagulam mais facilmente na presença de ácidos, que fazem o leite se aproximar mais do ponto isoelétrico da caseína, uma proteína importante.

3. Ácidos e sais promovem a coagulação necessária para a formação da massa coalhada na fabricação de queijos, mas podem causar um talhamento indesejável em produtos homogêneos, como as sopas-creme.

Para observar e comparar os vários tipos de leite, prepare uma amostra com (1) várias formas de embalagem, (2) vários tipos de produto, na forma em que são vendidos, e (3) leites prontos para o consumo (reconstitua, quando necessário, de acordo com as instruções da embalagem). Registre os resultados na tabela.

Comparação de produtos lácteos

	Palatabilidade			Valor nutricional por xícara		
Tipo de leite	**Sabor**	**Cor**	**Viscosidade**	**Proteínas (gramas)**	**Gordura (gramas)**	**Custo/ quantidade**
Leites líquidos						
Integral (homogeneizado)						
Semidesnatado (2% de gordura)						
Semidesnatado (1% de gordura)						
Desnatado						
Longa vida (UHT)						
Leites em lata						
Evaporado integral						
Evaporado desnatado						
Leite condensado						
Leites em pó						
Integral						
Semidesnatado						
Desnatado						

Efeito de ingredientes adicionados

2 colheres (sopa)	vinagre	
½ xícara	leite	
¼ de xícara	presunto em cubos	
¼ de xícara	leite	

Ácidos:
1. Acrescente o vinagre a cada um dos leites (reconstituídos, quando necessário).
2. Mexa e observe as mudanças na textura e na viscosidade.
3. Explique a mudança.

Sais:
1. Coloque os cubos de presunto em uma tigela pequena e junte ¼ de xícara de leite.
2. Despeje o restante do leite em uma segunda tigela.
3. Asse por 1 hora a 180°C. Compare a diferença de textura dos dois produtos finais. O que causou essa diferença?

Objetivos

1. Demonstrar o uso de molho branco ralo como base para sopas-creme.
2. Demonstrar um procedimento para minimizar o talhamento quando um ácido é acrescentado ao leite.
3. Avaliar a qualidade de sopas-creme.

RECEITAS

Sopa cremosa

Para 2 porções

½ xícara	purê de vegetal cozido
1 ½ colher (sopa)	óleo
1 ½ colher (sopa)	farinha de trigo
¼ de colher (chá)	sal
1 ½ xícara	leite

Para 4 porções

1 xícara	purê de vegetal cozido
3 colheres (sopa)	óleo
3 colheres (sopa)	farinha de trigo
½ colher (chá)	sal
3 xícaras	leite

Observação: Os vegetais frescos ou congelados adequados para o preparo desta sopa incluem espinafre, brócolis, cebola, salsão e aspargo. Para uma maior variedade de textura, podem ser picados em vez de transformados em purê.

Tempo de preparo: 15 minutos
1. Em uma panela com capacidade para 1 litro, misture o óleo com a farinha.
2. Acrescente o sal.
3. Junte o leite aos poucos, mexendo.
4. Cozinhe, sem parar de mexer, até começar a ferver.
5. Junte o purê de vegetal.
6. Reaqueça, se necessário, antes de servir.

Sopa cremosa de tomate

Para 2 porções

1 ¼ xícara	tomates pelados, em lata
1	cebola em rodelas
a gosto	folha de louro
¼ de colher (chá)	sal
uma pitada generosa	pimenta-do-reino branca
uma pitada	alho em pó
1 colher (sopa)	óleo
1 colher (sopa)	farinha de trigo
1 xícara	leite

Para 4 porções

2 ½ xícaras	tomates pelados, em lata
2	cebolas em rodelas
a gosto	folha de louro
½ colher (chá)	sal
uma pitada generosa	pimenta-do-reino branca
uma pitada	alho em pó
2 colheres (sopa)	óleo
2 colheres (sopa)	farinha de trigo
2 xícaras	leite

Figura 7.1 Os vegetais das sopas-creme podem ser em forma de purê ou picados, para dar um contraste de textura.

Tempo de preparo: 15 minutos

1. Cozinhe os tomates e os temperos em uma panela tampada, em fogo brando, por 8 a 10 minutos.
2. Descarte o louro. Bata os tomates no liquidificador. Reserve.
3. Em outra panela com capacidade para 1 litro, misture bem o óleo e a farinha.
4. Junte o leite aos poucos, mexendo.
5. Cozinhe, sem parar de mexer, até começar a ferver.
6. Retire do fogo.
7. Junte os tomates batidos coados ao molho branco quente, mexendo sem parar.
8. Se necessário, aqueça sem deixar ferver e sirva imediatamente. Não deixe no fogo por muito tempo.

Sopa cremosa de cogumelo

Para 2 porções

5	cogumelos frescos
1 ½ colher (sopa)	margarina ou manteiga
1 ½ colher (sopa)	farinha de trigo
¾ de xícara	leite
¾ de xícara	água
1	cubo de caldo de carne
uma pitada generosa	noz-moscada ralada

Para 4 porções

10	cogumelos frescos
3 colheres (sopa)	margarina ou manteiga
3 colheres (sopa)	farinha de trigo
1 ½ xícara	leite
1 ½ xícara	água
2	cubos de caldo de carne
⅛ de colher (chá)	noz-moscada ralada

Tempo de preparo: 15 minutos

1. Em uma panela com capacidade para 1 litro, refogue os cogumelos, cortados em fatias finas, em manteiga até que comecem a ficar transparentes. Retire do fogo.
2. Junte a farinha à panela, mexendo bem.
3. Incorpore o leite e a água aos poucos, mexendo.
4. Junte o cubo de caldo de carne e a noz-moscada.
5. Cozinhe, sem parar de mexer, até ferver e borbulhar.
6. Sirva imediatamente.

Sopa cremosa de batata

Para 2 porções

¾ de xícara	batata cozida em cubos
1 colher (sopa)	óleo
½ colher (chá)	farinha de trigo
1 ¼ xícara	leite
¼ de colher (chá)	sal
1 colher (chá)	pimentão vermelho assado, sem pele e sem semente, picado

Para 4 porções

1 ½ xícara	batata cozida em cubos
2 colheres (sopa)	óleo
1 colher (chá)	farinha de trigo
2 ½ xícaras	leite
½ colher (chá)	sal
2 colheres (chá)	pimentão vermelho assado, sem pele e sem semente, picado

Tempo de preparo: 15 minutos

1. Em uma panela com capacidade para 1 litro, misture o óleo com a farinha.
2. Junte a batata cozida.
3. Incorpore o leite aos poucos, mexendo.
4. Junte os demais ingredientes.
5. Aqueça até ferver, sem parar de mexer.
6. Sirva imediatamente.

Sopa fria de limão e iogurte

Para 2 porções

$1/3$ de xícara	caldo de frango
1 $1/2$ colher (chá)	cebola bem picada
$1/4$ de colher (chá)	sal
$1/4$ de colher (chá)	endro fresco, picado
uma pitada	alho em pó
$1/2$ colher (chá)	raspas de limão-siciliano
1 colher (sopa)	suco de limão-siciliano
$1/3$ de xícara	iogurte natural
$1/3$ de xícara	creme de leite azedo*
1	pepino pequeno, sem casca e sem semente, picado
a gosto	rodelas de limão e pepino

Para 4 porções

$2/3$ de xícara	caldo de frango
1 colher (sopa)	cebola bem picada
$1/2$ colher (chá)	sal
$1/2$ colher (chá)	endro fresco, picado
uma pitada	alho em pó
1 colher (chá)	raspas de limão-siciliano
2 colheres (sopa)	suco de limão-siciliano
$2/3$ de xícara	iogurte natural
$2/3$ de xícara	creme de leite azedo
2	pepinos pequenos, sem casca e sem semente, picados
a gosto	rodelas de limão e pepino

Tempo de preparo: 1 hora

1. Coloque o caldo de frango, a cebola, o sal, o endro, o alho em pó, as raspas e o suco de limão-siciliano em um liquidificador. Bata até obter uma mistura homogênea.
2. Misture o iogurte com o creme de leite azedo. Junte ao copo do liquidificador e bata por alguns segundos, só até misturar.
3. Junte o pepino picado; utilize a função *pulse* rapidamente, só para misturar. O pepino deve ficar bem picado, mas não liquefeito.
4. Leve à geladeira até ficar bem gelado (cerca de 50 minutos).
5. Sirva em tigelas geladas. Enfeite com rodelas de limão de pepino.

* N.T.: Se não encontrar, substitua por coalhada seca ou uma mistura de 1 colher (sopa) de suco de limão para cada 150 mL de creme de leite – mexa e espere engrossar.

Pudim café com leite

Para 2 porções

1 xícara	leite
1 $1/2$ colher (sopa)	café solúvel instantâneo
1	ovo, batido
2 colheres (sopa)	açúcar
uma pitada generosa	sal
$1/2$ colher (chá)	essência de baunilha

Para 4 porções

2 xícaras	leite
3 colheres (sopa)	café solúvel instantâneo
2	ovos, batidos
$1/4$ de xícara	açúcar
$1/8$ de colher (chá)	sal
1 colher (chá)	essência de baunilha

Tempo de preparo: 55 minutos

Tempo para assar: forno a 160°C por 50 minutos

1. Preaqueça o forno.
2. Aqueça o leite com o café instantâneo até quase ferver.
3. Acrescente açúcar.
4. Bata o ovo com o sal e a essência de baunilha.
5. Junte lentamente a mistura de leite fervente à de ovo, mexendo sem parar.
6. Despeje em tigelas individuais que possam ir ao forno e arrume-as em uma assadeira. Despeje água fervente na forma para assar em banho-maria, até chegar na metade da altura das tigelas.
7. Asse em forno preaquecido a 160°C, até que uma faca saia limpa ao ser inserida no centro do pudim.

Torta de limão

Para 1 torta de 20 cm de diâmetro

Massa:

1 ¼ xícara	biscoitos doces moídos*
¼ de xícara	manteiga ou margarina, derretida
2 colheres (sopa)	açúcar

Recheio:

3	gemas
1 lata (400g)	leite condensado
½ xícara	suco de limão
a gosto	corante alimentício verde

Cobertura de merengue:

3	claras
¼ de colher (chá)	cremor tártaro
6 colheres (sopa)	açúcar

* N.T.: O biscoito usado pelos norte-americanos para fazer a base de tortas desse tipo, chamado *graham cracker*, contém farinha integral e tem um leve sabor de canela.

Tempo de preparo: 55 minutos

Tempo para assar: forno a 180°C por 10 minutos; 160°C por 30 minutos

1. Preaqueça o forno.
2. Misture os biscoitos moídos com a manteiga derretida e o açúcar e forre o fundo e as laterais de uma forma de torta de 20 cm de diâmetro, apertando bem.
3. Asse a 180°C por 10 minutos.
4. Enquanto isso, bata as gemas, o leite, o suco de limão e corante suficiente para que a mistura fique com uma coloração verde delicada.
5. Despeje na forma sobre a massa e leve ao forno, diminuindo a temperatura para 160°C.
6. Asse por 20 minutos, enquanto prepara o merengue.
7. Bata as claras na batedeira até espumarem. Com a batedeira ligada, junte o cremor tártaro e, em seguida, incorpore o açúcar aos poucos. Bata até obter picos firmes.
8. Retire a torta do forno e espalhe o merengue por cima. Coloque de volta no forno e asse até que adquira uma bonita cor dourada nas saliências da superfície.

QUEIJOS NATURAIS E PROCESSADOS

Objetivos

1. Demonstrar as diferenças entre queijos naturais e processados.
2. Explicar como manter uma ótima qualidade durante o preparo de receitas com queijos.

Prepare uma amostra de diversos tipos de queijos naturais e processados. Inclua vários sabores e texturas. Observe o sabor e a textura de cada um.

Aqueça ½ xícara de mussarela em banho-maria por 30 minutos. Faça o mesmo com ½ xícara de um queijo processado. Compare os resultados.

Comparação dos tipos de queijo

Tipo de queijo	Textura	Sabor	Comentários
Queijo natural			
Queijo processado			
Mussarela aquecida por 30 minutos			
Queijo processado aquecido por 30 minutos			

RECEITAS

*Strata** de presunto

Para 2 porções

4	fatias de pão (sem a casca)
¼ de xícara	presunto, picado
½ xícara	queijo *cheddar* ralado, do tipo *sharp***
2 colheres (chá)	chalota, bem picada
2	ovos
1 xícara	leite
a gosto	pimenta-do-reino moída

Para 4 porções

8	fatias de pão (sem a casca)
½ xícara	presunto, picado
1 xícara	queijo *cheddar* ralado, do tipo *sharp*
4 colheres (chá)	chalota, bem picada
4	ovos
2 xícaras	leite
a gosto	pimenta-do-reino moída

* N.T.: Tipo de pudim de pão salgado geralmente servido no café da manhã ou em *brunches*.

** N.T.: Queijo firme e de sabor forte. Se não encontrar, use outro queijo forte que possa ser gratinado.

Tempo de preparo: 20 minutos para montar; 3 horas ou uma madrugada para manter sob refrigeração; 30 a 50 minutos para assar

Tempo para assar: 160°C por 30 minutos, para a receita pequena (50 minutos para a grande)

1. Preaqueça o forno.
2. Unte uma forma de bolo inglês para a receita pequena, ou uma de 33 x 22 cm para a grande.
3. Forre a forma com metade do pão; distribua o presunto, o queijo e a chalota por cima. Finalize com uma camada do pão restante.
4. Bata os ovos em uma tigela; acrescente o leite e a pimenta.
5. Despeje a mistura sobre o pão, tampe e leve à geladeira por pelo menos 3 horas (o ideal é deixar de um dia para o outro).
6. Destampe e asse a 160°C, até que uma faca saia limpa ao ser inserida no centro da forma. A superfície deve estar crescida e dourada.

*Rarebit**

Para 2 porções

4	fatias de bacon (opcional)
1 colher (sopa)	margarina ou manteiga
1 colher (sopa)	farinha de trigo
uma pitada generosa	sal
½ xícara	leite
½ xícara (60 g)	queijo *cheddar* ralado, do tipo *sharp***
¼ de colher (chá)	mostarda em pó
uma pitada generosa	páprica
2	*muffins* ingleses, tostados

Para 4 porções

8	fatias de bacon (opcional)
2 colheres (sopa)	margarina ou manteiga
2 colheres (sopa)	farinha de trigo
⅛ de colher (chá)	sal
1 xícara	leite
1 xícara (120 g)	queijo *cheddar* ralado, do tipo *sharp*
½ colher (chá)	mostarda em pó
⅛ de colher (chá)	páprica
4	*muffins* ingleses, tostados

Tempo de preparo: 15 minutos

1. Frite o bacon até ficar crocante. Escorra em papel-toalha.
2. Em uma panela com capacidade para 1 litro, derreta a manteiga e misture com a farinha.
3. Acrescente o sal.
4. Junte o leite aos poucos, mexendo.
5. Aqueça, sem parar de mexer, até começar a ferver.
6. Retire do fogo.
7. Incorpore o queijo e os temperos, mexendo até o queijo derreter. Se necessário, leve ao fogo brando para terminar de derreter o queijo.
8. Sirva imediatamente sobre torradas de *muffin* inglês.
9. Guarneça com as fatias crocantes de bacon.

* N.T.: Também conhecido por *Welsh rarebit/rabbit*, é um prato típico do País de Gales.

** N.T.: Queijo firme e de sabor forte. Se não encontrar, use outro queijo forte que possa ser gratinado.

Figura 7.2 Um *rarebit* guarnecido com tomate e manjericão fresco constitui um prato apetitoso e saboroso.

Palitos de queijo

Para 2 porções

2 ²/₃ colheres (sopa)	gordura vegetal
½ xícara	farinha de trigo
¼ de colher (chá)	sal
¼ de xícara	queijo *cheddar* ralado, do tipo *sharp**
1 colher (chá)	sementes de gergelim
1 ⅓ colher (sopa)	água

Para 4 porções

⅓ de xícara	gordura vegetal
1 xícara	farinha de trigo
½ colher (chá)	sal
½ xícara	queijo *cheddar* ralado, do tipo *sharp*
2 colheres (chá)	sementes de gergelim
2 ²/₃ colheres (sopa)	água

Figura 7.3 O queijo *cheddar* é produzido em todo o mundo, mas este pedaço foi, de fato, produzido em Cheddar, na Inglaterra.

Tempo de preparo: 25 minutos

Tempo para assar: forno a 200°C por 15 minutos

1. Preaqueça o forno.
2. Misture a gordura com a farinha e o sal, usando um garfo ou a ponta dos dedos, até que as pelotas estejam do tamanho de ervilhas.
3. Junte o queijo e o gergelim.
4. Acrescente aos poucos a água, mexendo com um garfo.
5. Misture até que possa formar uma bola com a massa.
6. Abra com o rolo em um retângulo de cerca de 0,5 cm de espessura.
7. Corte em tiras de aproximadamente 10 cm de comprimento e 8 mm de largura.
8. Asse a 200°C por cerca de 12 minutos, até dourar.

* N.T.: Queijo firme e de sabor forte. Se não encontrar, use outro queijo forte que possa ser gratinado.

Quiche Lorraine

Para 2 porções

1 xícara	farinha de trigo
½ colher (chá)	sal
⅓ de xícara	gordura vegetal
2 ⅔ colheres (sopa)	água
2	fatias de bacon
¼ de xícara	cebola picada
1	ovo
¼ de xícara	creme de leite azedo*
⅛ de colher (chá)	sal
120 g	queijo suíço

Para 4 porções

2 xícaras	farinha de trigo
1 colher (chá)	sal
⅔ de xícara	gordura vegetal
⅓ de xícara	água
4	fatias de bacon
½ xícara	cebola picada
2	ovos
½ xícara	creme de leite azedo
¼ de colher (chá)	sal
240 g	queijo suíço

* N.T.: Se não encontrar, substitua por coalhada seca ou uma mistura de 1 colher (sopa) de suco de limão para cada 150 mL de creme de leite – mexa e espere engrossar.

Tempo de preparo: 55 minutos

Tempo para assar: forno a 220°C por 10 minutos; 190°C por 25 minutos

1. Preaqueça o forno.
2. Misture a farinha com o sal.
3. Incorpore a gordura à farinha, usando um garfo, até obter uma farofa espessa.
4. Vá mexendo com o garfo enquanto acrescenta aos poucos a água.
5. Amasse até formar uma bola.
6. Divida a receita pequena em 2 bolas de massa e a grande em 4.
7. Abra cada uma até obter um disco grande o bastante para forrar uma forma de quiche individual.
8. Ajuste a massa na forma e acerte a borda. Faça furos no fundo e nas laterais com um garfo.
9. Asse a 220°C até que comece a dourar. Retire do forno e abaixe a temperatura para 190°C.
10. Enquanto as massas assam, frite o bacon até ficar crocante, escorra bem e esmigalhe.
11. Em uma tigela, bata o ovo, depois junte o bacon, a cebola, o creme de leite azedo, o sal e o queijo suíço ralado.
12. Misture bem.
13. Despeje o recheio nas massas assadas; asse a 190°C por 25 minutos, ou até que uma faca saia limpa ao ser inserida na metade da distância entre a borda e o centro.
14. Sirva quente.

Figura 7.4 As quiches podem ser feitas com diversos tipos de recheio, mas a maioria contém algum tipo de queijo maturado saboroso. Uma treliça de massa deixa as tortas mais atraentes (mas também mais calóricas).

Quiche de micro-ondas

Para 4 porções

2 xícaras	farinha de trigo
1 colher (chá)	sal
$^2/_3$ de xícara	gordura vegetal
$^1/_3$ de xícara	água
6	fatias de bacon
¼ de colher (chá)	sal
¼ de colher (chá)	noz-moscada ralada
$^1/_8$ de colher (chá)	pimenta-caiena
1 ½ colher (sopa)	farinha de trigo
1 lata (370 g)	leite evaporado (sem diluir)
4	ovos, ligeiramente batidos
1 colher (sopa)	*jalapeño* em lata, escorrido e bem picado
1 ¼ xícara	queijo suíço ralado
3	ramos de cebolinha comum, bem picados

Tempo de preparo: 50 minutos

Tempo para assar: forno a 220°C por 12 a 15 minutos; micro-ondas por 9,5 minutos na potência alta, 10 na baixa e 5 na função dourar

1. Preaqueça o forno.
2. Prepare a massa de quiche de acordo com os passos 1 a 5 da receita tradicional (p. 169). Abra a massa e forre com ela um refratário redondo de 23 cm de diâmetro.
3. Arrume a massa na forma, acertando a borda, e fure o fundo e as laterais com um garfo.
4. Asse a 220°C até dourar (12 a 15 minutos).
5. Enquanto a massa assa, cozinhe o bacon no forno micro-ondas até ficar crocante (cerca de 6 minutos). Esmigalhe.
6. Misture o sal com a noz-moscada, a pimenta-caiena e a farinha em uma tigela de vidro.
7. Junte, mexendo bem para não empelotar, o leite e os ovos batidos. Acrescente o *jalapeño*.
8. Aqueça esta mistura no micro-ondas, na potência alta, por 3,5 minutos, não se esquecendo de mexer cuidadosamente após 1,5 e 2,5 minutos.
9. Enquanto isso, espalhe metade do bacon esmigalhado e o queijo ralado sobre o fundo da massa.
10. Despeje a mistura de ovos aquecida por cima e polvilhe com o bacon restante e a cebolinha.
11. Cozinhe na potência baixa por 10 minutos, e depois por mais 5 minutos usando a função dourar do micro-ondas, virando o prato uma vez na metade do cozimento, caso o prato não seja giratório.

Sopa de queijo

Para 2 porções

¼ de xícara	cenoura ralada
¼ de xícara	salsão, bem picado
½ xícara	água
1 colher (sopa)	cebola, bem picada
1 colher (sopa)	margarina ou manteiga
1 ½ colher (sopa)	farinha de trigo
¼ de colher (chá)	sal
¾ de xícara	leite
¾ de xícara	água
½	cubo de caldo de galinha
¾ xícara (90 g)	queijo *cheddar* ralado, do tipo *sharp**
a gosto	*croûtons*

Para 4 porções

½ xícara	cenoura ralada
½ xícara	salsão, bem picado
1 xícara	água
2 colheres (sopa)	cebola, bem picada
2 colheres (sopa)	margarina ou manteiga
3 colheres (sopa)	farinha de trigo
½ colher (chá)	sal
1 ½ xícara	leite
1 ½ xícara	água
1	cubo de caldo de galinha
1 ½ xícara (180 g)	queijo *cheddar* ralado, do tipo *sharp*
a gosto	*croûtons*

Tempo de preparo: 20 minutos

1. Quando a água ferver, junte a cenoura e o salsão; tampe a panela.
2. Cozinhe até ficarem macios. Reserve.
3. Em uma panela, refogue a cebola na manteiga. Retire do fogo.
4. Junte a farinha e o sal, mexendo bem.
5. Incorpore o leite e a água aos poucos, batendo.
6. Acrescente o cubo de caldo de galinha e leve ao fogo até começar a ferver, mexendo sempre.
7. Junte os vegetais cozidos e o líquido do cozimento, o queijo e o molho branco.
8. Mexa até o queijo derreter. Se necessário, leve novamente ao fogo brando para terminar de derreter.
9. Sirva com *croûtons*.

* N.T.: Queijo firme e de sabor forte. Se não encontrar, use outro queijo forte que possa ser gratinado.

172 Preparo de alimentos

Fondue à la Suisse

Para 2 porções

1 ½ xícara (180 g)	queijo suíço ralado
uma pitada generosa	alho em pó
1 colher (sopa)	farinha de trigo
uma pitada generosa	pimenta-do-reino branca
¼ de colher (chá)	sal
10 colheres (sopa)	vinho branco seco, de preferência *Sauternes*
1 colher (chá)	*kirsch**
¼	pão branco rústico, cortado em pedaços

Para 4 porções

3 xícaras (360 g)	queijo suíço ralado
uma pitada generosa	alho em pó
2 colheres (sopa)	farinha de trigo
$^{1}/_{8}$ de colher (chá)	pimenta-do-reino branca
½ colher (chá)	sal
1 ¼ xícara	vinho branco seco, de preferência *Sauternes*
2 colheres (chá)	*kirsch*
½	pão branco rústico, cortado em pedaços

Tempo de preparo: 10 minutos

1. Coloque os queijos e os ingredientes secos em um saco e agite bem para que o queijo fique completamente coberto com a farinha e os temperos.
2. Aqueça uma panela para *fondue* ou comum em fogo baixo.
3. Acrescente aos poucos o queijo coberto com os ingredientes secos.
4. Conforme for derretendo, junte mais queijo.
5. Incorpore o *kirsch* e mantenha aquecido, sobre uma espiriteira.
6. Corte o pão e leve à mesa, acompanhado de garfos para *fondue*, que são usados para mergulhar o pão no queijo derretido.

* N.T.: Aguardente de cereja.

Capítulo 7 · Leites e queijos 173

Macaroni and cheese

Para 2 porções

1 xícara	massa seca curta, crua (a receita tradicional usa macarrão do tipo *cornetti*)
1,5 L	água
1 ½ colher (chá)	sal
3 colheres (sopa)	margarina ou manteiga
3 colheres (sopa)	farinha de trigo
¼ de colher (chá)	sal
1 ½ xícara	leite
120 g	queijo *cheddar* ralado, do tipo *sharp**
¼ de xícara	pão amanhecido moído com manteiga

Para 4 porções

2 xícaras	massa seca curta, crua (a receita tradicional usa macarrão do tipo *cornetti*)
3 L	água
3 colheres (chá)	sal
6 colheres (sopa)	margarina ou manteiga
6 colheres (sopa)	farinha de trigo
½ colher (chá)	sal
3 xícaras	leite
240 g	queijo *cheddar* ralado, do tipo *sharp*
½ xícara	pão amanhecido moído com manteiga

Tempo de preparo: 1 hora

Tempo para assar: forno a 180°C por 45 minutos

1. Preaqueça o forno.
2. Ferva a água.
3. Junte o macarrão e a primeira quantidade de sal e cozinhe até que a massa esteja esbranquiçada e ligeiramente macia quando cortada contra a lateral da panela com um garfo.
4. Escorra bem.
5. Derreta a manteiga em panela com capacidade para 1 litro. Retire do fogo; junte a farinha e o sal, mexendo, e em seguida o leite, aos poucos.
6. Cozinhe, sem parar de mexer, até ferver e borbulhar. Retire do fogo.
7. Arrume uma camada de macarrão no fundo de um refratário.
8. Despeje um terço do molho por cima e polvilhe com um terço do queijo.
9. Faça mais uma camada de macarrão, molho branco e queijo.
10. Termine com uma terceira camada usando os ingredientes restantes.
11. Espalhe uma camada generosa de pão amanhecido moído com manteiga sobre toda a superfície.
12. Asse a 180°C por 45 minutos, ou até que esteja borbulhando.

* N.T.: Queijo firme e de sabor forte. Se não encontrar, use outro queijo forte que possa ser gratinado.

Pizza de linguiça

Para 2 porções

125 g	linguiça fresca
¼ de colher (chá)	fermento biológico seco
1 ½ xícara	farinha de trigo
7 colheres (sopa)	água morna
340 g	molho de tomate pronto, ou molho para pizza
¼ de colher (chá)	orégano
⅛ de colher (chá)	tomilho
¼ de colher (chá)	sal
⅛ de colher (chá)	pimenta-do-reino
¼ de xícara	cogumelos em conserva escorridos, fatiados
¼ de xícara	queijo parmesão ralado
¼ de xícara	azeitonas pretas em rodelas
1 xícara	queijo mussarela ralado

Para 4 porções

250 g	linguiça fresca
½ colher (chá)	fermento biológico seco
3 xícaras	farinha de trigo
14 colheres (sopa)	água morna
680 g	molho de tomate pronto, ou molho para pizza
½ colher (chá)	orégano
¼ de colher (chá)	tomilho
½ colher (chá)	sal
¼ de colher (chá)	pimenta-do-reino
½ xícara	cogumelos em conserva escorridos, fatiados
½ xícara	queijo parmesão ralado
½ xícara	azeitonas pretas em rodelas
2 xícaras	queijo mussarela ralado

Tempo de preparo: 45 minutos

Tempo para assar: forno a 220°C por 25 minutos

1. Preaqueça o forno.
2. Refogue a linguiça sem a pele até dourar e descarte toda a gordura liberada. Reserve.
3. Enquanto isso, misture o fermento com a farinha.
4. Junte a água morna, mexendo, até formar uma massa firme.
5. Junte um pouco mais de farinha se a massa estiver muito grudenta.
6. Amasse sobre uma superfície ligeiramente polvilhada com farinha por 5 minutos.
7. Abra a massa com o rolo formando círculos do tamanho da forma de pizza (a receita maior rende duas pizzas).
8. Misture o molho com os temperos e espalhe sobre a massa.
9. Coloque a linguiça e os demais ingredientes sobre o molho.
10. Asse a 220°C por 25 minutos, ou até que o queijo esteja borbulhando e a massa sequinha.

Figura 7.5 Os ingredientes usados para fazer pizzas podem incluir vegetais, frios e frutas diversos; no entanto, todas as pizzas costumam ser polvilhadas com queijos italianos, geralmente mussarela e parmesão.

Lasanha de ricota e linguiça

Para 2 porções

125 g	linguiça fresca
uma pitada generosa	alho em pó
½ colher (chá)	salsinha, picada
⅛ de colher (chá)	sal
½ xícara	tomate refogado, em pedaços grandes
¼ de xícara	extrato de tomate
60 g	massa para lasanha
¾ de xícara	ricota fresca cremosa (ou queijo *cottage*)
2 colheres (sopa)	queijo parmesão ralado
½ colher (chá)	sal
⅛ de colher (chá)	pimenta-do-reino
125 g	queijo mussarela ralado

Para 4 porções

250 g	linguiça fresca
⅛ de colher (chá)	alho em pó
1 colher (chá)	salsinha, picada
¼ de colher (chá)	sal
1 xícara	tomate refogado, em pedaços grandes
½ xícara	extrato de tomate
120 g	massa para lasanha
1 ½ xícara	ricota fresca cremosa (ou queijo *cottage*)
¼ de xícara	queijo parmesão ralado
1 colher (chá)	sal
¼ de colher (chá)	pimenta-do-reino
250 g	queijo mussarela ralado

Tempo de preparo: 1 hora

Tempo para assar: forno a 190°C por 30 minutos

1. Preaqueça o forno.
2. Refogue a linguiça sem a pele até dourar e descarte a gordura liberada.
3. Junte o alho, a salsinha, o tomate refogado e o extrato de tomate à panela.
4. Abaixe o fogo, tampe e cozinhe por 30 minutos, mexendo de vez em quando.
5. Cozinhe a massa em água fervente com sal até ficar *al dente*.
6. Misture a ricota com a mussarela, o parmesão, o sal e a pimenta.
7. Em uma forma de bolo inglês, arrume camadas de massa intercaladas com o creme de ricota e o molho.
8. Repita até usar todos os ingredientes, terminando com uma camada de molho de tomate.
9. Asse a 190°C por 30 minutos, ou até borbulhar.
10. Deixe repousar por 5 a 10 minutos, corte em quadrados e sirva.

Cheesecake de micro-ondas

Para 8 porções

¼ de xícara	margarina ou manteiga
1 xícara	biscoitos doces moídos*
2	ovos, bem batidos
1 pacote (250 g)	cream cheese (amolecido no micro-ondas)
1 ½ xícara	creme de leite azedo**
⅛ de colher (chá)	sal
1 colher (chá)	essência de baunilha
⅛ de colher (chá)	essência de amêndoa
½ xícara	açúcar

Observação: Pode ser servido com cobertura ou puro.

* N.T.: O biscoito usado pelos norte-americanos para fazer a base de tortas desse tipo, chamado *graham cracker*, contém farinha integral e tem um leve sabor de canela.

** N.T.: Se não encontrar, substitua por coalhada seca ou uma mistura de 1 colher (sopa) de suco de limão para cada 150 mL de creme de leite – mexa e espere engrossar.

Tempo de preparo: 35 minutos

Cozimento: 4 minutos na potência alta, 4 minutos na baixa

1. Derreta a manteiga em um refratário redondo de 23 cm de diâmetro, no micro-ondas.
2. Junte os biscoitos moídos e misture bem; depois pressione a mistura formando uma camada no fundo e nas laterais do recipiente.
3. Cozinhe por 4 minutos no micro-ondas, na potência alta.
4. Enquanto isso, misture os demais ingredientes em uma tigela até obter um creme liso.
5. Despeje sobre a massa e leve novamente ao micro-ondas, na potência baixa, por 3 minutos.
6. Se o micro-ondas não possuir prato giratório, vire o *cheesecake* um quarto de volta. Cozinhe por aproximadamente mais 1 minuto, ou até que o recheio esteja firme.
7. Leve à geladeira até que esteja completamente gelado (por várias horas, se possível).

Avaliação das receitas produzidas – leites e queijos

Receita	Observações sobre cor, textura, sabor e outras características	Comentários ou sugestões para preparo futuro

VOCABULÁRIO

Queijo natural

Queijo processado

Queijo maturado

Renina

Coalho

Soro

Coagulação

Proteína

Lactose

Pasteurização

Leite evaporado

Leite condensado

CAPÍTULO 8

Preparo de ovos

Conceitos básicos, 179
Receitas (ovo na casca), 180
Receitas (ovo fora da casca), 180
Fundamentos do preparo de suflês, 186
Receitas, 194
Merengues e suspiros, 199

Receitas, 199
Ovos como agentes espessantes: pudins e quiches, 203
Receitas, 204
Outras sobremesas à base de ovos, 207
Receitas, 207
Vocabulário, 209

O preparo de ovos requer sutileza e atenção para que se possa obter os melhores resultados. A temperatura e o tempo, em especial, precisam ser controlados para que as proteínas do ovo e os produtos feitos com ele sejam aquecidos apenas até o ponto correto.

Para observar o comportamento dos ovos no preparo de alimentos, você terá a oportunidade, neste capítulo, de preparar ovos na casca e fora da casca, bem como usá-los em preparações em que são misturados com outros ingredientes de maneiras diversas. Omeletes e suflês são a prova das mudanças dramáticas que ocorrem durante a coagulação das proteínas dos ovos. As claras em neve desempenham um papel importante em suflês e são o principal ingrediente de merengues e suspiros. Pudins são usados para demonstrar a importância crucial de aquecer as proteínas dos ovos apenas até o ponto certo para se obter uma consistência ideal.

Conceitos básicos

Os ovos contêm várias proteínas que desempenham funções importantes no preparo de alimentos.

1. Em virtude da variedade de proteínas presentes na gema e na clara dos ovos, um controle cuidadoso do tempo e da temperatura é essencial no preparo de ovos e de receitas que levam ovos.

2. Claras batidas em neve são fundamentais no preparo de produtos aerados como omeletes de forno e suflês.

3. As claras em neve adquirem uma estabilidade ideal na presença de ácidos e/ou açúcar e quando batidas até adquirirem a consistência correta, sem bater em excesso.

4. Omeletes ao estilo francês, ou tradicionais, não são tão macios quanto os omeletes de forno porque a proteína está mais concentrada, e não distribuída por toda a mistura, que é mais volumosa nos omeletes de forno por causa das claras em neve.

5. As gemas dão liga à gordura presente no molho que serve de base para o suflê e ajudam a mantê-lo bem distribuído na espuma de claras em neve durante o assamento.

6. A consistência proporcionada pelas proteínas do ovo em pudins e outros cremes à base de ovos é efetiva, mas visivelmente mais frágil que a consistência adquirida pelo uso de amidos.

7. O aquecimento excessivo das proteínas do ovo causa seu encolhimento, o que resulta em perda de volume em suflês, bem como sinérese e porosidade em pudins e cremes espessos com ovos.

RECEITAS (OVO NA CASCA)

Objetivos

1. Preparar e avaliar ovos cozidos moles e duros.
2. Estudar a qualidade dos ovos pela observação de ovos cozidos duros.

Ovo cozido com gema mole

a gosto ovos

Tempo de preparo: 8 minutos

1. Em uma panela com tampa, aqueça uma quantidade de água suficiente apenas para cobrir os ovos (quando forem acrescentados). Assim que a água ferver, abaixe o fogo para o mínimo e, usando uma escumadeira, mergulhe e retire os ovos da água uma vez, um a um, antes de depositá-los no fundo da panela. Cozinhe em fogo brando por 3 a 4 minutos. Retire os ovos da água, passe rapidamente por água fria corrente e sirva.

Ovo cozido com gema dura

a gosto ovos

Tempo de preparo: 25 minutos

1. Use o mesmo procedimento da receita para ovo com gema mole, mas aumente o tempo de cozimento para 20 minutos. Em seguida, retire os ovos da água quente e coloque-os sob água fria corrente por vários minutos, para resfriá-los rapidamente.

RECEITAS (OVO FORA DA CASCA)

Objetivos

1. Comparar a qualidade de ovos fritos preparados por dois métodos.
2. Demonstrar a importância da qualidade dos ovos no preparo de ovo pochê.
3. Preparar e avaliar ovos mexidos, observando com atenção os critérios de avaliação.

Ovo frito – método 1

a gosto	ovos
2 colheres (chá)	margarina ou manteiga
a gosto	sal
a gosto	pimenta-do-reino

Tempo de preparo: 5 minutos

(Os ovos podem ser fritos usando-se dois métodos. O primeiro requer uma quantidade mínima de gordura.)

1. Derreta uma quantidade de manteiga suficiente apenas para cobrir o fundo da frigideira.
2. Coloque o ovo na gordura derretida e cozinhe em fogo brando.
3. Assim que a clara começar a ficar firme, junte 1 ou 2 colheres (chá) de água e tampe a panela imediatamente.
4. Cozinhe apenas até que a clara esteja coagulada e a gema coberta com uma fina camada esbranquiçada.
5. Tempere com sal e pimenta-do-reino antes de servir.

Ovo frito – método 2

a gosto	ovos
2 colheres (sopa)	margarina ou manteiga
a gosto	sal
a gosto	pimenta-do-reino

Tempo de preparo: 5 minutos

(O segundo método para fritar ovos usa uma quantidade de gordura suficiente para que seja possível derramá-la sobre o ovo com uma colher.)

1. Derreta a manteiga em uma frigideira.
2. Enquanto os ovos estiverem fritando em fogo brando, vá jogando manteiga derretida sobre a gema para coagular a clara que a envolve.
3. Cozinhe até que a clara esteja coagulada e a gema coberta com uma fina camada esbranquiçada.
4. Tempere com sal e pimenta-do-reino antes de servir.

Ovos pochê

a gosto	ovos
a gosto	torrada
a gosto	sal
a gosto	pimenta-do-reino

Tempo de preparo: 8 minutos

1. Coloque 5 a 8 cm de água em uma panela e aqueça até ferver.
2. Retire do fogo e, com muito cuidado, deslize o ovo já fora da casca para dentro da panela.
3. Coloque a panela de volta no fogo e cozinhe em fogo baixo, com cuidado para não deixar a água ferver.
4. Aqueça até que a clara esteja completamente coagulada e a gema ainda líquida.
5. Retire o ovo da panela usando uma escumadeira.
6. Sirva puro ou sobre uma torrada com manteiga.
7. Tempere com sal e pimenta-do-reino.

Ovos mexidos

Para 1 porção

2	ovos
2 colheres (sopa)	leite
1/8 de colher (chá)	sal
a gosto	pimenta-do-reino

Para 2 porções

4	ovos
1/4 de xícara	leite
1/4 de colher (chá)	sal
a gosto	pimenta-do-reino

Tempo de preparo: 7 minutos

1. Derreta uma quantidade de manteiga suficiente para cobrir o fundo da frigideira.
2. Em uma tigela, misture os ovos (que são quebrados à parte em uma tigela pequena, um a um, e acrescentados à tigela maior), o leite e os temperos.
3. Bata lentamente com uma batedeira manual até que as claras e as gemas estejam bem misturadas, sem que forme espuma.
4. Despeje na frigideira e cozinhe, em fogo médio, para coagular os ovos.
5. Mexa de vez em quando com uma espátula estreita ou colher de pau de modo que se formem grumos grandes, que não devem dourar de modo algum.
6. Cozinhe até que todo a mistura tenha coagulado, mas esteja ainda um pouco brilhante.

Figura 8.1 Ovos mexidos devem ter coágulos grandes, estar ligeiramente úmidos na superfície e não devem apresentar nenhum traço de clara pura.

Objetivos

1. Comparar o omelete tradicional com ovos mexidos.
2. Demonstrar a importância de combinar rapidez com boas técnicas de preparo para produzir omeletes aerados.
3. Demonstrar as diferenças de textura e estabilidade em claras em neve preparadas com e sem a adição de açúcar.
4. Identificar claramente as características de um bom omelete tradicional e de um aerado, bem como as técnicas fundamentais necessárias para o preparo de ambos.

Omelete francês (tradicional)

Para 2 porções

3	ovos
3 colheres (sopa)	água
$^1/_8$ de colher (chá)	sal
uma pitada generosa	pimenta-do-reino
a gosto	margarina ou manteiga

Para 4 porções

6	ovos
6 colheres (sopa)	água
$^1/_4$ de colher (chá)	sal
$^1/_8$ de colher (chá)	pimenta-do-reino
a gosto	margarina ou manteiga

Observação: Para variar a receita, pode-se acrescentar queijo, bacon esmigalhado, cebolinha picada, azeitonas ou cogumelos fatiados antes de dobrar o omelete. Pode-se, ainda, cobrir o omelete com molho de tomate ou de queijo.

Tempo de preparo: 12 minutos

1. Usando uma batedeira manual, misture delicadamente, mas muito bem, todos os ingredientes, de modo que não haja nenhuma porção de clara ou gema sem misturar. Evite que forme espuma na mistura.
2. Derreta uma quantidade de manteiga suficiente para cobrir o fundo da frigideira e aqueça até formar espuma, mas sem deixar dourar.
3. Junte a mistura de ovos e cozinhe em fogo médio.
4. Conforme o ovo for coagulando, use uma espátula estreita para levantar as porções cozidas do omelete e para que a parte crua escorra para baixo.
5. Continue o procedimento até que não haja mais porções cruas para escorrer para baixo.
6. Quando o omelete estiver totalmente coagulado, mas ainda brilhante na superfície, verifique a parte de baixo. Se não estiver bem dourada, aumente o fogo por alguns segundos para dourá-la.
7. Dobre o omelete ao meio e transfira para o prato em que vai servir.

Omelete de forno (aerado)

Para 2 porções

2	ovos
2 colheres (sopa)	água
$1/8$ de colher (chá)	sal
$1/4$ de colher (chá)	cremor tártaro
$1/2$ colher (sopa)	margarina ou manteiga

Para 4 porções

4	ovos
4 colheres (sopa)	água
$1/4$ de colher (chá)	sal
$1/2$ colher (chá)	cremor tártaro
1 colher (sopa)	margarina ou manteiga

Observação: Sirva com um molho de queijo, de tomate ou outro adequado para um prato principal.

Tempo de preparo: 25 minutos

Tempo para assar: forno a 160°C por 15 minutos

1. Preaqueça o forno.
2. Separe as gemas das claras com cuidado, um ovo por vez, sobre uma tigela pequena, certificando-se de que não haja nenhuma porção de gema nas claras.
3. Bata as gemas até obter um creme claro e fofo, de preferência na batedeira.
4. Lave bem os batedores para eliminar qualquer vestígio de gema.
5. Bata as claras até formar espuma.
6. Junte o sal, o cremor tártaro e a água às claras e continue batendo até obter picos firmes.
7. Comece a derreter a manteiga em uma frigideira, em fogo baixo, para que esteja espumando, mas não dourada, quando você tiver terminado de misturar as claras em neve com as gemas.
8. Despeje o creme de gemas pela lateral da tigela em que estão as claras em neve.
9. Incorpore as claras nas gemas, delicadamente, mas de maneira eficiente, usando uma espátula de borracha. Deslize a espátula para baixo pela lateral da tigela oposta a você. Arraste-a pelo fundo e suba pelo lado mais próximo do seu corpo. Espalhe a mistura aderida à espátula sobre a superfície da espuma.
10. Gire a tigela um quarto de volta e repita o procedimento.
11. Repita esses movimentos quatro vezes (a tigela agora deu uma volta completa).
12. Quando for fazer o movimento pela quinta vez, suba a espátula pelo meio da tigela, e então prossiga como nas etapas anteriores.
13. Repita este conjunto de movimentos até que a mistura esteja homogênea e não haja mais resquícios da gema batida no fundo da tigela.
14. Despeje a mistura imediatamente na frigideira com a gordura espumante, mas não dourada.
15. Aqueça por 30 segundos em fogo médio.
16. Transfira da frigideira imediatamente para o forno preaquecido a 160°C.
17. Asse por 15 minutos, até que uma faca saia limpa ao ser inserida no centro do omelete.
18. Dobre o omelete ao meio e transfira para o prato em que vai servir.

Omelete aerado de limão

Para 2 porções

2	ovos
2 colheres (chá)	suco de limão
1 $^1/_3$ colher (sopa)	água
2 colheres (sopa)	açúcar
$^1/_8$ de colher (chá)	sal
$^1/_2$ colher (sopa)	margarina ou manteiga

Para 4 porções

4	ovos
1 $^1/_3$ colher (sopa)	suco de limão
2 $^2/_3$ colheres (sopa)	água
$^1/_4$ de xícara	açúcar
$^1/_4$ de colher (chá)	sal
1 colher (sopa)	margarina ou manteiga

Observação: Este omelete doce transforma-se em uma sobremesa deliciosa quando servido com Creme de limão.

Tempo de preparo: 25 minutos

Tempo para assar: forno a 160°C por 15 minutos

1. Preaqueça o forno.
2. Com cuidado, separe as gemas das claras, um ovo por vez, sobre uma tigela pequena.
3. Bata as gemas até obter um creme claro e fofo, de preferência na batedeira.
4. Lave muito bem os batedores.
5. Bata as claras até formar espuma.
6. Junte o sal, o suco de limão e a água.
7. Continue batendo enquanto acrescenta, aos poucos, o açúcar.
8. Bata até obter picos moles.
9. Incorpore as claras em neve ao creme de gemas, seguindo o procedimento descrito na receita de Omelete de forno.

Creme de limão

Para 2 porções

$^1/_4$ de xícara	açúcar
1 $^1/_2$ colher (chá)	amido de milho
$^1/_2$ xícara	água
2 colheres (chá)	suco de limão
$^1/_2$ colher (chá)	raspas de limão

Para 4 porções

$^1/_2$ xícara	açúcar
1 colher (sopa)	amido de milho
1 xícara	água
1 $^1/_3$ colher (sopa)	suco de limão
1 colher (chá)	raspas de limão

Tempo de preparo: 5 minutos

1. Misture bem o açúcar com o amido de milho, usando uma colher de pau.
2. Junte aos poucos a água, mexendo.
3. Aqueça até ferver, sem parar de mexer.
4. Retire a panela do fogo e junte o suco e as raspas de limão.
5. Sirva morno, sobre o omelete quente.

FUNDAMENTOS DO PREPARO DE SUFLÊS

Objetivos

1. Explicar o uso de molho branco espesso no preparo de suflês.
2. Assimilar a técnica correta de incorporação do molho às claras em neve.
3. Avaliar suflês e identificar técnicas de preparo que promovam uma alta qualidade no produto final.

Suflês são produtos à base de claras em neve que combinam os princípios de cozimento de amidos com os problemas relacionados ao preparo e à utilização de espumas de ovos. A preparação completa envolve cinco passos essenciais:

1. Gelatinizar uma mistura à base de amido para obter um molho branco espesso e liso.
2. Misturar o molho branco quente com gemas batidas.
3. Formar uma espuma estável de claras em neve.
4. Incorporar o molho com gemas às claras em neve.
5. Assar a mistura de claras e molho branco.

Suflê de queijo

¼ de xícara	margarina ou manteiga
¼ de xícara	farinha de trigo
⅛ de colher (chá)	sal
1 xícara	leite
125 g	queijo *cheddar* ralado, do tipo *sharp**
4	ovos (separados, um a um, sobre uma tigela)
½ colher (chá)	cremor tártaro

* N.T.: Queijo firme e de sabor forte. Se não encontrar, use outro queijo forte que possa ser gratinado.

Para um preparo mais eficiente de suflês, reúna todos os ingredientes antes de começar a preparar a receita. O Suflê de queijo será usado para demonstrar os fundamentos do preparo de suflês. Os ingredientes estão listados acima. Os utensílios necessários, inclusive a forma para suflê, devem ser preparados. Se for usar uma forma ligeiramente menor que a recomendada, ajuste um colar de papel-alumínio ou papel-manteiga pelo lado de dentro da forma de modo que sobressaia cerca de 4 cm acima da borda.

Antes de iniciar o preparo do molho branco, é importante começar a preaquecer o forno, para que alcance a temperatura correta antes que o suflê esteja pronto para ser assado. O posicionamento das grades do forno deve ser verificado – a grade central deve ser colocada pouco abaixo do meio do forno. Em seguida ajusta-se a temperatura para 160°C. Essa temperatura ligeiramente baixa permite que o calor tenha tempo para penetrar até o centro do suflê antes que a região externa esteja cozida em excesso, mas é quente o bastante para firmar a estrutura antes que o molho comece a escorrer para o fundo da forma.

Uma maneira de ajudar a dispersar o amido uniformemente em um produto que o contenha é misturá-lo a uma gordura derretida ou óleo. O preparo do molho branco para suflê começa derretendo-se a gordura sólida em uma panela pesada, que vai distribuir o calor de maneira uniforme. Uma panela de alumínio grossa é adequada para o cozimento do amido. A margarina, ou manteiga, deve ser aquecida apenas o suficiente para ser derretida. Deve-se evitar que dourem por causa dos efeitos disso sobre o sabor e a aparência do molho branco pronto.

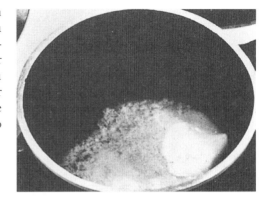

Os primeiros ingredientes adicionados à manteiga ou margarina derretida são a farinha e o sal. Podem ser adicionados de uma vez só. Uma colher de pau é o utensílio ideal para incorporá-los à margarina ou manteiga. É muito importante certificar-se de que toda a farinha esteja totalmente misturada à margarina. Pelotas secas de farinha nesse estágio podem resultar em grumos no molho final. A margarina ou manteiga derretida é um agente de dispersão muito eficaz para os grânulos de amido contidos na farinha.

Com a panela fora do fogo, junta-se leite frio à mistura de amido e margarina, mexendo-se. O leite é adicionado aos poucos, a princípio, conforme se vai mexendo, para que a ligação de amido possa ser diluída sem formar grumos, que ficariam boiando na superfície. É essencial que a mistura esteja perfeitamente lisa antes de prosseguir com o processo de gelatinização da próxima etapa. Caso contrário, é certo que o molho final conterá pelotas de farinha crua.

Assim que uma mistura homogênea dos ingredientes se forma, o molho é levado novamente ao fogo. À medida que vai aquecendo, é necessário mexê-la com cuidado, para que cozinhe de maneira uniforme. Uma colher de pau é o utensílio indicado, porque não risca a superfície das panelas antiaderentes. Também tem a vantagem de não ficar quente e queimar a mão durante o cozimento. Mexer misturas de amido que estão gelatinizando é um passo importante para garantir a produção de um molho liso e homogêneo. Elas ficarão mais quentes nos pontos em que estiverem em contato com a panela. Assim, é importante mexer, raspando toda a superfície interna continuamente. O fogo deve ser ajustado de modo que o molho comece a ferver em menos de 5 minutos, mas não pode estar tão forte a ponto de fazê-lo empelotar ou grudar no fundo da panela.

O molho em contato com o fundo da panela e as laterais vai esquentar. Técnicas eficientes garantem a dispersão homogênea dessas partes mais quentes nas partes mais frias do molho. A técnica de raspar o fundo da panela em um zigue-zague é comparável ao movimento de um pincel espalhando tinta sobre a superfície plana de uma parede. É muito importante certificar-se de que toda a extensão do fundo da panela seja raspada durante todo o tempo de cozimento. A técnica de raspar o fundo utilizando um movimento de número 8 não é adequada para esse fim, pois deixa áreas intocadas, onde a mistura gelatinizará primeiro. A menos que se use um ritmo moderado e que se alcance todos os pontos da mistura, a gelatinização será desigual, e as áreas mexidas com menos frequência se transformarão em raspas gelatinizadas da mistura, que vão ficar suspensas no produto final em forma de pelotas.

A gelatinização do molho estará concluída quando toda a mistura estiver borbulhando. Em uma receita de suflê, esse processo resultará em um molho espesso e de viscosidade tal que uma colher de pau, ao ser arrastada de um lado ao outro da panela, deixa um rastro muito perceptível no fundo. A consistência do molho é fundamental para o sucesso do produto final. Um molho muito ralo tende a escorrer por entre as claras em neve antes que a estrutura esteja firme, e o suflê ficará com uma camada pesada na parte inferior. Um molho muito espesso não vai se misturar bem às claras em neve.

Às vezes um molho pode começar a se separar nesta etapa, e a gordura liberada ficará visível nas bordas. É mais provável que isso ocorra durante o preparo de um suflê de chocolate, em razão do seu elevado teor de gordura. No entanto, pode acontecer com qualquer suflê cujo molho branco tenha sido cozido muito lentamente. Cozinhar o molho em fogo muito baixo resulta em evaporação excessiva, o que fará o molho se separar. Embora fiquem com uma aparência muito ruim, esses molhos podem ser facilmente corrigidos adicionando-se uma quantidade de água ou leite suficiente para deixar o molho outra vez homogêneo. É preciso empregar essa técnica quando o molho branco se separa. Caso contrário, a gordura continuará a minar durante todo o tempo de preparo restante do suflê.

Quando o molho tiver atingido a consistência correta, a panela é retirada do fogo e o queijo ralado é adicionado de uma vez só ao molho, mexendo-se bem.

Se o molho não estiver quente o suficiente para derreter totalmente o queijo, leva-se a panela ao fogo muito baixo e mexe-se, de forma lenta, até o queijo derreter. O queijo deve estar completamente derretido antes de prosseguir com a receita. Quaisquer porções de queijo não derretidas resultarão em pelotas de queijo no suflê acabado. Usa-se fogo baixo para que o queijo derreta sem que a proteína sofra um endurecimento excessivo. Se o molho se separar durante esta etapa, água ou leite devem ser adicionados, conforme descrito anteriormente. Adicione uma quantidade de líquido suficiente apenas para reformar o molho. O excesso de líquido fará com que fique muito mole para permanecer suspenso nas claras em neve.

Depois que o queijo estiver completamente derretido e o molho adquirir a consistência correta, a panela é retirada do fogo e mantida longe do calor. As gemas são batidas para que se misturem bem e para incorporar ar na mistura. Isso pode ser feito com facilidade usando-se um garfo ou um batedor de arame. Uma colherada do molho branco quente é incorporada rapidamente às gemas batidas. O molho não deve ser acrescentado às gemas sem bater, porque seu calor começaria a coagular a proteína das gemas ao entrar em contato com elas, e pelotas coaguladas se formariam.

Assim que a primeira colherada de molho for incorporada às gemas até formarem uma mistura homogênea, o processo é repetido com outra colherada do molho quente. Esse procedimento é repetido por aproximadamente quatro vezes. Não é importante que a medida do molho seja exata, mas é preciso mexer muito bem assim que a mistura quente entra em contato com as gemas nesta etapa. Esse método de misturar a proteína das gemas com o molho branco quente é usado com o intuito de diluir a concentração das proteínas, elevando assim sua temperatura de coagulação antes que as gemas entrem em contato direto com uma grande quantidade de molho quente.

Quando cerca de ¼ de xícara do molho quente tiver sido cuidadosamente incorporado às gemas, formando uma mistura lisa e homogênea, essa mistura estará pronta para ser despejada de volta na panela com o molho branco restante. Esse processo deve ser feito de forma lenta, mexendo-se o molho continuamente conforme a mistura de gemas vai sendo adicionada. O objetivo desta etapa é misturar as gemas de maneira uniforme ao molho branco quente e evitar a coagulação desigual das gemas. Quando uma mistura perfeitamente homogênea de molho branco, queijo e gemas for obtida, o molho é reservado, enquanto se prepara as claras em neve. Observe que todo o processo de mistura das gemas ao molho de queijo é feito sem a aplicação de calor. Não é necessário que as proteínas da gema coagulem neste momento. Esse processo será concluído durante o assamento.

A espuma das claras em neve é uma parte vital de qualquer suflê. É importante certificar-se de que não haja absolutamente nenhum resquício de gema nas claras ou nas hélices da batedeira antes de batê-las, pois qualquer vestígio de gordura prejudicará a formação de espuma. A adição de cremor tártaro retarda a formação dessa espuma, o que faz da batedeira elétrica uma ferramenta útil.

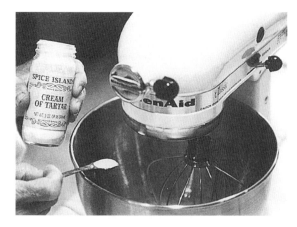

O cremor tártaro é adicionado de uma só vez assim que as claras começam a formar espuma (se estiver preparando um suflê doce, o açúcar é adicionado aos poucos a partir deste momento). Bater as claras em neve até o ponto correto é um passo essencial no preparo de suflês. Elas devem ser batidas até que a hélice possa ser retirada da mistura formando picos que se curvam na ponta, mas não caem de volta na tigela. Claras batidas menos que o necessário resultarão em um suflê de volume menor que o ideal e mais rijo. Também podem favorecer a formação de uma camada densa na parte inferior do suflê. Claras batidas em excesso não se misturam facilmente ao molho e tendem a quebrar-se em pedaços. As mexidas extras necessárias para distribuir o molho uniformemente causam uma perda de volume no produto final e, em consequência, produzem um suflê menos macio. Suflês preparados com claras batidas em excesso também apresentam fragmentos esbranquiçados depois de assados.

Assim que as claras estiverem batidas até formarem picos firmes, todo o molho é despejado, com cuidado, na lateral da tigela em que estão as claras. O molho se acumulará no fundo, e a clara em neve ficará na superfície. Evite despejar o molho por toda a superfície das claras em neve, pois isso eliminará um pouco do ar preso na espuma, e esse ar é necessário para dar o volume máximo ao suflê. Todos os esforços, a partir deste ponto, visam a minimizar a perda do ar preso na espuma de claras. Trabalhe rápido, ainda que delicadamente, até o momento de levar o suflê ao forno.

Agora, todo o molho precisa ser incorporado ao creme de gemas, da forma mais eficiente possível, para produzir uma mistura homogênea. A espátula de borracha é o utensílio mais indicado para esta tarefa, que envolve a repetição de cinco passos. O primeiro passo é deslizar a espátula de borracha para dentro da tigela pela lateral mais distante, raspando bem toda a superfície do fundo e fazendo a espátula subir rente à lateral mais próxima de quem mexe; em seguida, deve-se passar a lâmina com cuidado sobre a parte de cima das claras, espalhando o molho. Com um pouco de prática, esse movimento – descer rente à lateral mais distante, passar pelo fundo, subir pelo lado oposto e espalhar o molho sobre as claras – pode ser feito de modo muito eficiente, ainda que com delicadeza. O objetivo desse movimento é trazer o molho do fundo da tigela e distribuí-lo pela clara em neve. A meta final é obter uma mistura leve e completamente homogênea, sem traços de molho branco ou de clara em neve isolados.

Quando o primeiro passo for concluído e o molho tiver sido espalhado sobre as claras pela primeira vez, gira-se a tigela um quarto de volta, ou 90°. Em seguida, repete-se o processo deslizando mais uma vez a espátula pela lateral mais distante da tigela, passando-a pelo fundo, subindo pelo lado mais próximo de quem mexe e espalhando o molho sobre a superfície das claras.

A tigela é girada, mais uma vez, um quarto de volta. E pela terceira vez, gira-se a tigela mais 90°. A essa altura, o processo já foi repetido por um total de quatro vezes, virando-se a tigela 90° antes de cada vez.

Depois de realizar o procedimento pela quarta vez, a tigela é virada novamente e retorna à sua posição inicial. Até o momento, o processo não envolveu a porção central das claras em neve. Para incorporar o molho ao centro das claras, um movimento especial é realizado após a volta completa inicial. Ele começa da mesma forma que os anteriores; ou seja, deslize a espátula cuidadosamente pelo lado mais distante da tigela. Passe-a pelo fundo da tigela apenas até chegar ao meio. Traga-a para cima, com a lâmina na posição horizontal, para arrastar o molho pelo meio das claras em neve, espalhado o que restar por cima da espuma.

Depois de realizar esse movimento especial, faça outra vez o movimento inicial, deslizando a espátula pela lateral mais distante da tigela, mas sem virá-la. Em seguida, vire a tigela um quarto de volta e continue. A cada quatro movimentos, faça o movimento especial uma vez, subindo pelo meio da tigela. Repita o procedimento apenas o necessário para que não haja mais nenhum molho acumulado no fundo da tigela, e até que a mistura esteja com uma aparência homogênea. Deve-se evitar misturar em excesso, pois isto só fará reduzir o volume do suflê pela liberação desnecessária do ar preso na espuma.

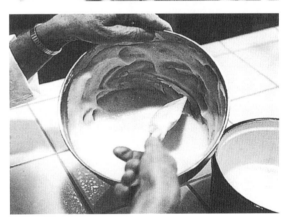

Assim que o processo de misturar for concluído, despeja-se o suflê imediatamente na forma. A tigela deve ser mantida o mais próximo possível do recipiente, e a mistura deve ser transferida com o máximo de delicadeza, para minimizar a perda de ar. Pode-se usar uma espátula para acelerar o processo sem prejudicar excessivamente a espuma.

Quando o suflê já estiver na forma, passa-se uma espátula de borracha na superfície, formando-se um círculo a uma distância de aproximadamente 3 a 5 cm da borda do recipiente. Isso ajuda a alisar delicadamente a superfície do suflê e a criar um produto com visual perfeito ao ser servido, depois de assado. Isso deve ser feito de modo muito rápido, para evitar qualquer demora nesse momento crítico.

O suflê é colocado com delicadeza na grade do forno preaquecido que foi previamente posicionada logo abaixo do centro. Fecha-se a porta do forno e toma-se nota do tempo. A maioria dos suflês precisará de cerca de 55 minutos a 160°C para assar. Pode-se usar um cronômetro para ajudar a determinar quando o teste do ponto de cozimento deve ser feito. Se possível, o suflê deve ser assado em um forno com visor para que o andamento do cozimento possa ser visualizado.

Haverá muito pouca mudança na aparência durante o período de cozimento inicial, quando o calor começa a penetrar no suflê. Então, a região externa vai começar a subir ao longo das laterais da forma, e a superfície vai começar a dourar. Conforme as regiões ao redor da borda vão alcançando a temperatura de coagulação das proteínas do ovo, a estrutura se firma. No entanto, a parte interna do suflê ainda não terá alcançado essa temperatura. O ar contido no suflê continuará a se expandir e a empurrar as partes não coaguladas. O volume continuará a aumentar até que toda a estrutura de proteínas se coagule. É muito importante que a porta do forno não seja aberta durante o cozimento. Se ar frio entrar em contato com o suflê, causará o resfriamento do ar aquecido que está dentro dele. O resultado é uma redução da pressão interna do suflê, que fará com que comece a abaixar. Não se deve testar os suflês para ver se estão cozidos enquanto não tiverem assado pelo tempo mínimo necessário. Sua estrutura atinge o ponto mais frágil pouco antes da coagulação das proteínas.

Antes de testá-lo, deixe tudo pronto para servi-lo. Serão necessárias luvas térmicas e uma faca de mesa para o teste. Com esses utensílios em mão, abra a porta do forno com cuidado e puxe a grelha. Se o suflê ainda estiver aparentemente mole, não está pronto, e a grade deve ser reposicionada de imediato e a porta do forno, fechada suavemente. Se o suflê não estiver muito mole no centro, puxe-o rapidamente até um ponto em que possa inserir a faca para testá-lo. Insira a faca o mais fundo possível, na vertical, bem no meio do suflê.

Retire a lâmina imediatamente e verifique se há partículas de suflê aderidas à sua superfície. A faca ficará úmida, mas não deve apresentar resquícios moles do suflê quando ele estiver cozido. Se o suflê passar no teste, sirva-o imediatamente. Caso contrário, coloque-o de novo no centro da grade, com rapidez e delicadeza, e feche a porta para continuar a assar. É importante assar os suflês até o ponto correto de cozimento. Se não assarem por completo, vão abaixar muito, pois a estrutura de proteínas não estará coagulada o bastante para sustentar o peso do molho nela suspenso. Se o suflê for assado em demasia, haverá um encolhimento e enrijecimento do produto como consequência das alterações ocorridas durante a desnaturação das proteínas.

O suflê assado, quando sai do forno, apresenta seu volume máximo. Mesmo a estrutura de um suflê já assado é muito delicada, e haverá perda de volume, conforme o ar frio do ambiente comece a esfriar o ar que está dentro do suflê. O volume, então, torna-se dependente da força das paredes de suas células. Um suflê bem preparado terá um bom volume e também uma superfície de uma cor dourada atraente. O prato final deve apresentar encolhimento mínimo ao ser servido.

A avaliação de um suflê requer não só uma análise do volume total alcançado e um exame da aparência externa global, mas também exige um olhar mais cuidadoso sobre sua estrutura interna. A avaliação da estrutura interna deve estender-se da porção logo abaixo da superfície à base do suflê. A região mais próxima ao fundo, especialmente, deve ser examinada para identificar quaisquer sinais de formação de camadas. Essas camadas podem ter sido causadas pelo ponto incorreto das claras em neve, pela técnica de mistura inadequada, por um molho branco muito ralo ou pela demora para levar ao forno. O interior do suflê também deve ser examinado para identificar pelotas de queijo, que são causadas pelo derretimento incompleto do queijo antes de se adicionar as gemas. Deve-se observar também a presença de grumos. Eles podem ter sido causados pela técnica imperfeita de mistura dos ingredientes do molho branco, por uma técnica de mistura incorreta durante a gelatinização do amido ou por uma coagulação irregular das gemas quando estas estavam sendo incorporadas ao molho com queijo.

Outro problema que pode ser observado ao analisar a estrutura interna de um suflê são pontos brancos. Eles são causados pelo excesso de batidas das claras em neve. O preparo de suflês requer a compreensão dos princípios do cozimento de amidos e do preparo e utilização de claras em neve. Quando se presta atenção aos procedimentos que estes exigem durante o preparo da receita, um suflê de alta qualidade pode ser produzido rapidamente. O suflê de queijo foi utilizado para demonstrar os fundamentos, mas qualquer suflê pode ser preparado seguindo-se essas mesmas instruções.

RECEITAS

Suflê de queijo

Para 2 porções

2 colheres (sopa)	margarina ou manteiga
2 colheres (sopa)	farinha de trigo
$1/8$ de colher (chá)	sal
$1/2$ xícara	leite
$1/2$ xícara (60 g)	queijo *cheddar* ralado, do tipo *sharp**
2	ovos, gema separada da clara
$1/4$ de colher (chá)	cremor tártaro

Para 4 porções

$1/4$ de xícara	margarina ou manteiga
$1/4$ de xícara	farinha de trigo
$1/4$ de colher (chá)	sal
1 xícara	leite
1 xícara (120 g)	queijo *cheddar* ralado, do tipo *sharp*
4	ovos, gema separada da clara
$1/2$ colher (chá)	cremor tártaro

* N.T.: Queijo firme e de sabor forte. Se não encontrar, use outro queijo forte que possa ser gratinado.

Tempo de preparo: 65 minutos (pequeno); 75 minutos (grande)

Tempo para assar: 160°C por 45 minutos (pequeno) ou 55 minutos (grande)

1. Preaqueça o forno.
2. Derreta a margarina em uma panela com capacidade para 1 litro.
3. Junte a farinha e o sal, mexendo com uma colher de pau.
4. Junte o leite frio, aos poucos e mexendo, para fazer uma ligação de amido.
5. Quando todo o leite tiver sido incorporado, coloque a panela de volta no fogo.
6. Mexa sem parar com a colher de pau enquanto aquece, até borbulhar; retire do fogo. Se a gordura se separar, junte uma quantidade de leite suficiente apenas para homogeneizar o molho.
7. Adicione o queijo ao molho quente. Aqueça, se necessário, para derreter o queijo.
8. Enquanto o queijo derrete, bata as gemas.
9. Incorpore uma colher do molho quente às gemas e mexa imediatamente, para evitar a formação de pelotas de gema coagulada.
10. Repita esse procedimento três vezes.
11. Em seguida, acrescente a mistura de molho branco e gema ao molho da panela, mexendo. Tampe e reserve.
12. Bata as claras até formar espuma. Junte o cremor tártaro e continue batendo até obter picos firmes, mas não secos. Tenha cuidado para bater apenas até o ponto correto.
13. Com cuidado, despeje o molho de queijo e gemas na lateral da tigela com as claras em neve.
14. Usando uma espátula de borracha, incorpore totalmente a mistura de molho e gemas às claras. Lembre-se de (a) deslizar a espátula para baixo pela lateral mais distante da tigela, (b) passá-la pelo fundo, (c) trazê-la para a superfície pelo outro lado e (d) finalizar o movimento espalhando o molho do fundo sobre as claras batidas.
15. Gire a tigela um quarto de volta depois de cada movimento.
16. No quinto movimento, traga a espátula para cima pelo centro da mistura.
17. Repita esse ciclo de cinco movimentos até que não haja mais resquícios de molho com gema no fundo da tigela e a mistura esteja homogênea.
18. Com rapidez e delicadeza, despeje em uma forma para suflê com capacidade para 1 litro (2 litros para receita grande).
19. Com uma faca de mesa, trace um círculo a cerca de 3 cm da borda na superfície do suflê.
20. Coloque na prateleira do meio do forno e asse a 160°C por 55 minutos, para a receita grande, ou 45 minutos para a pequena.
21. Teste o ponto inserindo uma faca no centro do suflê. Estará pronto quando a lâmina sair limpa. Sirva imediatamente.

Suflê de brócolis

Para 2 porções

125 g	brócolis congelado
1 ½ colher (sopa)	margarina ou manteiga
1 ½ colher (sopa)	farinha de trigo
⅛ de colher (chá)	sal
½ xícara	leite
2	ovos, gema separada da clara
½ colher (chá)	suco de limão
uma pitada	noz-moscada ralada
1 ½ colher (chá)	pimentão vermelho assado, sem pele e sem semente, em cubos
⅛ de colher (chá)	cremor tártaro

Para 4 porções

250 g	brócolis congelado
3 colheres (sopa)	margarina ou manteiga
3 colheres (sopa)	farinha de trigo
¼ de colher (chá)	sal
1 xícara	leite
4	ovos, gema separada da clara
1 colher (chá)	suco de limão
uma pitada generosa	noz-moscada ralada
1 colher (sopa)	pimentão vermelho assado, sem pele e sem semente, em cubos
¼ de colher (chá)	cremor tártaro

Tempo de preparo: 65 minutos (pequeno); 75 minutos (grande)

Tempo para assar: 160°C por 45 minutos (pequeno) ou 55 minutos (grande)

1. Preaqueça o forno.
2. Coloque o brócolis congelado em água fervente com sal e cozinhe por 2 minutos.
3. Escorra bem e pique em pedaços bem pequenos. Reserve.
4. Derreta a manteiga em uma panela com capacidade para 1 litro.
5. Junte a farinha e o sal, mexendo com uma colher de pau.
6. Junte o leite os poucos, mexendo com a colher de pau.
7. Leve a panela de volta ao fogo e aqueça até ferver, sem parar de mexer.
8. Retire do fogo.
9. Bata as gemas.
10. Junte uma colherada do molho quente às gemas, mexendo sem parar.
11. Repita esse procedimento mais três vezes.
12. Despeje essa mistura na panela em que está o restante do molho, mexendo sem parar.
13. Junte o suco de limão, a noz-moscada, o pimentão vermelho e o brócolis picado à panela.
14. Tampe e reserve, enquanto prepara as claras em neve.
15. Bata as claras até formar espuma, junte o cremor tártaro e continue batendo até obter picos firmes, mas não secos.
16. Incorpore o molho branco com gemas às claras batidas, conforme descrito no procedimento do suflê de queijo.
17. Despeje em uma forma de suflê com capacidade para 750 mL (1,5 L para a receita grande).
18. Asse em forno preaquecido a 160°C por 55 minutos (receita grande) ou 45 minutos (receita pequena), até que uma faca saia limpa ao ser inserida no centro.
19. Sirva imediatamente.

Pão de colher

Para 2 porções

¼ de xícara	fubá
1 xícara	leite
2 colheres (chá)	margarina ou manteiga
¼ de colher (chá)	sal
¼ de colher (chá)	fermento em pó químico
2	ovos, gema separada da clara
¼ de colher (chá)	cremor tártaro

Para 4 porções

½ xícara	fubá
2 xícaras	leite
1 ⅓ colher (sopa)	margarina ou manteiga
½ colher (chá)	sal
½ colher (chá)	fermento em pó químico
4	ovos, gema separada da clara
½ colher (chá)	cremor tártaro

Observação: Este prato, que poderia ser descrito como suflê de fubá, pode ser servido às refeições como acompanhamento.

Tempo de preparo: 35 minutos (pequeno); 45 minutos (grande)

Tempo para assar: 190°C por 20 minutos (pequeno) ou 30 minutos (grande)

1. Preaqueça o forno.
2. Em uma panela, junte aos poucos o leite ao fubá, mexendo.
3. Aqueça, mexendo sempre com uma colher de pau, até borbulhar e engrossar. Retire do fogo.
4. Junte a margarina, o sal e o fermento em pó.
5. Bata as gemas.
6. Incorpore uma colherada do mingau quente de fubá às gemas, misturando bem.
7. Repita o procedimento mais três vezes, depois junte essa mistura à panela, mexendo.
8. Tampe e reserve, enquanto prepara as claras em neve.
9. Bata as claras até formar espuma. Junte o cremor tártaro e continue batendo até obter picos firmes, mas não secos.
10. Incorpore o mingau com gemas às claras batidas, seguindo o procedimento da receita de suflê de queijo.
11. Despeje em um refratário pequeno (use um com capacidade para 1,5 L para a receita maior) e asse a 190°C por 30 minutos (receita grande) ou 20 minutos (receita pequena), até que uma faca saia limpa ao ser inserida no centro.
12. Sirva imediatamente, com manteiga.

Suflê de chocolate

Para 2 porções

1 ½ colher (sopa)	margarina ou manteiga
30 g	chocolate amargo
2 colheres (sopa)	farinha de trigo
$^1/_8$ de colher (chá)	sal
½ xícara	leite
2	ovos, gema separada da clara
¼ de colher (chá)	cremor tártaro
¼ de xícara	açúcar
½ colher (chá)	essência de baunilha
a gosto	creme de leite batido

Para 4 porções

3 colheres (sopa)	margarina ou manteiga
60 g	chocolate amargo
¼ de xícara	farinha de trigo
¼ de colher (chá)	sal
1 xícara	leite
4	ovos, gema separada da clara
½ colher (chá)	cremor tártaro
½ xícara	açúcar
1 colher (chá)	essência de baunilha
a gosto	creme de leite batido

Tempo de preparo: 65 minutos (pequeno); 75 minutos (grande)

Tempo para assar: 160°C por 45 minutos (pequeno) ou 55 minutos (grande)

1. Preaqueça o forno.
2. Derreta a manteiga e o chocolate em banho-maria.
3. Junte a farinha e o sal, mexendo com uma colher de pau.
4. Junte o leite aos poucos, mexendo.
5. Leve a panela ao fogo e aqueça até borbulhar, sem parar de mexer.
6. Se a gordura se separar, junte uma quantidade bem pequena de água ou leite ao molho. Acrescente uma quantidade de líquido suficiente apenas para homogeneizar a mistura. Retire do fogo.
7. Bata as gemas.
8. Junte uma colherada do creme quente às gemas, mexendo sem parar.
9. Repita esse procedimento mais três vezes.
10. Incorpore esta mistura ao creme restante da panela, mexendo.
11. Tampe e reserve.
12. Bata as claras até formar espuma; adicione o cremor tártaro e, aos poucos, vá juntando o açúcar.
13. Bata até obter picos firmes, mas não secos.
14. Junte a essência de baunilha ao creme de chocolate.
15. Com cuidado, despeje o creme de chocolate na lateral da tigela com as claras em neve.
16. Misture, seguindo o procedimento descrito na receita de suflê de queijo.
17. Despeje em um refratário pequeno (use um com capacidade para 1,5 L para a receita maior) e asse a 160°C por 55 minutos (receita grande) ou 45 minutos (receita pequena), até que uma faca saia limpa ao ser inserida no centro.
18. Sirva imediatamente, com uma colherada generosa de creme de leite batido por porção (opcional).

Suflê de laranja

Para 2 porções

2 colheres (sopa)	margarina ou manteiga
2 colheres (sopa)	farinha de trigo
$1/8$ de colher (chá)	sal
$1/3$ de xícara	leite
1 ½ colher (sopa)	suco de laranja
½ colher (sopa)	suco de limão
¼ de colher (chá)	raspas de limão
2	ovos, gema separada da clara
¼ de colher (chá)	cremor tártaro
¼ de xícara	açúcar
a gosto	creme de limão ou creme de leite batido

Para 4 porções

¼ de xícara	margarina ou manteiga
¼ de xícara	farinha de trigo
¼ de colher (chá)	sal
$2/3$ de xícara	leite
3 colheres (sopa)	suco de laranja
1 colher (sopa)	suco de limão
½ colher (chá)	raspas de limão
4	ovos, gema separada da clara
½ de colher (chá)	cremor tártaro
½ xícara	açúcar
a gosto	creme de limão ou creme de leite batido

Tempo de preparo: 1 hora e 30 minutos

Tempo para assar: 160°C por 1 hora (pequeno) ou 70 minutos (grande)

1. Preaqueça o forno.
2. Derreta a manteiga e junte a farinha e o sal, mexendo com uma colher de pau. Retire do fogo.
3. Junte o leite aos poucos e aqueça até borbulhar, mexendo sempre. O creme ficará bem espesso.
4. Retire do fogo e tampe.
5. Junte os sucos de laranja e limão e as raspas ao creme.
6. Bata as gemas.
7. Junte uma colherada do creme quente às gemas, mexendo sem parar.
8. Repita o procedimento mais três vezes e depois junte esta mistura à panela, mexendo.
9. Tampe, enquanto prepara as claras em neve.
10. Bata as claras até formar espuma, adicione o cremor tártaro e, aos poucos, vá juntando o açúcar. Bata até obter picos firmes, mas não secos.
11. Despeje o creme de laranja na lateral da tigela com as claras em neve e misture, seguindo o procedimento descrito na receita de suflê de queijo.
12. Despeje em uma forma de suflê com capacidade para 1 litro (2 litros para a receita grande).
13. Asse em forno preaquecido a 160°C por 1 hora.
14. Teste inserindo uma faca no centro do suflê para certificar-se de que está cozido antes de tirá-lo do forno.
15. Sirva com Creme de limão (ver p. 185) ou com creme de leite batido, assim que sair do forno.

Suflê *mocha* individual

Para 3 porções

90 g	gotas de chocolate meio amargo
1	ovo, gema separada da clara
1	clara
2 colheres (sopa)	café forte
1 ½ colher (sopa)	açúcar
a gosto	açúcar de confeiteiro

Para 6 porções

180 g	gotas de chocolate meio amargo
3	ovos, gema separada da clara
1	clara
¼ de xícara	café forte
3 colheres (sopa)	açúcar
a gosto	açúcar de confeiteiro

Tempo de preparo: 30 minutos

Tempo para assar: forno a 200°C por 10 a 12 minutos

1. Preaqueça o forno.
2. Derreta as gotas de chocolate no forno micro-ondas (cerca de 20 segundos) até amolecerem.
3. Enquanto isso, bata ligeiramente as gemas com o café.
4. Comece a bater as claras em neve na batedeira, juntando o açúcar depois que as claras formarem espuma e batendo em velocidade alta até obter picos firmes, mas não secos.
5. Incorpore o chocolate à mistura de gemas e, imediatamente, junte às claras batidas.
6. Incorpore o creme de chocolate às claras delicadamente, mexendo até obter uma mistura homogênea.
7. Despeje em refratários com capacidade para ½ xícara, untados com manteiga (3 para a receita pequena, 6 para a grande).
8. Asse a 200°C até que a superfície fique seca (cerca de 11 minutos).
9. Polvilhe com um pouco de açúcar de confeiteiro peneirado e sirva.

MERENGUES E SUSPIROS

Objetivos

1. Demonstrar a formação de espuma de claras usando diferentes proporções de açúcar.
2. Explicar as aplicações possíveis de merengues e suspiros.
3. Avaliar a qualidade de preparo de merengues e suspiros.

RECEITAS

Merengue

Para cobrir 2 tortas individuais

1	clara
⅛ de colher (chá)	cremor tártaro
2 colheres (sopa)	açúcar

Para cobrir 1 torta grande

3	claras
¼ de colher (chá)	cremor tártaro
6 colheres (sopa)	açúcar

Tempo de preparo: 20 minutos

Tempo para assar: forno a 180°C por 12 a 15 minutos

1. Preaqueça o forno.
2. Prepare o recheio da torta ou as folhas de papel-manteiga (se estiver preparando as partes da torta separadamente).
3. Bata as claras até formar espuma.
4. Junte o cremor tártaro e, aos poucos, vá juntando o açúcar.
5. Continue batendo até que todo o açúcar tenha dissolvido e picos firmes, mas não secos, se formem.
6. Espalhe delicadamente sobre o recheio da torta ou na assadeira.
7. Asse a 180°C até dourar.

Alasca

Para 2 porções

1	clara
$^1/_8$ de colher (chá)	cremor tártaro
2 colheres (sopa)	açúcar
2	discos de bolo de 7 cm de diâmetro
1 xícara	sorvete

Para 4 porções

3	claras
$^1/_4$ de colher (chá)	cremor tártaro
6 colheres (sopa)	açúcar
4	discos de bolo de 7 cm de diâmetro
2 xícaras	sorvete

Tempo de preparo: 15 minutos

Tempo para assar: forno a 230°C por 8 minutos

1. Preaqueça o forno.
2. Em uma tábua pequena de madeira, prepare os discos de bolo deixando-os com cerca de 1,25 cm de altura.
3. Prepare o **merengue**.
4. Coloque uma colherada de sorvete sobre cada disco de bolo.
5. Use uma espátula de borracha para espalhar rapidamente uma camada grossa de merengue sobre cada bolo, certificando-se de que toda a superfície do sorvete e do bolo esteja coberta.
6. Asse a 230°C até o merengue começar a dourar.
7. Sirva imediatamente.

Oeufs à la Neige

Para 2 porções

Merengue

1	clara
1/8 de colher (chá)	cremor tártaro
2 colheres (sopa)	açúcar

Creme batido

1	ovo
uma pitada generosa	sal
2 colheres (sopa)	açúcar
1 xícara	leite fervente
1/2 colher (chá)	essência de baunilha
1/2 xícara	frutas frescas

Para 4 porções

Merengue

2	claras
1/4 de colher (chá)	cremor tártaro
1/4 de xícara	açúcar

Creme batido

2	ovos
1/8 de colher (chá)	sal
1/4 de xícara	açúcar
2 xícaras	leite fervente
1 colher (chá)	essência de baunilha
1 xícara	frutas frescas

Tempo de preparo: 45 minutos

1. Em uma panela ou frigideira funda, aqueça 5 cm de água até começar a formar bolhas na lateral.
2. Prepare o merengue e pingue, com uma colher, na água fervente.
3. Depois de 1 minuto, vire os merengues para que cozinhem do outro lado.
4. Retire da água com uma escumadeira e escorra em papel-toalha.
5. Prepare o Creme batido (ver p. 204) e leve à geladeira.
6. Quando for servir, coloque os merengues em uma tigela de vidro.
7. Guarneça com frutas frescas e regue com o creme batido gelado, banhando os merengues.

Figura 8.2 Nuvens fofas de merengue macio banhadas por um creme batido e decoradas com fatias de morango fresco se combinam para criar uma sobremesa inesquecível.

Suspiro

Para 2 porções

2	claras
⅛ de colher (chá)	cremor tártaro
½ xícara	açúcar

Para 4 porções

4	claras
¼ de colher (chá)	cremor tártaro
1 xícara	açúcar

Observação: Estas conchas de suspiro podem ser servidas recheadas com sorvete ou frutas. Suspiros podem ter outros ingredientes em sua composição, tais como oleaginosas picadas e frutas cristalizadas, que são incorporados à massa antes de pingá-la na forma.

Tempo de preparo: 2 horas e 15 minutos
Tempo para assar: forno a 135°C por 1 hora

1. Preaqueça o forno.
2. Bata as claras na batedeira até formar espuma.
3. Junte o cremor tártaro e, bem lentamente, vá adicionando o açúcar, com a batedeira ligada.
4. Continue batendo até obter picos bem firmes. Termine de bater com uma batedeira manual, caso a elétrica comece a esquentar demais.
5. Forre uma forma com papel-pardo e pingue 2 suspiros para cada clara usada.
6. Usando uma espátula de borracha, molde os suspiros com movimentos circulares para que fiquem com um formato de ninho.
7. Asse a 135°C por 1 hora.
8. Desligue o forno mas não tire os suspiros, para que continuem cozinhando enquanto o forno esfria.

Figura 8.3 Suspiros constituem uma base doce e crocante para servir morangos frescos com creme de leite batido.

Suspiro de coco e nozes

Para 12 unidades

1	clara
¼ de colher (chá)	cremor tártaro
¼ de colher (chá)	essência de baunilha
¼ de xícara	açúcar
²/₃ de xícara	coco ralado seco
3 colheres (sopa)	nozes-pecã picadas

Para 24 unidades

2	claras
½ colher (chá)	cremor tártaro
½ colher (chá)	essência de baunilha
½ xícara	açúcar
1 ¹/₃ xícara	coco ralado seco
¹/₃ de xícara	nozes-pecã picadas

Tempo de preparo: 35 minutos

Tempo para assar: forno a 160°C por 20 minutos

1. Preaqueça o forno.
2. Bata as claras na batedeira até formar espuma; junte o cremor tártaro e a essência de baunilha.
3. Com a batedeira ligada em velocidade alta, junte aos poucos o açúcar.
4. Bata até obter picos moles.
5. Incorpore o coco e as nozes ao merengue.
6. Pingue com uma colher em uma forma antiaderente.
7. Asse a 160°C por 20 minutos.

OVOS COMO AGENTES ESPESSANTES: PUDINS E QUICHES

Objetivos

1. Demonstrar o uso das proteínas do ovo como agente espessante.
2. Explicar a influência da maneira de mexer uma mistura na formação de uma estrutura de gel.

(As receitas de pudim podem ser feitas utilizando leites com diferentes porcentagens de gordura e então compará-las entre si.)

RECEITAS

Creme batido

Para 2 porções

1	ovo, ligeiramente batido (junte mais 1 ovo se quiser um produto mais firme)
uma pitada generosa	sal
2 colheres (sopa)	açúcar
1 xícara	leite fervente
½ colher (chá)	essência de baunilha

Para 4 porções

2	ovos, ligeiramente batidos (junte mais 1 ovo se quiser um produto mais firme)
uma pitada generosa	sal
¼ de xícara	açúcar
2 xícaras	leite fervente
1 colher (chá)	essência de baunilha

Tempo de preparo: 20 minutos

1. Enquanto aquece o leite, misture o ovo batido, o sal e o açúcar.
2. Aos poucos, junte o leite fervente aos demais ingredientes.
3. Passe a mistura por uma peneira.
4. Cozinhe em banho-maria, sem deixar a água da panela ferver e mexendo sempre, até que o creme esteja espesso o bastante para cobrir as costas de uma colher.
5. Resfrie rapidamente mergulhando o fundo da panela em água bem gelada.
6. Adicione a essência de baunilha.

Observação: Sirva gelado sobre pudins e outras sobremesas. Se o creme começar a talhar enquanto esfria, bata com a batedeira manual para obter um produto mais homogêneo.

Pudim básico

Para 2 porções

1	ovo, ligeiramente batido
2 colheres (sopa)	açúcar
uma pitada generosa	sal
1 xícara	leite fervente
½ colher (chá)	essência de baunilha
a gosto	noz-moscada ralada
conforme necessário	água fervente

Para 4 porções

2	ovos, ligeiramente batidos
¼ de xícara	açúcar
⅛ de colher (chá)	sal
2 xícaras	leite, fervente
1 colher (chá)	essência de baunilha
a gosto	noz-moscada ralada
conforme necessário	água fervente

Observação: Os pudins são assados em banho-maria para protegê-los do calor intenso do forno. Eles podem ser servidos com acompanhamentos diversos.

Tempo de preparo: 45 minutos

Tempo para assar: forno a 160°C por 40 minutos

1. Preaqueça o forno.
2. Siga os três primeiros passos da receita de Creme batido (p. 204).
3. Adicione a essência de baunilha.
4. Despeje a mistura peneirada em tigelas refratárias.
5. Polvilhe cada uma com noz-moscada.
6. Coloque as tigelas pequenas em uma forma retangular funda e despeje 2,5 cm de água fervente para o banho-maria.
7. Asse a 160°C por 40 minutos.
8. Teste o cozimento inserindo uma faca entre a lateral e o centro da forma. Estarão prontos quando a faca sair limpa. O centro ainda estará mole, mas vai continuar cozinhando com o calor residual do pudim.
9. Sirva gelado.

Figura 8.4 Uma camada generosa de açúcar espalhada sobre um pudim pode ser caramelizada com um maçarico culinário para transformar a sobremesa em um *crème brûlée*.

Pudim de micro-ondas

Para 2 porções

¼ de xícara	água
¼ de xícara	açúcar
	ingredientes para a receita pequena de Pudim básico (ver p. 205)

Para 4 porções

½ xícara	água
½ xícara	açúcar
	ingredientes para a receita grande de Pudim básico (ver p. 205)

Tempo de preparo: 20 a 25 minutos

1. Em um medidor de vidro, cozinhe o açúcar e a água no micro-ondas, na potência alta, por 5,5 minutos, para a receita menor (11 para a grande).
2. Despeje a calda em duas ou quatro forminhas de pudim, virando-as para que cubra a superfície interna.
3. Em um medidor de vidro, aqueça o leite no micro-ondas, na potência alta, por 2,5 minutos, para a receita menor (5 para a grande).
4. Misture os ovos com o açúcar, o sal e a essência de baunilha; junte aos poucos o leite fervente, batendo.
5. Despeje nas forminhas caramelizadas, tampe e leve ao micro-ondas, na potência baixa, por 6 minutos, para a receita pequena (12 para a grande), até ficarem firmes.
6. Leve à geladeira e desenforme ao servir.

Quiche apimentado de linguiça

Para 2 porções

2	massas de torta individuais, pré-assadas
150 g	linguiça fresca
60 g	*jalapeño* em conserva, escorrido e picado
2	ovos, ligeiramente batidos
²/₃ de xícara	leite
3 colheres (sopa)	queijo suíço ralado
2 colheres (sopa)	queijo parmesão ralado
¹/₈ de colher (chá)	sal
uma pitada	pimenta-do-reino

Para 4 porções

4	massas de torta individuais, pré-assadas
300 g	linguiça fresca
120 g	*jalapeño* em conserva, escorrido e picado
4	ovos, ligeiramente batidos
1 ¹/₃ xícara	leite
¹/₃ de xícara	queijo suíço ralado
¼ de xícara	queijo parmesão ralado
¼ de colher (chá)	sal
uma pitada generosa	pimenta-do-reino

Tempo de preparo: 40 minutos (pequeno); 50 minutos (grande)

Tempo para assar: 180°C por 20 minutos (pequeno) ou 30 minutos (grande)

1. Preaqueça o forno.
2. Retire a pele da linguiça e refogue a carne até ficar bem dourada. Escorra bem.
3. Distribua o *jalapeño* e a linguiça no fundo das massas assadas.
4. Misture os ovos com o leite, os queijos e os temperos; despeje sobre a linguiça e o *jalapeño*.
5. Asse a 180°C por 20 a 30 minutos, até que a superfície esteja dourada e o recheio esteja firme entre a lateral e o centro do quiche.
6. Antes de servir, deixe descansar por 5 minutos depois de tirar do forno.

OUTRAS SOBREMESAS À BASE DE OVOS

Objetivos

1. Demonstrar uma técnica adequada para misturar gemas cruas com misturas quentes sem que empelotem.
2. Avaliar sobremesas à base de ovos e recheios cremosos de tortas.

(As receitas podem ser feitas utilizando leites com diferentes porcentagens de gordura e então compará-las entre si.)

RECEITAS

Creme de baunilha

Para 2 porções

1 ½ colher (sopa)	amido de milho
2 ⅔ colheres (sopa)	açúcar
uma pitada	sal
¼ de xícara	leite frio
¾ de xícara	leite fervente
1	gema
½ colher (chá)	essência de baunilha
½ colher (chá)	manteiga ou margarina

Para 4 porções

3 colheres (sopa)	amido de milho
⅓ de xícara	açúcar
uma pitada generosa	sal
½ xícara	leite frio
1 ½ xícara	leite fervente
2	gemas
1 colher (chá)	essência de baunilha
1 colher (chá)	manteiga ou margarina

Tempo de preparo: 15 minutos

1. Misture os ingredientes e cozinhe como se estivesse preparando um creme encorpado com amido de milho.
2. Antes de o creme ficar espesso o suficiente para que o caminho traçado pela colher seja visível, retire do fogo.
3. Bata ligeiramente as gemas.
4. Junte uma colherada do creme quente às gemas, mexendo rapidamente.
5. Repita o procedimento mais três vezes.
6. Junte esta mistura imediatamente ao creme quente da panela, mexendo.
7. Cozinhe por 5 minutos em banho-maria, ou diretamente sobre a chama do fogão, mas com cuidado para não deixar ferver.
8. Mexa lentamente durante todo o tempo de cozimento.
9. Retire a panela da fonte de calor e junte a essência de baunilha e a manteiga.
10. Despeje em recipientes individuais, tampe bem e leve à geladeira.

Creme de chocolate

Para 2 porções

1 $^1/_3$ colher (sopa)	amido de milho
2 $^2/_3$ colheres (sopa)	cacau em pó
uma pitada	sal
¼ de xícara	açúcar
¼ de xícara	leite frio
¾ de xícara	leite fervente
1	gema
½ colher (chá)	essência de baunilha
½ colher (chá)	manteiga ou margarina

Para 4 porções

2 $^2/_3$ colheres (sopa)	amido de milho
$^1/_3$ de xícara	cacau em pó
uma pitada generosa	sal
½ xícara	açúcar
½ xícara	leite frio
1 ½ xícara	leite fervente
2	gemas
1 colher (chá)	essência de baunilha
1 colher (chá)	manteiga ou margarina

Tempo de preparo: 15 minutos

1. Misture os ingredientes (junte o cacau em pó ao amido de milho e ao açúcar) como se estivesse preparando um creme encorpado com amido.
2. Antes de o creme ficar espesso o suficiente para que o caminho traçado pela colher seja visível, retire do fogo.
3. Bata ligeiramente as gemas.
4. Junte uma colherada do creme quente às gemas, mexendo rapidamente.
5. Repita o procedimento mais três vezes.
6. Junte esta mistura imediatamente ao creme quente da panela, mexendo.
7. Cozinhe por 5 minutos em banho-maria, ou diretamente sobre a chama do fogão, mas com cuidado para não deixar ferver.
8. Mexa lentamente, enquanto a gema coagula.
9. Retire do fogo e adicione a essência de baunilha e a manteiga.
10. Despeje em recipientes individuais, tampe bem e leve à geladeira.

Creme mascavo

Para 2 porções

1 ½ colher (sopa)	amido de milho
2 $^2/_3$ colheres (sopa)	açúcar mascavo
uma pitada	sal
¼ de xícara	leite frio
¾ de xícara	leite fervente
1	gema
½ colher (chá)	essência de baunilha
1 ½ colher (sopa)	manteiga ou margarina

Para 4 porções

3 colheres (sopa)	amido de milho
$^1/_3$ de xícara	açúcar mascavo
uma pitada generosa	sal
½ xícara	leite frio
1 ½ xícara	leite fervente
2	gemas
1 colher (chá)	essência de baunilha
3 colheres (sopa)	manteiga ou margarina

Tempo de preparo: 15 minutos

1. Misture os ingredientes e cozinhe como se estivesse preparando um pudim encorpado com amido de milho (ver Cap. 6, p. 144).
2. Antes de o creme ficar espesso o suficiente para que o caminho traçado pela colher seja visível, retire do fogo.
3. Bata ligeiramente as gemas.
4. Junte uma colherada do creme quente às gemas, mexendo rapidamente.
5. Repita o procedimento mais três vezes.
6. Junte esta mistura imediatamente ao creme quente da panela, mexendo.
7. Cozinhe por 5 minutos em banho-maria, ou diretamente sobre a chama do fogão, mas com cuidado para não deixar ferver.
8. Mexa lentamente durante todo o tempo de cozimento.
9. Retire do fogo e adicione a essência de baunilha e a manteiga.
10. Despeje em recipientes individuais, tampe bem e leve à geladeira.

Avaliação das receitas produzidas – ovos

Receita	Observações sobre cor, textura, sabor e outras características	Comentários ou sugestões para preparo futuro

VOCABULÁRIO

Calaza

Membrana vitelina

Suflê

Suspiro

Merengue

Cremor tártaro

Sinérese

Sulfeto ferroso

Coagulação

Desnaturação

Ovoalbumina

Ponto isoelétrico

Ovoscopia

Omelete de forno

Omelete tradicional

CAPÍTULO 9

Carnes, aves, peixes e frutos do mar

Conceitos básicos, 212
Escolha, 211
Preparo, 212
Métodos de cozimento por calor seco, 212
    Assar, 212
    Grelhar, 222
    Assar na panela, 223
    Fritar em pouco óleo, 224

Fritar por imersão, 224
Receitas de carne usando cozimento por calor seco, 225
Métodos de cozimento por calor úmido, 232
    Brasear, 232
    Ensopar, 232
Receitas de carne usando cozimento
    por calor úmido, 233
Vocabulário, 245

Objetivos

1. Identificar os cortes primários e comerciais das carnes bovina, de vitela, de porco e de cordeiro.
2. Selecionar carnes de acordo com critérios de classificação.
3. Preparar os cortes de carne por métodos de cozimento por calor seco ou úmido mais apropriados para cada corte.

As carnes geralmente representam o item mais caro de uma refeição, por isso os consumidores ficam ansiosos por obter os melhores resultados possíveis. O sucesso no preparo de carnes requer um conhecimento dos cortes, habilidade para selecioná--los e uma compreensão dos métodos de cozimento adequados para cortes diversos.

ESCOLHA

O preparo de carnes começa com a escolha do corte. Primeiro, observe que os cortes primários de carne têm um carimbo indicando que a carne foi inspecionada, seja em nível municipal, estadual ou federal. Nos Estados Unidos, as carnes têm, ainda, um selo em forma de escudo que indica a classificação de sua qualidade (níveis de marmoreio). Ao selecionar cortes comerciais de carne, observe o tamanho das fibras do músculo, repare na quantidade de gordura que o permeia e verifique a proporção de carne e osso. Usando os diagramas de cortes apresentados a seguir, comece a analisar os cortes quando for ao mercado e a tentar determinar sua localização original na carcaça. A partir desse conhecimento, decida qual método de cozimento produzirá os melhores resultados.

Conceitos básicos

1. Os consumidores precisam conhecer os vários tipos de carnes, aves, peixes e frutos do mar para que possam comprar os produtos com sabedoria, manipulá-los com segurança durante o armazenamento e prepará-los de modo que obtenham a palatabilidade máxima.
   a. A identificação de carnes, seus cortes e suas características de cozimento resultarão em escolhas mais sensatas e preparações mais apetitosas.
   b. Cortes macios de carne vermelha ficam mais apetitosos quando preparados usando-se métodos de cozimento por calor seco (assar no forno, grelhar, assar na panela, fritar em pouca gordura ou por imersão).
   c. Cortes mais duros precisam ser amaciados por um método de cozimento por calor úmido, isto é, braseados ou ensopados (cozidos em líquido).
2. Peixes e aves são especialmente suscetíveis à deterioração, mas as carnes vermelhas também requerem uma refrigeração cuidadosa e atenção às boas práticas de manipulação para evitar a contaminação cruzada na cozinha.
3. Deve-se prestar muita atenção às temperaturas ideais de cozimento de carnes, aves, peixes e frutos do mar para garantir que os produtos sejam seguros para o consumo e para evitar infecções bacterianas, virais e parasíticas.

PREPARO

O preparo de carnes pode ser dividido em duas categorias básicas: métodos de cozimento por calor seco e por calor úmido. Os métodos por calor seco são adequados para o preparo de cortes de carne macios, e os métodos de cozimento por calor úmido são ideais para cortes mais duros ou carnes com sabor muito delicado. Métodos de cozimento por calor seco incluem: assar no forno, grelhar e assar na panela, fritar em pouca gordura e fritar por imersão. Brasear e ensopar são os métodos de cozimento por calor úmido.

MÉTODOS DE COZIMENTO POR CALOR SECO

Assar

Assar no forno é um excelente método de cozimento por calor seco para cortes grandes e macios de carne, especialmente das regiões da costela ou do lombo do boi, do porco ou do cordeiro. Pernil suíno ou de cordeiro também são adequados para esse método.

Selecione um corte de carne que tenha pelo menos 5 cm de espessura. Limpe a superfície cortada da peça com papel-toalha úmido. Coloque a carne em uma grade para mantê-la acima dos sucos liberados (a menos que a carne contenha ossos que façam o papel da grade) e ponha a grade com a carne em uma assadeira rasa. Insira um termômetro para carnes na parte mais grossa do corte, tomando cuidado para que ele não encoste nos ossos ou na gordura. Posicione a carne (sem cobrir) no centro do forno. (Se a carne fosse coberta com papel-alumínio ou outro material, a umidade da carne ficaria retida ao seu redor, e o método de cozimento passaria a ser por calor úmido.)

Asse a 160°C para cortes pequenos e a 150°C para cortes maiores, até que o termômetro indique a temperatura interna desejada. Para carnes malpassadas, a temperatura final é de 63°C; para carnes ao ponto, 71°C; e para carnes bem-passadas, 77°C. A carne de porco fresca é assada pelo menos até atingir 71°C, para evitar a triquinose. A carne de cordeiro é assada até atingir 71°C, para aqueles que a preferem ao ponto, e 77°C, para quem prefere bem-passada. As tabelas de tempos para assar carnes bovina, de vitela, de porco, de cordeiro e de peru apresentadas a seguir são úteis para estimar quanto tempo o item levará para atingir o ponto final desejado, mas um termômetro

Capítulo 9 ■ Carnes, aves, peixes e frutos do mar 213

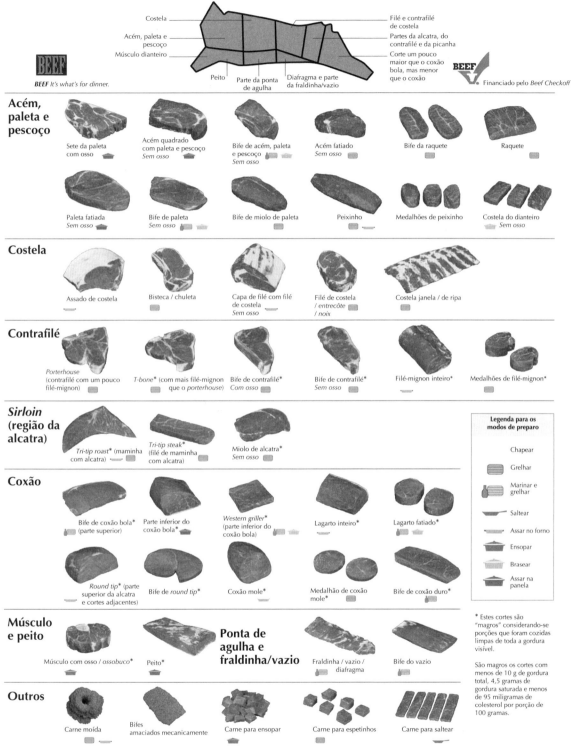

Cortesia do Beef Checkoff.

* N. T.: Os cortes de carne no Brasil e nos Estados Unidos, com algumas raras exceções, são diferentes. No Brasil, as divisões são mais anatômicas e privilegiam os músculos inteiros, ao passo que nos EUA são mais retilíneos, resultando em pedaços de carne maiores. Há uma diferença no grau de mecanização dos dois países em relação aos custos de mão de obra especializada, que são mais elevados nos EUA. Os frigoríficos norte-americanos, para minimizar o trabalho e maximizar a produção, usam meios mecânicos de separação das peças – como, por exemplo, serras de fita – produzindo cortes que não respeitam a anatomia do animal. Já no contexto brasileiro, privilegiam-se os cortes produzidos "à mão", a partir de peças inteiras. Como não há equivalência entre os cortes na maioria dos casos, foram indicados cortes semelhantes, quando possível.

Estruturas ósseas (de cima para baixo: carnes bovina, de vitela, de porco e de cordeiro)

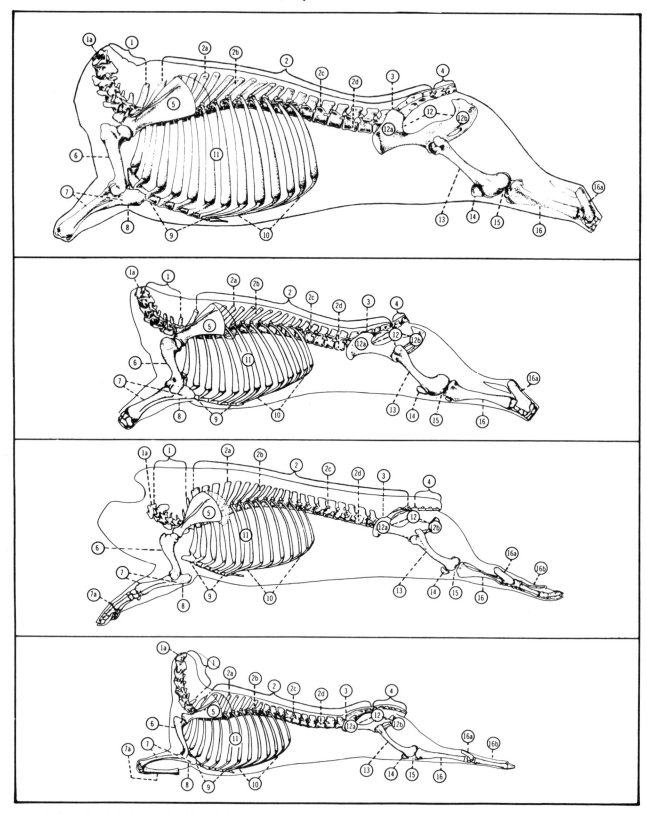

Cortesia do National Cattlemen's Beef Association.

Estruturas ósseas (na página ao lado)	
1	Vértebras cervicais
1 a	Atlas
2	Espinha dorsal
2 a	Processo espinhoso (prolongamento superior da vértebra)
2 b	Processo transverso (prolongamentos laterais da vértebra)
2 c	Corpo da vértebra
3	Início das vértebras lombares
4	Vértebras caudais/coccígeas
5	Escápula
6	Osso do braço (úmero)
7	Ossos do antebraço (rádio e ulna)
7 a	Pata dianteira
8	Cotovelo
9	Esterno
10	Cartilagens costais
11	Costelas
12	Ossos do quadril
12 a	Ílio
12 b	Ísquio
13	Osso da coxa (fêmur)
14	Osso do joelho (patela)
15	Ligamento do joelho
16	Pata traseira
16 a	Tíbia e fíbula
16 b	Ossos do tarso

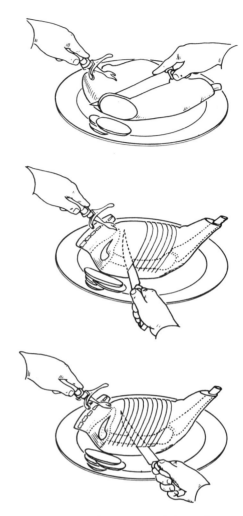

Passos para trinchar um pernil de cordeiro.

é necessário para verificar se a temperatura ideal foi alcançada. Depois de assada, a carne é retirada do forno e reservada, em temperatura ambiente, por aproximadamente 15 minutos, antes de ser cortada. As fatias são salgadas ao serem cortadas, porque os temperos da superfície mal penetram a carne.

Perus também são bastante adequados para assar. Lave bem a ave, por dentro e por fora, logo depois que o saquinho com o pescoço e os miúdos for retirado de sua cavidade interior. Tenha um cuidado especial com a superfície externa da pele, para que todos os vestígios de penas sejam eliminados. Depois que o peru for cuidadosamente lavado sob água corrente, deixe-o escorrer por completo.

O recheio da ave é opcional e pode ser preparado usando-se uma variedade de ingredientes. As chances de o peru se deteriorar são muito maiores se o recheio for colocado em sua cavidade várias horas antes de assar. A melhor prática é, certamente, rechear a ave pouco antes de levá-la ao forno. O recheio é colocado na cavidade interna sem apertar. O peru é, então, transferido para uma grade em forma de V, própria para esse fim, com o peito virado para baixo. Nessa posição, fica fácil colocar a farofa sob a pele do papo. Rechear o papo faz com que o peru fique com uma aparência roliça. Se não for recheada por completo, a ponta da pele do pescoço pode ser puxada para trás e presa às costas da ave com palitos. As pernas são amarradas juntas com barbante.

Figura 9.1 Como trinchar um pernil de cordeiro.

216 Preparo de alimentos

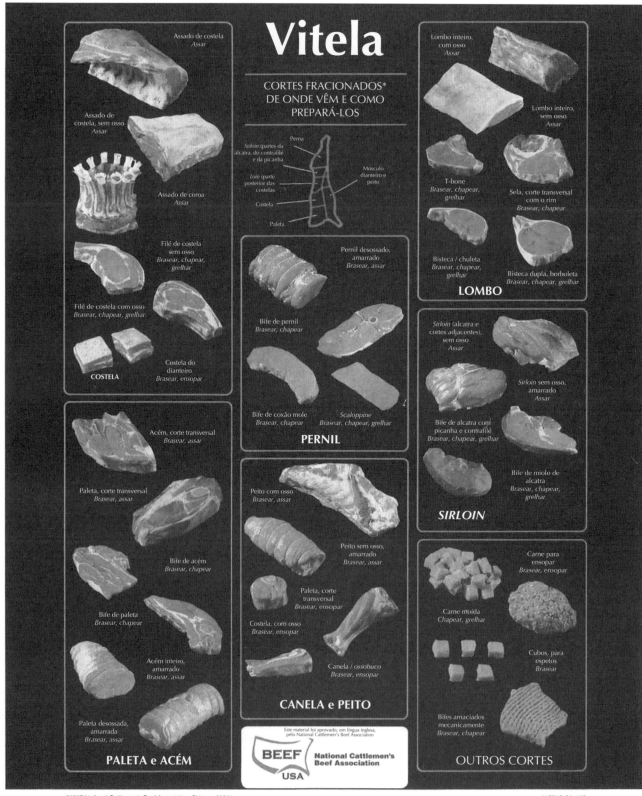

Cortesia do National Cattlemen's Beef Association.

* N.T.: No Brasil, os cortes de carne de vitela têm, no geral, os mesmos nomes e as mesmas subdivisões dos cortes de carne bovina, ao passo que nos EUA seguem um padrão mais semelhante ao dos cortes de cordeiro.

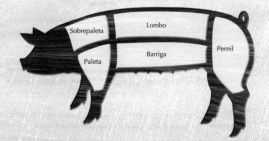

Cortesia do National Pork Board.

218 Preparo de alimentos

Cortesia do American Lamb Board.

O termômetro é inserido no centro do recheio da cavidade da ave e posicionado de modo que possa ser lido com facilidade enquanto o peru assa. Aves sem recheio são assadas com o termômetro inserido na parte interna da sobrecoxa (termômetros com visores de plástico não suportam o calor do forno, de modo que devem ser inseridos e lidos retirando-se o peru do forno). A grade com o peru é colocada dentro de uma assadeira rasa adequada para coletar os sucos liberados pela ave e, em seguida, levada ao forno. Em geral, a prateleira do forno precisa estar em uma posição mais baixa, em virtude do tamanho avolumado dos perus. A ave propriamente dita deve estar situada à mesma distância das partes superior e inferior do forno. O forno é preaquecido a 150-160°C, e o peru é assado até que o termômetro indique 74°C, se estiver no recheio, ou 82°C se estiver na sobrecoxa. Se estiver preparando somente o peito, asse até que a temperatura interna chegue a 77°C. Se o peru for assado com o peito virado para baixo, os sucos liberados ajudarão a manter a carne umedecida. Se for assado com o peito para cima, sobre uma grade, pode-se regá-lo de vez em quando com margarina ou manteiga.

Figura 9.2 O peru recheado na cavidade e no papo é colocado com o peito virado para baixo em uma grade em formato de V, que é posta dentro de uma assadeira rasa para ir ao forno.

No entanto, não há problema algum em deixar que assem sem qualquer atenção até que estejam no ponto.

As cinco tabelas a seguir (p. 219 a 222) são guias de referência para ajudar no planejamento do tempo de cozimento de carnes, seja no forno ou na grelha, braseados ou ensopados.

Tempo aproximado de cozimento para carne bovina

Tipo de corte	Tamanho	Método de cozimento	Tempo de cozimento	Temperatura interna mínima e tempo de descanso
Assado de costela, com osso	2 a 3 kg	Assar a 160°C	46 a 50 min por kg	63°C, e deixe descansar por pelo menos 3 min
Assado de costela, sem osso, amarrado	2 a 3 kg	Assar a 160°C	Acrescente 10 a 15 min ao tempo acima	
Acém / paleta / peito	1,5 a 2 kg	[1] Brasear a 160°C		
Coxão bola	1,25 a 2 kg	Assar a 160°C	60 a 70 min por kg	
Filé-mignon, inteiro	2 a 3 kg	Assar a 220°C	90 min a 2 horas total	
Filés	2 cm de espessura	Grelhar	4 a 5 min de cada lado	
Músculo / carnes para ensopar	2,5 a 4 cm de espessura	Cobrir com líquido; cozinhar em fogo brando	2 a 3 horas	
Costela de ripa	10 cm de comprimento, 5 cm de espessura	[1] Brasear a 160°C	1h30 a 2h30	
Hambúrguer fresco	120 g	Grelhar, assar ou fritar	3 a 5 min de cada lado	71°C

[1] Brasear é assar ou refogar carnes menos macias com uma pequena quantidade de líquido, em panela bem tampada.
Fonte: Serviço de Inspeção e Segurança Alimentar do U.S.D.A. (Departamento de Agricultura dos Estados Unidos).

Tempo aproximado de cozimento para carne de vitela

Tipo de corte	Tamanho	Método de cozimento	Tempo de cozimento	Temperatura interna mínima e tempo de descanso
Assado de costela	2 a 2,5 kg	Assar a 160°C	50 a 54 min por kg	63°C, e deixe descansar por pelo menos 3 min
Lombo	1,5 a 2 kg	Assar a 160°C	68 a 72 min por kg	
Costeleta / bisteca	2,5 cm de espessura ou 240 g	Grelhar	7 min de cada lado	63°C, e deixe descansar por pelo menos 3 min
Bifes	3 mm de espessura	[1] Fritar em pouco óleo	3 a 4 min	
	6 mm de espessura		5 a 6 min	
Paleta fatiada	2 cm de espessura ou 450 g	Grelhar	7 a 8 min de cada lado	
Bife de coxão bola	6 mm de espessura	[2] Brasear	30 min	
	1,3 cm de espessura		45 min	
Peito desossado, recheado	1 a 1,25 kg	[2] Brasear	1h15 a 1h30	63°C, e deixe descansar por pelo menos 3 min
	2 a 2,25 kg		2 a 2h30 horas	
Músculo com osso	4 cm de espessura	Cobrir com líquido; cozinhar em fogo brando	1 a 1h15 horas	
Carne para ensopar	Pedaços ou cubos de 2,5 a 4 cm de espessura	Cobrir com líquido; cozinhar em fogo brando	45 a 60 min	
Hambúrguer	1,3 cm de espessura ou 120 g	Grelhar / fritar em pouco óleo	6 a 7 min de cada lado	71°C

[1] Fritar em pouco óleo, também conhecido por "saltear", é um método de cozimento rápido. A carne é colocada em uma quantidade pequena de gordura aquecida e cozida em fogo médio-alto.

[2] Brasear é assar ou refogar carnes menos macias com uma pequena quantidade de líquido, em panela bem tampada.

Fonte: Serviço de Inspeção e Segurança Alimentar do U.S.D.A. (Departamento de Agricultura dos Estados Unidos).

Tabela de tempo de cozimento para carne de porco

| Tipo de corte | Assada a 150°C[1] | Grelhada | Braseada | Ensopada | | |
	Temperatura interna	Tempo (minutos/kg)	Temperatura interna	Tempo (minutos)	Tempo (horas)	Tempo (minutos/kg)
Carne fresca						
Lombo / *carré*						
Parte central	63°C	70				
Inteiro	63°C	30				
Pontas	63°C	90				
Paleta						
Sem osso, recheada	63°C	80				
Sobrepaleta	63°C	70				
Sobrepaleta e parte superior da paleta, com osso	63°C	90				
Pernil ou perna dianteira, com osso	63°C	60				
Bifes, costeletas					45 min a 1 hora	
Costelinha		60 a 68			1h a 1h30	60
Bolo de carne de porco moída, fresca ou defumada		60 a 70				
Carne defumada						
Tênder						
Grande	63°C	30				36 a 40
Médio	63°C	36				
Pequeno	63°C	44				
Bolinha	63°C	60				50
Fatia de tênder com osso						
1,3 cm de espessura			63°C	10		
2,5 cm de espessura			63°C	16		
Perna dianteira	63°C	70				
Sobrepaleta e parte superior da paleta	63°C	70				70 a 90
Bacon				4 a 5		

[1] Recomenda-se assar a carne de porco fresca a uma temperatura de 180°C, e a defumada a 150°C.

Tempo aproximado de cozimento para carne de cordeiro

Tipo de corte	Tamanho	Método de cozimento	Tempo de cozimento	Temperatura interna mínima e tempo de descanso
Pernil de cordeiro, com osso	2,5 a 3,5 kg	Assar a 160°C	40 a 50 min por kg	63°C, e deixe descansar por pelo menos 3 min
	3,5 a 4,5 kg	Assar a 160°C	30 a 40 min por kg	
Pernil de cordeiro, sem osso, amarrado	2 a 3,5 kg	Assar a 160°C	50 a 60 min por kg	
Paleta ou meia perna de cordeiro	1,5 a 2 kg	Assar a 160°C	60 a 70 min por kg	
Cubos, para espetos	2,5 a 4 cm	Grelhar	8 a 12 min	
Hambúrguer	5 cm de espessura	Grelhar	5 a 8 min	71°C
Costeleta, costelinha ou lombo	2,5 a 4 cm de espessura	Grelhar	7 a 11 min	63°C, e deixe descansar por pelo menos 3 min
Filés de pernil	2 cm de espessura	Grelhar a 10 cm da fonte de calor	14 a 18 min	
Carne para ensopar	2,5 a 4 cm	Cobrir com líquido; cozinhar em fogo brando	1h30 a 2h	63°C, e deixe descansar por pelo menos 3 min
Músculo com osso	300 a 450 g			
Peito, amarrado	750 a 900 g	[1]Brasear a 160°C	1h30 a 2h	

[1] Brasear é assar ou refogar carnes menos macias com uma pequena quantidade de líquido, em panela bem tampada.
Fonte: Serviço de Inspeção e Segurança Alimentar do U.S.D.A. (Departamento de Agricultura dos Estados Unidos).

Tabela de tempo de cozimento para peru

Peso a ser assado (kg)	Temperatura do forno	Tempo de cozimento (minutos por kg)
4 a 5 kg	160°C	40 a 50
5 a 7 kg	160°C	36 a 40
7 a 9 kg	150°C	30 a 36
9 kg	150°C	26 a 30
10 kg	150°C	26 a 30

Grelhar

Grelhar é submeter a carne à ação direta de calor intenso, vindo de baixo ou de cima (quando se usa a salamandra). É um método adequado para cozinhar carnes macias com 2,5 a 7,5 cm de espessura. Cortes mais finos que isso ficam muito ressecados quando são grelhados. Cortes mais grossos tendem a ficar chamuscados no exterior antes que o interior atinja a temperatura desejada.

Ao preparar carnes para grelhar, limpe toda a superfície com papel-toalha úmido. Use uma faca afiada para fazer cortes na gordura e no tecido conjuntivo que envolvem os grandes músculos dos filés. Os cortes devem ser feitos a intervalos de 2,5 cm para evitar que a carne se curve ao grelhar.

Para grelhar na salamandra, coloque a carne em uma assadeira apropriada, com a gordura virada para o centro do recipiente. O uso de uma assadeira própria para grelhar é uma medida de segurança importante, pois ela é projetada para drenar a gordura da carne e protegê-la contra o calor intenso da salamandra, reduzindo assim o risco de combustão.

Posicione a carne no forno de modo que a parte de cima fique a pelo menos 7,5 cm da fonte de calor. Se o corte for muito grosso, coloque a carne mais para baixo, assim haverá mais tempo para o calor penetrar na carne antes que a superfície fique muito cozida. Grelhe um lado da carne primeiro, até que adquira um tom dourado-escuro apetitoso e seu interior atinja a metade do cozimento. Polvilhe sal sobre o lado cozido e, em seguida, vire a carne.

Caso a carne esteja demorando muito para dourar, coloque a assadeira mais perto da salamandra. Se começar a queimar antes de o interior atingir o ponto de cozimento desejado, posicione a forma mais para baixo no forno. Ajustes no tempo e na velocidade de cozimento podem ser feitos movendo-se a carne mais para perto ou mais para longe da fonte de calor, em vez de se ajustar sua intensidade, como se faz ao assar.

Grelhe o segundo lado até que esteja no ponto desejado. Sirva. Se o corte for grosso o suficiente, introduza um termômetro apropriado e asse até a carne atingir a temperatura desejada. O grau de cozimento de cortes mais delgados pode ser observado fazendo-se uma pequena incisão perto do osso. Evite virar a carne outra vez para a posição original. O tempo de cozimento adequado deve ser calculado para que se vire a carne apenas uma vez.

Churrasqueiras e grelhas são uma versão invertida da salamandra. No caso das churrasqueiras a carvão, ajusta-se a quantidade de calor movendo-se a carne para mais perto ou longe das brasas. A fumaça liberada pelo carvão dá sabor aos alimentos. Para assar um frango inteiro na churrasqueira, use uma ave jovem.

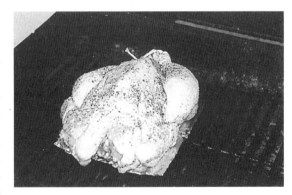

Assar na panela

Assar na panela é outro método de cozimento por calor seco e, por conseguinte, bastante adequado para preparar muitos dos cortes propícios para grelhar. É especialmente indicado para cortes de carne macia com menos de 2,5 cm de espessura. Esses cortes delgados não ressecam tanto quando são assados na panela em vez de grelhados.

O preparo da carne é o mesmo para as que vão ser tanto grelhadas como para as assadas na panela. A carne é preparada em uma frigideira bem grossa sem qualquer adição de gordura. No entanto, se a frigideira não for antiaderente, pode-se fazer o seguinte: aqueça a frigideira ligeiramente e, então, esfregue o lado da carne que tem a capa de gordura no metal quente para untá-lo o suficiente apenas para evitar que a carne grude. A carne deve ser cozida até que a parte de baixo esteja bem dourada. Então vire a carne do outro lado. O lado cozido é polvilhado com sal enquanto o outro doura. Conforme a gordura escorre da carne, deve ser retirada da frigideira, para que a carne cozinhe no mínimo possível de gordura. Pode-se virar a carne quantas vezes forem necessárias para cozinhá-la até o ponto desejado, sem queimar sua superfície.

Não se usa termômetro quando se está assando na panela, porque os cortes utilizados geralmente são muito finos para permitir a inserção e leitura adequadas do termômetro. Os fatores importantes dessa técnica são o controle da fonte de calor, o uso de uma panela grossa e a remoção constante da gordura liberada. Seu uso se tornou popular pois o teor de gordura da carne ao ser servida é ligeiramente menor.

As carnes preparadas por esse método adquirem uma aparência atraente se o calor for controlado de modo apropriado. Para preparar um filé malpassado, utilize uma temperatura relativamente alta para dourar com rapidez a parte externa da carne, antes que haja tempo de o calor penetrar até o centro do corte. Para carnes de porco ou outros cortes que devem ser servidos bem-passados, utilize fogo um pouco mais baixo, para haver mais tempo de o calor penetrar uniformemente.

Fritar em pouco óleo

Cortes delgados de carne, como costeletas finas de porco ou de cordeiro e bifes finos, são adequados para fritar em pouco óleo. Com essa técnica, o centro de cortes como esses pode ser aquecido o suficiente antes que escureça muito do lado de fora.

Há muitas semelhanças entre assar na panela e fritar em pouco óleo. Prepare a carne limpando a sua superfície com papel-toalha umedecido e cortando o tecido conjuntivo para que o formato permaneça inalterado durante o cozimento. Use uma frigideira, assim como quando se assa na panela. Nesse ponto, no entanto, os dois métodos passam a se diferir. Uma pequena quantidade de gordura é derretida na frigideira antes de acrescentar a carne. Além disso, a gordura liberada pela carne não é retirada da frigideira. O calor deve ser controlado com cuidado durante todo o tempo de cozimento, para evitar que a gordura espirre muito ou solte fumaça. Assim que a carne estiver dourada de um lado, vire-a, e polvilhe o lado pronto com sal. Então frite o outro lado. Pode ser necessário virar a carne mais de uma vez para atingir a temperatura interna desejada sem que o exterior queime.

Fritar por imersão

Algumas carnes são preparadas com frequência pelo método de fritar por imersão. Para que seja adequado para fritar, o corte deve ser pequeno o bastante para que seu interior cozinhe totalmente antes que a parte externa esteja queimada. O frango é uma carne adequada para fritar por imersão. Vários peixes e frutos do mar também podem ser preparados por esse método.

A chave para o sucesso dessa técnica é o controle da temperatura. A gordura deve ser mantida a 180°C, para pedaços grandes, ou a 190°C para pedaços menores, para que se consiga os melhores resultados. O uso de uma temperatura muito baixa resulta em um produto encharcado de gordura. Se a temperatura for muito alta, o exterior queimará ao passo que o interior ainda estará cru. É mais fácil manter a temperatura desejada da gordura de fritura usando-se uma fritadeira ou uma panela sobre um equipamento com controle de temperatura por termostato.

Ao preparar alimentos para fritar por imersão, primeiro limpe-os com cuidado. Em seguida, é muito importante secá-los, pois a água faz a gordura espirrar muito quando o alimento é colocado na panela. Poucos itens devem ser colocados por vez. Caso contrário, haverá uma queda significativa da temperatura, e o alimento ficará encharcado de gordura. Quando a gordura parar de borbulhar ao redor do alimento e a parte de baixo estiver com um tom dourado apetitoso, use uma escumadeira ou pegador para virá-lo, com muito cuidado. Evite respingos.

Para determinar quando um alimento frito por imersão está cozido, observe com cuidado o tempo de cozimento e a cor adquirida e faça um pequeno corte no centro, para ter certeza de que está pronto por dentro. Escorra em papel-toalha e tempere com sal a gosto.

O óleo para fritura deve ser coado a cada vez que for utilizado. Ao retirar as partículas de alimentos desprendidas, estende-se sua vida útil. É preciso descartar o óleo velho e usar um novo quando (1) ele começa a ficar com um cheiro forte, (2) torna-se bem viscoso ou (3) começa a soltar fumaça nas temperaturas normais de fritura. Um produto frito por imersão não pode ser melhor que a qualidade do óleo no qual foi preparado.

RECEITAS DE CARNE USANDO COZIMENTO POR CALOR SECO

Salmão ao *pesto*

Para 2 porções

½ xícara	folhas de manjericão fresco
½ colher (sopa)	pinhole
½	dente de alho, espremido
1 colher (sopa)	azeite
½ colher (chá)	queijo parmesão ralado
½ colher (chá)	raspas de limão
2 colheres (sopa)	farinha de rosca grossa
2	postas de salmão

Para 4 porções

1 xícara	folhas de manjericão fresco
1 colher (sopa)	pinhole
1	dente de alho, espremido
2 colheres (sopa)	azeite
1 colher (chá)	queijo parmesão ralado
1 colher (chá)	raspas de limão
¼ de xícara	farinha de rosca grossa
4	postas de salmão

Tempo de preparo: 20 minutos

Grelhar na salamandra: 10 minutos

1. Preaqueça o forno usando a salamandra.
2. Bata o manjericão, o pinhole e o alho em um processador, até ficarem bem picados.
3. Despeje aos poucos o azeite, com o processador ligado.
4. Adicione o queijo, as raspas de limão e a farinha de rosca.
5. Leve o salmão para assar sob a salamandra por 6 minutos de um lado; retire do forno e vire.
6. Espalhe uma camada generosa do *pesto*, cobrindo toda a superfície do lado ainda não assado.
7. Leve o salmão de volta ao forno e asse sob a salamandra até que se parta em lascas ao ser espetado com um garfo (cerca de 4 minutos).

226 Preparo de alimentos

Rolinhos de linguado e macadâmia

Para 2 porções

1 ½ colher (sopa)	cogumelos, picados
¼	dente de alho, espremido
1 ½ colher (sopa)	macadâmias, picadas
2 colheres (chá)	azeite
2	filés de linguado
a gosto	fatias finas de limão

Para 4 porções

3 colheres (sopa)	cogumelos, picados
½	dente de alho, espremido
3 colheres (sopa)	macadâmias, picadas
1 colher (sopa)	azeite
4	filés de linguado
a gosto	fatias finas de limão

Tempo de preparo: 25 minutos

Tempo para assar: forno a 160°C por 12 minutos

1. Preaqueça o forno.
2. Refogue os cogumelos, o alho e as macadâmias no azeite por cerca de 3 minutos.
3. Coloque 1 ½ colher (sopa) do refogado na ponta de cada filé e enrole.
4. Prenda cada rolinho com um palito de dente; transfira para uma assadeira forrada com papel-alumínio.
5. Arrume-os para que fiquem a pelo menos 5 cm de distância uns dos outros.
6. Asse a 160°C até que o peixe esteja opaco e se partindo em lascas (cerca de 12 minutos).
7. Retire os palitos de dente antes de servir. Enfeite com fatias torcidas de limão.

Alabote ao forno

Para 2 porções

350 g	filé de alabote ou outro peixe de carne branca*
½ lata	sopa concentrada de salsão
1 colher (sopa)	salsinha picada
uma pitada generosa	tempero pronto para frango
uma pitada generosa	*curry* em pó
uma pitada generosa	sal
uma pitada generosa	raminhos de endro fresco
a gosto	cascas de limão para decorar

Para 4 porções

700 g	filé de alabote ou outro peixe de carne branca
1 lata	sopa concentrada de salsão
2 colheres (sopa)	salsinha picada
⅛ de colher (chá)	tempero pronto para frango
⅛ de colher (chá)	*curry* em pó
⅛ de colher (chá)	sal
⅛ de colher (chá)	raminhos de endro fresco
a gosto	cascas de limão para decorar

Tempo de preparo: 35 minutos

Tempo para assar: forno a 160°C por 30 minutos

1. Preaqueça o forno.
2. Coloque o peixe em uma assadeira rasa.
3. Espalhe a sopa sobre o peixe, sem diluir, e salpique com os temperos.
4. Leve ao forno preaquecido a 160°C por 30 minutos, ou até que o molho esteja borbulhando e o peixe, cozido (ou leve ao micro-ondas por 6 minutos na potência alta e por 2 minutos na função dourar).
5. Sirva guarnecido com uma espiral de casca de limão.

* N.T.: Outros peixes de características similares são o cação, o badejo e o robalo.

Bolo de carne moída

Para 2 porções

¼ de xícara	cebola, picada
¼	pimentão verde, picado
1	ovo
225 g	carne moída
2	biscoitos de água e sal, moídos
¼ de colher (chá)	sal
uma pitada generosa	pimenta-do-reino

Para 4 porções

½ xícara	cebola, picada
½	pimentão verde, picado
2	ovos
450 g	carne moída
4	biscoitos de água e sal, moídos
½ colher (chá)	sal
⅛ de colher (chá)	pimenta-do-reino

Observação: Junte a cebola e o pimentão crus à carne, para um sabor mais acentuado.

Tempo de preparo: 1 hora (receita pequena); 1 hora e 15 minutos (receita grande)

Tempo para assar: forno a 180°C por 45 a 60 minutos

1. Preaqueça o forno.
2. Em uma pequena quantidade de água, afervente a cebola e o pimentão por 3 minutos.
3. Escorra.
4. Bata o ovo e junte-o aos demais ingredientes.
5. Misture bem e molde o bolo, formando um cilindro grosso.
6. Espalhe o molho (receita abaixo) sobre o bolo cru. Para cozinhar no micro-ondas, forme um grande hambúrguer em um refratário redondo.
7. Asse o bolo de carne da receita pequena a 180°C por 45 minutos (ou tampado no micro-ondas, na potência alta, por 6 minutos); ou por 1 hora o da receita grande (ou tampado no micro-ondas, na potência alta, por 12 minutos). Deixe descansar por 5 a 10 minutos antes de servir.

Molho para o bolo de carne moída

Para 2 porções

3 colheres (sopa)	açúcar mascavo
¼ de xícara	catchup
½ colher (chá)	mostarda em pó
¼ de colher (chá)	suco de limão

Para 4 porções

6 colheres (sopa)	açúcar mascavo
½ xícara	catchup
1 colher (chá)	mostarda em pó
½ colher (chá)	suco de limão

Tempo de preparo: 3 minutos

1. Misture os ingredientes.

228 Preparo de alimentos

Frango Dijon

Para 2 porções

½	dente de alho, espremido
1 ½ colher (chá)	cebolinha, em rodelas bem finas
60 g	cogumelo fresco, em fatias finas
2 colheres (chá)	manteiga
1	peito de frango inteiro, sem pele e sem osso, metades separadas
2 colheres (sopa)	mostarda Dijon
a gosto	sal e pimenta-do-reino
¼ de colher (chá)	tempero pronto para frango
⅓ de xícara	creme de leite azedo*

Para 4 porções

1	dente de alho, espremido
1 colher (sopa)	cebolinha, em rodelas bem finas
120 g	cogumelo fresco, em fatias finas
1 ⅓ colher (sopa)	manteiga
2	peitos de frango inteiros, sem pele e sem osso, metades separadas
¼ de xícara	mostarda Dijon
a gosto	sal e pimenta-do-reino
½ colher (chá)	tempero pronto para frango
⅔ de xícara	creme de leite azedo

* N.T.: Se não encontrar, substitua por coalhada seca ou uma mistura de 1 colher (sopa) de suco de limão para cada 150 mL de creme de leite – mexa e espere engrossar.

Tempo de preparo: 45 minutos

Tempo para assar: forno a 200°C por 30 minutos

1. Preaqueça o forno.
2. Refogue o alho, a cebolinha e os cogumelos na manteiga, em uma frigideira pequena, até dourarem.
3. Cubra a superfície dos peitos de frango com uma camada grossa de mostarda.
4. Transfira-os para uma assadeira rasa e polvilhe com o sal, a pimenta e o tempero para frango.
5. Espalhe o creme de leite azedo sobre o frango.
6. Asse a 200°C por 15 minutos.
7. Retire o frango do forno por alguns segundos para espalhar os cogumelos refogados por cima e termine de assar (mais 15 minutos, aproximadamente).

Frango frito

Para 2 porções

3	pedaços de frango
½ xícara	massa para panqueca americana (ver p. 262)

Para 4 porções

6	pedaços de frango
1 xícara	massa para panqueca americana (ver p. 262)

Tempo de preparo: 20 a 40 minutos

1. Preaqueça o óleo na fritadeira a 180°C, enquanto prepara o frango para fritar.
2. Lave bem os pedaços de frango.
3. Seque-os com papel-toalha.
4. Mergulhe cada pedaço na massa e deixe o excesso escorrer antes de colocar na fritadeira.
5. Frite cerca de três pedaços por vez.
6. Coloque o frango no óleo preaquecido e frite por cerca de 10 minutos.
7. Faça uma pequena incisão próximo ao osso para certificar-se de que a carne está cozida.
8. Seque-os com papel-toalha.
9. Coloque-os em uma assadeira rasa e mantenha os pedaços aquecidos no forno a 65°C, enquanto frita o restante.

Frango assado com *coulis* de tomate

Para 2 porções

500 g	tomate Roma
1	dente de alho
1	peito de frango, sem osso e sem pele, metades separadas
2 colheres (sopa)	maionese
2 colheres (sopa)	mostarda Dijon
½ colher (chá)	ervas secas mistas
¼ de colher (chá)	sal temperado
¼ de xícara	farinha de rosca
1 ½ colher (chá)	vinagre balsâmico
2 colheres (sopa)	azeitonas pretas em rodelas

Para 4 porções

1 kg	tomate Roma
2	dentes de alho
2	peitos de frango, sem osso e sem pele, metades separadas
¼ de xícara	maionese
¼ de xícara	mostarda Dijon
1 colher (chá)	ervas secas mistas
½ colher (chá)	sal temperado
½ xícara	farinha de rosca
3 colheres (chá)	vinagre balsâmico
¼ de xícara	azeitonas pretas em rodelas

Tempo de preparo: 50 minutos

Tempo para assar: forno a 180°C por 20 minutos; 200°C por 25 minutos

1. Preaqueça o forno.
2. Corte os tomates em rodelas de 0,5 cm; amasse o alho. Coloque-os em uma assadeira rasa e asse a 180°C por 20 minutos.
3. Enquanto isso, misture a maionese com a mostarda e as ervas. Espalhe uma camada grossa dessa mistura sobre os peitos de frango antes de passá-los na farinha de rosca.
4. Arrume o frango em uma assadeira rasa.
5. Asse a 200°C por 25 minutos.
6. Bata os tomates e o alho assados no processador, descartando a pele. Adicione o vinagre e as azeitonas.
7. Reaqueça o *coulis* até uma temperatura ideal de servir.
8. Espalhe no fundo de um prato e coloque o frango assado por cima.

Filé com cogumelos

Para 2 porções

350 g	alcatra, contrafilé ou picanha, em bifes de 4 cm de espessura
1 colher (sopa)	margarina ou manteiga
½ xícara	cogumelos frescos, bem picados
¼ de xícara	cebolinha, bem picada
⅓ de xícara	queijo *cheddar* ralado, do tipo *sharp**
2 colheres (sopa)	farinha de rosca temperada

Para 4 porções

700 g	alcatra, contrafilé ou picanha, em bifes de 4 cm de espessura
2 colheres (sopa)	margarina ou manteiga
1 xícara	cogumelos frescos, bem picados
½ xícara	cebolinha, bem picada
⅔ de xícara	queijo *cheddar* ralado, do tipo *sharp*
¼ de xícara	farinha de rosca temperada

* N.T.: Queijo firme e de sabor forte. Se não encontrar, use outro queijo forte que possa ser gratinado.

Tempo de preparo: 25 minutos

1. Faça cortes na lateral dos filés para evitar que se curvem.
2. Coloque-os na grade de uma assadeira própria para grelhar.
3. Leve para assar sob a salamandra a cerca de 13-15 cm da fonte de calor. Para filés ao ponto, asse por cerca de 10 minutos de cada lado.
4. Vire com o auxílio de pegadores.
5. Enquanto isso, prepare os cogumelos refogando-os na manteiga, com a cebolinha por 2 minutos.
6. Em uma tigela, misture o queijo com os cogumelos refogados.
7. Incorpore a farinha de rosca.
8. Espalhe essa mistura por cima dos filés. Continue assando até que o queijo derreta, cerca de 3 a 5 minutos.
9. Sirva imediatamente.

Capítulo 9 ▪ Carnes, aves, peixes e frutos do mar **231**

Peru com recheio tropical

Para 6 porções

1	peru de 4 a 5 kg, descongelado ou fresco
a gosto	sal e pimenta-do-reino
8 xícaras	preparado pronto para rechear aves
a gosto	raspas e suco de 1 limão-siciliano
1 lata (600 g)	abacaxi em calda, escorrido e picado
1 xícara (225 g)	margarina ou manteiga derretidas
1 ½ xícara	ameixas-pretas secas sem caroço, picadas
1 xícara	nozes comuns, nozes-pecã ou macadâmias, grosseiramente picadas
3	abóboras pequenas, cortadas ao meio no sentido da altura, sem sementes

Tempo de preparo: 3 horas e 15 minutos a 3 horas e 45 minutos

Tempo para assar: forno a 160°C por 3 a 3 horas e 30 minutos

1. Preaqueça o forno.
2. Lave bem o peru em água fria corrente.
3. Tempere por dentro e por fora com sal e pimenta-do--reino.
4. Em uma tigela grande, misture o preparado para rechear aves, o suco e as raspas de limão, o abacaxi picado, a manteiga derretida, as ameixas e as nozes.
5. Recheie as metades de abóbora.
6. Coloque o recheio restante dentro do peru. Costure a abertura ou prenda com palitos.
7. Asse a ave, sem cobrir e com o peito virado para baixo, sobre uma grelha especial em formato de V colocada dentro de uma assadeira rasa, por 2 a 2 horas e meia, ou até que ao puxar de leve a perna do peru, ela possa ser movida com certa facilidade.
8. Coloque as metades de abóbora recheadas no forno com o peru e asse por 1 hora, ou até que estejam macias ao serem espetadas com um garfo.

Costeletas de porco recheadas com frutas

Para 2 porções

2	costeletas de porco de 2,5 cm de espessura
¼	maçã ácida, sem miolo e sem sementes
¼ de xícara	uvas-passas escuras
2 colheres (chá)	óleo

Para 4 porções

4	costeletas de porco de 2,5 cm de espessura
½	maçã ácida, sem miolo e sem sementes
½ xícara	uvas-passas escuras
1 colher (sopa)	óleo

Tempo de preparo: 1 hora e 10 minutos

1. Com uma faca afiada, faça uma incisão de cerca de 4 cm no centro da lateral das costeletas.
2. Passe a faca com cuidado por dentro, criando um bolso paralelo às superfícies superior e inferior da peça de carne.
3. Corte fatias finas da maçã e use-as, juntamente com as passas, para rechear as costeletas.
4. Polvilhe a carne com um pouco de farinha.
5. Doure bem em um pouco de óleo quente.
6. Junte água suficiente para cobrir o fundo da frigideira.
7. Abaixe o fogo e cozinhe por 1 hora, com a frigideira bem tampada.

Observação: Usa-se calor úmido para assegurar que esses cortes grossos de carne atinjam a temperatura interna segura antes de ficarem muito escuros por fora.

MÉTODOS DE COZIMENTO POR CALOR ÚMIDO

Há apenas dois métodos básicos de cozimento por calor úmido, no entanto eles permitem uma variedade muito maior de sabores que os vários métodos de calor seco disponíveis. Os dois métodos de cozimento de carnes por calor úmido são: brasear (também conhecido como guisar) e ensopar.

Brasear

Ao preparar a carne para brasear, limpe sua superfície com papel-toalha umedecido. Com frequência, a carne é polvilhada com farinha antes de ser dourada. Às vezes é mergulhada em leite ou ovo e passada na farinha de rosca ou em biscoito moído. Como cortes menos macios de carne são usados para brasear, muitas receitas sugerem bater a carne com um martelo de bife para romper as fibras do tecido conjuntivo antes de começar o processo de cozimento de fato.

Para o primeiro dos dois passos da técnica de brasear, uma gordura é derretida em uma frigideira ou uma pequena quantidade de óleo é acrescentada. Doure a carne cuidadosamente dos dois lados. O segundo passo é adicionar uma pequena quantidade de líquido e cozinhar a carne em fogo brando nesse líquido, por um tempo relativamente longo. Durante essa segunda fase, a panela é tampada para que fique bem vedada. De vez em quando, é necessário verificar a quantidade de líquido presente na panela para ter certeza de que ainda há líquido. Se o nível baixar muito, junte mais água. As carnes são braseadas até ficarem bem macias. Isto é, um garfo pode ser inserido e retirado de seu interior sem dificuldade.

Brasear é um método muito utilizado para preparar carnes porque é uma maneira eficaz de fazer com que cortes mais baratos e menos macios fiquem mais palatáveis. Também é uma excelente forma de agregar uma grande variedade de sabores às carnes.

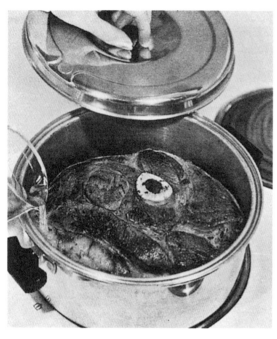

Figura 9.3 Carnes de panela podem ser preparadas pelo método de brasear, uma técnica de cozimento por calor úmido apropriada para cozinhar cortes menos macios, em que o preparo lento converte o colágeno em gelatina.

Ensopar

A principal diferença entre brasear e ensopar é a quantidade de líquido utilizada. Para brasear, usa-se apenas um pouco de líquido, ao passo que a técnica de ensopar requer o acréscimo de uma quantidade de líquido suficiente para cobrir a carne.

Às vezes as carnes são douradas no óleo antes de serem ensopadas. Nos EUA, isso é geralmente feito no preparo de carne ensopada, mas não frango. Em seguida, adiciona-se uma quantidade de líquido suficiente apenas para cobrir a carne. Cozinha-se com a panela tampada até que esteja bem macia.

RECEITAS DE CARNE USANDO COZIMENTO POR CALOR ÚMIDO

Bife de panela empanado

Para 2 porções

½	fatia de coxão bola, com 1,25 cm de espessura
1	ovo
1 colher (sopa)	leite
½ xícara	farinha de rosca ou biscoito salgado moído
1 colher (sopa)	óleo
a gosto	sal e pimenta-do-reino

Para 4 porções

1	fatia de coxão bola, com 1,25 cm de espessura
2	ovos
2 colheres (sopa)	leite
1 xícara	farinha de rosca ou biscoito salgado moído
2 colheres (sopa)	óleo
a gosto	sal e pimenta-do-reino

Tempo de preparo: 1 hora e 10 minutos

1. Em uma tábua de carne, bata o filé até que fique com metade de sua espessura original.
2. Descarte as áreas mais gordurosas e o tecido conjuntivo.
3. Corte em porções individuais.
4. Mergulhe cada bife na mistura de ovo batido com leite e depois passe na farinha de rosca ou biscoito moído.
5. Retire o excesso de farelos da superfície.
6. Doure os bifes dos dois lados até adquirirem uma cor apetitosa.
7. Polvilhe com sal e pimenta depois de fritar o primeiro lado.
8. Junte uma quantidade de água suficiente apenas para cobrir o fundo da frigideira.
9. Tampe.
10. Abaixe o fogo e cozinhe até que a carne esteja bem macia. O tempo total de cozimento é de cerca de 1 hora.

Frango com *chutney* e coco

Para 2 porções

a gosto	sal e pimenta-do-reino
2 colheres (chá)	páprica
1	peito de frango inteiro, sem pele e sem osso, metades separadas (ou outros pedaços de frango de sua preferência)
2 colheres (sopa)	azeite
1	cebola grande, picada grosseiramente
2	dentes de alho, espremidos
1	pimentão verde, em tiras
½	pimentão vermelho, em tiras
½	pimentão amarelo, em tiras
2 colheres (chá)	*curry* em pó
1 xícara	tomates refogados, em pedaços grandes
¼ de xícara	uvas-passas de Corinto
1 ½ colher (sopa)	*chutney* de manga
¼ de xícara	vinho tinto seco
2 colheres (sopa)	manteiga ou margarina derretida
1 ½ colher (sopa)	suco de limão
½ xícara	coco ralado, fresco ou reidratado
¼ de xícara	amêndoas laminadas

Para 4 porções

a gosto	sal e pimenta-do-reino
4 colheres (chá)	páprica
2	peitos de frango inteiros, sem pele e sem osso, metades separadas (ou outros pedaços de frango de sua preferência)
¼ de xícara	azeite
2	cebolas grandes, picadas grosseiramente
2	dentes de alho, espremidos
2	pimentão verde, em tiras
1	pimentão vermelho, em tiras
1	pimentão amarelo, em tiras
4 colheres (chá)	*curry* em pó
2 xícaras	tomates refogados, em pedaços grandes
½ xícara	uvas-passas de Corinto
3 colheres (sopa)	*chutney* de manga
½ xícara	vinho tinto seco
¼ de xícara	manteiga ou margarina derretida
3 colheres (sopa)	suco de limão
1 xícara	coco ralado, fresco ou reidratado
½ xícara	amêndoas laminadas

Tempo de preparo: 1 hora e 15 minutos

Tempo para assar: forno a 180°C por 1 hora

1. Preaqueça o forno.
2. Misture o sal, a pimenta e a páprica e polvilhe o frango com essa mistura.
3. Em uma frigideira, doure o frango no azeite.
4. Retire o frango da frigideira e refogue a cebola e o alho por 2 minutos.
5. Junte os pimentões, o *curry*, os tomates, as passas, o *chutney* e o vinho. Cozinhe em fogo baixo por 5 minutos.
6. Coloque o frango de volta na frigideira, espalhe os vegetais por cima da carne, tampe e leve ao forno a 180°C por 40 minutos.
7. Enquanto isso, misture a manteiga derretida, o suco de limão, o coco e as amêndoas.
8. Retire o frango do forno e polvilhe essa mistura por cima.
9. Leve de volta ao forno, sem tampar, até que a superfície esteja ligeiramente dourada (cerca de 20 minutos).

Fricassée de carne com *curry*

Para 2 porções

1 ½ colher (chá)	*curry* em pó
250 g	patinho, em cubos
1 xícara	cebola picada
¼ de colher (chá)	sal
1 ½ xícara	batata-rosa pequena, com a casca, em cubos
2 colheres (chá)	azeite
½ xícara	cenoura cortada em rodelas, na diagonal
¹/₃ de xícara	pimentão vermelho, picado grosseiramente
¹/₃ de xícara	uvas-passas escuras
1 colher (sopa)	*curry* em pó
1 ½ colher (chá)	gengibre fresco ralado
1 xícara	tomates italianos, em cubos
½	cubo de caldo de carne
½ xícara	água
1 xícara	arroz-agulha

Para 4 porções

1 colher (sopa)	*curry* em pó
500 g	patinho, em cubos
2 xícaras	cebola picada
½ colher (chá)	sal
3 xícaras	batata-rosa pequena, com a casca, em cubos
1 colher (sopa)	azeite
1 xícara	cenoura cortada em rodelas, na diagonal
²/₃ de xícara	pimentão vermelho, picado grosseiramente
²/₃ de xícara	uvas-passas escuras
2 colheres (sopa)	*curry* em pó
1 colher (sopa)	gengibre fresco ralado
2 xícaras	tomates italianos, em cubos
1	cubo de caldo de carne
1 xícara	água
2 xícaras	arroz-agulha

Tempo de preparo: 45 minutos

1. Refogue a primeira quantidade de *curry*, a carne, a cebola e o sal no azeite até a carne dourar (cerca de 5 minutos em fogo médio).
2. Junte a batata, a cenoura, o pimentão, as passas, a segunda quantidade de *curry* e o gengibre e cozinhe por mais 2 minutos.
3. Adicione o tomate, o cubo de caldo e a água. Tampe e cozinhe em fogo baixo por 35 minutos.
4. Prepare o arroz de acordo com as instruções da embalagem, para que fique pronto 20 minutos antes do *fricassée*.

Coq au Vin

Para 2 porções

1	peito de frango inteiro, metades separadas
1 colher (sopa)	farinha de trigo
2 colheres (chá)	azeite
1 colher (sopa)	chalota, em cubos
125 g	cogumelos pequenos
½ xícara	tomates Roma, em cubos
½ xícara	cenoura, em cubos
½ xícara	salsão cortado em fatias, na diagonal
½ colher (chá)	estragão seco
½ colher (chá)	manjericão seco
½	folha de louro
$1/3$ de xícara	vinho tinto seco
½	cubo de caldo de galinha
½ xícara	água quente
a gosto	sal e pimenta-do-reino

Para 4 porções

2	peitos de frango inteiros, metades separadas
2 colheres (sopa)	farinha de trigo
1 colher (sopa)	azeite
2 colheres (sopa)	chalota, em cubos
250 g	cogumelos pequenos
1 xícara	tomates Roma, em cubos
1 xícara	cenoura, em cubos
1 xícara	salsão cortado em fatias, na diagonal
1 colher (chá)	estragão seco
1 colher (chá)	manjericão seco
1	folha de louro
$2/3$ de xícara	vinho tinto seco
1	cubo de caldo de galinha
1 xícara	água quente
a gosto	sal e pimenta-do-reino

Tempo de preparo: 1 hora

1. Passe os pedaços de frango na farinha.
2. Aqueça o azeite em uma frigideira funda e doure o frango, a chalota e os cogumelos.
3. Tire o frango da frigideira.
4. Adicione os demais vegetais e temperos. Cozinhe, mexendo, por mais 2 minutos.
5. Junte o vinho e o cubo de caldo de galinha (dissolvido em água). Raspe bem o fundo para soltar os resíduos.
6. Coloque o frango de volta na frigideira.
7. Polvilhe com sal e pimenta-do-reino e tampe.
8. Cozinhe em fervura branda por 30 minutos.

Ensopado de cordeiro

Para 2 porções

250 g	carne de cordeiro para ensopar (de preferência peito)
2 colheres (chá)	óleo
8	cebolas pequenas
2	cenouras pequenas, em cubos
¼ de xícara	salsão picado
2	batatas pequenas, em cubos
2	grãos de pimenta-do-reino
1	folha de louro
1 colher (sopa)	farinha de trigo
¼ de xícara	água

Para 4 porções

500 g	carne de cordeiro para ensopar (de preferência peito)
1 ¼ colher (sopa)	óleo
16	cebolas pequenas
4	cenouras pequenas, em cubos
½ xícara	salsão picado
4	batatas pequenas, em cubos
4	grãos de pimenta-do-reino
2	folhas de louro
2 colheres (sopa)	farinha de trigo
½ xícara	água

Tempo de preparo: 1 hora e 35 minutos

1. Corte a carne em pedaços.
2. Doure bem em um pouco de óleo quente.
3. Junte uma quantidade de água suficiente apenas para cobrir a carne.
4. Tampe e cozinhe em fogo brando por 1 hora e 15 minutos.
5. Adicione os demais ingredientes e cozinhe até que os vegetais estejam macios.
6. Acrescente, mexendo, a farinha previamente dissolvida na água.
7. Continue cozinhando e mexendo até o ensopado ferver.
8. Sirva.

Frango com frutas

Para 2 porções

2–3	jogos de coxa e sobrecoxa de frango
½ colher (chá)	sal temperado
2 colheres (chá)	óleo
½ xícara	abacaxi em calda, cortado em cubos, com o caldo
½ colher (chá)	gengibre em pó
1 colher (chá)	raspas de laranja
3 colheres (sopa)	suco de laranja
2 colheres (sopa)	mel
1 colher (chá)	farinha de trigo
1 colher (sopa)	água
½	laranja, sem casca, cortada em rodelas

Para 4 porções

4–6	jogos de coxa e sobrecoxa de frango
1 colher (chá)	sal temperado
1 colher (sopa)	óleo
1 xícara	abacaxi em calda, cortado em cubos, com o caldo
1 colher (chá)	gengibre em pó
2 colheres (chá)	raspas de laranja
⅓ de xícara	suco de laranja
¼ de xícara	mel
2 colheres (chá)	farinha de trigo
2 colheres (sopa)	água
1	laranja, sem casca, cortada em rodelas

Tempo de preparo: 1 hora

1. Polvilhe o frango com o sal temperado.
2. Refogue em óleo quente até que toda a superfície esteja bem dourada.
3. Retire o excesso de óleo.
4. Escorra o abacaxi, reservando a calda para o próximo passo.
5. Misture a calda de abacaxi, o gengibre, o suco e as raspas de laranja e o mel. Despeje sobre o frango.
6. Tampe e cozinhe em fogo baixo por 40 minutos.
7. Transfira o frango para uma travessa aquecida.
8. Misture a farinha na água até dissolver bem.
9. Junte ao caldo da panela e aqueça até ferver, mexendo sempre.
10. Adicione o abacaxi picado e as rodelas de laranja à panela. Aqueça apenas até alcançarem a temperatura de servir.
11. Despeje sobre o frango e sirva.

Frango com frutas servido em porção individual, acompanhado de arroz e decorado com brotos de ervilha.

Carne ensopada

Para 2 porções

1	peça pequena de acém
2 colheres (chá)	óleo
½	cebola média, em rodelas
¼	limão, em rodelas
uma pitada generosa	tomilho
uma pitada generosa	manjerona

Para 4 porções

1	peça média de acém
1 colher (sopa)	óleo
1	cebola média, em rodelas
½	limão, em rodelas
⅛ de colher (chá)	tomilho
⅛ de colher (chá)	manjerona

Tempo de preparo: 1 hora e 30 minutos a 2 horas

1. Polvilhe a carne ligeiramente com farinha e doure em óleo quente.
2. Tempere com sal e pimenta assim que primeiro lado estiver dourado.
3. Coloque a cebola e o limão sobre a carne.
4. Polvilhe com o tomilho e a manjerona.
5. Acrescente uma quantidade de água suficiente apenas para cobrir o fundo da panela.
6. Tampe e cozinhe em fogo brando até a carne ficar macia, juntando mais água quando for preciso.
7. Se desejar, adicione cenoura e batata em cubos durante a última hora de cozimento.
8. O tempo total de cozimento é de 1 hora e 30 minutos a 2 horas.

Figura 9.4 Como cortar uma carne com osso braseada.

Capítulo 9 ▪ Carnes, aves, peixes e frutos do mar **241**

Fraldinha recheada

Para 2 porções

½	fraldinha
1 ½	fatia de pão amanhecido, em cubos
¼	cebola média, picada
¼ de colher (chá)	sal
uma pitada	tempero pronto para frango
1 colher (sopa)	margarina ou manteiga derretida
¼	pimentão verde, picado
½ xícara	cogumelos em conserva fatiados
1 colher (sopa)	óleo

Para 4 porções

1	fraldinha
3	fatias de pão amanhecido, em cubos
½	cebola média, picada
½ colher (chá)	sal
¼ de colher (chá)	tempero pronto para frango
2 colheres (sopa)	margarina ou manteiga derretida
½	pimentão verde, picado
1 xícara	cogumelos em conserva fatiados
2 colheres (sopa)	óleo

Tempo de preparo: 3 horas e 30 minutos

1. Risque de leve a superfície da fraldinha com uma faca afiada.
2. Misture os ingredientes e espalhe sobre a carne.
3. Enrole como um rocambole.
4. Amarre bem com um barbante.
5. Polvilhe a carne com um pouco de farinha de trigo.
6. Doure bem, de todos os lados, em uma panela com óleo quente.
7. Junte uma quantidade de água suficiente apenas para cobrir o fundo da panela e tampe bem.
8. Abaixe o fogo para o mínimo e cozinhe até que a carne esteja bem macia.
9. Adicione mais água, conforme necessário.
10. O tempo total de cozimento é de cerca de 3 horas.

Bife suíço

Para 2 porções

½	bife de coxão bola
2 colheres (chá)	óleo
1	folha de louro
½	cebola média, em rodelas finas
½ xícara	tomate refogado, em pedaços grandes

Para 4 porções

1	bife de coxão bola
1 colher (sopa)	óleo
1	folha de louro
1	cebola média, em rodelas finas
1 xícara	tomate refogado, em pedaços grandes

Tempo de preparo: 2 horas e 15 minutos

1. Descarte as partes mais gordurosas e o tecido conjuntivo da carne.
2. Bata bem os bifes com o martelo de carne.
3. Polvilhe com um pouco de farinha de trigo e doure em óleo quente.
4. Tempere com sal e pimenta-do-reino.
5. Coloque o louro e as rodelas de cebola sobre a carne; despeje o tomate por cima.
6. Se precisar acrescentar mais líquido, use suco de tomate ou água.
7. Tampe a panela e abaixe o fogo para o mínimo.
8. Cozinhe até a carne ficar bem macia, adicionando mais líquido conforme necessário. O tempo de cozimento é de pelo menos 2 horas.

Sauerbraten

Para 2 porções

1	coxão bola bem pequeno
1 xícara	vinagre
1 xícara	água
1	cebola média, em rodelas
10	cravos-da-índia
2	folhas de louro
10	grãos de pimenta-do-reino
¼	pimentão verde, em rodelas
1 colher (chá)	sal

Para 4 porções

1	coxão bola médio
2 xícaras	vinagre
2 xícaras	água
2	cebolas médias, em rodelas
20	cravos-da-índia
4	folhas de louro
20	grãos de pimenta-do-reino
½	pimentão verde, em rodelas
2 colheres (chá)	sal

Tempo de preparo: 2 horas e 30 minutos, mais 2 dias para marinar

1. Coloque a carne em uma tigela que seja um pouco maior que ela.
2. Faça uma marinada com os ingredientes e despeje sobre a carne.
3. Tampe bem e deixe na geladeira por dois dias.
4. Vire a carne algumas vezes, se ela não ficar totalmente imersa na marinada.
5. Retire a carne da marinada e doure-a em óleo quente, em uma panela pesada com tampa.
6. Quando a carne estiver dourada de todos os lados, acrescente uma quantidade do líquido da marinada suficiente para cobrir o fundo da panela e tampe.
7. Cozinhe em fogo brando até a carne ficar bem macia, juntando mais líquido da marinada quando necessário. Deixe cozinhar por pelo menos 2 horas.

Fricassée de vitela

Para 2 porções

250 g	bifes finos de pernil de vitela
2 colheres (chá)	óleo
uma pitada generosa	pimenta-do-reino branca
uma pitada generosa	sal
¼ de colher (chá)	páprica
uma pitada generosa	pimenta-caiena
½ xícara	creme de leite azedo*

Para 4 porções

500 g	bifes finos de pernil de vitela
1 ¼ colher (sopa)	óleo
⅛ de colher (chá)	pimenta-do-reino branca
⅛ de colher (chá)	sal
½ colher (chá)	páprica
⅛ de colher (chá)	pimenta-caiena
1 xícara	creme de leite azedo

Tempo de preparo: 1 hora e 15 minutos

1. Descarte o tecido conjuntivo da carne e corte-a em pedaços.
2. Polvilhe ligeiramente a carne com farinha de trigo e doure-a em óleo quente.
3. Misture os temperos e espalhe sobre os pedaços de carne.
4. Adicione uma quantidade de água suficiente para cobrir o fundo da panela e tampe.
5. Cozinhe em fogo baixo por 55 minutos.
6. Acrescente o creme de leite azedo e continue cozinhando, em fogo brando, por cerca de 5 minutos, até aquecer bem. Sirva imediatamente.

* N.T.: Se não encontrar, substitua por coalhada seca ou uma mistura de 1 colher (sopa) de suco de limão para cada 150 mL de creme de leite – mexa e espere engrossar.

Stinco de cordeiro ao limão-siciliano

Para 2 porções

2–3	pernas de cordeiro pequenas
¼ de colher (chá)	sal
¼ de colher (chá)	pimenta-do-reino
½ colher (chá)	páprica
¼ de colher (chá)	tomilho, amassado
1 colher (sopa)	farinha de trigo
1 colher (sopa)	óleo
½	cebola média, em rodelas finas
1	dente de alho, espremido
2	grãos de pimenta-do-reino
1	folha pequena de louro, amassada
1	ramo de salsinha
1 colher (sopa)	raspas de limão-siciliano
¼ de xícara	suco de limão-siciliano
¼ de xícara	água
½	limão-siciliano, em rodelas finas

Para 4 porções

4–6	pernas de cordeiro pequenas
½ colher (chá)	sal
½ colher (chá)	pimenta-do-reino
1 colher (chá)	páprica
½ colher (chá)	tomilho, amassado
2 colheres (sopa)	farinha de trigo
2 colheres (sopa)	óleo
1	cebola média, em rodelas finas
2	dentes de alho, espremidos
4	grãos de pimenta-do-reino
2	folhas pequenas de louro, amassadas
2	ramos de salsinha
2 colheres (sopa)	raspas de limão-siciliano
½ xícara	suco de limão-siciliano
½ xícara	água
1	limão-siciliano, em rodelas finas

Tempo de preparo: 2 horas e 20 minutos

1. Peça ao açougueiro para preparar as pernas de cordeiro, de forma que fique mais fácil trabalhar com elas.
2. Misture o sal, a pimenta, a páprica e o tomilho; esfregue bem por toda a superfície da carne.
3. Polvilhe ligeiramente com farinha de trigo.
4. Coloque o óleo em uma frigideira ou panela ampla grossas.
5. Doure bem lentamente, de todos os lados.
6. Retire da panela.
7. Refogue a cebola e o alho na gordura que ficou na panela até ficarem murchos e transparentes.
8. Prepare um amarrado de ervas: coloque os grãos de pimenta, a folha de louro e a salsinha no centro de um quadrado de gaze. Amarre com um barbante limpo, formando uma trouxinha.
9. Coloque a carne de volta na panela; junte as raspas e o suco de limão, a água e o amarrado de ervas.
10. Tampe bem e cozinhe em fogo baixo por cerca de 2 horas, ou até a carne ficar macia.
11. Regue e gire a carne de vez em quando durante o cozimento. Vá acrescentando água aos poucos, se necessário.
12. Quando espetar a carne com o garfo e ela não oferecer resistência, transfira-a para uma travessa aquecida. Descarte o amarrado de ervas.
13. Mexendo sempre, acrescente 1 colher (sopa) de farinha dissolvida em 2 colheres (sopa) de água ao molho da panela e aqueça até a mistura borbulhar e ficar espessa.
14. Despeje sobre o cordeiro; guarneça com rodelas de limão-siciliano.

Camarão com alcachofra

Para 2 porções

1 colher (sopa)	azeite
1	dente de alho
¼	pimentão vermelho, picado
¼ de xícara	salsão, fatiado
250 g	camarão limpo, sem casca
¼ de colher (chá)	páprica
¼ de xícara	coração de alcachofra em conserva, com o líquido
1 colher (chá)	raspas de limão
2	tomates italianos, picados
1 colher (sopa)	salsinha bem picada
⅛ de colher (chá)	sal
½ colher (chá)	*curry* em pó
½ xícara	leite de coco
2 xícaras	arroz branco cozido

Para 4 porções

2 colheres (sopa)	azeite
2	dentes de alho
½	pimentão vermelho, picado
½ xícara	salsão, fatiado
500 g	camarão limpo, sem casca
½ colher (chá)	páprica
½ xícara	coração de alcachofra em conserva, com o líquido
2 colheres (chá)	raspas de limão
4	tomates italianos, picados
2 colheres (sopa)	salsinha bem picada
¼ de colher (chá)	sal
1 colher (chá)	*curry* em pó
1 xícara	leite de coco
4 xícaras	arroz branco cozido

Tempo de preparo: 30 minutos

1. Refogue o alho, o pimentão vermelho e o salsão por 2 minutos no azeite.
2. Adicione o camarão e cozinhe, mexendo, até ele ficar rosado.
3. Acrescente os demais ingredientes e cozinhe em fogo brando por 3 minutos.
4. Sirva sobre o arroz.

Avaliação das receitas produzidas – carnes, aves, peixes e frutos do mar

Receita	Observações sobre cor, textura, sabor e outras características	Comentários ou sugestões para preparo futuro

VOCABULÁRIO

Elastina

Colágeno

Inspeção

Marmoreio

Cortes primários

Métodos de cozimento por calor seco

Métodos de cozimento por calor úmido

Fritar por imersão

Assar no forno

Fritar em pouco óleo

Assar na panela

Ensopar

Brasear

CAPÍTULO 10

Pães e doces

Conceitos básicos, 248
Glúten, 247
Extração do glúten – demonstração prática, 248
Pães rápidos, 249
    Princípios do preparo de pães de
        fermento químico, 249
    Biscuits, 250
    Receitas, 254

Muffins, 255
    Receitas, 259
Outras receitas de pães rápidos, 261
Pães de fermento biológico, 267
    Fundamentos do preparo de pães de
        fermento biológico, 267
    Receitas, 275
Vocabulário, 285

GLÚTEN

É provável que você descubra que fazer pães de vários tipos é uma das experiências mais relaxantes e gratificantes que você terá no preparo de alimentos. A criatividade desempenha um papel importante na formulação e na modelagem de pães. As recompensas chegam logo quando se está preparando pães rápidos; mas é necessário ter um pouco de paciência ao fazer pães de fermento biológico, pois é preciso esperar a formação de dióxido de carbono para que fermentem.

Neste capítulo, você aprenderá sobre o glúten, um complexo proteico necessário para dar estrutura a vários tipos de pães. Em seguida, você aprenderá sobre os tipos básicos de pães rápidos e algumas variações. O único aspecto fundamental no preparo de pães de fermento biológico de qualidade é o monitoramento das temperaturas em todas as etapas do preparo em que o fermento está presente, para garantir sua disponibilidade e a consequente produção de dióxido de carbono.

O glúten do trigo pode ser desenvolvido e extraído pela simples manipulação de uma massa feita de farinha e água. A massa é lavada, depois de bem sovada, para remover o amido, restando apenas a proteína. A natureza elástica e coesiva dessa substância pode ser facilmente observada na bola de glúten cru que se forma. Após assar, pode-se apreciar a contribuição estrutural do glúten desnaturado para os produtos de panificação acabados. As diferenças entre o glúten presente nas farinhas de trigo comum e especial para bolo também são aparentes.

Objetivos

1. Demonstrar a natureza elástica do glúten em seu estado original.
2. Explicar as características estruturais do glúten ao ser desnaturado pelo calor.
3. Enfatizar as diferenças entre a quantidade e a qualidade do glúten presente nas farinhas de trigo comum e especial para bolo.

Conceitos básicos

1. O glúten, uma mistura de proteínas presente no trigo, pode transformar-se em uma substância resistente e bastante elástica se a farinha de trigo for trabalhada com um pouco de líquido; a estrutura dos pães depende muito do desenvolvimento ideal do glúten.
2. Pães rápidos incluem *biscuits* (pães de fermento químico), *muffins* (minibolos, mais densos e com menos açúcar), *popovers* (pães muito aerados), panquecas americanas, *waffles*, *doughnuts* de fermento químico e outras variações dessas iguarias; todos crescem pela ação do vapor, e a maioria obtém seu volume com a adição de fermento químico ou ácidos e bicarbonato de sódio.
3. O preparo de pães de fermento biológico requer que a massa seja extensivamente sovada, para que desenvolva uma rede forte de glúten, e que se tenha cuidado para não matar o fermento, expondo-o a altas temperaturas.

Extração do glúten – demonstração prática

Para 1 bola

1 xícara	farinha de trigo comum ou especial para bolo
conforme necessário	água

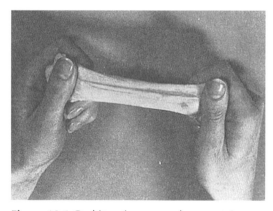

Figura 10.1 O glúten é um complexo proteico elástico que se desenvolve ao misturar farinha de trigo e água.

Tempo de preparo: 65 minutos

Tempo para assar: forno a 230°C por 15 minutos; 150°C por 30 minutos

1. Preaqueça o forno.
2. Use farinha de trigo comum ou especial para bolo; junte uma quantidade de água suficiente para fazer uma massa firme.
3. Sove a massa com vigor por 5 minutos, para desenvolver o glúten.
4. Coloque em um pano de trama bem fechado e vá apertando sob água corrente fria para lavar o amido. Continue manipulando a massa até que a água perca a aparência leitosa e esteja totalmente limpa.
5. Raspe a substância de coloração bege (o glúten) que ficar no pano com uma faca e forme uma bola com ela. Se ainda houver pontos esbranquiçados, lave o glúten um pouco mais para retirar quaisquer resquícios de amido.
6. Coloque em uma assadeira rasa e asse por 15 minutos a 230°C, em forno preaquecido.
7. Abaixe a temperatura para 150°C e continue assando por mais 30 minutos. Usando uma faca afiada, corte a bola de glúten assada ao meio e observe a textura interna.

Figura 10.2 Bolas de glúten assadas feitas com farinha especial para bolo (à esquerda) e farinha comum (à direita).

Comparação do glúten presente nas farinhas de trigo comum e especial para bolo

	Bola de glúten da farinha de trigo comum	Bola de glúten da farinha de trigo especial para bolo
Altura aproximada depois de assada		
Aparência externa		
Aparência interna		

PÃES RÁPIDOS

Objetivos

1. Explicar o efeito dos métodos de mistura na textura e na palatabilidade de pães rápidos.
2. Comparar os ingredientes usados em vários tipos de pães rápidos e identificar suas funções durante a fase de mistura e o assamento.
3. Preparar pães rápidos de alta qualidade, como *muffins*, *biscuits*, panquecas americanas, *waffles*, *popovers*, *doughnuts* (também conhecidos como *donuts*) e outros pães doces rápidos.
4. Aplicar os critérios de qualidade na avaliação de pães rápidos selecionados.

Princípios do preparo de pães de fermento químico

Pães rápidos são definidos como quaisquer pães cujo agente de crescimento não seja o fermento biológico. São chamados de *rápidos*, ou "de minuto", porque podem ser preparados em pouco tempo, sem a necessidade de esperar pela ação das leveduras. *Doughnuts* de fermento químico, bolinhos fritos, panquecas americanas, *waffles*, *popovers*, alguns tipos de bolo (inclusive os *muffins*) e *biscuits* são classificados como pães rápidos. Ar e vapor são os agentes de crescimento em todos eles, mas muitos também crescem pela ação do dióxido de carbono, que é gerado pelo fermento em pó químico. Os *popovers* crescem principalmente pela ação do vapor, mas em *muffins*, *biscuits*, panquecas americanas, *doughnuts* e a maioria dos outros pães rápidos, o fermento em pó é o principal agente de crescimento.

A consistência das massas de pão rápido varia. Pode ser fluida, como no caso das panquecas e *popovers*, mais espessa, como no caso dos *muffins*, ou firmes, como as massas de *biscuits* e *doughnuts*, que podem ser manipuladas e cortadas antes de serem assadas ou fritas. Os métodos de cozimento dessas massas também variam de um tipo de pão rápido para outro. *Doughnuts* e alguns bolinhos são fritos imersos em gordura, ao passo que panquecas são preparadas em uma chapa ou frigideira, *waffles* em uma chapa especial, e os demais pães rápidos são assados no forno.

Biscuits e *muffins* são exemplos típicos de pães rápidos, isto é, pães cujo agente de crescimento não é o fermento biológico. Como é o caso de todos os pães rápidos, as receitas de *biscuits* e *muffins* incluem farinha de trigo comum, sal e um líquido (geralmente leite). Além desses ingredientes básicos, os *biscuits* contêm fermento em pó químico e gordura vegetal sólida, enquanto os *muffins* têm em sua composição gordura derretida, ovos, fermento em pó e açúcar.

Biscuits

Biscuits são um tipo de pão de fermento químico muito popular nos países de língua inglesa. Como o tempo de preparo da massa é bastante curto, e não é necessário esperar que cresçam, o forno deve ser preaquecido enquanto os ingredientes são misturados. O termostato do forno deve ser ajustado para 220°C. Essa temperatura permite que haja tempo suficiente para a formação de dióxido de carbono pelo fermento em pó, expandindo a massa e promovendo o volume ideal antes que o glúten da farinha se desnature e perca sua elasticidade. Embora seja uma temperatura elevada, durante o período de assamento há tempo suficiente para cozinhar toda a extensão da massa antes que a superfície dos *biscuits* fique muito dourada. A essa temperatura, eles douram facilmente, mas há muito menos risco de queimar do que em temperaturas mais altas.

A gordura usada, tradicionalmente uma gordura sólida, é misturada aos ingredientes secos peneirados com um misturador de massas ou com duas facas, até que os pedaços estejam do tamanho de grãos de arroz cozido. Essa tarefa deve ser realizada com um movimento delicado, para evitar que a massa seja compactada. No começo, será necessário raspar a gordura presa ao misturador de vez em quando. Os pequenos pedaços de gordura que se formam conforme ela é cortada e misturada com a farinha derreterão durante o assamento, ajudando a criar um efeito folhado no produto acabado.

Quando os pedaços de gordura estiverem do tamanho desejado, usa-se um garfo para fazer um buraco no centro da mistura, onde o leite é despejado. (A adição do leite de uma só vez contrasta com a adição gradual da água que é exigida no preparo de massas de torta). Ao colocar todo o leite ao mesmo tempo, a mistura um pouco pegajosa de farinha e leite pode ser misturada com eficiência sem desenvolver muito o glúten.

Pode-se misturar eficientemente os ingredientes secos com o leite usando um garfo. Deve-se mexer com movimentos rápidos e leves. Certifique-se de que todas as porções de massa estejam sendo mexidas, nas laterais e no fundo. Isso ajudará a formar uma massa homogênea. Além disso, é necessário passar o garfo pelo centro da massa com frequência, para ajudar a umedecer todas as porções da massa de maneira uniforme. Mexe-se a massa cerca de 20 vezes para concluir o processo de mistura.

Despeje um pouco de farinha sobre uma superfície de trabalho e espalhe-a bem, cobrindo uma área de cerca de 30 × 30 cm. Empurre o excesso para a lateral da área enfarinhada, deixando apenas uma camada bem fina sobre a superfície dessa área. Raspe toda a massa da tigela e transfira para a área enfarinhada, para sovar.

Isso é feito para ajudar a terminar o processo de mistura dos ingredientes, para desenvolver o glúten da farinha e para dar a textura flocada ao produto final. A técnica usada para sovar *biscuits* é muito menos enérgica que a utilizada para pães de fermento biológico. Os *biscuits* são amassados com a ponta dos dedos, ao passo que os pães com leveduras são amassados com uma pressão vigorosa da base da mão.

Comece a amassar levantando a borda da massa que está mais distante de você. Dobre essa borda em direção ao lado oposto, mais próximo do seu corpo. Essa dobra das duas metades da massa ajuda a criar a textura flocada, em camadas, típica dos *biscuits*.

Complete a ação pressionando a borda que ficou por baixo sobre a que foi dobrada sobre ela. Essa ação é realizada usando-se um movimento suave e leve, feito com a ponta dos dedos de ambas as mãos. Esse processo de amassar delicadamente permite o desenvolvimento do glúten sem que as fibras criadas se rasguem.

A massa é virada 90°, de modo que a forma alongada fique na posição vertical na frente de quem está amassando. Conforme é virada, a massa tende a grudar na superfície enfarinhada. Se isso acontecer, levante-a e polvilhe uma pequena quantidade de farinha sobre a área de trabalho. Deve-se usar o mínimo possível de farinha para evitar que os *biscuits* fiquem duros e secos. Depois de virar a massa, repita o processo de amassar – levante a borda mais distante, dobre-a sobre a borda oposta e finalize pressionando a borda que ficou por baixo suavemente sobre a borda que está por cima. Novamente gire a massa 90° e repita o processo de amassar. Um ritmo suave pode ser desenvolvido para que o processo de amassar se torne uma técnica rápida e eficaz, em que o ato de levantar, dobrar e prensar as bordas tornam-se um movimento contínuo

e fluido. Durante esse processo, o desenvolvimento do glúten pode ser sentido na ponta dos dedos, conforme a massa se torna um pouco mais compacta, mais lisa e ligeiramente resistente à pressão. Um processo de sova eficiente envolve amassar a massa 20 vezes ou menos.

Quando terminar de sovar, despeje o mínimo de farinha possível sobre a superfície de trabalho para abrir a massa, com cuidado, usando um rolo enfarinhado, em uma espessura uniforme de cerca de 1,5 cm. Se desejar, deixe a massa mais fina para produzir *biscuits* mais sequinhos. Durante o processo de sovar, os *biscuits* praticamente dobrarão de altura. Para obter uma espessura uniforme, a pressão exercida sobre o rolo deve ser diminuída perto das bordas da massa. Usa-se uma pressão suave durante todo o processo de abrir a massa para evitar o estiramento excessivo e danos para o glúten. Isso ajuda a promover a textura macia e flocada desejada.

Use um cortador próprio, ligeiramente enfarinhado, para cortar os *biscuits*. Aplique uma pressão firme e uniforme, cortando em linha reta, de cima para baixo, até percorrer toda a extensão da massa. É importante cortar os *biscuits* com precisão, para que a espessura seja uniforme ao redor da borda. Esse cuidado ajudará a manter a forma do produto final e minimizar a tendência que os *biscuits* têm de se inclinarem durante o assamento. Corte as unidades o mais próximo possível uma das outras para obter o número máximo de *biscuits* da primeira vez que a massa for aberta com o rolo.

As sobras podem ser retrabalhadas, abertas com o rolo e cortadas. Os *biscuits* dessa segunda leva não ficarão tão bonitos e macios quanto os produzidos a partir da massa aberta pela primeira vez, mas apresentarão qualidade satisfatória se a massa tiver sido sovada e aberta com delicadeza.

Os *biscuits* já cortados são transferidos um a um para uma assadeira. Se desejar que as laterais fiquem macias, disponha-os de modo que se toquem. Isso também ajuda a manter os *biscuits* na vertical, para que os lados cresçam para cima, em linha reta, durante o assamento. Para produzir *biscuits* com laterais mais crocantes, coloque-os na assadeira deixando um espaço de pelo menos 1,5 cm entre eles. Como crescem para cima, e não para os lados, esse espaçamento permite que o ar quente do forno circule bem entre eles.

Quando todos os *biscuits* estiverem na assadeira, podem ser pincelados com leite, na parte de cima apenas. Essa pequena quantidade de líquido auxilia na dissolução de qualquer resquício de fermento seco que possa estar na superfície. Além disso, a proteína e a lactose contidas no leite ajudam a massa a adquirir um dourado bonito e um certo brilho durante o assamento. Pode-se omitir esta etapa do preparo, mas a superfície provavelmente ficará com pequenos pontinhos marrons de fermento não dissolvido, e os *biscuits* vão demorar mais para dourar. O uso do leite para pincelar é uma questão de preferência individual.

Os *biscuits* são assados na grade central do forno preaquecido a 220°C por aproximadamente 12 minutos. Se forem feitos de massa aberta a 1,5 cm de espessura, estarão prontos e levemente dourados de forma atraente em cerca de 12 minutos. *Biscuits* feitos de massa mais fina ficarão prontos em menos tempo. Idealmente, os *biscuits* devem ser servidos quentes, assim que saem do forno.

A avaliação da qualidade do produto final começa com um exame da parte externa. As laterais devem ser retas, e a parte de cima e a base devem ser planas e perpendiculares às laterais. Se a borda inferior estiver curvada para cima, em direção às laterais, a proporção de líquido usada na massa, em relação à farinha, foi excessiva. Se os lados não estiverem perpendiculares à parte de cima ou à base, é porque foram cortados com pressão desigual, ou porque a massa não foi aberta a uma espessura uniforme.

A parte de cima e a base devem ser avaliadas quanto à aparência. Devem apresentar uma coloração dourada agradável, nem muito escura nem muito clara. Se os *biscuits* estiverem muito claros é porque não foram assados o suficiente, seja em razão de uma baixa temperatura do forno ou de um tempo de assamento menor que o necessário. Um dourado muito escuro

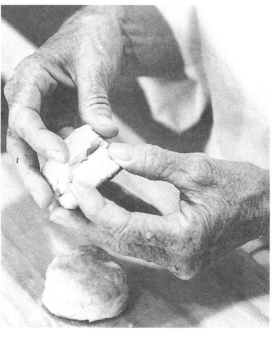

pode ser resultado de um forno muito quente ou assamento excessivo. Se a grade de forno estiver muito alta, pode ser que a parte de cima não adquira um dourado satisfatório. Por outro lado, se estiver muito baixa, a base pode dourar demais ou até mesmo queimar.

As laterais dos *biscuits* indicam como está seu interior. Os de massa bem flocada exibirão uma série de pequenas rachaduras nas laterais. Essas rachaduras são causadas pelo crescimento ocorrido durante o assamento. *Biscuits* que foram corretamente sovados terão várias dessas rachaduras nas laterais. A altura também é importante, porque a maioria das pessoas considera que um *biscuit* alto é um *biscuit* de qualidade. O uso da quantidade correta de fermento em pó e a técnica de amassar adequada farão os *biscuits* dobrarem de volume ao assar.

Quando abertos ao meio, os *biscuits* devem apresentar uma textura flocada e laminada. Essa qualidade pode ser julgada esfregando-se toda a superfície exposta com o dedo. Esse movimento fará com que as camadas internas do *biscuit* se separem. Além da aparência, os *biscuits* devem ser avaliados quanto ao sabor e à maciez. Devem ser agradáveis ao paladar, com um sabor residual mínimo de fermento em pó e nenhum vestígio de queimado. Uma quantidade excessiva de fermento em pó de ação dupla deixa um sabor residual metálico na massa, um problema que pode ser evitado com o uso de fermento em pó à base de tartarato. A crosta deve ser ligeiramente crocante, e o miolo macio. A maciez nos *biscuits* é criada usando-se uma quantidade adequada de leite e evitando-se misturar e amassar em excesso, pois ambos esses processos desenvolvem o glúten em demasia.

RECEITAS

Biscuits

Para 6 unidades

1 xícara	farinha de trigo comum, peneirada
1 ½ colher (chá)	fermento em pó químico
¼ de colher (chá)	sal
3 colheres (sopa)	gordura vegetal
6 colheres (sopa)	leite

Para 12 unidades

2 xícaras	farinha de trigo comum, peneirada
1 colher (sopa)	fermento em pó químico
½ colher (chá)	sal
⅓ de xícara	gordura vegetal
¾ de xícara	leite

Tempo de preparo: 25 minutos

Tempo para assar: forno a 220°C por 12 minutos

1. Preaqueça o forno.
2. Peneire os ingredientes secos em uma tigela.
3. Usando um misturador de massas, incorpore a gordura à mistura até que as pelotas estejam do tamanho de ervilhas secas.
4. Faça um buraco no meio e despeje todo o leite dentro. Mexa com um garfo até que todos os ingredientes secos estejam umedecidos.
5. Vire a massa sobre uma superfície ligeiramente polvilhada com farinha.
6. Amasse delicadamente, com a ponta dos dedos, levantando a borda mais distante e dobrando-a em direção à borda oposta.
7. Pressione as bordas juntas com a ponta dos dedos, delicadamente.
8. Vire a massa um quarto de volta e repita o movimento.
9. Continue repetindo o movimento até que a massa tenha sido amassada pelo menos dez vezes.
10. Usando um rolo de macarrão ligeiramente enfarinhado, abra a massa até ficar com cerca de 1 cm de espessura (ela dobrará de volume ao assar).
11. Corte os *biscuits* o mais próximo possível uns dos outros usando um cortador ligeiramente enfarinhado.
12. Transfira para uma assadeira rasa. Para produzir *biscuits* com laterais crocantes, mantenha uma distância entre eles. Para laterais macias, encoste-os uns nos outros.
13. Depois de cortar todos os *biscuits*, retrabalhe ligeiramente a massa que sobrou e abra-a de novo com o rolo, para cortar.
14. Pincele a superfície com um pouco de leite, se quiser um efeito ligeiramente brilhante na parte de cima.
15. Asse a 220°C por cerca de 12 minutos, até que estejam dourados na superfície. Sirva quente.

Buttermilk biscuits

Para 6 unidades

1 xícara	farinha de trigo comum
2 colheres (chá)	fermento em pó químico
⅛ de colher (chá)	sal
3 colheres (sopa)	gordura vegetal
½ xícara	leitelho (*buttermilk*)*

Para 12 unidades

2 xícaras	farinha de trigo comum
4 colheres (chá)	fermento em pó químico
¼ de colher (chá)	sal
⅓ de xícara	gordura vegetal
1 xícara	leitelho (*buttermilk*)

* N.T.: *Buttermilk* significa literalmente leitelho – o soro liberado pelo creme de leite ao ser batido e transformado em manteiga. Embora seja essa a origem do termo em inglês, o produto comercializado atualmente (ainda não disponível no Brasil em escala comercial) consiste em leite fresco, geralmente desnatado, acrescido de bactérias lácticas. Uma mistura de sabor semelhante pode ser obtida combinando-se 1 colher de sopa de vinagre ou suco de limão para cada xícara de leite – deixe repousar por pelo menos 10 minutos.

Tempo de preparo: 30 minutos

Tempo para assar: forno a 230°C por 15 minutos

1. Preaqueça o forno.
2. Misture os ingredientes secos (farinha, fermento em pó e sal) em uma tigela.
3. Usando um misturador de massas, incorpore a gordura à mistura até que as pelotas estejam do tamanho de ervilhas secas.
4. Faça um buraco no meio e despeje todo o leitelho. Mexa com um garfo até que todos os ingredientes secos estejam umedecidos.
5. Vire a massa sobre uma superfície ligeiramente polvilhada com farinha.
6. Mantendo as mãos ligeiramente enfarinhadas, sove a massa até formar uma bola que possa ser aberta a uma espessura de cerca de 1,5 cm.
7. Corte os *biscuits* com um cortador enfarinhado e coloque-os em uma assadeira rasa, encostados uns nos outros.
8. Asse a 230°C por cerca de 15 minutos, até dourar. Sirva quente.

Muffins

As receitas de *muffins* diferem da de *biscuit* por conterem açúcar e ovos. Outra diferença consiste no uso de óleo ou gordura derretida em vez de gordura sólida. A proporção de líquido e farinha é de 1:2 – isto é, 1 xícara de líquido para cada 2 xícaras de farinha. Essa proporção de líquido para farinha é um pouco maior que a usada nos *biscuits*.

Os *muffins*, assim como os *biscuits*, podem ser assados a 220°C, embora também fiquem bons se assados a 200°C. O forno deve ser preaquecido enquanto se prepara a massa. Antes de começar a misturar os ingredientes, unte ligeiramente as forminhas para facilitar na hora de desenformá-los depois de prontos.

O método *muffin* de mistura, em resumo, é um processo de três passos: (1) misturar os ingredientes secos, (2) misturar os ingredientes líquidos e (3) combinar as misturas líquida e seca para finalizar a massa. No primeiro passo, os ingredientes secos são preparados. Eles são peneirados juntos em uma tigela e reservados até serem misturados aos ingredientes líquidos.

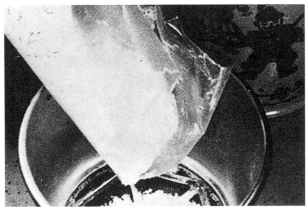

O preparo dos líquidos, por sua vez, começa pelo ovo, que é batido delicadamente até que esteja bem misturado, mas sem formar espuma. O leite é adicionado ao ovo e misturado a ele, delicadamente. É importante misturar bem o ovo e o leite. Caso contrário, os *muffins* ficarão com uma textura meio cerosa no interior e podem até mesmo apresentar vestígios visíveis de ovo na massa assada. Por fim, junta-se a gordura derretida aos ingredientes líquidos.

Faz-se um buraco no centro dos ingredientes secos e despeja-se aí a mistura líquida. Todo o líquido é adicionado de uma só vez para reduzir o tempo total de mistura. Uma colher de pau é o utensílio ideal para mexer a massa e incorporar os ingredientes líquidos aos secos. Deve-se ter atenção para que todo o conteúdo da tigela seja misturado da maneira mais uniforme possível. Não se esqueça dos ingredientes secos que estão nas laterais e no fundo. Também é necessário passar a colher de pau pelo meio da massa. O objetivo do processo de mistura é umedecer todos os ingredientes secos sem desenvolver muito o glúten. Como a proporção de 1 parte de líquido para 2 partes de farinha resulta em uma massa relativamente mole, o glúten se desenvolve de maneira muito fácil quando se mexe a mistura.

A aparência da massa muda muito rapidamente conforme vai sendo misturada. No início, haverá muitas áreas onde os ingredientes secos serão visíveis, e áreas onde o líquido escorrerá da massa. Nessas partes secas, o glúten ainda não começou a se desenvolver, e o fermento não foi umedecido o suficiente para que ocorra a reação química necessária para liberar o dióxido de carbono que faz a massa crescer. Uma massa de *muffin* que ainda tem áreas visíveis de ingredientes secos ou líquidos acumulados não foi bem misturada.

Deve-se misturar a massa até que todos os ingredientes secos e líquidos estejam misturados de tal forma que não se possam identificar áreas secas ou líquidas nas laterais da tigela. A essa altura, a massa ainda estará empelotada. O glúten estará suficientemente desenvolvido para fornecer a estrutura necessária ao *muffin*, para que cresça sem abaixar durante o assamento e para que seu interior não esfarele excessivamente depois de pronto.

As pessoas às vezes misturam a massa de *muffin* em demasia porque não conseguem reconhecer a aparência de uma massa misturada na medida certa. Não se deve misturá-la até o ponto em que comece a ficar lisa e homogênea, porque assim os *muffins* terão uma aparência menos atraente e ficarão menos macios.

Os *muffins* também ficarão com uma aparência melhor se uma quantidade suficiente de massa for colocada na forminha de uma só vez. Para fazer isso, pegue uma colherada da massa, trabalhando sempre das laterais em direção ao centro da tigela, e depois use uma segunda colher ou espátula para raspar a massa com cuidado para dentro da forminha. A massa deve preencher pouco mais da metade do recipiente.

Esse processo é repetido até que toda a massa seja usada. Evite mexer muito a massa ao transferi-la para as forminhas. Se as laterais da tigela forem raspadas e a massa reincorporada ao restante da mistura a cada vez que encher uma forminha, a qualidade do produto final será prejudicada. Quando toda a massa tiver sido colocada nas forminhas, limpe quaisquer respingos derramados nas bordas antes de levar ao forno.

Os *muffins* são assados por aproximadamente 20 minutos, até adquirirem um bonito tom dourado. A forma deve ser colocada em uma grade posicionada no centro do forno. Se for assar mais de uma forma por vez, mantenha uma distância de pelo menos 2,5 cm entre elas e com relação às paredes internas e à porta do forno. Essa medida é importante para evitar que o fluxo de ar quente dentro do forno seja bloqueado, prejudicando o douramento.

Para evitar a formação de uma crosta borrachuda, os *muffins* devem ser desenformados logo depois de serem retirados do forno. *Muffins* frescos são melhores quando servidos ainda quentes, assim que saírem do forno. No entanto, pães rápidos (inclusive os *muffins*) podem ser congelados. Antes de embalar e levar ao congelador, deixe que esfriem sobre uma grade até atingirem a temperatura ambiente.

O exterior dos *muffins* prontos reflete claramente o quanto foram misturados. A superfície dos que não foram misturados suficientemente será áspera e irregular. É provável que também fiquem visíveis pontos de farinha seca. *Muffins* misturados na medida certa têm uma coroa em formato de couve-flor. A superfície tem protuberâncias suaves e arredondadas, resultado de um correto desenvolvimento do glúten. A massa misturada em demasia resultará em produtos com uma superfície muito lisa, semelhante à de pãezinhos de fermento biológico.

O formato da parte de cima dos *muffins* também difere conforme a eficiência da técnica de mistura. Os que não foram misturados o bastante são apenas ligeiramente arredondados, e seu volume é reduzido porque parte do fermento seco não foi ativado na mistura. Pode haver resquícios de líquido escorrendo da parte de cima para as bordas. Os misturados na medida certa terão a parte de cima arredondada e um volume maior. Se misturado em demasia, o contorno arredondado se afunila, elevando-se apenas no centro.

O interior dos *muffins* também reflete o quanto foram misturados. *Muffins* que não foram misturados o bastante não têm um desenvolvimento de glúten suficiente, e tenderão a se esfarelar. Também pode haver traços de farinha seca. Os misturados na medida certa terão células grandes e textura um pouco grosseira, mas regular; ainda assim, serão ligeiramente quebradiços. Se misturados em excesso, apresentarão túneis verticais em direção à parte central elevada. Esses túneis são criados por bolhas de gás que se expandem para cima e ficam presas nas fibras de glúten, antes que as proteínas tenham sido desnaturadas durante o assamento. Em geral, as regiões ao redor dos túneis serão compostas de células comparativamente pequenas.

Além de avaliar o volume e a textura dos *muffins*, deve-se observar seu sabor e sua maciez. O sabor deve ser bem balanceado e agradável, sem nenhum resquício de queimado. O interior não deve ter nenhuma área seca ou cerosa. Os *muffins* devem ser macios, mas ligeiramente quebradiços.

Figura 10.3 *Muffins* misturados por menos tempo que o necessário (à esquerda) não crescem e adquirem uma textura quebradiça, se comparados aos que são misturados na medida certa (centro). Os que são misturados em excesso (à direita) apresentam túneis na massa e a parte de cima afunilada.

RECEITAS

Muffins

Para 6 unidades

1 xícara	farinha de trigo comum, peneirada
2 colheres (sopa)	açúcar
1 ½ colher (chá)	fermento em pó químico
¼ de colher (chá)	sal
½	ovo
2 colheres (sopa)	óleo
½ xícara	leite

Para 12 unidades

2 xícaras	farinha de trigo comum, peneirada
¼ de xícara	açúcar
1 colher (sopa)	fermento em pó químico
½ colher (chá)	sal
1	ovo
¼ de xícara	óleo
1 xícara	leite

Tempo de preparo: 30 minutos

Tempo para assar: forno a 220°C por 20 minutos

1. Preaqueça o forno.
2. Unte as forminhas.
3. Peneire todos os ingredientes secos em uma tigela.
4. Em uma outra tigela, bata bem o ovo.
5. Junte o óleo e o leite ao ovo e misture bem.
6. Despeje os ingredientes líquidos na tigela com os secos e mexa com uma colher de pau, apenas o suficiente para umedecer todos os ingredientes secos. A massa terá uma aparência empelotada, mas sem pontos secos.
7. Pegue uma colherada da mistura da tigela. Usando uma outra colher, empurre a massa para dentro da forminha untada. Certifique-se de que pegou uma quantidade de massa suficiente para encher a forminha até pouco mais da metade de uma só vez.
8. Repita esse procedimento até que toda a massa tenha sido usada. Evite mexer a massa enquanto estiver enchendo as forminhas.
9. Asse a 220°C por cerca de 20 minutos, ou até que a superfície esteja dourada.
10. Desenforme os *muffins* assim que forem tirados do forno.
11. Sirva ainda quente.

Muffins de mirtilo

Para 6 unidades

$^1/_3$ de xícara	mirtilos (*blueberry*)
1 xícara	farinha de trigo comum, peneirada
2 colheres (sopa)	açúcar
1 ½ colher (chá)	fermento em pó químico
½ colher (chá)	sal
½	ovo
¼ de xícara	leite
2 colheres (sopa)	óleo
1 colher (chá)	açúcar

Para 12 unidades

$^2/_3$ de xícara	mirtilos (*blueberry*)
2 xícaras	farinha de trigo comum, peneirada
¼ de xícara	açúcar
1 colher (sopa)	fermento em pó químico
1 colher (chá)	sal
1	ovo
½ xícara	leite
¼ de xícara	óleo
2 colheres (sopa)	açúcar

Tempo de preparo: 30 minutos

Tempo para assar: forno a 220°C por 20 minutos

1. Preaqueça o forno e unte as forminhas.
2. Escorra bem os mirtilos em uma peneirinha.
3. Peneire todos os ingredientes secos em uma tigela.
4. Em uma outra tigela, bata o ovo e junte o óleo e o leite.
5. Despeje os ingredientes líquidos na tigela com os secos e mexa com uma colher de pau.
6. Junte os mirtilos, polvilhe com o açúcar e mexa o mínimo possível para incorporá-los à massa.
7. Divida a massa entre as forminhas e asse a 220°C por 20 a 25 minutos. Sirva imediatamente após desenformar.

OUTRAS RECEITAS DE PÃES RÁPIDOS

Popovers

Para 4 unidades

½ xícara	farinha de trigo comum, peneirada
⅛ de colher (chá)	sal
½ xícara	leite
1	ovo

Para 8 unidades

1 xícara	farinha de trigo comum, peneirada
¼ de colher (chá)	sal
1 xícara	leite
2	ovos

Observação: Ao abrir um *popover* (ver foto), uma grande cavidade interna deve ser vista no centro. As paredes da cavidade devem ser bem delgadas, e não massudas. Embora devam estar ligeiramente úmidas, a impressão geral deve ser de crocância e elasticidade, e não de umidade. A ausência de uma cavidade no interior pode ser decorrente de um assamento em temperatura muito baixa. A temperatura baixa do forno permite que o calor penetre no interior do produto e comece a coagular o glúten e as proteínas do ovo antes que haja tempo hábil para a pressão do vapor expandir a massa e formar o grande oco interno que é a marca registrada de um bom *popover*.

Tempo de preparo: 55 minutos

Tempo para assar: forno a 220°C por 45 minutos

1. Preaqueça o forno.
2. Unte as formas de *popover*, ou outra forminha individual funda, e leve ao forno preaquecido a 220°C, enquanto prepara a massa.
3. Misture todos os ingredientes e bata até obter uma massa lisa.
4. Com o auxílio de pegadores térmicos, tire as forminhas quentes do forno e apoie-as sobre uma superfície resistente ao calor.
5. Despeje a massa rapidamente, enchendo as forminhas até a metade.
6. Coloque imediatamente de volta no forno a 220°C.
7. Asse por 40 minutos.
8. Fure com um garfo para deixar o vapor escapar e asse por mais 5 minutos.
9. Desenforme e sirva.

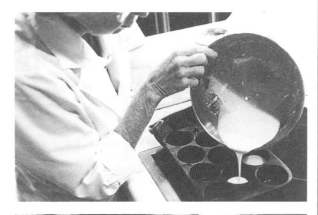

Panquecas americanas

Para 4 unidades

10 colheres (sopa)	farinha de trigo comum, peneirada
1 colher (chá)	açúcar
¼ de colher (chá)	sal
1 ½ colher (chá)	fermento em pó químico
½	ovo
½ xícara	leite
1 colher (sopa)	óleo

Para 8 unidades

1 ¼ xícara	farinha de trigo comum, peneirada
2 colheres (chá)	açúcar
½ colher (chá)	sal
1 colher (sopa)	fermento em pó químico
1	ovo
1 xícara	leite
2 colheres (sopa)	óleo

Tempo de preparo: 15 minutos

1. Peneire todos os ingredientes secos em uma tigela.
2. Bata todos os ingredientes líquidos em outra tigela, depois despeje-os na tigela com os ingredientes secos.
3. Bata com uma batedeira manual apenas até a massa ficar lisa.
4. Aqueça uma chapa até uma temperatura suficiente para fazer a água "dançar" na superfície.
5. Despeje a massa com uma jarrinha até cobrir o diâmetro desejado. Deixe espaço entre as panquecas para que não grudem.
6. Cozinhe até que estejam douradas por baixo e bolhas comecem a se formar na superfície.
7. Vire e cozinhe o outro lado até dourarem.
8. Sirva imediatamente, ou mantenha as panquecas aquecidas no forno a 65°C, intercaladas com folhas de papel-toalha.

Waffles

Para 4 unidades

1 ¼ xícara	farinha de trigo comum, peneirada
2 colheres (chá)	fermento em pó químico
1 ½ colher (chá)	açúcar
¼ de colher (chá)	sal
1	ovo
1 ⅛ xícara	leite
⅓ de xícara	óleo

Para 8 unidades

2 ½ xícaras	farinha de trigo comum, peneirada
4 colheres (chá)	fermento em pó químico
1 colher (sopa)	açúcar
½ colher (chá)	sal
2	ovos
2 ¼ xícaras	leite
⅔ de xícara	óleo

Tempo de preparo: 15 minutos

1. Preaqueça a chapa para *waffles*.
2. Peneire os ingredientes secos em uma tigela.
3. Bata o ovo em uma outra tigela e junte-o aos demais ingredientes líquidos, batendo.
4. Faça um buraco no meio da mistura seca e despeje toda a mistura líquida.
5. Bata com uma batedeira manual apenas até a massa ficar lisa.
6. Com cuidado, despeje na chapa para *waffle*, colocando massa suficiente apenas para enchê-la até a borda.
7. Feche e deixe cozinhar, sem abrir, até que não haja mais vapor saindo da massa.
8. Verifique a cor da superfície, que deve estar bem dourada. Retire o *waffle* da chapa e sirva imediatamente.

Doughnuts de fermento químico

Para 10 unidades

1 ¾ xícara	farinha de trigo comum, peneirada
6 colheres (sopa)	açúcar
1 ½ colher (chá)	fermento em pó químico
¼ de colher (chá)	sal
¼ de colher (chá)	canela em pó
¼ de colher (chá)	noz-moscada ralada
1 ½	ovo
¼ de xícara	leite
2 ²/₃ colheres (sopa)	gordura vegetal, derretida
	óleo para fritar

Para 20 unidades

3 ½ xícaras	farinha de trigo comum, peneirada
¾ de xícara	açúcar
1 colher (sopa)	fermento em pó químico
½ colher (chá)	sal
½ colher (chá)	canela em pó
½ colher (chá)	noz-moscada ralada
3	ovos
½ xícara	leite
¹/₃ de xícara	gordura vegetal, derretida
	óleo para fritar

Tempo de preparo: 1 hora e 30 minutos
Fritura por imersão: óleo a 190°C por 15 minutos

1. Misture os ingredientes secos.
2. Em uma outra tigela, bata bem os ovos.
3. Junte, batendo, o leite e a gordura derretida.
4. Misture os ingredientes líquidos aos secos e mexa bem.
5. Leve à geladeira por 1 hora, depois abra a massa sobre uma superfície polvilhada com bastante farinha.
6. Comece a esquentar o óleo na fritadeira quando faltarem 5 minutos para tirar a massa da geladeira.
7. Abra a massa a uma espessura de 1 cm e corte os *doughnuts* usando um cortador próprio enfarinhado.
8. Use uma espátula grande para transferi-los para a fritadeira com a gordura preaquecida a 190°C.
9. Frite de um lado até dourar bem, depois vire e frite até dourar do outro lado.
10. Escorra em papel-toalha.

O óleo para fritar os *doughnuts* deve ser aquecido apenas o suficiente para que atinja a temperatura ideal de fritura (190°C). É possível fritar várias unidades de uma vez, mas deve haver sempre espaço suficiente na fritadeira para que não se sobreponham. O calor aplicado deve ser suficiente para manter o óleo à temperatura de 190°C, com pequenas variações para menos logo depois que os *doughnuts* são colocados na gordura. Retire os *doughnuts* fritos, quando estiverem dourados dos dois lados, usando *hashis* ou uma escumadeira. Coloque-os sobre folhas de papel-toalha para que o excesso de óleo escorra.

A avaliação de um *doughnut* de fermento químico começa com a análise de sua aparência externa. Ele deve ter uma coloração dourada uniforme e atraente em toda a superfície. Idealmente, os *doughnuts* caseiros serão perfeitamente redondos, com um buraco cilíndrico no centro. Uma cor externa insatisfatória pode variar de pálida (uma condição causada pelo uso de uma temperatura muito baixa de fritura) a muito escura. O escurecimento excessivo pode resultar de uma fritura em temperatura muito alta ou muito demorada. Os *doughnuts* devem dobrar de volume depois de fritos.

O interior deve ser avaliado quanto à uniformidade do tamanho das células e ao grau de cozimento. Uma massa misturada de forma correta terá células internas uniformes e de tamanho relativamente pequeno. Às vezes, os *doughnuts* ficam com uma textura massuda. Em geral, esse problema é causado por uma temperatura de fritura muito alta, o que promove uma cor dourada enganosamente bonita no exterior antes que o interior esteja cozido. Essa umidade excessiva no centro também pode ser causada por uma espessura inadequada da massa crua que, por ser muito grossa, não permite que o calor penetre no interior antes que o exterior esteja dourado.

Ao partir um *doughnut* para a avaliação, observe o quanto o óleo de fritura penetrou na massa. Um produto bom, frito na temperatura adequada, apresentará apenas uma ligeira evidência de oleosidade sob a superfície. Se o óleo estava a uma temperatura muito baixa durante a fritura, o miolo ficará engordurado. Esse excesso de óleo pode ser sentido na boca quando se consome o *doughnut*. O problema pode ser evitado mantendo-se o óleo a 190°C durante todo o tempo de fritura e não colocando-se muitos itens de uma só vez na panela. Conclui-se a avaliação com a degustação do *doughnut*. Ele deve combinar um sabor rico de fritura, sem parecer excessivamente gorduroso, com uma mistura agradável do sabor de seus ingredientes. Também deve ser macio. *Doughnuts* duros são resultado de uma mistura e manipulação demasiadas da massa, ou de excesso de farinha.

Bolo amanteigado com farofa doce

Para 1 bolo pequeno

Massa:

2 colheres (sopa)	gordura vegetal
½ colher (chá)	essência de baunilha
½ xícara	açúcar
1	ovo, gema separada da clara
⅛ de colher (chá)	sal
¾ de xícara	farinha de trigo comum, peneirada
1 colher (chá)	fermento em pó químico
¼ de xícara	leite

Farofa doce:

6 colheres (sopa)	açúcar mascavo
½ colher (chá)	canela em pó
1 ½ colher (chá)	farinha de trigo
1 ½ colher (chá)	margarina ou manteiga, derretida
¼ de xícara	nozes, picadas

Para 1 bolo grande

Massa:

¼ de xícara	gordura vegetal
1 colher (chá)	essência de baunilha
1 xícara	açúcar
2	ovos, gema separada da clara
¼ de colher (chá)	sal
1 ½ xícara	farinha de trigo comum, peneirada
2 colheres (chá)	fermento em pó químico
½ xícara	leite

Farofa doce:

¾ de xícara	açúcar mascavo
1 colher (chá)	canela em pó
1 colher (sopa)	farinha de trigo
1 colher (sopa)	margarina ou manteiga, derretida
½ xícara	nozes, picadas

Tempo de preparo: 45 a 50 minutos

Tempo para assar: 180°C por 25 minutos (pequeno) ou 35 minutos (grande)

1. Preaqueça o forno e unte a forma. Use uma forma de bolo inglês para a receita pequena e uma forma quadrada de 20 cm para a grande.
2. Bata a gordura vegetal, a essência de baunilha e o açúcar até obter uma creme fofo; depois junte a gema e bata bem.
3. Peneire os ingredientes secos juntos e acrescente-os ao creme da batedeira em três etapas, alternando com o leite.
4. Bata as claras em neve até obter picos firmes, mas não secos.
5. Incorpore delicadamente à massa.
6. Despeje metade da massa na forma.
7. Misture os ingredientes da farofa doce e espalhe metade sobre a superfície do bolo.
8. Despeje a massa restante e finalize com a outra metade da farofa.
9. Asse a 180°C até que, ao enfiar um palito no centro, ele saia limpo.

Bolo Califórnia

Para 1 bolo pequeno

½ xícara	farinha de trigo comum
½ xícara	fubá
2 colheres (sopa)	açúcar
1 ½ colher (chá)	fermento em pó químico
⅛ de colher (chá)	sal
½ xícara	creme de leite fresco
2 colheres (sopa)	óleo
2 colheres (sopa)	mel
1	ovo, ligeiramente batido

Para 1 bolo grande

1 xícara	farinha de trigo comum
1 xícara	fubá
¼ de xícara	açúcar
1 colher (sopa)	fermento em pó químico
¼ de colher (chá)	sal
1 xícara	creme de leite fresco
¼ de xícara	óleo
¼ de xícara	mel
2	ovos, ligeiramente batidos

Tempo de preparo: 30 minutos

Tempo para assar: forno a 200°C por 20 a 25 minutos

1. Preaqueça o forno.
2. Peneire os ingredientes secos em uma tigela.
3. Em outra tigela, misture os ingredientes líquidos.
4. Adicione os ingredientes líquidos aos secos e mexa com uma colher de pau apenas o suficiente para umedecer os ingredientes secos.
5. Despeje em uma assadeira untada (forma de bolo inglês para o bolo pequeno, e forma de 30 × 30 cm para o grande).
6. Asse a 200°C por 20 a 25 minutos, até que, ao enfiar um palito no centro, ele saia limpo.

266   Preparo de alimentos

Bruschetta

Para 2 porções

1 ½	tomate Roma (maduro), em cubos
5	folhas de manjericão fresco, em tirinhas
¼ de colher (chá)	orégano
¼	dente de alho, espremido
1 colher (sopa)	azeite
a gosto	sal e pimenta-do-reino
2	fatias grossas de pão italiano
2 colheres (chá)	azeite

Para 4 porções

3	tomate Roma (maduro), em cubos
10	folhas de manjericão fresco, em tirinhas
½ colher (chá)	orégano
½	dente de alho, espremido
2 colheres (sopa)	azeite
a gosto	sal e pimenta-do-reino
4	fatias grossas de pão italiano
4 colheres (chá)	azeite

Tempo de preparo: 35 minutos

Tempo para assar: na salamandra, 3 minutos de cada lado

1. Preaqueça o forno.
2. Misture o tomate com o manjericão, o orégano, o alho, a primeira quantidade de azeite, o sal e a pimenta e deixe tomar gosto por 20 minutos.
3. Com o azeite restante, pincele as fatias de pão dos dois lados.
4. Coloque-as em uma assadeira e toste sob a salamandra, um lado por vez, até que estejam bem douradas.
5. Espalhe a mistura de tomate por cima.
6. Leve de volta ao forno por alguns segundos apenas para aquecer.

Carolinas

Para 6 unidades

½ xícara	água fervente
¼ de xícara	manteiga ou margarina
½ xícara	farinha de trigo
⅛ de colher (chá)	sal
2	ovos

Para 12 unidades

1 xícara	água fervente
½ xícara	manteiga ou margarina
1 xícara	farinha de trigo
¼ de colher (chá)	sal
4	ovos

Tempo de preparo: 1 hora

Tempo para assar: forno a 230°C por 15 minutos; depois a 160°C por 25 minutos

1. Preaqueça o forno.
2. Acrescente a manteiga à água fervente.
3. Assim que derreter, junte o sal e a farinha de uma só vez.
4. Bata vigorosamente, enquanto cozinha a mistura, até que forme uma bola. Retire do fogo.
5. Depois de deixar esfriar por cerca de 2 minutos, junte os ovos, um a um, batendo bem após cada adição, formando uma massa lisa.
6. Pingue colheradas (cerca de 1 colher de sopa por porção) em uma assadeira rasa antiaderente. Deixe um espaço de pelo menos 7,5 cm entre elas. (Observação: Carolinas para aperitivo são feitas com apenas cerca de ½ colher de chá de massa.)
7. Asse por 15 minutos a 230°C. Abaixe o forno para 160°C e asse por mais 25 minutos.
8. Deixe esfriar sobre uma grade de metal. Corte ao meio e recheie com sorvete, creme de confeiteiro ou outro recheio de sua preferência, imediatamente antes de servir.

Avaliação das receitas produzidas – pães rápidos

Receita	Observações sobre cor, textura, sabor e outras características	Comentários ou sugestões para preparo futuro

PÃES DE FERMENTO BIOLÓGICO

Objetivos

1. Observar as diferenças no preparo de pães de fermento biológico e de fermento químico.
2. Demonstrar, em pães levedados, as diferenças resultantes da omissão de ovos, açúcar, leite e gorduras em suas formulação.
3. Preparar pães de fermento biológico de alta qualidade e avaliá-los de acordo com padrões estabelecidos.

Fundamentos do preparo de pães de fermento biológico

Os pães de fermento biológico, ou levedados, ao contrário dos pães rápidos, requerem um tempo relativamente longo de preparo para que a levedura produza dióxido de carbono. Há muitos tipos de pães levedados, desde fórmulas simples de farinha, fermento e água, a massas ricas de ovos, açúcar, sal, leite e manteiga, além da farinha e do fermento. Pães de casca crocante e miolo razoavelmente firme e elástico são obtidos com a omissão de ovos e gordura. Uma casca e miolo mais macios são produzidos a partir de uma fórmula mais rica. Apesar dessas variações nas características dos produtos finais, os procedimentos seguidos na preparação dos vários tipos de pães de fermento biológico são basicamente os mesmos.

O fermento biológico seco funciona bem e rapidamente nas massas de pão levedado quando é amolecido, ou dissolvido, antes de ser acrescentado aos demais ingredientes, que podem ser separados e medidos enquanto o fermento é hidratado. Para hidratar o fermento, misture os grânulos em água morna, ou seja, água na temperatura aproximada do corpo. O tipo de fermento usado no pão é o *Saccharomyces cerevisiae*, um fungo unicelular que produz dióxido de carbono a partir do açúcar presente na massa. Esse organismo vivo morrerá se for submetido a altas temperaturas, e o dióxido de carbono não será produzido para a fermentação. Por isso, a temperatura dos líquidos e das massas em contato com o fermento seco hidratado deve ser monitorada para não exceder

os 40°C. Se o fermento seco for misturado diretamente com os outros ingredientes secos, o líquido pode estar a 52°C, pois a mistura terá tempo de esfriar o suficiente antes que o fermento seja hidratado.

Se for usado leite em um pão levedado, ele deve ser previamente aquecido antes de ser adicionado aos outros ingredientes. O leite estará no ponto quando, ao se inclinar um pouco a panela para o lado, ele grudar na lateral. Não é necessário fervê-lo. Originalmente, fervia-se o leite cru para eliminar os microrganismos que estivessem presentes. Hoje, até mesmo o leite pasteurizado é aquecido no caso dos pães levedados, porque a alta temperatura derrete a gordura, proporcionando uma excelente distribuição em toda a massa. Esse calor também ajuda a produzir uma massa quente o bastante para promover a produção ativa de gás pelo fermento.

Enquanto o leite está sendo aquecido e o fermento hidratado, o próximo passo do método direto de preparo é medir o açúcar, o sal e a gordura em uma tigela. Muitas receitas de pão levedado incluem pelo menos uma pequena quantidade de açúcar, para servir de alimento para o fermento. Sem a adição desse açúcar à fórmula, o fermento teria apenas um pouco de açúcar presente na farinha da massa, tornando a produção de gás lenta e limitada. O aumento da quantidade de açúcar de uma fórmula de pão aumenta a doçura e também deixa o pão mais macio e com a casca mais dourada. O sal da fórmula funciona como inibidor do crescimento, regulando a produção de gás do fermento. A gordura propicia um miolo e casca macios. Além disso, contribui para realçar o sabor. Se manteiga ou margarina forem usadas, a cor do produto final será mais amarelada.

O leite fervido é despejado diretamente na tigela com o açúcar, o sal e a gordura. Mexa de vez em quando, enquanto a gordura derrete. Como o ovo está relativamente frio, a temperatura da mistura vai baixar, e as proteínas deste não vão coagular.

Acrescenta-se então cerca de meia xícara de farinha à mistura. Isso resultará em uma mistura bem empelotada. A adição dessa pequena quantidade de farinha visa a absorver a gordura para que o fermento não fique encapsulado por ela quando for adicionado, já hidratado, à mistura. Não é necessário tentar eliminar os grumos de farinha neste momento. Os passos posteriores garantirão uma massa lisa.

A temperatura da mistura deve ser verificada neste ponto para se ter certeza de que não está muito alta, a ponto de matar o fermento hidratado quando ele for adicionado. A maneira mais simples e eficiente de verificar a temperatura é inserir um dedo, limpo, na mistura. Se estiver próxima à corporal, ou um pouco acima, o fermento hidratado pode ser adicionado de imediato.

Se a mistura estiver muito morna ou quente, deve ser resfriada até chegar à temperatura corporal antes de adicionar o fermento. Um termômetro também pode ser usado para verificar a temperatura. A mistura deve estar no máximo a 40°C. Temperaturas mais altas matam o fermento, resultando em uma massa de pão que não vai crescer direito. Se a temperatura estiver correta, acrescenta-se o fermento aos outros ingredientes.

Em seguida, cerca de metade da farinha restante é adicionada para criar uma mistura espessa o suficiente para ser batida com vigor. Bate-se a massa vigorosamente por cerca de 3 minutos. Durante esse período, a mistura vai ficando bem lisa e começa a dar liga, resultado do desenvolvimento do glúten. Esse é um passo importante para produzir a estrutura consideravelmente resistente e elástica necessária ao miolo dos pães.

Quando o glúten tiver sido desenvolvido o bastante, acrescenta-se farinha de trigo aos poucos até obter uma massa macia. Conforme se vai misturando, a farinha deve ser dispersa por toda a massa com o auxílio de uma colher de pau. A menos que se corte a massa com a colher seguidamente, ela terá muitas áreas úmidas no interior, que são difíceis de manusear. Deve-se juntar farinha apenas até a massa formar uma bola que não grude nas mãos. Neste ponto, será difícil mexer com a colher de pau. A quantidade de farinha necessária vai variar muito em razão da diferença na quantidade e na qualidade das proteínas contidas nos diversos tipos de farinhas disponíveis no mercado. Por essa razão, não é necessário peneirar nem medir a farinha para pães de fermento biológico. A quantidade exata necessária será determinada pelas características da massa ao ser manipulada.

Em seguida, vira-se a massa sobre uma superfície ligeiramente polvilhada com farinha. É preciso manter farinha adicional à mão, pois será usada para evitar que a massa grude ao ser sovada. Ao ser colocada sobre a superfície de trabalho, a massa deve estar macia o suficiente para ceder, mas não mole a ponto de escorrer.

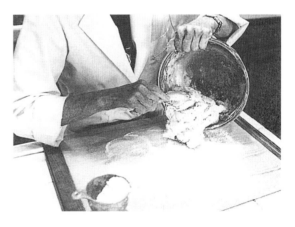

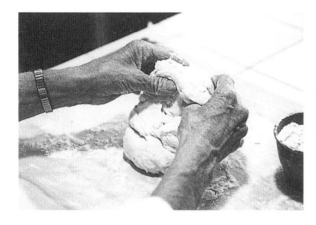
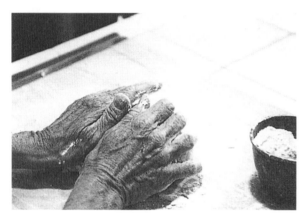

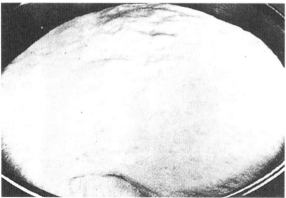

A técnica de sovar a massa levedada tem o propósito de desenvolver o glúten. Pães precisam ter uma estrutura forte o suficiente para não esfarelarem ao se passar manteiga ou margarina, geleias ou outros condimentos em sua superfície. Essa característica é alcançada quando o glúten é desenvolvido na medida certa durante o processo de sova. As massas de pão levedadas são sovadas em um movimento muito vigoroso e rítmico, feito com a base de ambas as mãos. Cada movimento consiste em levantar a borda mais distante da massa, dobrá-la sobre a borda oposta, mais perto de quem amassa, e, em seguida, empurrar ambas vigorosamente para baixo e para a frente, usando a base de ambas as mãos. Esse procedimento faz com que a massa fique com um formato alongado.

A massa é virada 90°, de modo que fique verticalmente à frente de quem amassa. A ponta mais distante é dobrada de novo em direção à ponta oposta e a massa é apertada e empurrada vigorosamente com o a base de ambas as mãos. Esse movimento de virar, dobrar e pressionar é repetido rápida e vigorosamente por 5 minutos ou mais, até que a massa apresente bolhas sob a superfície ao ser esticada. A técnica de sovar deve evoluir para um processo rítmico, rápido e vigoroso. Um desenvolvimento suficiente do glúten é essencial para que as células adquiram um tamanho uniforme e as suas paredes tenham a resistência adequada no pão acabado. Durante o processo de amassar, mais farinha pode ser necessária para polvilhar a superfície e evitar que a massa grude. No entanto, deve-se evitar o uso excessivo de farinha, que resulta em um produto menos macio e bastante seco.

Depois de sovada, a massa deve estar macia, mas não pegajosa. Neste ponto, ela está pronta para o primeiro período de crescimento. Como esse primeiro crescimento geralmente requer cerca de 1 hora, é preciso proteger a superfície da massa para que não resseque. Isso pode ser feito da seguinte forma: coloque algumas gotas de óleo em uma tigela grande, arraste a massa pelo óleo e, em seguida, coloque-a, na mesma tigela, com o lado untado virado para cima.

Pode-se usar papel-alumínio ou um pano de prato limpo para obter proteção adicional contra correntes de ar. Em seguida, coloca-se a tigela em local aquecido para facilitar a fermentação e a produção de dióxido de carbono. Lugares muito quentes, como um forno com uma chama-piloto muito forte, podem ser quentes demais e matar a levedura; portanto, evite-os. Por outro lado, as massas podem ser colocadas na geladeira ou mesmo no congelador se a intenção for assá-las posteriormente. No entanto, deve-se estar ciente de que seu crescimento será muito lento se colocadas na geladeira, e estagnará no congelador.

Deve-se deixar a massa de pão crescer, sem interrupções, até que dobre de volume. Em condições normais de temperatura, isso levará aproximadamente 1 hora. Se for deixar a massa crescer na geladeira, podem ser necessárias entre 9 e 12 horas para que dobre de volume. Porções de massas congeladas ainda não modeladas precisam ser descongeladas e então colocadas para crescer até dobrarem de volume. Quanto mais baixa a temperatura da massa em si, mais lenta a produção de dióxido de carbono pelo fermento. A atividade da levedura é acelerada com temperaturas mais altas, mas abaixo dos 40°C. Temperaturas superiores causam danos permanentes ao fermento, ao passo que temperaturas mais baixas retardam a produção de gás, mas não matam o fermento.

O primeiro crescimento faz com que as fibras de glúten existentes se expandam em bolhas de ar e dióxido de carbono. Depois que a massa tiver dobrado de volume, usa-se o punho para abaixá-la e expelir o gás extra dessas bolhas, reduzindo a tensão dessas fibras esticadas de glúten. Isso ajuda a promover um tamanho uniforme das células, evitando bolhas de ar muito grandes no pão pronto. Também ajuda a evitar que as fibras de glúten sejam excessivamente esticadas, a ponto de se romperem.

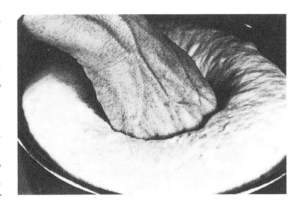

A massa agora está pronta para ser modelada no formato desejado. Para fazer *pãezinhos trevo*, use o polegar e o indicador para apertar a bola grande de massa formando bolinhas menores. Coloque três bolinhas dessas, cada uma com aproximadamente 1 cm de diâmetro, em uma forminha de *muffin* untada. Tenha o cuidado de colocar a superfície lisa e arredondada da massa virada para cima, deixando a região mais irregular, onde a bolinha foi cortada, virada para baixo.

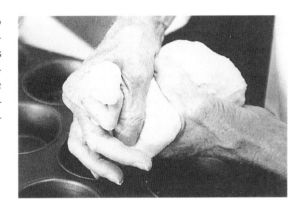

Com essa massa, é possível fazer pãezinhos de muitos outros formatos. Para modelar *palitos*, *nós simples* e *rosetas*, esprema uma bola de massa com cerca de 2,5 cm de diâmetro. Role-a entre as mãos, ou sobre uma superfície ligeiramente polvilhada com farinha, formando um cilindro longo e uniforme de cerca de 0,5 cm de diâmetro. Para fazer *palitos*, coloque os cilindros em uma assadeira não untada. Para fazer um *nó simples*, dê uma laçada frouxa no fio de massa e coloque em uma assadeira não untada. Para as *rosetas*, dê um nó relativamente apertado no fio de massa de modo que as pontas fiquem ainda com cerca de 2,5 cm de comprimento. Puxe para cima a ponta que vem de baixo do nó e insira sua extremidade no buraco do meio do nó. Passe a outra ponta solta sobre a alça do nó e esconda-a sob o pão, finalizando o formato da flor.

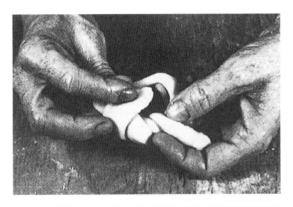

Para fazer *pães de forma*, abra a massa sobre uma superfície ligeiramente enfarinhada formando um retângulo de 1 cm de espessura, com um dos lados medindo cerca de 8 cm a mais que a largura da forma de bolo inglês em que vai ser assado. Enrole a massa como um rocambole.

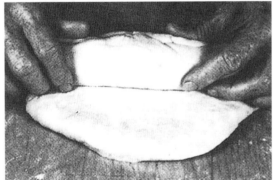

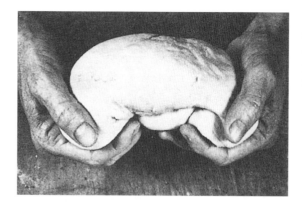

Aperte bem as pontas, selando a massa. Dobre cerca de 4 cm de cada ponta para baixo, escondendo as extremidades sob o pão, e coloque-o na forma untada. Arrume a massa no recipiente com cuidado, para que fique com a superfície lisa e nivelada.

Pãezinhos em camadas (*butterflake* ou *fantan*, em inglês) são feitos abrindo-se metade da massa em um retângulo de aproximadamente 0,5 cm de espessura, 30 cm de largura e 15 cm de altura. Abra a massa sobre uma superfície ligeiramente enfarinhada. Pincele toda a superfície do retângulo com manteiga derretida. Corte a massa em 6 tiras no sentido da largura, cada uma com 2,5 cm de largura. Empilhe as tiras e corte em pedaços de 2,5 cm. Coloque em forminhas de *muffin* untadas, com a parte cortada virada para cima. As camadas de massa devem estar visíveis na parte de cima do pão. Pãezinhos em forma de palito, nó simples, trevo e roseta geralmente são feitos com uma massa levedada simples. Pãezinhos em camadas e pãezinhos doces de vários tipos geralmente são feitos de massas mais ricas, com mais açúcar e gordura.

Outras variações também podem ser feitas usando-se o mesmo formato retangular do pãozinho em camadas. Pincele o retângulo de massa com manteiga derretida. Para fazer rolinhos de canela (*cinnamon rolls*), polvilhe toda a superfície com bastante canela. Como a massa vai mais que dobrar de volume depois de assada, a canela vai se espalhar por toda a superfície ampliada. A menos que toda a superfície da massa crua seja recoberta de canela, é possível que o sabor da especiaria no produto final seja sutil demais para a maioria das pessoas.

Podem-se acrescentar também nozes picadas ou outros ingredientes opcionais antes de enrolar o retângulo. Enrole a massa sem apertar, como um rocambole, começando na parte mais distante e enrolando na sua direção. Corte em rodelas da mesma largura (geralmente 2,5 cm). Os rolinhos são colocados, com o lado cortado virado para cima, em forminhas de *muffin* ou assadeiras untadas. Se forem colocados em assadeiras, devem ter um espaço de pelo menos 1 cm entre eles, para permitir que cresçam para os lados.

Para fazer uma *coroa doce recheada*, esse mesmo rocambole, antes de ser cortado, é transferido para uma assadeira. Para que o rocambole não desenrole, a borda da massa deve ficar na parte de baixo do rolo, e as laterais são unidas formando um aro. Aperte com firmeza para selá-las bem. Se a espessura do rocambole não estiver uniforme, a massa pode ser ajeitada para que fique mais nivelada. Com uma tesoura de cozinha, faça cortes por toda a volta do aro, deixando cerca de 0,5 da massa intacta no aro interno.

Faça os cortes a intervalos de 2,5 cm. Torça ligeiramente cada um dos segmentos gerados, com cuidado, para que o lado cortado fique virado para cima. Conforme for virando cada fatia, arrume-a para que fique ligeiramente sobreposta à fatia anterior.

Os *croissants de massa levedada amanteigada* são um bom exemplo de pão feito com uma massa que contém uma proporção relativamente grande de ovos e margarina ou manteiga. Abre-se uma bola de massa de 10 cm de diâmetro sobre uma superfície ligeiramente enfarinhada, até que forme um disco com cerca de 0,5 cm de espessura. Pincela-se toda a superfície com margarina ou manteiga derretidas.

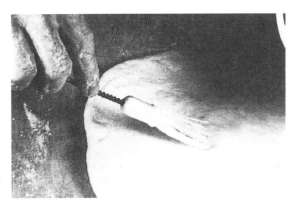

Com uma faca, corta-se a massa como se fosse uma pizza, em fatias com cerca de 5 cm de largura na base. Enrola-se, sem apertar, começando pela base.

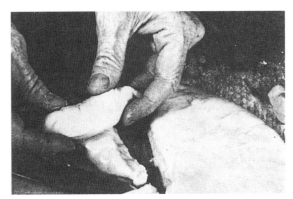

Transfere-se para uma assadeira não untada, deixando um espaço de 5 cm entre eles. Entre as duas pontas dos pães, não é necessário deixar mais que 2,5 cm. A ponta enrolada do triângulo deve ficar bem esticada e presa na parte de baixo. Se isso não for feito, os pãezinhos podem se desenrolar ao serem assados.

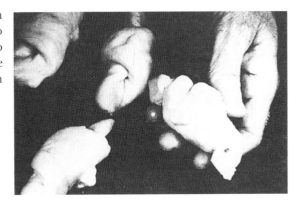

Independentemente do tipo de massa ou do formato do produto, os pães precisam descansar, em local aquecido, até dobrarem de volume novamente. Desta vez não é preciso cobrir, porque o ligeiro ressecamento da superfície não será prejudicial para a qualidade do produto acabado. Além disso, a massa pode grudar no material usado para cobrir, perdendo volume ao ser descoberta. Este segundo período de crescimento geralmente leva cerca de 30 minutos (metade do tempo do primeiro). Para conseguir volume e textura ideais no produto acabado, é importante esperar até que os pães dobrem de volume antes de assar.

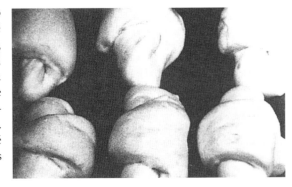

Dez minutos antes de os pães dobrarem de volume pela segunda vez, verifique se a grade do forno está posicionada no centro e preaqueça-o. Pãezinhos simples são assados a 220°C, pães grandes a 200°C, e pães de massa rica a 190°C. Sempre que usar passas, comuns ou de Corinto, caldas e geleias, a temperatura deve ser 190°C, seja qual for o tipo de massa. Pães de massa rica, ou que contenham outros ingredientes ricos em açúcar, também são assados a 190°C, para evitar que queimem.

Quando a massa tiver dobrado, as assadeiras são colocadas no forno preaquecido. Deve haver espaço entre elas e em relação às laterais do forno, para permitir a circulação necessária do ar que dourará os pães. Não se deve colocar assadeiras logo abaixo umas das outras, pois a superfície dos pães não douraria corretamente. Para que fiquem bem dourados, os pães são assados por 12 a 15 minutos, se estiverem a 220°C, e por cerca de 20 minutos, se estiverem a 190°C. Pães de forma assam em aproximadamente 35 minutos.

Depois de assados, os pães são retirados do forno e, em seguida, transferidos para uma grade para esfriarem. É importante desenformar os produtos para evitar que o vapor umedeça a casca, deixando-a úmida e murcha.

Os pães de fermento biológico são avaliados com base em sua aparência exterior e em sua qualidade interior. Seu volume não deve ser muito superior ao dobro do volume da massa crua. As formas devem ser simétricas e de tamanho uniforme. A casca deve ter um dourado bonito e ser ligeiramente crocante, e não úmida ou murcha. O interior deve revelar células uniformes, de tamanho médio; o miolo não deve esfarelar demais ao se passar manteiga, mas deve ser macio. Uma fermentação excessiva deixará a textura muito porosa, e pode até resultar em um produto solado e pesado. Um volume insatisfatório é causado por um tempo de crescimento insuficiente antes do assamento, ou pela morte do fermento durante o processo de mistura. Produtos secos e duros resultam da incorporação exagerada de farinha à massa. (Observação: Pode-se usar fermento biológico seco instantâneo para diminuir o tempo de preparo. Siga as instruções da embalagem. Se for preciso, a massa pode ser modelada imediatamente após a etapa de mistura e colocada para crescer apenas uma vez antes de assar.)

RECEITAS

Pãezinhos brancos simples

Para 12 unidades

6 colheres (sopa)	leite fervente
1 envelope	fermento biológico seco
¼ de xícara	água morna
1 ½ colher (sopa)	açúcar
½ colher (chá)	sal
1 ½ colher (sopa)	margarina ou manteiga
½	ovo
2 xícaras (aprox.)	farinha de trigo comum, sem peneirar

Para 24 unidades

¾ de xícara	leite fervente
2 envelopes	fermento biológico seco
½ xícara	água morna
3 colheres (sopa)	açúcar
1 colher (chá)	sal
3 colheres (sopa)	margarina ou manteiga
1	ovo
4 xícaras (aprox.)	farinha de trigo comum, sem peneirar

Tempo de preparo: aproximadamente 2 horas e 30 minutos

Tempo para assar: forno a 220°C (pão comum) ou 190°C (pão doce) por 12 a 20 minutos

1. Aqueça o leite até que comece a grudar nas laterais da panela.
2. Dissolva o fermento na água morna.
3. Enquanto isso, coloque o açúcar, o sal e a manteiga em uma tigela e adicione o leite fervente.
4. Mexa com uma colher de pau para misturar os ingredientes e derreter a manteiga.
5. Bata bem o ovo e adicione-o à mistura de leite.
6. Verifique se a temperatura da mistura não está acima de 40°C.
7. Junte cerca de ½ xícara de farinha, batendo. Acrescente o fermento dissolvido.
8. Junte aos poucos a farinha. Quando cerca de metade tiver sido adicionada, bata a massa vigorosamente por 3 minutos.
9. Continue juntando farinha até obter uma massa macia, mas que possa ser trabalhada sem muita dificuldade.
10. Vire a massa sobre uma superfície ligeiramente polvilhada com farinha.
11. Polvilhe as mãos com um pouco de farinha e faça uma bola com a massa.
12. Segure a borda mais distante da massa e dobre-a em direção ao lado oposto. Empurre com firmeza com a base da mão.
13. Vire a massa um quarto de volta e repita o movimento de amassar. Vá virando a massa e sovando-a até criar um ritmo.
14. Amasse por cerca de 5 minutos, até que bolhas possam ser vistas sob a superfície quando a massa é esticada.
15. Coloque a massa em uma tigela e unte a superfície com óleo.
16. Cubra a tigela com papel-alumínio e coloque em um local aquecido. Deixe crescer até dobrar de volume (cerca de 1 hora).
17. Abaixe a massa com o punho.
18. Separe a massa ao meio e enrole os pães.
19. Coloque-os em assadeiras e transfira para um local aquecido para que cresçam pela segunda vez. Não cubra.
20. Deixe crescer até dobrarem de volume (cerca de 45 minutos).
21. Durante os 10 minutos finais, preaqueça o forno a 220°C para pães comuns, ou a 190°C para os doces.
22. Asse por cerca de 12 minutos, se estiver usando a temperatura mais alta, ou por 20 minutos, para a mais baixa, até dourarem.
23. Retire da forma e deixe esfriar sobre grades de metal, ou sirva imediatamente.

Croissants de massa levedada amanteigada

Para 14 unidades

6 colheres (sopa)	leite fervente
2 colheres (sopa)	água morna
1 envelope	fermento biológico seco
¼ de xícara	açúcar
½ colher (chá)	sal
¼ de xícara	margarina ou manteiga
1 ½	ovo
2 ½ a 3 xícaras	farinha de trigo comum, sem peneirar

Para 28 unidades

¾ de xícara	leite fervente
¼ de xícara	água morna
2 envelopes	fermento biológico seco
½ xícara	açúcar
1 colher (chá)	sal
½ xícara	margarina ou manteiga
3	ovos
5-6 xícaras	farinha de trigo comum, sem peneirar

Tempo de preparo: aproximadamente 2 horas e 30 minutos

Tempo para assar: forno a 220°C por 12 minutos

1. Para fazer a massa, siga o mesmo procedimento da receita anterior.
2. Quando a massa estiver pronta para ser modelada, abra-a em discos de 3 a 6 mm de espessura e 20 cm de diâmetro.
3. Com uma faca, corte como se fosse uma pizza, em fatias de cerca de 5 cm de largura na base.
4. Enrole a massa, começando pela base. Arrume os pãezinhos em uma assadeira, deixando cerca de 2 cm entre eles.
5. Deixe crescer, sem cobrir, até dobrarem de volume.
6. Preaqueça o forno.
7. Asse a 220°C por 12 minutos.
8. Retire da assadeira para esfriarem.

Pão de centeio sueco

Pão pequeno

½ xícara	leite
½ xícara	água
1 colher (sopa)	margarina ou manteiga
1 ¾ a 2 xícaras	farinha de trigo comum, sem peneirar
¾ de xícara	farinha de centeio, sem peneirar
2 ⅔ colheres (sopa)	açúcar mascavo escuro
1 colher (chá)	sal
½ colher (chá)	semente de alcaravia
1 envelope	fermento biológico seco

Pão grande

1 xícara	leite
1 xícara	água
2 colheres (sopa)	margarina ou manteiga
3 ½ a 4 xícaras	farinha de trigo comum, sem peneirar
1 ½ xícara	farinha de centeio, sem peneirar
⅓ de xícara	açúcar mascavo escuro
2 colheres (chá)	sal
1 colher (chá)	semente de alcaravia
2 envelopes	fermento biológico seco

Observação: A massa pode ser misturada em uma batedeira usando o batedor gancho.

Tempo de preparo: aproximadamente 3 horas

Tempo para assar: 200°C por 30 minutos (pequeno) ou 40 minutos (grande)

1. Aqueça o leite, a água e a manteiga a 52°C.
2. Enquanto os ingredientes líquidos aquecem, misture as farinhas. Coloque ⅓ dessa mistura na tigela da batedeira com o açúcar, o sal, as sementes de alcaravia e o fermento seco (não hidratado).
3. Junte aos poucos o líquido; bata na batedeira por 2 minutos, em velocidade média.
4. Junte uma quantidade de farinha suficiente para obter uma massa firme. Use um pouco mais de farinha comum, caso a mistura de farinhas não seja suficiente.
5. Cubra e deixe descansar em local aquecido até dobrar de volume (cerca de 40 minutos).
6. Abaixe a massa. Transfira para um refratário untado com capacidade para 1 litro (receita pequena) ou 1,5 litro (receita grande).
7. Deixe descansar em local aquecido até dobrar de volume (cerca de 20 minutos). Quando faltarem 10 minutos para o término desse tempo, preaqueça o forno a 200°C.
8. Asse por 30 minutos (receita pequena) ou 40 minutos (receita grande). Desenforme e deixe esfriar sobre uma grade de metal.

Rolinhos de canela com farofa doce

Para 12 unidades

Massa:

½ xícara	leite
6 colheres (sopa)	água
3 colheres (sopa)	margarina ou manteiga
3 ½ xícaras (aprox.)	farinha de trigo, sem peneirar
3 colheres (sopa)	açúcar
¾ de colher (chá)	sal
1 envelope	fermento biológico seco
1 ½	ovo
1 colher (chá)	canela em pó
2 colheres (sopa)	açúcar

Farofa doce:

2 ²/₃ colheres (sopa)	farinha de trigo
2 ²/₃ colheres (sopa)	açúcar mascavo
½ colher (chá)	canela em pó
1 ½ colher (sopa)	margarina ou manteiga

Para 24 unidades

Massa:

1 xícara	leite
¾ de xícara	água
6 colheres (sopa)	margarina ou manteiga
7 xícaras (aprox.)	farinha de trigo, sem peneirar
6 colheres (sopa)	açúcar
1 ½ colher (chá)	sal
2 envelopes	fermento biológico seco
3	ovos
2 colheres (chá)	canela em pó
¼ de xícara	açúcar

Farofa doce:

¹/₃ de xícara	farinha de trigo
¹/₃ de xícara	açúcar mascavo
1 colher (chá)	canela em pó
3 colheres (sopa)	margarina ou manteiga

Observação: A massa pode ser preparada seguindo-se as instruções para pãezinhos brancos simples, em vez de se usar os procedimentos de 1 a 7 desta receita. Em seguida, modela-se e assa-se de acordo com os passos 8 a 12.

Tempo de preparo: 2 horas e 30 minutos

Tempo para assar: forno a 190°C por 20 minutos

1. Em uma panela, aqueça o leite, a água e a manteiga a 52°C.
2. Enquanto aquece os líquidos, misture cerca de ¹/₃ da farinha com o açúcar, o sal e o fermento seco (não hidratado) na tigela da batedeira.
3. Junte aos poucos o líquido quente e bata na batedeira por 2 minutos, em velocidade média.
4. Desligue a batedeira, adicione os ovos e ¼ de xícara (½ xícara para a receita grande) de farinha. Bata por 2 minutos na velocidade alta. Pare a batedeira a cada 30 segundos para raspar as laterais da tigela com uma espátula.
5. Junte uma quantidade de farinha suficiente (misturando com a mão) para fazer uma massa firme o bastante para ser amassada.
6. Sove por 8 minutos. Unte a parte de cima da bola de massa com óleo e coloque em uma tigela untada.
7. Cubra e coloque em local aquecido, longe das correntes de ar, até a massa dobrar de volume (cerca de 40 minutos).
8. Abaixe a massa com o punho e abra com o rolo formando um retângulo de 25 x 30 cm (para a receita grande, divida a massa ao meio e faça dois retângulos). Misture a canela e o açúcar, espalhe por toda a superfície e enrole, formando um rolo de 30 cm de comprimento.
9. Corte em rodelas de 2,5 cm de largura. Transfira para uma assadeira antiaderente, com o lado cortado virado para cima e com um espaço de aproximadamente 2 cm entre os rolinhos.
10. Em uma tigela pequena, misture os ingredientes da farofa doce com a ponta dos dedos.
11. Polvilhe sobre os rolinhos e deixe crescer, sem cobrir, em local aquecido, até dobrarem de volume. Cerca de 10 minutos antes do término do crescimento, preaqueça o forno a 190°C.
12. Asse por 20 minutos, ou até que a superfície adquira um bonito tom dourado. Deixe esfriar sobre uma grade de metal.

Pão de forma branco

Para 1 pão

1 xícara	leite
1 envelope	fermento biológico seco
2 colheres (sopa)	água morna
1 colher (sopa)	açúcar
¾ de colher (chá)	sal
½ colher (sopa)	margarina ou manteiga
3 xícaras (aprox.)	farinha de trigo comum, sem peneirar

Para 2 pães

2 xícaras	leite
2 envelopes	fermento biológico seco
¼ de xícara	água morna
2 colheres (sopa)	açúcar
1 ½ colher (chá)	sal
1 colher (sopa)	margarina ou manteiga
6 xícaras (aprox.)	farinha de trigo comum, sem peneirar

Tempo de preparo: 2 horas e 45 minutos

Tempo para assar: forno a 200°C por 35 minutos

1. Aqueça o leite.
2. Deixe o fermento dissolvendo na água morna enquanto executa o próximo passo.
3. Coloque o açúcar, o sal e a manteiga em uma tigela e junte o leite quente.
4. Mexa com uma colher de pau para misturar os ingredientes e derreter a manteiga.
5. Junte cerca de ½ xícara de farinha, batendo.
6. Verifique se a temperatura da mistura não está acima dos 40°C antes de juntar o fermento.
7. Junte aos poucos a farinha.
8. Quando cerca de metade tiver sido adicionada, bata a massa vigorosamente por 3 minutos.
9. Continue juntando farinha até obter uma massa macia, que possa ser trabalhada sem muita dificuldade.
10. Vire a massa sobre uma superfície ligeiramente enfarinhada.
11. Polvilhe as mãos com um pouco de farinha e faça uma bola com a massa.
12. Segure a borda mais distante da massa e dobre-a sobre o lado oposto. Empurre com firmeza usando a base da mão.
13. Gire a massa e dobre-a novamente. Empurre com firmeza usando a base da mão.
14. Vá virando a massa e sovando-a até criar um ritmo. Amasse por cerca de 5 minutos, até que bolhas sejam vistas sob a superfície quando a massa é esticada.
15. Coloque a massa sovada em uma tigela e unte-a com um pouco de óleo.
16. Cubra a tigela com papel-alumínio e coloque em local aquecido. Deixe crescer, sem interrupção, até que dobre de volume.
17. Abaixe a massa com o punho. Separe-a ao meio, se estiver preparando a receita grande.
18. Abra com o rolo até obter um retângulo de aproximadamente 1 cm de espessura e cerca de 8 cm maior que a largura da forma de bolo inglês.
19. Enrole a massa como um rocambole.
20. Aperte as bordas nas extremidades, pressionando-as com firmeza, para ficarem bem seladas. Então dobre as pontas para baixo, escondendo as extremidades sob o pão, e coloque na forma untada. Se estiver fazendo a receita grande, repita este processo com a outra metade da massa.
21. Coloque a forma, sem tampar, em local aquecido e deixe a massa crescer até dobrar de volume outra vez.
22. Quando estiverem faltando 10 minutos para o fim do crescimento, preaqueça o forno a 200°C.
23. Asse por cerca de 35 minutos. Quando tirar o pão do forno, desenforme imediatamente e deixe esfriar sobre uma grade de metal, para evitar que a casca fique úmida e perca sua crocância.

Pão ao estilo francês

Para 1 pão

1 envelope	fermento biológico seco
¼ de xícara	água morna
1 xícara	água morna
¾ de colher (chá)	sal
3 ½ xícaras	farinha de trigo comum, sem peneirar
1 ½ colher (chá)	fubá
½	clara de ovo
1 ½ colher (chá)	água

Para 2 pães

2 envelopes	fermento biológico seco
½ xícara	água morna
2 xícaras	água morna
1 ½ colher (chá)	sal
7 xícaras	farinha de trigo comum, sem peneirar
1 colher (sopa)	fubá
1	clara de ovo
1 colher (sopa)	água

Tempo de preparo: 2 horas e 30 minutos

Tempo para assar: forno a 190°C por 20 minutos

1. Dissolva o fermento em ¼ de xícara de água morna (para 1 pão) ou ½ xícara (para 2 pães).
2. Junte a água restante, o sal e $\frac{1}{3}$ da farinha ao fermento dissolvido.
3. Bata bem.
4. Vá juntando a farinha restante até que não seja mais possível mexer a massa com a colher de pau.
5. Vire a massa sobre uma superfície enfarinhada e junte a farinha restante.
6. Deixe crescer até dobrar de volume.
7. Abaixe a massa com o punho e divida-a ao meio, se estiver fazendo a receita grande.
8. Abra com o rolo até obter um retângulo de 30 x 40 cm.
9. Enrole como um rocambole e sele bem as bordas.
10. Unte ligeiramente uma assadeira, espalhando o óleo pela área a ser coberta pelo pão; polvilhe essa área com o fubá.
11. Coloque o pão na assadeira. Faça cortes angulados na parte de cima a intervalos de 6 cm.
12. Pincele com a mistura de clara batida e água.
13. Deixe crescer até dobrar de volume.
14. Quando estiverem faltando 10 minutos para o fim do crescimento, preaqueça o forno a 190°C.
15. Pincele o pão de novo, delicadamente, com a mistura de clara e água e asse por 20 minutos, até dourar.

Pão de forma integral

Para 1 pão

1 envelope	fermento biológico seco
½ xícara	água morna
½ xícara	leite
2 colheres (sopa)	açúcar mascavo
½ colher (chá)	sal
1 ½ colher (chá)	melado
2 colheres (sopa)	margarina ou manteiga
1 ½ colher (chá)	mel
¼ de xícara	germe de trigo (opcional)
1 xícara	farinha de trigo integral, peneirada
1 ½ xícara (aprox.)	farinha de trigo comum, sem peneirar

Para 2 pães

2 envelopes	fermento biológico seco
1 xícara	água morna
1 xícara	leite frio
¼ de xícara	açúcar mascavo
1 colher (chá)	sal
1 colher (sopa)	melado
¼ de xícara	margarina ou manteiga
1 colher (sopa)	mel
½ xícara	germe de trigo (opcional)
2 xícaras	farinha de trigo integral, peneirada
3 xícaras (aprox.)	farinha de trigo comum, sem peneirar

Tempo de preparo: 3 horas

Tempo para assar: forno a 190°C por 50 minutos

1. Dissolva o fermento na água morna.
2. Aqueça o leite e despeje sobre o açúcar, o sal, o melado, a manteiga e o mel.
3. Deixe a mistura esfriar até ficar morna antes de adicionar o fermento, o germe de trigo, a farinha integral e um terço da farinha comum.
4. Bata bem com uma colher de pau.
5. Adicione uma quantidade suficiente da farinha restante para formar uma massa firme.
6. Deixe descansar por 10 minutos antes de sovar bem (por aproximadamente 10 minutos), formando uma massa lisa e elástica.
7. Transfira para uma tigela, unte a superfície e tampe bem.
8. Deixe crescer até dobrar de volume.
9. Abaixe a massa. Divida ao meio se estiver fazendo a receita grande.
10. Abra com o rolo em um retângulo com aproximadamente 8 cm a mais que a largura da forma de bolo inglês.
11. Enrole como um rocambole e dobre as pontas para baixo, para que o pão fique do tamanho da forma.
12. Coloque na forma ligeiramente untada e deixe crescer, sem cobrir, até a massa dobrar de volume.
13. Quando estiverem faltando 10 minutos para o fim do crescimento, preaqueça o forno a 190°C.
14. Asse por 50 minutos, ou até que esteja no ponto.
15. Desenforme e deixe esfriar.

Croissants de fermento biológico

Para 6 unidades

½ xícara	margarina ou manteiga
1 ¼ colher (sopa)	farinha de trigo comum
1 envelope	fermento biológico seco
¼ de xícara	água morna
2 colheres (chá)	açúcar
½ colher (chá)	sal
6 colheres (sopa)	leite (morno)
1 ¼ xícara	farinha de trigo comum, sem peneirar
1	gema
1 colher (chá)	água

Para 12 unidades

1 xícara	margarina ou manteiga
2 ½ colheres (sopa)	farinha de trigo comum
2 envelopes	fermento biológico seco
½ xícara	água morna
4 colheres (chá)	açúcar
1 colher (chá)	sal
¾ de xícara	leite (morno)
2 ½ xícaras	farinha de trigo comum, sem peneirar
2	gemas
2 colheres (chá)	água

Tempo de preparo: 3 horas

Tempo para assar: forno a 190°C por 25 minutos

1. Bata a manteiga com a farinha e leve a mistura à geladeira (bem tampada).
2. Dissolva o fermento na água morna.
3. Adicione o açúcar, o sal, o leite e a farinha. Misture.
4. Sove a massa sobre uma superfície enfarinhada, adicionando farinha aos poucos, até obter uma massa firme.
5. Deixe crescer por 1 hora em uma tigela tampada.
6. Abaixe a massa e abra com o rolo em um retângulo de cerca de 0,5 cm de espessura.
7. Espalhe toda a mistura de farinha e manteiga com as mãos sobre a massa, deixando uma margem de 2,5 cm até a borda.
8. Dobre a massa ao meio e abra em um retângulo de cerca de 0,5 cm de espessura.
9. Leve ao congelador por 15 minutos.
10. Dobre cada extremidade da massa em direção ao meio e abra novamente em um retângulo de cerca de 0,5 cm de espessura. Repita este procedimento mais duas vezes.
11. Deixe a massa na geladeira de um dia para o outro, tampada (sem vedar), ou prossiga com a modelagem.
12. Abra com o rolo em um retângulo de cerca de 0,3 mm de espessura.
13. Corte em três quadrados e, em seguida, corte cada quadrado em triângulos.
14. Enrole os triângulos, começando pelo lado oposto ao da ponta.
15. Transfira para uma assadeira untada, curvando ligeiramente as pontas, para dar-lhes o formato característico de meia-lua.
16. Pincele ligeiramente com a mistura de água e gema.
17. Deixe crescer, sem cobrir, por meia hora; preaqueça o forno a 190°C quando faltarem 10 minutos para o término desse tempo.
18. Asse por 20 a 25 minutos, até ficarem dourados.

*Kolache** de ameixa

Para 9 unidades

Massa:

200 g (½ pacote)	mistura pronta para pães
¼ de xícara	germe de trigo
6 colheres (sopa)	leite morno
1	ovo, ligeiramente batido

Recheio:

1 xícara	ameixas-pretas secas, sem caroço, picadas
½	laranja com casca (lavada e seca), picada, sem semente
¼ de xícara	açúcar
½ xícara	água

Cobertura:

45 g	cream cheese
2 colheres (sopa)	mel

Para 18 unidades

Massa:

400 g (1 pacote)	mistura pronta para pães
½ xícara	germe de trigo
¾ de xícara	leite morno
2	ovos, ligeiramente batidos

Recheio:

2 xícaras	ameixas-pretas secas, sem caroço, picadas
1	laranja com casca (lavada e seca), picada, sem semente
½ xícara	açúcar
1 xícara	água

Cobertura:

90 g	cream cheese
¼ de xícara	mel

Tempo de preparo: 2 horas e 15 minutos

Tempo para assar: forno a 190°C por 15 minutos

1. Despeje a mistura pronta para pães em uma tigela e junte o germe de trigo e a farinha.
2. Dissolva o fermento na água morna.
3. Junte o ovo.
4. Junte à mistura seca da tigela, batendo.
5. Com a base das mãos, sove a massa vigorosamente sobre uma superfície enfarinhada até que esteja lisa e elástica.
6. Coloque em uma tigela untada, cubra com papel-alumínio e deixe crescer em local aquecido até dobrar de volume (cerca de 1 hora).
7. Enquanto isso, misture os ingredientes do recheio e cozinhe em fogo brando até a mistura ficar espessa.
8. Resfrie rapidamente até chegar à temperatura ambiente.
9. Quando a massa tiver dobrado de volume, abaixe com o punho e divida em 18 porções.
10. Abra cada uma com as mãos até obter um disco de cerca de 8 cm de diâmetro. Transfira para uma assadeira untada.
11. Aperte o centro de cada disco com os dedos para criar uma depressão. Preencha o buraco com o recheio já frio.
12. Deixe crescer até dobrar de volume.
13. Leve ao forno preaquecido por 15 minutos, ou até que estejam bem dourados.
14. Enquanto os pãezinhos assam, amasse o *cream cheese* e, aos poucos, incorpore o mel.
15. Sirva o *kolache* quente, com uma colherada do *cream cheese* por cima.

* N.T.: Iguaria típica da República Tcheca e da Eslováquia, seu recheio pode ser doce ou salgado.

Bagels

Para 6 unidades

1 envelope	fermento biológico seco
½ xícara	água morna
2 xícaras	farinha de trigo comum, sem peneirar
¾ de colher (chá)	sal
¾ de colher (chá)	açúcar
1 colher (sopa)	óleo
1	ovo, ligeiramente batido
1 colher (sopa)	açúcar
1 L	água fervente

Para 12 unidades

2 envelopes	fermento biológico seco
1 xícara	água morna
4 xícaras	farinha de trigo comum, sem peneirar
1 ½ colher (chá)	sal
1 ½ colher (chá)	açúcar
2 colheres (sopa)	óleo
2	ovos, ligeiramente batidos
2 colheres (sopa)	açúcar
1 L	água fervente

Tempo de preparo: 2 horas

Tempo para assar: forno a 230°C por 15 minutos

1. Dissolva o fermento na água morna.
2. Em uma tigela, misture a farinha, o sal e o açúcar; depois junte o fermento dissolvido e o óleo.
3. Incorpore o ovo e bata até a mistura formar uma bola de massa macia.
4. Sove sobre uma superfície enfarinhada por 10 minutos, adicionando farinha aos poucos, até obter uma massa firme.
5. Deixe crescer em uma tigela coberta por 1 hora.
6. Sove novamente a massa até que fique lisa e elástica.
7. Esprema a massa entre os dedos polegar e indicador, formando bolinhas de 5 cm de diâmetro.
8. Enrole na mão até formar um cordão de 2 cm de diâmetro e de cerca de 6 cm de comprimento.
9. Junte as pontas, selando bem, para formar uma argola.
10. Preaqueça o forno a 230°C.
11. Coloque as argolas cuidadosamente na mistura fervente de água e açúcar.
12. Com uma escumadeira, vire os *bagels* quando subirem para a superfície e cozinhe o outro lado por 1 minuto.
13. Transfira para uma assadeira rasa untada e asse por 12 a 15 minutos, até dourarem.

Avaliação das receitas produzidas – pães levedados

Receita	Observações sobre cor, textura, sabor e outras características	Comentários ou sugestões para preparo futuro

VOCABULÁRIO

Glúten

Agente de fermentação

Saccharomyces cerevisiae

Fermento em pó químico de ação dupla

Bicarbonato de sódio

Fermento em pó químico à base de
tartarato

Pães rápidos

Pães de fermento químico

Pães de fermento biológico

Muffin

Dióxido de carbono

CAPÍTULO 11

Bolos e biscoitos

Conceitos básicos, 287
Bolos aerados, 288
    Método de preparo, 288
    Receitas, 291
Bolos amanteigados, 298

Receitas, 303
Receitas de coberturas, 313
Cookies, biscoitos salgados e doces, 315
Receitas, 316
Vocabulário, 321

Bolos são mais delicados que pães por causa de seus ingredientes e proporções; o teor de açúcar é consideravelmente mais elevado nos bolos que nos pães, e o de gordura, ainda maior. Esses dois ingredientes interferem no desenvolvimento do complexo de glúten durante a mistura, resultando em bolos macios e com um bom volume. A medição cuidadosa de todos os ingredientes é essencial para o sucesso, porque alterações podem facilmente resultar em bolos com pouco volume ou textura ruim.

Certifique-se de usar o ingrediente especificado na receita. Com frequência, usa-se a farinha de trigo especial para bolo, pois o teor e a força de seu glúten são menores, o que proporciona a maciez desejada nos bolos. Bicarbonato de sódio e fermento em pó químico são ingredientes muito diferentes e não podem ser substituídos um pelo outro, apesar de ambos apresentarem um aspecto semelhante. O bicarbonato é um ingrediente alcalino que pode deixar o bolo com um gosto de sabão, uma cor amarelada e pouco volume. O fermento em pó é composto de um ingrediente ácido e bicarbonato de sódio; ao entrar em contato com a massa, reage produzindo dióxido de carbono, o que faz o bolo crescer. Se uma receita de bolo especificar o uso de bicarbonato de sódio, haverá também um ingrediente ácido, como o creme de leite azedo, para reagir com o bicarbonato. Nesse tipo de receita, é preciso trabalhar rapidamente para levar o bolo ao forno antes que todo o dióxido de carbono produzido pela reação desses ingredientes escape da massa.

Conceitos básicos

1. As duas categorias básicas de bolos são: bolos aerados e bolos amanteigados.
2. Os três tipos de bolo aerado são: *angel food cake*, pão de ló e *chiffon*.
   a. Grande parte do volume do bolo resulta de uma espuma de claras ou gemas de ovos bem preparada.
   b. Os bolos aerados contêm pouca ou nenhuma gordura.
   c. Bolos aerados são colocados para esfriar de cabeça para baixo, para que não abaixem.
3. Bolos amanteigados diferem dos aerados no teor de gordura e no mecanismo de crescimento.

   a. Bolos amanteigados têm um teor de gordura bastante alto (geralmente uma gordura sólida que é transformada em creme), o que resulta em uma textura macia que precisa esfriar na posição vertical.

   b. Fermento em pó químico ou outra fonte potencial de dióxido de carbono são os principais agentes de crescimento de bolos amanteigados.

4. Comparados com os bolos, os *cookies* e outros biscoitos doces ou salgados (de pingar com a colher, de modelar antes de assar, de cortar após o assamento e de abrir com o rolo) contêm uma quantidade reduzida de líquido e farinha e uma proporção elevada de açúcar e gordura.

BOLOS AERADOS

Objetivos

1. Demonstrar o uso das claras batidas em neve para promover o crescimento em bolos aerados.
2. Comparar a influência de vários ingredientes no volume, na maciez, na textura e na palatabilidade de bolos aerados.
3. Desenvolver a habilidade de produzir claras em neve de alta qualidade e incorporá-las com sucesso em massas de bolos aerados.
4. Preparar e avaliar os bolos aerados *angel food cake*, pão de ló e *chiffon*.

Método de preparo

Angel food cake e outros bolos de massa aerada assados em formas de buraco no meio desmontáveis (ou formas *chiffon*) são assados com a grade do forno na posição logo abaixo do meio. O pão de ló e o bolo *chiffon*, que são assados a 160°C, diferem do *angel food cake*, que é assado a 190°C. O forno é preaquecido para minimizar a perda de ar da espuma antes que o calor firme a estrutura.

A formação de uma espuma de claras em neve de boa qualidade é essencial para o preparo de qualquer bolo de massa aerada. A estabilidade da espuma é aumentada pela adição de cremor tártaro, de uma vez só, quando a clara começa a espumar. Em seguida, acrescenta-se o açúcar lentamente, sem parar de bater. A menos que se use uma batedeira planetária, uma espátula de borracha limpa deve ser usada para raspar as claras das laterais da tigela continuamente. Isso ajudará a promover a textura uniforme das claras em neve.

Depois que o açúcar tiver sido acrescentando às claras, continua-se a bater a mistura, sem parar e na velocidade alta, até que a espuma de claras esteja no ponto correto ao ser testada, isto é, quando formar um pico na ponta da espátula retirada de dentro da tigela. Para *angel food cake* e pão de ló, as claras devem ser batidas em picos médios. Um bolo *chiffon* requer claras um pouco mais firmes; ou seja, em picos firmes, mas não secos. Sempre desligue a batedeira para testar o ponto. Se o pico estiver muito mole, continue batendo até que as claras atinjam o ponto apropriado. Bater as claras na medida certa ajuda a estabilizar a espuma e a produzir um bolo bem crescido e com uma textura mais delicada.

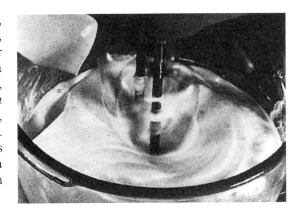

Para os bolos aerados, é preciso uma técnica de mistura adequada para misturar os ingredientes, que não seja excessiva ou vigorosa, e utilize uma espátula de borracha. Se o bolo *chiffon* ou pão de ló não forem bem misturados e assados imediatamente, pode ocorrer a formação de uma camada densa na base.

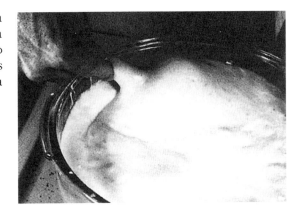

Ao final do tempo de assamento indicado, o bolo de massa aerada é testado com cuidado, usando-se uma luva térmica para puxar a forma delicadamente. Se a massa do bolo se mexer quando a forma for arrastada, retorne-o imediatamente ao centro do forno e feche a porta sem bater, para dar continuidade ao assamento. Se aparentar estar assado, puxe a forma para que possa pressionar delicadamente a superfície do bolo com a ponta do dedo. Se estiver pronto, a superfície não afundará.

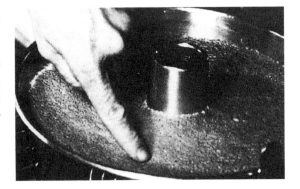

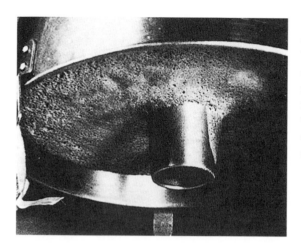

Bolos aerados têm uma estrutura bem delicada quando quentes. Deixá-los esfriar invertidos, isto é, de cabeça para baixo, faz com que a massa fique suspensa na forma, mantendo as paredes das células dilatadas. Com isso, a estrutura do bolo não colapsa; as paredes das células ficam mais delgadas e macias do que seriam se o bolo esfriasse na posição normal. O bolo deve esfriar até atingir a temperatura ambiente antes de ser desenformado. A essa altura, a estrutura estará firme o suficiente para suportar a manipulação.

Quando o bolo tiver esfriado por completo, pode-se virá-lo novamente para posição normal. Use uma faca de lâmina longa e fina para soltar a massa das laterais da forma e ao redor do tubo, nas formas de buraco com fundo removível.

Levante o bolo pela base, forçando-a de baixo para cima. Ainda usando a faca, deslize a lâmina entre o bolo e a base removível da forma para liberá-lo completamente. Com isso, o bolo estará pronto para ser retirado da forma.

Coloque um prato de bolo invertido sobre o bolo. Ele deve ser ligeiramente maior que a forma, para que possa ser recheado, coberto ou decorado, tornando-se mais atraente para ser servido. Segure o prato com firmeza sobre o bolo e, com cuidado e rapidez, inverta os dois de uma só vez. Esse movimento rápido permite que o bolo deslize suavemente para o prato, sem quebrar.

Capítulo 11 ▪ Bolos e biscoitos **291**

RECEITAS

Angel food cake

Para uma forma de bolo inglês

¹/₃ de xícara	farinha de trigo especial para bolo peneirada
4 colheres (sopa)	açúcar
4	claras
uma pitada generosa	sal
½ colher (chá)	essência de baunilha
½ colher (chá)	cremor tártaro
4 colheres (sopa)	açúcar

Para uma forma de buraco de 25 cm

1 xícara	farinha de trigo especial para bolo peneirada
¾ de xícara	açúcar
12	claras
¹/₈ de colher (chá)	sal
1 colher (chá)	essência de baunilha
1 colher (chá)	cremor tártaro
¾ de xícara	açúcar

Tempo de preparo: 1 hora

Tempo para assar: forno a 190°C por 25 minutos (forma de bolo inglês) ou 35 a 40 minutos (forma grande de buraco no meio com fundo removível)

1. Preaqueça o forno.
2. Peneire a farinha e o açúcar juntos três vezes.
3. Bata as claras na batedeira até começarem a espumar.
4. Junte o sal, a baunilha e o cremor tártaro.
5. Continue batendo enquanto acrescenta, aos poucos, o açúcar restante. Bata até obter picos médios.
6. Peneire aproximadamente um quarto da mistura de farinha e açúcar sobre as claras em neve.
7. Usando uma espátula de borracha, incorpore a mistura às claras, usando o método de mistura em 5 movimentos duas vezes, totalizando 10 movimentos.
8. Peneire mais um quarto da farinha por cima e misture com mais 10 movimentos.
9. Faça o mesmo com a terceira e a quarta partes da mistura de farinha. Faça os 10 movimentos depois da terceira adição. Após a quarta, continue mexendo até que os ingredientes formem uma mistura completamente homogênea.
10. Despeje a mistura na forma não untada, transferindo a massa delicadamente com a ajuda da espátula, e asse (cerca de 25 minutos para a forma de bolo inglês e 35 a 40 minutos para a forma de buraco no meio com fundo removível), em forno preaquecido a 190°C até que a superfície não afunde ao ser levemente pressionada com o dedo.
11. Deixe o bolo esfriar com a forma invertida, depois desenforme.

Pão de ló verdadeiro

Para uma forma de bolo inglês

2	ovos, gema separada da clara
2 ²/₃ colheres (sopa)	água
¼ de xícara	açúcar
¼ de colher (chá)	essência de baunilha
¼ de colher (chá)	essência de limão
½ xícara	farinha de trigo especial para bolo, peneirada
uma pitada generosa	sal
¼ de xícara	açúcar
¼ de colher (chá)	cremor tártaro

Para uma forma de buraco de 25 cm

6	ovos, gema separada da clara
½ xícara	água
¾ de xícara	açúcar
½ colher (chá)	essência de baunilha
½ colher (chá)	essência de limão
1 ½ xícara	farinha de trigo especial para bolo, peneirada
¼ de colher (chá)	sal
¾ de xícara	açúcar
¾ de colher (chá)	cremor tártaro

Tempo de preparo: 1 hora e 30 minutos

Tempo para assar: 160°C por 35 a 40 minutos (pequeno) ou 1 hora (grande)

1. Preaqueça o forno.
2. Bata as gemas na batedeira até obter um creme claro e fofo.
3. Junte a água e continue batendo até que a mistura engrosse, caindo de volta na tigela em forma de fita.
4. Junte aos poucos o açúcar e as duas essências. Continue batendo até que a mistura esteja espessa o bastante para se acumular ligeiramente na superfície antes de afundar.
5. Peneire o sal com a farinha. Peneire um quarto dessa mistura sobre a mistura de gemas e incorpore delicadamente, usando duas séries de 5 movimentos, totalizando 10 movimentos.
6. Faça o mesmo com a segunda, a terceira e a quarta partes da mistura de farinha. Faça os 10 movimentos após cada adição, com exceção da quarta. Continue mexendo delicadamente após a última adição, até que toda a farinha tenha sido incorporada.
7. Lave bem as hélices e use a batedeira para bater as claras até começarem a espumar.
8. Junte o cremor tártaro e, aos poucos, incorpore a segunda quantidade de açúcar, com a batedeira ligada.
9. Continue batendo até que todo o açúcar tenha sido acrescentado e picos médios sejam formados.
10. Incorpore as claras à massa, misturando bem.
11. Use uma espátula de borracha para transferir a mistura com cuidado para uma forma não untada.
12. Leve ao forno preaquecido a 160°C, colocando a forma na grade central.
13. Asse até que a superfície não afunde quando for levemente pressionada com o dedo (cerca de 40 minutos para o bolo pequeno e 1 hora para o grande).
14. Deixe o bolo esfriar com a forma invertida; desenforme.

Rocambole

Para um rocambole de 10 fatias

Massa:

3	ovos, gema separada da clara
¼ de xícara	água
6 colheres (sopa)	açúcar
¼ de colher (chá)	essência de baunilha
¼ de colher (chá)	essência de limão
¾ de xícara	farinha de trigo especial para bolo, peneirada
¹/₈ de colher (chá)	sal
6 colheres (sopa)	açúcar
½ colher (chá)	cremor tártaro

Sugestões de recheio:

Sorvetes à base de leite ou de água, creme de leite batido com açúcar e frutas da estação fatiadas (p. ex., morangos), geleias.

Tempo de preparo: 35 minutos

Tempo para assar: forno a 190°C por 12 a 15 minutos

1. Preaqueça o forno.
2. Prepare a massa de pão de ló usando as instruções para o Pão de ló verdadeiro (receita anterior).
3. Despeje em uma assadeira de rocambole antiaderente ou forrada com papel-alumínio e leve ao forno preaquecido a 190°C até que a superfície esteja dourada e não afunde quando levemente pressionada com o dedo (cerca de 12 minutos).
4. Retire do forno e, imediatamente, passe uma faca nas laterais da assadeira para soltar o bolo; vire-o sobre um pano de prato ligeiramente polvilhado com açúcar de confeiteiro. Descarte o papel-alumínio se estiver usando-o.
5. Enrole o rocambole, juntamente com a toalha, a partir da lateral mais curta. Deixe esfriar já enrolado.
6. Depois de frio, desenrole e espalhe o recheio na superfície interna. Enrole novamente, com o cuidado de não incluir o pano.
7. Polvilhe ligeiramente a superfície com açúcar de confeiteiro. Leve à geladeira (ou ao congelador se o recheio for de sorvete).
8. Corte em fatias de cerca de 2,5 cm de espessura e sirva com creme de leite batido, frutas ou outra guarnição.

Rocambole havaiano

Para um rocambole de 10 fatias

3 ½ xícaras	abacaxi em calda, escorrido e picado grosseiramente (reserve a calda)
½ xícara	açúcar mascavo
¼ de xícara	farinha de trigo especial para bolo, peneirada
1 colher (chá)	fermento em pó químico
⅛ de colher (chá)	sal
4	ovos, gema separada da clara
¼ de xícara	açúcar
½ colher (chá)	essência de limão
¼ de colher (chá)	cremor tártaro
½ xícara	açúcar

Calda de abacaxi (opcional):

1 colher (sopa)	açúcar
1 colher (sopa)	amido de milho
¾ de xícara	calda reservada do abacaxi
2 colheres (chá)	suco de limão

Tempo de preparo: 45 minutos

Tempo para assar: forno a 190°C por 20 minutos

1. Preaqueça o forno.
2. Espalhe os pedaços de abacaxi bem escorridos em uma assadeira de 40 x 25 x 2,5 cm; polvilhe com o açúcar mascavo.
3. Peneire a farinha, o fermento e o sal em uma tigela.
4. Bata as gemas por 10 minutos na batedeira, em velocidade alta.
5. Junte aos poucos ¼ de xícara de açúcar e a essência de limão.
6. Incorpore a mistura de farinha delicadamente (passos 5 e 6 da receita de Pão de ló verdadeiro, p. 292).
7. Lave bem as hélices da batedeira com água quente e sabão, enxágue e seque; bata as claras em neve em uma tigela limpa.
8. Bata em velocidade alta até as claras começarem a espumar; junte o cremor tártaro.
9. Bata por 15 segundos em velocidade alta antes de começar a acrescentar, aos poucos, o açúcar restante. Bata até obter picos firmes, mas não secos.
10. Incorpore as claras delicadamente à massa, mexendo até obter uma mistura homogênea.
11. Usando uma espátula de borracha, espalhe com cuidado a massa na assadeira, sobre o abacaxi.
12. Asse a 190°C por 20 minutos (até que a superfície não afunde ao ser levemente pressionada).
13. Siga os passos 3 a 7 da receita de Rocambole.

Calda de abacaxi opcional:

1. Prepare a calda, se desejar. Misture o açúcar e o amido de milho em uma panela, mexendo bem com uma colher de pau.
2. Junte a calda reservada do abacaxi e misture novamente.
3. Leve ao fogo e mexa, sem parar, até que a calda engrosse e borbulhe no centro da panela.
4. Retire do fogo, acrescente o suco de limão e deixe esfriar.
5. Use para regar as fatias de rocambole ao servir.

Bolo *chiffon* de café com chocolate

Para uma forma de bolo inglês

1 ⅛ xícara	farinha de trigo especial para bolo, peneirada
¼ de xícara	açúcar
½ colher (chá)	sal
1 ½ colher (chá)	fermento em pó químico
2 colheres (chá)	café solúvel
¼ de xícara	óleo
2	gemas
½ colher (chá)	essência de baunilha
6 colheres (sopa)	água
45 g	chocolate meio amargo, ralado
4	claras
¼ de colher (chá)	cremor tártaro
½ xícara	açúcar

Para uma forma de buraco de 25 cm

2 ¼ xícaras	farinha de trigo especial para bolo, peneirada
½ xícara	açúcar
1 colher (chá)	sal
1 colher (sopa)	fermento em pó químico
4 colheres (chá)	café solúvel
½ xícara	óleo
4	gemas
1 colher (chá)	essência de baunilha
¾ de xícara	água
90 g	chocolate meio amargo, ralado
8	claras
½ colher (chá)	cremor tártaro
1 xícara	açúcar

Tempo de preparo: 1 hora e 30 minutos

Tempo para assar: 160°C por 35 minutos (pequeno); 1 hora (grande)

1. Preaqueça o forno.
2. Peneire a farinha, o açúcar, o sal e o fermento em pó químico em uma tigela pequena; faça um buraco no meio.
3. Acrescente o café, o óleo, as gemas, a baunilha e a água aos ingredientes secos.
4. Bata na batedeira até obter uma mistura lisa e brilhante.
5. Acrescente o chocolate. Lave as hélices da batedeira.
6. Na tigela grande da batedeira, bata as claras até começarem a espumar, então junte o cremor tártaro.
7. Bata por 15 segundos antes de começar a acrescentar, aos poucos, a segunda quantidade de açúcar.
8. Continue batendo até obter picos firmes, mas não secos.
9. Despeje a massa sobre as claras em neve e incorpore-as à massa com delicadeza, mas rapidamente, até que não haja mais massa pura no fundo da tigela e a mistura esteja homogênea. Use a técnica de misturar de 5 movimentos.
10. Transfira a massa para uma assadeira não untada e asse a 160°C até que o bolo não afunde ao ser levemente pressionado (cerca de 35 minutos para o pequeno, ou 1 hora para o grande).
11. Deixe o bolo esfriar com a forma invertida, depois desenforme.

Bolo *chiffon* de açúcar queimado e nozes

Para uma forma de bolo inglês

3 colheres (sopa)	açúcar
¼ de xícara	água fervente
1 ¹/₈ xícara	farinha de trigo especial para bolo, peneirada
¼ de xícara	açúcar
1 ½ colher (chá)	fermento em pó químico
½ colher (chá)	sal
¼ de xícara	óleo
2	gemas
3 colheres (sopa)	água
½ colher (chá)	essência de baunilha
3 colheres (sopa)	calda de açúcar queimado (do passo 2)
4	claras
½ xícara	açúcar
¼ de colher (chá)	cremor tártaro
½ xícara	nozes-pecã picadas

Para uma forma de buraco de 25 cm

6 colheres (sopa)	açúcar
½ xícara	água fervente
2 ¼ xícaras	farinha de trigo especial para bolo, peneirada
½ xícara	açúcar
1 colher (sopa)	fermento em pó químico
1 colher (chá)	sal
½ xícara	óleo
5	gemas
6 colheres (sopa)	água
1 colher (chá)	essência de baunilha
6 colheres (sopa)	calda de açúcar queimado (do passo 2)
8	claras
1 xícara	açúcar
½ colher (chá)	cremor tártaro
1 xícara	nozes-pecã picadas

Tempo de preparo: 1 hora e 30 minutos

Tempo para assar: 160°C por 35 minutos (pequeno); 1 hora (grande)

1. Preaqueça o forno.
2. Prepare uma calda de açúcar queimado usando os dois primeiros ingredientes: derreta o açúcar em uma frigideira de fundo grosso, mexendo sem parar com uma colher de pau; continue cozinhando e mexendo até que a calda fique bem dourada; leve a frigideira até a pia imediatamente e junte a água fervente; dissolva o caramelo, levando novamente ao fogo, se necessário. Meça 3 colheres (sopa) dessa calda para o bolo pequeno, ou 6 para o grande; reserve. Use o restante para preparar a cobertura.
3. Peneire a farinha, a segunda quantidade de açúcar, o fermento em pó e o sal em uma tigela pequena.
4. Faça um buraco no centro e acrescente nesse local o óleo, as gemas, a água, a baunilha e 3 colheres (sopa) (bolo pequeno) ou 6 (bolo grande) da calda de açúcar queimado do passo 1.
5. Bata na batedeira até obter uma mistura lisa e brilhante. Lave as hélices da batedeira.
6. Bata as claras na batedeira até começarem a espumar.
7. Junte o cremor tártaro e, aos poucos, acrescente o açúcar restante.
8. Continue batendo até obter picos bem firmes, mas não secos.
9. Despeje a massa sobre as claras em neve e polvilhe por cima as nozes.
10. Mexa delicadamente com uma espátula de borracha até que não haja mais massa pura no fundo da tigela e a mistura esteja homogênea.
11. Despeje na forma não untada e leve ao forno imediatamente.
12. Asse a 160°C até que o bolo não afunde ao ser levemente pressionado (cerca de 35 minutos para o pequeno, ou 1 hora para o grande).
13. Deixe o bolo esfriar com a forma invertida, depois desenforme.

Bolo *chiffon* de limão

Para uma forma de bolo inglês

1 $1/8$ xícara	farinha de trigo especial para bolo, peneirada
¼ de xícara	açúcar
½ colher (chá)	sal
1 ½ colher (chá)	fermento em pó químico
¼ de xícara	óleo
2	gemas
½ colher (chá)	essência de baunilha
6 colheres (sopa)	água
1 colher (chá)	raspas de limão
¼ colher (chá)	cremor tártaro
4	claras
½ xícara	açúcar

Para uma forma de buraco de 25 cm

2 ¼ xícaras	farinha de trigo especial para bolo, peneirada
½ xícara	açúcar
1 colher (chá)	sal
1 colher (sopa)	fermento em pó químico
½ xícara	óleo
4	gemas
1 colher (chá)	essência de baunilha
¾ de xícara	água
2 colheres (chá)	raspas de limão
½ colher (chá)	cremor tártaro
8	claras
1 xícara	açúcar

Tempo de preparo: 1 hora e 30 minutos

Tempo para assar: 160°C por 35 minutos (pequeno); 1 hora (grande)

1. Preaqueça o forno.
2. Peneire a farinha, o açúcar, o sal e o fermento em pó em uma tigela; faça um buraco no meio.
3. Junte o óleo, a gema, a baunilha, a água e as raspas de limão. Bata na batedeira até obter uma massa lisa e brilhante.
4. Lave as hélices. Bata as claras na batedeira até começarem a espumar.
5. Acrescente o cremor tártaro e, aos poucos, adicione a segunda quantidade de açúcar. Bata até obter picos firmes, mas não secos.
6. Despeje a massa sobre as claras em neve. Mexa (usando a técnica de 5 movimentos) até que a mistura esteja homogênea e não haja mais massa pura no fundo da tigela.
7. Despeje, com cuidado, na forma não untada. Asse imediatamente, a 160°C, até que o bolo não afunde ao ser levemente pressionado (cerca de 35 minutos para o pequeno, ou 1 hora para o grande).
8. Deixe o bolo esfriar com a forma invertida, depois desenforme.

Bolo *chiffon* de cacau

Para 9 porções

$3/8$ de xícara	água fervente
$1/4$ de xícara	cacau em pó
$7/8$ de xícara	farinha de trigo especial para bolo, peneirada
6 colheres (sopa)	açúcar
$1/2$ colher (chá)	canela em pó
1 $1/2$ colher (chá)	fermento em pó químico
$1/4$ de colher (chá)	sal
$1/4$ de xícara	óleo
4	ovos, gema separada da clara
$1/2$ colher (chá)	essência de baunilha
$1/4$ de colher (chá)	cremor tártaro
$1/2$ xícara	açúcar

Tempo de preparo: 1 hora

Tempo para assar: forno a 180°C por 30 a 35 minutos

1. Preaqueça o forno.
2. Em uma tigela, misture a água fervente e o cacau em pó; resfrie.
3. Peneire a farinha, 6 colheres (sopa) de açúcar, a canela, o fermento em pó e o sal em uma tigela.
4. Faça um buraco no meio; junte o óleo, as gemas (sem bater), a baunilha e a mistura de cacau e água já fria.
5. Bata na batedeira até obter uma mistura lisa e brilhante.
6. Lave as hélices. Bata as claras numa tigela limpa, em velocidade alta, até começarem a espumar.
7. Adicione o cremor tártaro.
8. Bata por 15 segundos em velocidade alta antes de acrescentar, aos poucos, $1/2$ xícara de açúcar. Bata até obter picos firmes, mas não secos.
9. Delicadamente, despeje a mistura de gemas sobre as claras em neve. Mexa (usando a técnica de 5 movimentos) até que a mistura esteja homogênea e não haja mais massa pura no fundo da tigela.
10. Despeje em uma assadeira quadrada de 23 cm, não untada e com o fundo forrado com papel-manteiga.
11. Asse imediatamente a 180°C por 30 a 35 minutos, até que o bolo não afunde ao ser levemente pressionado com o dedo.
12. Deixe o bolo esfriar com a forma invertida; desenforme enquanto ainda estiver ligeiramente morno.

BOLOS AMANTEIGADOS

Objetivos

1. Ilustrar os diversos métodos de mistura usados em bolos amanteigados, incluindo: método cremoso, método cremoso para massa úmida, método pão de ló (ou indireto), método *muffin* e método direto.
2. Comparar as características de bolos feitos por métodos diferentes.
3. Comparar as diferenças entre bolos aerados e amanteigados.
4. Avaliar a qualidade de bolos amanteigados.

Bolos amanteigados, ou de massa rica, podem ser feitos por vários métodos de mistura, entre eles: cremoso, cremoso para massa úmida, pão de ló (ou indireto), *muffin* e direto. O mais convencional deles, o método cremoso, assim como suas variações, tem a vantagem de produzir bolos com textura excelente e de boa conservação, mas por outro lado, exigem um período de mistura relativamente longo. Comparando-se, os métodos *muffin* e direto são de preparo rápido, mas a textura será mais porosa e o bolo se deteriorará mais rapidamente.

O método cremoso é usado para preparar bolos de alta qualidade. Os ingredientes necessários para preparar um bolo simples pelo método cremoso são gordura, açúcar, baunilha, ovos, farinha de trigo especial para bolos, fermento em pó químico, sal e leite.

A grade do forno deve ser colocada na posição central antes que ele seja preaquecido a 180°C. Esta temperatura moderada de forno é apropriada para bolos porque há tempo suficiente para o fermento na massa ser ativado pelo calor do forno, liberando o dióxido de carbono que ajudará a dilatar as paredes das células e produzir um bom volume antes que a proteína contida nelas coagule e perca a elasticidade.

Uma maneira de preparar a forma para que seja mais fácil desenformar o bolo depois de pronto é forrando seu fundo com papel-manteiga. Isso pode ser feito com rapidez: coloque a forma em cima de uma folha de papel-manteiga, risque o contorno com a ponta de uma tesoura e, em seguida, recorte o padrão, pelo lado de dentro da linha desenhada. O papel deve cobrir todo o fundo da forma, mas sem subir pelas laterais. Não é preciso untar. A superfície interna não untada permite que o bolo se fixe às laterais e cresça com mais facilidade. O papel-manteiga é suficiente para impedir que o bolo grude no fundo, de modo que é desnecessário untar a forma.

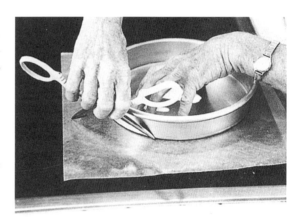

Bata a gordura com o açúcar até obter um creme, acrescentando a baunilha depois que todo o açúcar tiver sido incorporado. Isso pode ser feito na batedeira ou com uma colher de pau. Trata-se de um processo vigoroso, que visa produzir bolhas de ar suspensas na gordura. Os grânulos de açúcar ajudam a aprisionar pequenas bolsas de ar na gordura, formando uma emulsão densa, que será valiosa para a produção de um bolo de textura delicada. Continue batendo até que essa mistura fique relativamente leve e fofa.

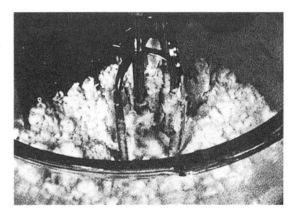

Depois de bem batidos com uma batedeira manual, os ovos devem ser incorporados à mistura de gordura com o auxílio de uma colher de pau, ou na batedeira. A capacidade emulsificadora da gema ajudará a deixar a mistura ainda mais aerada. Essa propriedade também será usada mais tarde para ajudar a formar uma emulsão com o leite.

Os ingredientes secos têm de ser peneirados juntos três vezes para ajudar a misturar bem o fermento em pó e o sal com a farinha antes que as proteínas desta entrem em contato com o líquido e o desenvolvimento do glúten comece. Esse procedimento é especialmente importante para ajudar a distribuir o fermento por toda a farinha, o que ajuda a produzir um crescimento uniforme do bolo.

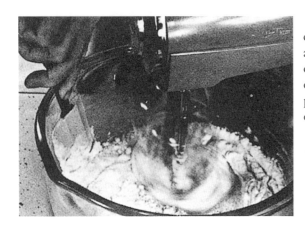

Em seguida, adicione aproximadamente um terço dos ingredientes secos à mistura aerada de gordura, açúcar e ovo. Misture apenas até a massa ficar lisa novamente. A textura é bastante densa, mas há líquido suficiente nos ovos para que algum desenvolvimento do glúten presente na farinha ocorra. Um pouco de farinha rende uma mistura que geralmente não talha quando parte do leite é adicionada.

Junte metade do leite e misture bem, e lentamente, seja na batedeira ou com uma colher de pau. Quando o excesso de líquido tiver sido incorporado à massa, bata novamente até a massa ficar homogênea. Nesse ponto, o glúten se desenvolve razoavelmente bem, pelo fato de a massa estar mais fluida. No entanto, as quantidades de gordura e açúcar retardam esse desenvolvimento. A gordura aparentemente faz com que os fios de glúten fiquem untados e escorregadios, em vez de promover uma estrutura pegajosa e elástica. O açúcar, por sua natureza higroscópica, captura parte do líquido, impedindo de certo modo o desenvolvimento do glúten.

Mais um terço dos ingredientes secos peneirados deve ser adicionado e incorporado lentamente à massa. Em seguida, bata outra vez até a mistura ficar homogênea. O glúten continua se desenvolvendo sempre que a massa é misturada. O desenvolvimento excessivo de glúten produzirá um bolo duro, com alguns túneis ou buracos onde gás se acumula durante o assamento, forçando seu caminho para cima por entre as fibras resistentes de glúten.

A segunda metade do leite é adicionada a essa massa densa. Incorpore o leite com cuidado e bata a mistura novamente. Esse é o ponto, no processo de mistura, em que o glúten desenvolve-se bem. Assim, bata apenas até que a massa fique lisa.

A adição final dos ingredientes secos é feita em seguida. Outra vez, incorpore a mistura de farinha com cuidado, e bata até a massa ficar homogênea. Embora o glúten presente na farinha especial para bolo não seja tão abundante ou tão forte quanto o da farinha para pão, o método cremoso de mistura para bolos amanteigados descrito anteriormente é suficiente para produzir uma massa macia, mas que não esfarela muito.

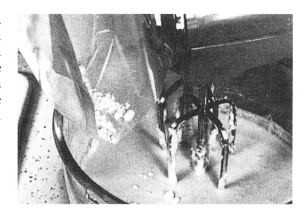

Se estiver fazendo um bolo para rechear, despeje metade da massa em cada assadeira previamente forrada com papel-manteiga. Como os bolos quase chegam a dobrar de volume durante o assamento, não se deve encher as formas além da metade. Com isso, o bolo terá uma superfície plana, e não transbordará antes de a estrutura se definir e firmar-se. Posicione os bolos na grade do forno de modo que o ar possa circular livremente ao redor das formas. Duas camadas de bolo redondas e pequenas assam em cerca de 30 minutos.

Um bolo amanteigado está pronto quando um palito de dente, ao ser enfiado no centro do bolo, sair limpo, sem partículas de massa aderidas a ele. Esse teste determina se a estrutura da proteína por todo o bolo já foi desnaturada a ponto de tornar-se rígida o suficiente para dar-lhe estrutura, mesmo quando o ar quente expandido se contrair, reduzindo a pressão que sustenta cada parede celular na posição dilatada. Se o bolo estiver soltando das laterais da forma ao ser testado, retire-o do forno imediatamente. Esse encolhimento do bolo indica que ele já ultrapassou o ponto ideal de cozimento.

Depois que esfriar por cerca de 5 minutos, o bolo estará pronto para ser desenformado. Passe uma faca rente às laterais para soltar a massa. Coloque uma grade de metal ou o prato onde colocará o bolo sobre a forma. Vire de uma vez, segurando ambos juntos com firmeza. A forma pode ser levantada imediatamente, aproveitando que a cera do papel-manteiga está ainda morna e maleável. Com cuidado, retire a camada de papel-manteiga aderida ao bolo.

O método *muffin* usado no preparo de bolos é basicamente o mesmo empregado para fazer a iguaria que lhe empresta o nome, embora seja necessário misturar por mais tempo para desenvolver o glúten no caso dos bolos. Os ingredientes secos são peneirados juntos em uma tigela e, no centro da mistura, faz-se um buraco. Como a gordura é considerada um líquido nesse método, deve ser derretida para ficar em sua forma líquida antes de ser misturada aos demais líquidos e aos ovos batidos. Todo o líquido é despejado de uma vez sobre os ingredientes secos, e a mistura é batida por 2 minutos para que se obtenha uma massa lisa e o glúten se desenvolva. A massa finalizada é assada da mesma maneira que no método cremoso.

Um bolo preparado pelo método direto é feito com o auxílio de uma batedeira, pois o primeiro estágio da mistura forma uma massa dura, que é difícil de misturar manualmente. Todos os ingredientes secos, aromatizantes, gordura e $2/3$ do leite são colocados na tigela grande da batedeira e batidos, em velocidade média, por 2 minutos. Conclui-se o preparo pelo método direto adicionando o $1/3$ restante do leite e as gemas, e batendo em seguida por mais 2 minutos na velocidade média. A massa é despejada na forma e assada a 180°C por 30 minutos.

Ajuste de altitude

Ingrediente alterado	1.000 m	1.500 m	2.000 m
Para cada colher de chá de fermento em pó químico, *reduza*	¹/₈ de colher (chá)	¹/₈ a ¹/₄ de colher (chá)	¹/₄ de colher (chá)
Para cada xícara de açúcar, *reduza*	Até 1 colher (sopa)	Até 2 colheres (sopa)	1 a 3 colheres (sopa)
Para cada xícara de líquido, *acrescente*	1 a 2 colheres (sopa)	2 a 4 colheres (sopa)	3 a 4 colheres (sopa)

RECEITAS

Bolo simples (método cremoso)

Para 1 bolo de 20 cm de diâmetro

¼ de xícara	gordura vegetal
½ xícara	açúcar
½ colher (chá)	essência de baunilha
1	ovo
1 xícara	farinha de trigo especial para bolo, peneirada
1 colher (chá)	fermento em pó químico
¼ de colher (chá)	sal
½ xícara	leite

Para 2 bolos de 20 cm de diâmetro

½ xícara	gordura vegetal
1 xícara	açúcar
1 colher (chá)	essência de baunilha
2	ovos
2 xícaras	farinha de trigo especial para bolo, peneirada
2 colheres (chá)	fermento em pó químico
½ colher (chá)	sal
1 xícara	leite

Tempo de preparo: 45 minutos

Tempo para assar: forno a 180°C por 30 minutos

1. Preaqueça o forno.
2. Prepare as formas de bolo: trace uma linha ao redor da base, sobre papel-manteiga, usando a ponta de uma tesoura.
3. Recorte a forma desenhada e encaixe-a dentro da assadeira, certificando-se de que o papel cobriu todo o fundo, mas sem subir pelas laterais. Não unte a(s) forma(s).
4. Se dispuser de uma batedeira, use-a para bater a gordura com o açúcar até obter um creme leve e fofo.
5. Adicione a baunilha e o ovo bem batido; bata bem.
6. Peneire os ingredientes secos juntos três vezes.
7. Acrescente um terço dessa mistura ao creme batido e bata ligeiramente.
8. Adicione metade do leite e bata ligeiramente.
9. Junte metade dos ingredientes secos restantes, a outra metade do leite e, por fim, a última parte dos ingredientes secos, batendo após cada adição.
10. Despeje na(s) forma(s) e asse por 30 minutos a 180°C.
11. Teste o ponto de cozimento inserindo um palito no centro do bolo. Quando sair limpo, o bolo está pronto. Quando começar a soltar das laterais da forma, o bolo assou demais.
12. Deixe esfriar (sem inverter) sobre uma grade de metal por 5 minutos.
13. Passe uma faca afiada rente à lateral da forma para soltar o bolo.
14. Vire-o sobre um prato e retire o papel-manteiga.

Bolo de chocolate (método cremoso modificado)

Para 1 bolo de 23 cm de diâmetro

30 g	chocolate amargo
$^1/_3$ de xícara	manteiga ou margarina
14 colheres (sopa)	açúcar
1	ovo, gema separada da clara
½ colher (chá)	essência de baunilha
1 ¼ xícara	farinha de trigo especial para bolo, peneirada
$^5/_8$ de colher (chá)	fermento em pó químico
¼ de colher (chá)	sal
10 colheres (sopa)	água

Para 2 bolos de 23 cm de diâmetro

60 g	chocolate amargo
$^2/_3$ de xícara	manteiga ou margarina
1 ¾ xícara	açúcar
2	ovos, gema separada da clara
1 colher (chá)	essência de baunilha
2 ½ xícaras	farinha de trigo especial para bolo, peneirada
1 ¼ colher (chá)	fermento em pó químico
½ colher (chá)	sal
1 ¼ xícara	água

Tempo de preparo: 45 minutos

Tempo para assar: forno a 180°C por 30 minutos

1. Preaqueça o forno.
2. Prepare as formas como para o bolo simples.
3. Derreta o chocolate em banho-maria e reserve, para que esfrie um pouco.
4. Bata a manteiga com o açúcar (use uma batedeira, se possível).
5. Junte, batendo ao mesmo tempo, a baunilha e as gemas batidas.
6. Adicione o chocolate derretido, batendo-o à mistura.
7. Peneire a farinha, o fermento e o sal juntos.
8. Junte um terço dos ingredientes secos e bata na batedeira até obter uma massa homogênea.
9. Adicione metade da água e bata.
10. Junte metade dos ingredientes secos restantes, a outra metade da água e, por fim, a última parte dos ingredientes secos, batendo após cada adição.
11. Use uma batedeira manual para bater as claras em neve até obter picos médios.
12. Com o auxílio de uma espátula de borracha, deposite as claras em neve sobre a massa. Misture delicada e rapidamente com a espátula, apenas até obter uma mistura homogênea, utilizando a técnica de mistura em 5 movimentos.
13. Despeje nas formas e asse por 30 minutos a 180°C até que, ao enfiar um palito no centro, ele saia limpo.
14. Deixe esfriar por 5 minutos sobre uma grade de metal.
15. Passe uma faca afiada nas laterais da forma para soltar o bolo.
16. Coloque um prato invertido sobre a forma, segure bem, juntamente com a forma, e vire. Levante a forma e retire o papel-manteiga.

Bolo branco (método pão de ló, ou indireto)

Para 1 bolo de 23 cm de diâmetro

6 colheres (sopa)	gordura vegetal
6 colheres (sopa)	açúcar
¾ de colher (chá)	essência de baunilha
1 ⅛ xícara	farinha de trigo especial para bolo, peneirada
1 ½ colher (chá)	fermento em pó químico
½ colher (chá)	sal
½ xícara	leite
2	claras
6 colheres (sopa)	açúcar

Para 2 bolos de 23 cm de diâmetro

¾ de xícara	gordura vegetal
¾ de xícara	açúcar
1 ½ colher (chá)	essência de baunilha
2 ¼ xícaras	farinha de trigo especial para bolo, peneirada
1 colher (sopa)	fermento em pó químico
1 colher (chá)	sal
1 xícara	leite
5	claras
¾ de xícara	açúcar

Tempo de preparo: 40 minutos

Tempo para assar: forno a 190°C por 20 minutos

1. Preaqueça o forno.
2. Prepare as formas como para o bolo simples.
3. Se dispuser de uma batedeira, use-a para bater a gordura com o açúcar e a baunilha até obter um creme leve e fofo.
4. Peneire a farinha, o fermento e o sal juntos.
5. Acrescente um terço dessa mistura ao creme de açúcar e bata na batedeira.
6. Adicione metade do leite e bata.
7. Junte metade dos ingredientes secos restantes, a outra metade do leite e, por fim, a última parte dos ingredientes secos, batendo após cada adição.
8. Lave bem as hélices da batedeira antes de bater as claras em neve até começarem a espumar.
9. Com a batedeira ligada, junte aos poucos o açúcar e bata até obter picos médios.
10. Despeje as claras batidas sobre a massa de uma vez só; use uma espátula de borracha para incorporá-las delicadamente à massa, mexendo até obter uma mistura homogênea.
11. Despeje nas formas e leve ao forno a 190°C.
12. Coloque com cuidado sobre uma grade de metal e deixe esfriar por 5 minutos.
13. Passe uma faca afiada nas laterais da forma para soltar o bolo.
14. Coloque um prato invertido sobre a forma, segure bem, juntamente com a forma, e vire. Retire a forma e o papel-manteiga.

Bolo de gengibre e canela (método *muffin*)

Para uma forma quadrada de 20 cm

1 ½ xícara	farinha de trigo, peneirada
½ xícara	açúcar mascavo
1 colher (chá)	canela em pó
1 colher (chá)	gengibre em pó
1 colher (chá)	bicarbonato de sódio
$^1/_8$ de colher (chá)	sal
½ xícara	gordura vegetal
½ xícara	melado
$^2/_3$ de xícara	água quente
1	ovo, batido

Para uma forma retangular de 24 x 33 cm

3 xícaras	farinha de trigo, peneirada
1 xícara	açúcar mascavo
2 colheres (chá)	canela em pó
2 colheres (chá)	gengibre em pó
2 colheres (chá)	bicarbonato de sódio
¼ de colher (chá)	sal
1 xícara	gordura vegetal
1 xícara	melado
1 $^1/_3$ xícara	água quente
2	ovos, batidos

Tempo de preparo: 45 a 55 minutos

Tempo para assar: forno a 190°C por 35 a 45 minutos

1. Preaqueça o forno.
2. Prepare as formas de bolo untando ligeiramente o fundo, mas não as laterais.
3. Peneire a farinha, o açúcar mascavo, a canela, o gengibre, o bicarbonato e o sal juntos em uma tigela e faça um buraco no meio da mistura. Reserve.
4. Derreta a gordura vegetal.
5. Misture o melado com a água quente.
6. Acrescente o ovo batido.
7. Despeje de uma vez só os ingredientes líquidos na tigela em que estão os ingredientes secos.
8. Misture bem até obter uma massa homogênea.
9. Despeje na forma e asse por 35 a 45 minutos a 190°C, até que, ao enfiar um palito no centro, ele saia limpo.
10. Coloque a forma sobre uma grade de metal para esfriar. Deixe o bolo na forma para ficar mais fácil servir e guardar.

Capítulo 11 ▪ Bolos e biscoitos **307**

Bolo dourado de gemas (método direto)

Para 1 bolo de 20 cm de diâmetro

1 xícara	farinha de trigo especial para bolo, peneirada
$2/3$ de xícara	açúcar
1 $1/2$ colher (chá)	fermento em pó químico
$3/8$ de colher (chá)	sal
2 $2/3$ colheres (sopa)	gordura vegetal (em temperatura ambiente)
$1/3$ de xícara	leite
$1/8$ de colher (chá)	essência de limão
$1/2$ colher (chá)	raspas de limão
2 $2/3$ colheres (sopa)	leite
2	gemas

Para 2 bolos de 20 cm de diâmetro

2 xícaras	farinha de trigo especial para bolo, peneirada
1 $1/3$ xícara	açúcar
1 colher (sopa)	fermento em pó químico
$3/4$ de colher (chá)	sal
$1/3$ de xícara	gordura vegetal (em temperatura ambiente)
$2/3$ de xícara	leite
$1/4$ de colher (chá)	essência de limão
1 colher (chá)	raspas de limão
$1/3$ de xícara	leite
4	gemas

Tempo de preparo: 45 minutos

Tempo para assar: forno a 180°C por 30 minutos

1. Preaqueça o forno.
2. Prepare as formas de bolo: usando a ponta de uma tesoura, trace uma linha sobre papel-manteiga contornando o fundo da forma. Recorte a forma desenhada e encaixe-a dentro da assadeira, certificando-se de que o papel cobriu todo o fundo, sem subir pelas laterais. Não unte.
3. Peneire a farinha, o açúcar, o fermento em pó e o sal em uma tigela.
4. Junte a gordura, dois terços do leite, a essência e as raspas de limão e bata na batedeira, em velocidade média, por 2 minutos.
5. Adicione o leite restante e as gemas e bata por mais 2 minutos, em velocidade média.
6. Despeje nas formas e asse por 30 minutos a 180°C, até que um palito saia limpo ao ser enfiado no centro do bolo.
7. Coloque-o com cuidado sobre uma grade de metal e deixe esfriar por 5 minutos.
8. Passe uma faca afiada nas laterais da forma para soltar o bolo.
9. Coloque um prato invertido sobre a forma, segure bem, juntamente com a forma, e vire.
10. Retire a forma e o papel-manteiga.

Bolo caseiro de gengibre e canela

Para 8 porções

½ xícara	gordura vegetal
½ xícara	açúcar
1	ovo
½ xícara	melado
1 ½ xícara	farinha de trigo, peneirada
¼ de colher (chá)	sal
¾ de colher (chá)	bicarbonato de sódio
½ colher (chá)	gengibre em pó
½ colher (chá)	canela em pó
½ xícara	água fervente

Tempo de preparo: 1 hora

Tempo para assar: forno a 180°C por 35 a 40 minutos

1. Preaqueça o forno.
2. Unte ligeiramente uma assadeira quadrada de 20 cm.
3. Bata a gordura com o açúcar na batedeira até obter um creme leve e fofo.
4. Adicione o ovo e o melado.
5. Peneire os ingredientes secos juntos antes de adicionar um terço dessa mistura à tigela da batedeira que contém a mistura de melado. Bata bem.
6. Acrescente metade da água fervente e bata por 30 segundos.
7. Adicione metade dos ingredientes secos restantes e bata.
8. Junte o restante da água fervente e bata por mais 30 segundos.
9. Coloque os ingredientes secos restantes e bata apenas até obter uma massa homogênea.
10. Despeje na forma e asse por 35 a 40 minutos, até que um palito saia limpo ao ser enfiado no centro do bolo.

Bolo de banana com ameixa

Para um bolo quadrado de 20 cm

½ xícara	ameixas-pretas em calda
1 xícara	farinha de trigo especial para bolo, peneirada
¾ de colher (chá)	fermento em pó químico
½ colher (chá)	bicarbonato de sódio
½ colher (chá)	sal
⅔ de xícara	açúcar
¼ de xícara	gordura vegetal
2 colheres (sopa)	leite
½ colher (chá)	essência de baunilha
½ xícara	bananas amassadas
1	ovo
¼ de xícara	nozes picadas

Para um bolo de 23 x 33 cm

1 xícara	ameixas-pretas em calda
2 xícaras	farinha de trigo especial para bolo, peneirada
1 ½ colher (chá)	fermento em pó químico
1 colher (chá)	bicarbonato de sódio
1 colher (chá)	sal
1 ⅓ xícara	açúcar
½ xícara	gordura vegetal
¼ de xícara	leite
1 colher (chá)	essência de baunilha
1 xícara	bananas amassadas
2	ovos
½ xícara	nozes picadas

Tempo de preparo: 1 hora

Tempo para assar: 180°C por 30 minutos (pequeno); 35 a 40 minutos (grande)

1. Leve as ameixas ao fogo baixo, coberta com água, e cozinhe por 10 minutos.
2. Preaqueça o forno.
3. Unte o fundo da forma.
4. Peneire todos os ingredientes secos em uma tigela.
5. Junte a gordura, o leite e a baunilha.
6. Amasse as bananas e adicione à mistura. Bata em velocidade média por 2 minutos.
7. Junte o ovo e bata por mais 2 minutos.
8. Pique as ameixas e acrescente à massa, juntamente com as nozes. Misture manualmente.
9. Despeje a massa na forma. Asse a 180°C até que, ao enfiar um palito no centro, ele saia limpo (30 minutos para o bolo pequeno e 35 a 40 para o grande).

310 Preparo de alimentos

Bolo de especiarias

Para um bolo quadrado de 20 cm

¼ de xícara	gordura vegetal
½ colher (chá)	cravo-da-índia em pó
½ colher (chá)	noz-moscada ralada
½ colher (chá)	canela em pó
¼ de xícara	açúcar mascavo
½ xícara	açúcar comum
1 ½	ovos
1 xícara e 2 colheres (sopa)	farinha de trigo especial para bolo, peneirada
1 ½ colher (chá)	fermento em pó químico
¼ de colher (chá)	sal
½ xícara	leite

Para um bolo de 23 x 33 cm

½ xícara	gordura vegetal
1 colher (chá)	cravo-da-índia em pó
1 colher (chá)	noz-moscada ralada
1 colher (chá)	canela em pó
½ xícara	açúcar mascavo
1 xícara	açúcar comum
3	ovos
2 ¼ xícaras	farinha de trigo especial para bolo, peneirada
1 colher (sopa)	fermento em pó químico
½ colher (chá)	sal
1 xícara	leite

Tempo de preparo: 40 minutos

Tempo para assar: forno a 180°C por 20 a 25 minutos

1. Preaqueça o forno.
2. Prepare as formas como para o bolo simples.
3. Bata a gordura, as especiarias e os açúcares até obter um creme leve e fofo.
4. Junte o ovo.
5. Peneire a farinha, o fermento e o sal juntos. Adicione um quarto dessa mistura ao creme; mexa 35 vezes.
6. Adicione um terço do leite; mexa 15 vezes.
7. Continue adicionando a mistura de farinha, um quarto por vez, e o leite, um terço por vez, mexendo 35 e 15 vezes após cada adição, respectivamente.
8. Misture 140 vezes após a última adição.
9. Despeje na forma e asse por 20 a 25 minutos, até que um palito saia limpo ao ser enfiado no centro do bolo.
10. Deixe-o esfriar sobre uma grade de metal por 5 minutos.
11. Passe uma faca afiada rente à lateral da forma para soltar o bolo.
12. Coloque um prato sobre a forma, inverta e retire o papel-manteiga.

Bolo quatro quartos

Para uma forma de bolo inglês de 11,5 x 22 cm

10 colheres (sopa)	açúcar
2 $^2/_3$ colheres (sopa)	gordura vegetal
2 $^2/_3$ colheres (sopa)	margarina ou manteiga
½ colher (chá)	raspas de limão
5 colheres (sopa)	leite
1 $^1/_8$ xícara	farinha de trigo especial para bolo, peneirada
½ colher (chá)	sal
¾ de colher (chá)	fermento em pó químico
1 ½	ovos

Para uma forma de bolo inglês de 13 x 24 cm

1 ¼ xícara	açúcar
$^1/_3$ de xícara	gordura vegetal
$^1/_3$ de xícara	margarina ou manteiga
1 colher (chá)	raspas de limão
$^2/_3$ de xícara	leite
2 ¼ xícaras	farinha de trigo especial para bolo, peneirada
1 colher (chá)	sal
1 ½ colher (chá)	fermento em pó químico
3	ovos

Tempo de preparo: 1 hora e 15 minutos (pequeno); 1 hora e 35 minutos (grande)

Tempo para assar: 180°C por 1 hora (pequeno); 1 hora e 20 minutos (grande)

1. Preaqueça o forno.
2. Unte o fundo da forma.
3. Bata o açúcar com a gordura, a manteiga e as raspas de limão na batedeira até obter um creme fofo.
4. Incorpore lentamente o leite, batendo até a mistura ficar lisa.
5. Peneire os ingredientes secos juntos e acrescente à tigela da batedeira.
6. Bata por 2 minutos na batedeira (use a velocidade indicada para bolos).
7. Adicione um terço do ovo e bata por um minuto.
8. Junte a segunda e a terceira parte do ovo, batendo 1 minuto após cada adição. Asse numa forma de bolo inglês a 150°C por 1 hora, para o bolo pequeno, ou por 1 hora e 20 minutos, para o grande (até que um palito saia limpo ao ser enfiado no centro).

312 Preparo de alimentos

Bolo de sementes de papoula

Para 16 porções

1 xícara	manteiga ou margarina
1 xícara	açúcar
1	lata de recheio de semente de papoula*
4	ovos, gema separada da clara
1 xícara	creme de leite azedo**
1 colher (chá)	essência de baunilha
2 ½ xícaras	farinha de trigo comum
1 colher (chá)	bicarbonato de sódio
1 colher (chá)	sal
½ xícara	açúcar

* N.T.: Geralmente à venda em lojas de produtos judaicos.

** N.T.: Se não encontrar, substitua por coalhada seca ou uma mistura de 1 colher (sopa) de suco de limão para cada 150 mL de creme de leite – mexa e espere engrossar.

Tempo de preparo: 1 hora e 15 minutos

Tempo para assar: forno a 180°C por 1 hora, ou até que esteja assado

1. Preaqueça o forno.
2. Unte uma forma com buraco no meio com capacidade para 2,8 L (com fundo removível ou não).
3. Bata a manteiga com 1 xícara do açúcar na batedeira até obter um creme fofo.
4. Junte o recheio de semente de papoula e misture.
5. Acrescente as gemas, uma a uma, com a batedeira ligada.
6. Incorpore o creme de leite azedo e a baunilha.
7. Misture a farinha com o bicarbonato de sódio e o sal antes de acrescentá-los, aos poucos, à mistura da batedeira; bata até misturar bem.
8. Usando hélices e tigela limpas, bata as claras em neve na batedeira até começarem a espumar. Com a batedeira ligada em velocidade alta, junte aos poucos um quarto de xícara do açúcar. Bata até obter picos médios.
9. Adicione as claras à massa, incorporando-as delicadamente até obter uma mistura homogênea.
10. Despeje na forma e asse por 1 hora, ou até que, ao enfiar um palito no centro do bolo, ele saia limpo.
11. Deixe-o esfriar por 10 minutos antes de desenformar.

RECEITAS DE COBERTURAS

Figura 11.1 Para cobrir um bolo, primeiro retire as migalhas. Em seguida, aplique o recheio sobre a superfície da primeira camada.

Figura 11.2 Coloque a segunda camada de bolo sobre o recheio e, em seguida, espalhe a cobertura nas laterais.

Figura 11.3 Por fim, aplique a cobertura na parte de cima, espalhando-a de modo decorativo.

Cobertura de *marshmallow*

Para cobrir um bolo redondo de duas camadas

¼ de colher (chá)	sal
2	claras
¼ de xícara	açúcar
¾ de xícara	xarope claro de glucose de milho
1 ¼ colher (chá)	essência de baunilha

1. Bata as claras com o sal na batedeira e adicione aos poucos o açúcar, batendo sempre em velocidade alta.
2. Quando começar a formar picos, adicione muito lentamente o xarope de glucose de milho, batendo sempre em velocidade alta.
3. Bata até obter picos firmes antes de acrescentar a essência de baunilha.

Cobertura infalível

Para cobrir um bolo redondo simples

2 colheres (sopa)	manteiga ou margarina
2 ¼ xícaras	açúcar de confeiteiro, peneirado
½ colher (chá)	essência de baunilha
1 ½ colher (sopa)	leite

Para cobrir um bolo redondo de duas camadas

¼ de xícara	manteiga ou margarina
4 ½ xícaras	açúcar de confeiteiro, peneirado
1 colher (chá)	essência de baunilha
3 colheres (sopa)	leite

1. Bata a manteiga até obter um creme fofo.
2. Junte o açúcar, a essência de baunilha e o leite.
3. Bata na batedeira, lentamente no início, até obter uma mistura leve e cremosa.
4. Se necessário, junte mais leite, aos poucos, até obter uma consistência boa para espalhar. Pode-se usar um corante alimentício para colorir, se desejado.

Observação: É possível criar variações desta cobertura adicionando-se raspas de limão ou laranja, ou 60 g de gotas de chocolate derretidas. A mistura pode ser usada também para rechear o bolo; compotas, geleias e cremes diversos também são recheios adequados. Se usar um creme à base de gemas, o bolo deve ser mantido sob refrigeração para evitar a proliferação de microrganismos nocivos à saúde.

Glacê 7 minutos

Para cobrir um bolo redondo simples

1	clara
¾ de xícara	açúcar
⅛ de colher (chá)	cremor tártaro
6 colheres (sopa)	água
¾ de colher (chá)	essência de baunilha
uma pitada	sal

Para cobrir um bolo redondo de duas camadas

2	claras
1 ½ xícara	açúcar
¼ de colher (chá)	cremor tártaro
⅓ de xícara	água
1 ½ colher (chá)	essência de baunilha
uma pitada generosa	sal

Observação: Tome cuidado com o risco de superaquecimento do motor da batedeira. Alguns modelos, especialmente os portáteis, não têm potência suficiente para suportar um período de funcionamento prolongado em velocidade máxima sem superaquecer.

1. Bata a clara, o açúcar, o cremor tártaro, a água e o sal em um recipiente que possa ser usada para o banho-maria, usando uma batedeira portátil em velocidade máxima.
2. Depois de 1 minuto, apoie o recipiente sobre uma panela com água fervente. Cozinhe, batendo sem parar com a batedeira, até que a mistura forme picos moles.
3. Retire do fogo, adicione a essência de baunilha e bata até que a mistura esteja espessa o suficiente para espalhar bem.

Cobertura de coco e nozes

Para cobrir um bolo redondo de duas camadas

⅓ de xícara	margarina ou manteiga
⅔ de xícara	açúcar mascavo
¼ de xícara	leite
1 xícara	coco ralado grosso, fresco ou reidratado
½ xícara	nozes picadas

1. Misture os ingredientes e espalhe uniformemente sobre a superfície do bolo.
2. Coloque o bolo na posição mais baixa do forno, sob a salamandra e asse até que a cobertura comece a borbulhar e o coco a dourar.
3. Verifique constantemente o bolo no forno para evitar que o coco queime.

COOKIES, BISCOITOS SALGADOS E DOCES

Objetivos

1. Observar o efeito de uma quantidade reduzida de líquido em *cookies*, e biscoitos doces ou salgados, em comparação com os bolos.

2. Demonstrar as diferenças entre massas de pingar com a colher, de cortar após o assamento, de modelar antes de assar e de abrir com o rolo.

Cookies, biscoitos salgados e doces são bastante preparados porque geralmente são apreciados, independentemente da habilidade culinária do cozinheiro. A maioria tem uma textura pesada e densa, que contrasta nitidamente com a leveza e a maciez encontradas nos bolos. Assim, quem os prepara não precisa ficar preocupado se os produtos irão abaixar ou não. Alto teor de gordura (manteiga, margarina ou gordura vegetal) e açúcar são frequentemente usados para criar uma textura crocante no produto assado. As receitas incluídas neste capítulo fornecem exemplos de massas de pingar com a colher (Biscoitos de aveia), de modelar antes de assar (Bolinhas de nozes, *Cookies* de *cranberry* e coco, Biscoito doce rápido), de cortar após o assamento (Barrinhas de limão, Biscoito em três camadas) e de abrir com o rolo (Biscoitos de gengibre).

RECEITAS

Biscoitos de aveia

1 xícara	gordura vegetal
1 xícara	açúcar mascavo
1 xícara	açúcar comum
2	ovos (ou 4 gemas)
1 colher (chá)	essência de baunilha
1 colher (chá)	sal
1 colher (chá)	bicarbonato de sódio
1 ½ xícara	farinha de trigo
3 xícaras	aveia
½ xícara	nozes picadas
1 ½ xícara	uvas-passas escuras

Tempo de preparo: 45 minutos

Tempo para assar: forno a 160°C por 8 a 12 minutos

1. Preaqueça o forno.
2. Bata a gordura com os açúcares até obter um creme.
3. Junte os ovos e a essência de baunilha, e bata.
4. Peneire a farinha com o sal e o bicarbonato de sódio.
5. Adicione os ingredientes secos peneirados e a aveia ao creme batido; misture.
6. Acrescente as nozes e as passas e mexa até obter uma mistura homogênea.
7. Pingue às colheradas numa assadeira rasa.
8. Asse a 160°C até começarem a dourar (8 a 12 minutos).
9. Retire os biscoitos da assadeira e deixe que esfriem sobre uma grade de metal ou papel-toalha.

Bolinhas de nozes

1 xícara	manteiga
½ xícara	açúcar de confeiteiro
1 colher (chá)	essência de baunilha
uma pitada	sal
2 xícaras	farinha de trigo
2 xícaras	nozes-pecã picadas

Tempo de preparo: 30 minutos

Tempo para assar: forno a 180°C por 15 minutos

1. Preaqueça o forno.
2. Bata a manteiga com o açúcar e a essência de baunilha até obter um creme.
3. Acrescente os ingredientes restantes.
4. Enrole bolas de 2,5 cm de diâmetro e coloque em uma assadeira rasa, deixando um espaço de 2,5 cm entre elas.
5. Asse por cerca de 15 minutos, até pouco antes de começarem a dourar.
6. Retire os biscoitos da assadeira e passe-os ainda quentes em açúcar de confeiteiro.

Cookies de *cranberry* com coco

1 ½ xícara	manteiga
2 xícaras	açúcar
1 colher (sopa)	raspas de laranja
2 colheres (chá)	essência de baunilha
1	ovo
3 ¼ xícaras	farinha de trigo
1 colher (chá)	fermento em pó químico
¼ de colher (chá)	sal
1 ½ xícara	*cranberry* seco
1 ½ xícara	coco em flocos

Tempo de preparo: 45 minutos

Tempo para assar: forno a 180°C por 11 a 15 minutos

1. Preaqueça o forno.
2. Bata a manteiga com o açúcar, as raspas de laranja e a baunilha até obter um creme.
3. Junte o ovo e bata.
4. Adicione a farinha, o fermento e o sal e misture bem na batedeira, em velocidade baixa.
5. Acrescente o *cranberry* e o coco e misture até obter uma massa homogênea.
6. Enrole bolas de 2,5 cm de diâmetro e coloque em uma assadeira rasa, deixando um espaço de 5 cm entre elas.
7. Asse por 11 a 15 minutos, apenas até começarem a dourar.

Biscoito doce rápido

2 xícaras	manteiga
2 xícaras	açúcar
1 colher (sopa)	essência de baunilha
1 colher (chá)	bicarbonato de sódio
1 colher (sopa)	vinagre
4 xícaras	farinha de trigo

Tempo de preparo: 30 minutos

Tempo para assar: forno a 180°C por 6 a 8 minutos

1. Preaqueça o forno.
2. Bata a manteiga com o açúcar por 5 minutos na batedeira, em velocidade alta.
3. Junte a essência de baunilha e o bicarbonato de sódio dissolvido no vinagre.
4. Acrescente a farinha, 1 xícara de cada vez.
5. Enrole bolas de 2,5 cm de diâmetro e coloque em uma assadeira rasa, deixando um espaço de 5 cm entre elas.
6. Unte a base de um copo (de preferência um que tenha um padrão bonito no fundo) e passe no açúcar cristal.
7. Pressione cada biscoito com o fundo do copo para imprimir o padrão na superfície e achatá-lo a uma espessura de aproximadamente 0,5 cm (repita a etapa 6 antes de pressionar cada biscoito).
8. Asse a 180°C por 6 a 8 minutos, até dourarem bem e começarem a escurecer.

Barrinhas de limão

½ xícara	manteiga
1 xícara	farinha de trigo
1 colher (chá)	fermento em pó químico
1	ovo
4	gemas (ou 2 ovos)
2 colheres (sopa)	manteiga
1 xícara	açúcar
2 colheres (chá)	raspas de limão
¼ de xícara	suco de limão
1	ovo
¾ de xícara	açúcar
2 xícaras	coco ralado

Tempo de preparo: 50 minutos

Tempo para assar: forno a 180°C por 30 minutos

1. Preaqueça o forno.
2. Misture a primeira quantidade de manteiga com a farinha, o fermento e um ovo.
3. Espalhe com a mão essa mistura no fundo de uma assadeira quadrada de 23 cm, formando uma camada uniforme.
4. Misture as gemas batidas com a segunda quantidade de manteiga, a primeira quantidade de açúcar e as raspas e o suco de limão.
5. Aqueça em banho-maria, sem deixar a tigela tocar a água fervente, mexendo sempre, até engrossar.
6. Espalhe uniformemente sobre a primeira camada de massa.
7. Bata o ovo restante com a segunda quantidade de açúcar e acrescente o coco.
8. Espalhe uniformemente sobre a camada anterior.
9. Asse a 180°C por 30 minutos.*

* N.T.: Corte em quadrados assim que tirar do forno, mas espere esfriar antes de desenformar.

Capítulo 11 ▪ Bolos e biscoitos **319**

Biscoito em três camadas

½ xícara	manteiga
1 xícara	farinha de trigo
1 ½ xícara	açúcar mascavo
1 colher (chá)	essência de baunilha
2	ovos, batidos
2 colheres (sopa)	farinha de trigo
¼ de colher (chá)	fermento em pó químico
uma pitada	sal
½ xícara	nozes-pecã picadas
½ xícara	coco em flocos
1 ½ xícara	açúcar de confeiteiro
1 colher (chá)	essência de baunilha
2 colheres (sopa)	leitelho (*buttermilk*)*

* N.T.: *Buttermilk* significa literalmente leitelho – o soro liberado pelo creme de leite ao ser batido e transformado em manteiga. Embora seja essa a origem do termo em inglês, o produto comercializado atualmente (ainda não disponível no Brasil em escala comercial) consiste em leite fresco, geralmente desnatado, acrescido de bactérias lácticas. Uma mistura de sabor semelhante pode ser obtida combinando-se 1 colher de sopa de vinagre ou suco de limão para cada xícara de leite – deixe repousar por pelo menos 10 minutos.

Tempo de preparo: 50 minutos

Tempo para assar: forno a 190°C por 5 minutos + 20 minutos

1. Preaqueça o forno.
2. Misture a manteiga e a primeira quantidade de farinha e amasse até obter uma massa homogênea. Espalhe a mistura no fundo de uma forma quadrada de 20 cm, formando uma camada uniforme.
3. Asse a 190°C por cerca de 5 minutos, até que doure ligeiramente.
4. Misture o açúcar com a baunilha e os ovos batidos.
5. Peneire a segunda quantidade de farinha com o fermento e o sal e junte à mistura de ovo.
6. Adicione as nozes e o coco e misture.
7. Espalhe sobre a primeira camada e asse por 20 minutos a 190°C.
8. Bata o açúcar de confeiteiro com a baunilha, a manteiga e leite suficiente para fazer uma cobertura macia, que possa ser espalhada.
9. Espalhe sobre a massa assada, depois que ela esfriar.
10. Corte em barrinhas ou quadrados.

Biscoitos de gengibre

3 colheres (sopa)	gordura vegetal sabor manteiga
¾ de xícara	melado
½ xícara	açúcar mascavo
⅓ de xícara	água
3 xícaras	farinha de trigo
1 colher (chá)	bicarbonato de sódio
½ colher (chá)	sal
½ colher (chá)	gengibre em pó
½ colher (chá)	pimenta-da-jamaica em pó
½ colher (chá)	cravo-da-índia em pó
½ colher (chá)	canela em pó

Tempo de preparo: 40 minutos

Tempo para assar: forno a 180°C por 12 a 15 minutos

1. Preaqueça o forno.
2. Bata a gordura com o melado e o açúcar mascavo até obter uma mistura homogênea; junte a água.
3. Peneire os ingredientes secos com as especiarias e acrescente a mistura à massa.
4. Abra sobre uma superfície enfarinhada até atingir uma espessura de aproximadamente 8 mm. Enfarinhe o cortador de biscoito antes de cortar cada um dos biscoitos. Transfira para uma assadeira rasa.
5. Asse a 180°C por cerca de 12 minutos, ou até que a superfície não afunde ao ser pressionada de leve com o dedo.
6. Retire da assadeira e deixe esfriar sobre uma grade de metal, tomando cuidado para não quebrar as bordas dos biscoitos enquanto ainda estão quentes.

Avaliação das receitas produzidas – bolos e biscoitos doces

Receita	Observações sobre cor, textura, sabor e outras características	Comentários ou sugestões para preparo futuro

VOCABULÁRIO

Angel food cake

Bolo chiffon

Pão de ló

Bolo amanteigado

Método cremoso

Método cremoso para massa úmida

Método pão de ló (ou indireto)

Método muffin

Método direto

Biscoito de cortar após o assamento

Biscoitos de pingar com a colher

Biscoito de modelar antes de assar

Biscoito de abrir com o rolo

CAPÍTULO 12

Tortas doces

Conceitos básicos, 323
Tortas abertas, 324
    Fundamentos do preparo de tortas abertas, 324
    Receitas de massas de torta, 328
    Recheios à base de ovos, 329
    Receitas de tortas com recheios à base de ovos, 330
    Tortas-merengue, 332

Receitas de tortas cremosas e tortas-merengue, 336
Receitas de tortas *chiffon*, 339
Tortas fechadas, 341
    Fundamentos do preparo de tortas fechadas, 341
    Receitas de tortas fechadas, 344
Vocabulário, 349

Objetivos

1. Preparar massas de torta de alta qualidade.
2. Adquirir o conhecimento das técnicas necessárias para preparar massas de tortas e tortas de alta qualidade.
3. Identificar e aplicar os padrões de qualidade para o preparo e a avaliação de massas de tortas abertas e fechadas.
4. Ilustrar os métodos necessários para otimizar a cocção de proteínas e amidos em recheios de torta.

Quando você olhar para uma receita de massa de torta, provavelmente vai pensar que parece bem simples juntar apenas quatro ingredientes e produzir uma massa excelente. Na verdade, não é difícil preparar uma massa incrivelmente macia e quebradiça – mas primeiro você tem de aprender a manipular a gordura, a farinha e a água para obter uma lâmina fina, que é disposta de maneira decorativa na forma. Para tanto, precisa-se apenas de conhecimento e prática.

Conceitos básicos

1. É preciso desenvolver o glúten em massas de torta misturando-as de maneira adequada depois que a água é adicionada.
   a. Misturar demais a massa ou adicionar muita água desenvolverá o glúten em demasia, resultando em uma massa dura.
   b. Misturar muito pouco ou adicionar pouca água resulta em uma massa difícil de lidar, que tende a desmanchar em razão do desenvolvimento insuficiente do glúten.

2. O ato de picar a gordura em pedaços pequenos contribui para a produção de uma massa flocada, mas reduz o efeito de amaciamento que poderia ser alcançado se a gordura fosse mais bem espalhada pela massa.

TORTAS ABERTAS

Fundamentos do preparo de tortas abertas

Antes de ligar o forno, certifique-se de que a grade está posicionada no meio. Em seguida, preaqueça o forno a 220°C.

Os ingredientes para uma massa de torta são muito simples: farinha de trigo, sal, gordura e água. Não substitua a gordura vegetal por margarina ou manteiga nesta receita, porque ambas contêm água, além da gordura, e isso fará com que a massa fique dura. A substituição por óleo também não é recomendada, pois ele faz com que a massa do produto acabado fique arenosa (ou "podre"), em vez de flocada e quebradiça.

Os ingredientes são misturados começando-se pelo sal, que é completamente misturado à farinha com o auxílio de um garfo. Isso fará com que seu sabor fique distribuído uniformemente pela massa. A gordura é então incorporada à mistura de farinha e sal com a ajuda de um misturador de massas. Um movimento leve é usado para facilitar a redução dos pedaços de gordura a partículas menores revestidas de farinha. A gordura que se acumula nas lâminas do misturador deve ser raspada com frequência, para evitar que sobrem partículas muito grandes de gordura na massa quando o restante já tiver atingido o tamanho correto. A gordura e a farinha são "cortadas" com o misturador de massas até que os pedaços fiquem do tamanho de ervilhas secas. Algumas partículas de gordura serão um pouco menores, outras um pouco maiores. Essa variação de tamanho ajuda a produzir a textura flocada e quebradiça da massa pronta.

A água é adicionada gota a gota, em um ritmo muito lento. Enquanto se acrescenta a água, uma gota de cada vez, a mistura é mexida com um garfo. A água adicionada precisa ser espalhada por toda a tigela, para que todas as partes da massa sejam umedecidas por igual. A mistura é feita muito delicadamente quando a água está sendo incorporada, para evitar o desenvolvimento desnecessário do glúten.

Quando toda a água tiver sido adicionada, mexa a mistura até que uma massa seja formada. Pode-se usar um garfo, com um movimento de amassar, para ajudar a formar uma massa ligada, mas sem desenvolver o glúten em excesso. Misture apenas até que uma bola de massa possa ser formada.

Coloque a bola de massa sobre um pedaço de papel-manteiga. Então, essa bola envolta no papel-manteiga deve ser trabalhada com as mãos, com leveza e rapidez, até que não esteja mais soltando pedaços. É preciso trabalhar de forma rápida e delicada, para evitar o desenvolvimento excessivo de glúten que ocorre quando uma massa em temperatura ambiente é manipulada. O calor das mãos é suficiente para aquecer a massa, a menos que essa etapa seja executada rapidamente.

Deixe a massa descansar embrulhada no papel enquanto você espalha uma camada fina de farinha sobre uma superfície de trabalho. Se estiver usando um pano próprio para isso, que é semelhante a uma lona, ele ficará com uma textura similar a da camurça quando estiver com a quantidade necessária de farinha. O rolo, encapado com o mesmo tecido ou não, também deve ser ligeiramente enfarinhado. Evite usar mais farinha do que o que o mínimo necessário para evitar que a massa grude na superfície de trabalho ou no rolo. O resultado será uma massa mais macia.

Separe a massa em duas partes e comece a trabalhar com uma delas. Antes de passar o rolo, use a mão esquerda para conter a borda enquanto achata a bola de massa com a mão direita, formando um disco. Tente modelar uma forma que seja o mais arredondada possível e sem rachaduras nas bordas. Assim ficará muito mais fácil abrir a massa com o rolo, pois ela já estará na forma básica desejada.

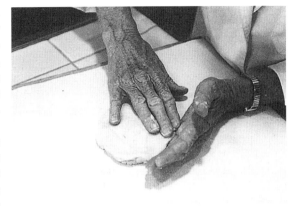

Abra a bola achatada com o rolo até obter um disco de massa grande o suficiente para cobrir o fundo e as laterais da forma de torta, com um pouco de sobra. Faça movimentos leves e delicados com o rolo ao passá-lo sobre a massa. Comece no centro e role em direção às beiradas, em movimentos longos e rápidos, para obter uma lâmina de massa de espessura uniforme, sem esticar o glúten de maneira inadequada. Uma pressão muito firme, que estica a massa, tende a rasgar as fibras de glúten, fazendo com que o produto final fique menos macio.

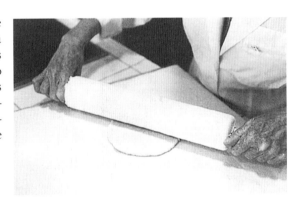

Segure a forma de torta sobre a massa para medi-la, quando achar que já abriu o suficiente com o rolo. Certifique-se de que a massa é grande o bastante para cobrir o fundo e as laterais da forma com um pouco de sobra. Para tanto, é preciso que o disco seja pelo menos 4 cm maior que o diâmetro da forma de torta usada.

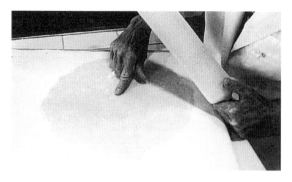

Teste rapidamente a massa em vários pontos para ver se sua espessura está uniforme. Quando a massa é tocada com uma batida firme do dedo, apenas uma pequena marca deve ficar visível na superfície. Se a massa estiver muito grossa em algumas áreas, passe o rolo levemente sobre elas para que cheguem à espessura correta. Evite deixar áreas muito finas na massa. Não existe nenhuma maneira satisfatória de reparar uma massa muito fina, pois será preciso remendá-la e abri-la novamente com o rolo, e isso fará com que fique dura depois de assada.

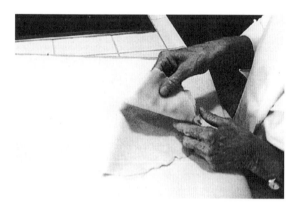

Para facilitar a transferência da massa da superfície de trabalho para a forma sem esticá-la ou rasgá-la, dobre-a ao meio com delicadeza, e depois ao meio novamente. Esse procedimento faz com que ela fique em um formato pequeno o suficiente para ser manipulado facilmente, sem o risco de rasgar.

Desdobre cuidadosamente a massa sobre a forma, certificando-se de que esteja o mais centralizada possível. Depois que a massa estiver desdobrada e ligeiramente encaixada na forma, segure a borda delicadamente com a mão esquerda enquanto usa a mão direita para ajudá-la a descer mais para o fundo, tomando um cuidado especial para que se encaixe nos cantos formados pelo encontro da lateral com o fundo. O peso da massa em si deve ser o principal agente de acomodação nos cantos. A mão direita é usada apenas para facilitar a tarefa, e não para esticar a massa. Uma massa esticada encolhe e se descola das laterais da forma quando está assando, tornando a torta menos atraente e mais difícil de servir.

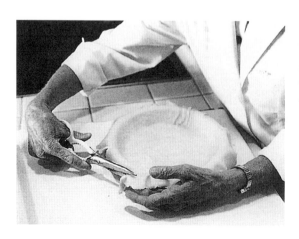

Use uma tesoura de cozinha para cortar o excesso das bordas, deixando 1,2 cm de sobra além da borda. Isso precisa ser feito com cuidado, para que se possa conseguir uma torta com uma borda de massa de espessura uniforme. As sobras de massa devem ser reservadas.

Começando pelo lado mais distante do prato, dobre a sobra de massa para baixo pelo lado de fora, formando uma tira ereta, que se eleva um pouco acima da borda do prato, apoiando-se sobre ela. Faça o mesmo por toda a volta da forma.

A borda de massa da torta pode ser trabalhada de diversas maneiras, dependendo do gosto individual. Uma maneira simples e atraente de finalizá-la pode ser feita usando-se o polegar e o indicador da mão direita como padrão, e o dedo indicador da mão esquerda para pressionar. Apoie o polegar e o indicador da mão direita na beirada da borda da forma pelo lado de fora. Coloque o indicador da mão esquerda em frente a esses dedos pelo lado de dentro da forma, pressionando-o firmemente contra os dedos da mão direita e encaixando-o entre eles. Isso deixa uma indentação na massa, formando um desenho na borda. Mova, então, a mão direita para que o polegar fique posicionado imediatamente após a indentação recém-formada. Posicione o dedo indicador esquerdo no lado de dentro em frente aos dedos da mão direita e marque uma segunda indentação na borda. Repita o processo continuamente por toda a volta da forma para criar uma borda canelada e ereta na massa inteira.

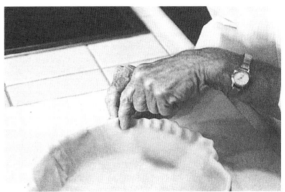

Tortas abertas, como as tortas-merengue, são feitas usando-se uma massa pré-assada, em vez de massa crua. Massas de torta assadas sem recheio tendem a formar muitas bolhas e grandes bolsões de ar, a menos que sejam perfuradas antes de serem assadas. Para evitar esses problemas, use um garfo para fazer vários furinhos por toda a extensão da massa. É importante espetar a massa em intervalos regulares por toda a extensão do círculo formado pelos cantos da forma, onde o fundo se encontra com as laterais. Não deixe nenhuma área sem furar. Isso impedirá que a massa forme bolhas grandes e se desgrude das laterais da forma.

O garfo também deve ser usado para furar toda a lateral da massa em intervalos regulares.

Por fim, faça diversos furos por toda a extensão do fundo da forma para que ela não se levante durante o assamento. A massa não pode ser furada dessa forma se a intenção é colocar um recheio na massa crua, pois este vazaria pelos orifícios, fazendo com que a massa grudasse na forma.

A massa sem recheio é assada em forno preaquecido a 220°C por cerca de 12 minutos, até que adquira um tom dourado por toda a superfície. Se qualquer parte da massa começar a ficar muito escura, será necessário interromper o assamento. O escurecimento desigual é uma indicação de que a espessura da massa está desigual, sinal de que uma técnica mais cuidadosa ao abrir a massa de torta deve ser usada da próxima vez. Se estiver preparando uma torta-merengue, abaixe o forno para 180°C depois de retirar a massa assada do forno.

RECEITAS DE MASSAS DE TORTA

Massa para tortas abertas

Para 2 tortas abertas individuais ou 1 torta aberta de 23 cm

1 xícara	farinha de trigo, peneirada
¼ de colher (chá)	sal
⅓ de xícara	gordura vegetal
2 ⅔ colheres (sopa)	água

Tempo de preparo: 25 minutos

Tempo para assar: forno a 220°C por 12 a 15 minutos

1. Preaqueça o forno.
2. Usando um garfo, misture a farinha com o sal.
3. Junte toda a gordura e mexa com um misturador de massas até que os pedaços fiquem do tamanho de ervilhas secas.
4. Misture a massa delicadamente com um garfo enquanto acrescenta a água muito lentamente, gota a gota, por toda a mistura.
5. Amasse com o garfo até formar uma bola.
6. Vire a massa sobre um pedaço de papel-manteiga. Segure o papel e pressione a bola de massa com as mãos, realizando movimentos rápidos e firmes.
7. Polvilhe com farinha a superfície de trabalho e o rolo de massa.
8. Coloque a bola de massa na superfície enfarinhada e trabalhe-a para que adquira uma forma circular e achatada, pressionando-a com a mão direita e usando a mão esquerda para conter as bordas. (Se estiver fazendo tortas individuais, divida a massa ao meio antes de começar a achatá-la.)
9. Comece a abrir a massa com o rolo enfarinhado.
10. Abra até obter um disco de aproximadamente 3 mm de espessura e que seja grande o suficiente para ter uma sobra de 1,2 cm além da beirada da forma.
11. Dobre a massa aberta em quatro, delicadamente.
12. Pegue a massa com cuidado e coloque-a dentro da forma de torta.
13. Encaixe-a bem por todo o fundo, os cantos e as laterais da forma, sem deixar espaços vazios.
14. Com uma tesoura de cozinha, corte o excesso das bordas, deixando 8 mm de sobra além da borda. Dobre a sobra de massa pelo lado de fora e faça uma borda canelada, que deve ficar apoiada sobre a beirada da forma. Faça furos na massa com um garfo por todo o fundo e as laterais da forma, se for assá-la sem recheio. Asse a 220°C por cerca de 12 minutos, até que adquira uma bonita cor dourada.

Massa de óleo

Para 2 tortas abertas individuais ou 1 torta aberta de 23 cm

1 xícara	farinha de trigo
½ colher (chá)	sal
¼ de xícara	óleo
2 ⅔ colheres (sopa)	água

1. Peneire a farinha e o sal juntos.
2. Adicione o óleo e a água de uma vez só e mexa com um garfo até obter uma mistura homogênea.
3. Abra a massa com o rolo, entre duas folhas de papel-manteiga.

Recheios cremosos à base de ovos

Recheios à base de ovos são preparados e despejados nas massas de torta já assadas; recheios para torta de nozes à base de gemas são despejados na massa parcialmente cozida. Todos os recheios à base de ovos são preparados basicamente da mesma maneira. Eles são um creme que ganha consistência por meio da coagulação das proteínas do ovo durante o assamento, mas, antes de assar, são bastante líquidos. Portanto, esse tipo de recheio deve ser colocado dentro de uma massa parcialmente cozida, e assado imediatamente durante 8 minutos a 220°C, para evitar que a massa encharque. Em seguida, a temperatura do forno é reduzida para 160°C, para que o recheio termine de coagular. Se a borda da torta começar a ficar muito escura, cubra-a com papel-alumínio.

Tortas com recheios à base de ovos são assadas até que uma faca, ao ser inserida na metade da distância entre a borda e o centro, saia limpa, ainda que esteja ligeiramente úmida. O recheio ainda estará meio mole no centro, e irá se mexer quando a torta for arrastada, mas o calor residual será suficiente para terminar de coagular as proteínas do ovo que estão ali. Se a torta for assada até a faca sair limpa ao ser enfiada no centro, o recheio terá cozinhado em excesso.

Um recheio à base de gemas cozido em demasia terá textura porosa e apresentará sinérese (líquido escorrendo do recheio), o que fará com que a massa fique encharcada. Uma torta assada corretamente será firme o suficiente para manter sua forma quando for cortada depois de fria. A massa será flocada e macia, e não estará encharcada. Tortas com ovos no recheio devem ser armazenadas na geladeira tão logo tenham esfriado, para evitar a possibilidade de intoxicação alimentar por organismos como estafilococos ou salmonela.

RECEITAS DE TORTAS COM RECHEIOS À BASE DE OVOS

Torta de noz-pecã

Para 2 tortas abertas individuais

	massa para 2 tortas abertas individuais (ver p. 328)
1	ovo
¼ de xícara	açúcar mascavo claro
1 colher (chá)	açúcar
uma pitada	sal
⅓ de xícara	xarope claro de glucose de milho
¼ de colher (chá)	essência de baunilha
⅓ de xícara	nozes-pecã em metades

Para 1 torta aberta de 23 cm

	massa para 1 torta aberta de 23 cm (ver p. 328)
3	ovos
¾ de xícara	açúcar mascavo claro
1 colher (sopa)	açúcar
⅛ de colher (chá)	sal
1 xícara	xarope claro de glucose de milho
1 colher (chá)	essência de baunilha
1 xícara	nozes-pecã em metades

Tempo de preparo: 1 hora e 10 minutos

Tempo para assar: forno a 220°C por 4 minutos; depois 160°C por 30 minutos, para tortas individuais; 220°C por 8 minutos, depois 160°C por 45 minutos, para tortas grandes

1. Preaqueça o forno.
2. Prepare a massa da torta e asse por 5 minutos (ver receitas na p. 328).
3. Junte o(s) ovo(s).
4. Junte os açúcares, o sal, o xarope de glucose de milho e a baunilha.
5. Bata com uma batedeira manual até misturar bem.
6. Adicione as nozes.
7. Despeje na massa de torta parcialmente assada.
8. Asse por 8 minutos a 220°C.
9. Depois reduza a temperatura para 160°C e asse por cerca de 30 minutos, para tortas individuais, ou 45 minutos, para tortas grandes, até que uma faca saia limpa ao ser inserida entre o centro e a borda.
10. Deixe esfriar sobre uma grade de metal até chegar à temperatura ambiente; leve à geladeira até o momento de servir.

Torta de abóbora com especiarias

Para 2 tortas abertas individuais

	massa para 2 tortas abertas individuais (ver p. 328)
10 colheres (sopa)	leite fervido
1	ovo
10 colheres (sopa)	abóbora cozida e amassada
$^1/_8$ de colher (chá)	sal
$^1/_4$ de xícara	açúcar
1 colher (sopa)	açúcar mascavo
$^1/_2$ colher (chá)	canela em pó
$^1/_8$ de colher (chá)	cravo-da-índia em pó
$^1/_8$ de colher (chá)	noz-moscada ralada
$^1/_8$ de colher (chá)	gengibre em pó
$^1/_8$ de colher (chá)	pimenta-da-jamaica moída

Para 1 torta aberta de 23 cm

	massa para 1 torta aberta de 23 cm (ver p. 328)
1 $^1/_4$ xícara	leite fervido
2	ovos
1 $^1/_4$ xícara	abóbora cozida e amassada
$^1/_4$ de colher (chá)	sal
$^1/_2$ xícara	açúcar
2 colheres (sopa)	açúcar mascavo
1 colher (chá)	canela em pó
$^1/_4$ de colher (chá)	cravo-da-índia em pó
$^1/_4$ de colher (chá)	noz-moscada ralada
$^1/_4$ de colher (chá)	gengibre em pó
$^1/_4$ de colher (chá)	pimenta-da-jamaica moída

Tempo de preparo: 55 minutos

Tempo para assar: forno a 220°C por 4 minutos, depois 160°C por 15 minutos, para tortas individuais; 220°C por 8 minutos, depois 160°C por 25 minutos, para tortas grandes

1. Preaqueça o forno.
2. Prepare a massa da torta e asse por 5 minutos (ver receitas na p. 328).
3. Ferva o leite.
4. Bata o(s) ovo(s) com uma batedeira manual.
5. Junte a abóbora, o sal, os açúcares e as especiarias.
6. Junte o leite quente, batendo rapidamente.
7. Despeje na massa de torta parcialmente assada.
8. Asse por 4 (para tortas individuais) ou 8 minutos (tortas grandes) a 220°C .
9. Reduza a temperatura para 160°C e asse por 15 minutos (tortas individuais) ou 25 minutos (tortas grandes), até que uma faca, ao ser inserida entre o centro e a borda, saia limpa.
10. Deixe esfriar sobre uma grade de metal até chegar à temperatura ambiente; leve à geladeira até o momento de servir.

Torta-creme

Para 2 tortas abertas individuais

	massa para 2 tortas abertas individuais (ver p. 328)
²/₃ de xícara	leite fervido
1	ovo
3 colheres (sopa)	açúcar
uma pitada generosa	sal
¼ de colher (chá)	essência de baunilha
2 gotas	essência de amêndoa
a gosto	noz-moscada ralada

Para 1 torta aberta de 23 cm

	massa para 1 torta aberta de 23 cm (ver p. 328)
3	ovos
½ xícara	açúcar
¼ de colher (chá)	sal
2 xícaras	leite fervido
¾ de colher (chá)	essência de baunilha
⅛ de colher (chá)	essência de amêndoa
a gosto	noz-moscada ralada

Observação: Este recheio de torta pode ser preparado colocando-se a massa de torta em um refratário de vidro. Depois de assada, põe-se o recheio à base de ovos e leva-se ao micro-ondas para cozinhar por 13 a 15 minutos, para coagular o recheio, na potência baixa.

Tempo de preparo: 1 hora

Tempo para assar: forno a 220°C por 4 minutos, depois 160°C por 15 minutos, para tortas individuais; 220°C por 8 minutos, depois 160°C por 25 minutos, para tortas grandes

1. Preaqueça o forno.
2. Prepare a massa da torta e asse por 5 minutos (ver receitas na p. 328).
3. Ferva o leite.
4. Bata os ovos lentamente até que as gemas e as claras estejam completamente misturadas, mas sem espumarem.
5. Incorpore os demais ingredientes, inclusive o leite quente, e bata ao mesmo tempo. Misture muito bem e despeje na massa de torta parcialmente cozida.
6. Polvilhe com a noz-moscada ralada.
7. Asse a 220°C por 8 minutos (vide nota abaixo).
8. Reduza a temperatura para 160°C e asse por mais 15 minutos (tortas individuais) ou 25 minutos (tortas grandes), até que uma faca, ao ser enfiada entre o centro e a borda, saia limpa.
9. Deixe esfriar sobre uma grade de metal até atingir temperatura ambiente; leve à geladeira até o momento de servir.

Tortas-merengue

O recheio de tortas-merengue começa com o preparo da mistura de amido gelatinizada. O recheio de uma torta-merengue de limão é feito juntando-se amido de milho, açúcar e sal até que o amido esteja completamente misturado com os outros ingredientes secos. Então, junta-se água aos poucos, enquanto se mexe com uma colher de pau. Uma pasta lisa e homogênea deve ser formada antes de se aplicar calor à mistura.

Coloque a panela no fogo e mexa sem parar com a colher de pau até a mistura ferver. Continue cozinhando até que a colher deixe um rastro no fundo da panela e a mistura fique com uma aparência relativamente translúcida. Em recheios que levam farinha ou leite, será difícil notar essa transparência, então deve-se usar a consistência como guia. Retire o recheio engrossado do fogo.

Bata as gemas com um garfo até desmanchá-las. Junte, batendo ao mesmo tempo, cerca de uma colher de sopa da mistura quente às gemas, com o cuidado de evitar que a mistura quente entre em contato com as gemas sem que se esteja batendo continuamente. Isso é muito importante para evitar a formação de pelotas de gema coagulada. Depois que a primeira colherada tiver sido completamente incorporada, repita o processo com uma segunda colherada. Continue, acrescentando uma terceira e, por fim, uma quarta colherada da mistura quente. Esse procedimento é usado para diluir a proteína da gema e elevar a temperatura para a coagulação da mistura como um todo. Com isso, haverá menos probabilidade de se formarem grumos de gema no recheio pronto.

Agora a mistura de ovo diluída está pronta para ser acrescentada ao creme de amido quente. Essa mistura quente deve ser mexida com eficiência com uma colher de pau enquanto se despeja a mistura de gemas lentamente na panela. Mexa tudo muito bem com uma colher de pau até que nenhum traço isolado de gema ou de creme de amido possa ser visto.

A mistura deve ser aquecida novamente, seja em banho-maria, seja em fogo muito baixo, e cozida, mexendo-se muito lentamente, por 5 minutos, o que a tornará ligeiramente mais espessa e menos brilhante. Não se deve aquecer o creme em excesso após a adição do ovo porque, se isso ocorrer, a gema irá talhar e se separar, mas é essencial que ocorra sua completa coagulação. Caso contrário, o recheio estará muito ralo ao ser servido, mesmo que parecesse estar consistente antes de o ovo ser adicionado. Quando a gema tiver engrossado, retire a mistura do fogo.

O último passo no preparo do recheio de torta-merengue de limão é a adição de suco e raspas de limão e de margarina ou manteiga. O limão, ácido, é acrescentado depois que o amido já gelatinizou e a proteína da gema coagulou-se, para evitar a hidrólise ácida, que resultaria em um recheio menos firme que o ideal. Ao se juntar o limão após o cozimento completo do recheio, a degradação hidrolítica em moléculas menores e mais solúveis é evitada. Todos os recheios de torta-merengue, com exceção da torta cremosa de banana, são tampados nesse momento para ajudar a manter o recheio quente enquanto se prepara o merengue. O recheio de torta creme de banana é resfriado para que não cozinhe as bananas quando a torta é montada.

Assim que concluir o preparo do recheio, bata as claras na batedeira até espumarem; neste momento, o cremor tártaro e uma primeira colher de sopa de açúcar devem ser acrescentados. Coloque a batedeira na velocidade alta e adicione o restante do açúcar aos poucos, uma colher de sopa por vez.

Bata até que as claras atinjam o ponto apropriado. Para testar a consistência, desligue a batedeira. Mergulhe uma espátula de borracha nas claras e mexa para que a mistura grude na lâmina. Retire-a lentamente de dentro da tigela e inverta-a, de modo que a clara fique virada para cima. Quando a clara estiver no ponto correto, formará picos de consistência média, cuja ponta curva-se ligeiramente para baixo.

Monte a torta despejando o recheio dentro da massa cozida. Com cuidado, raspe todo o merengue da tigela sobre a superfície da torta com a ajuda de uma espátula de borracha.

Use a espátula para espalhar o merengue com delicadeza até a borda da torta, fazendo com que ele encoste na massa ao redor da forma inteira, selando o recheio. Esse passo é importante para evitar que o merengue se descole da borda e encolha durante o assamento. Depois que o merengue estiver bem espalhado e aderido à borda, use a espátula para desenhar um padrão decorativo sobre a superfície, mas tendo cuidado para não formar picos salientes. Estes picos devem ser evitados, pois ficarão muito escuros no forno antes que o restante do merengue cozinhe o suficiente para coagular a proteína da clara.

Coloque a torta imediatamente no forno preaquecido a 180°C. Asse até que a superfície do merengue adquira uma bonita cor dourada. As depressões na superfície do merengue ainda estarão bem claras quando as porções mais salientes estiverem coradas na medida certa. Retire a torta do forno e deixe esfriar em temperatura ambiente até que possa tocar a forma com as mãos sem se queimar. Conserve a torta na geladeira até o momento de servir.

Uma torta-merengue é avaliada com base na sua massa, em seu recheio e na cobertura de merengue. A massa deve ser crocante, macia, flocada e de um dourado médio agradável. O recheio deve ser firme o suficiente para ser cortado com facilidade, mas macio o bastante para que mantenha a forma e os contornos ao ser cortado e servido frio. A textura deve ser lisa, deixando uma sensação leve, e não pastosa, ao ser provada.

O merengue é avaliado por seu volume, sua aparência geral, pela facilidade com que se pode cortá-lo e por sua estabilidade. Um bom merengue terá um dourado atraente nas porções mais elevadas da superfícies e um dourado mais claro nas partes mais baixas; o volume será excelente. Um merengue fresco e devidamente assado não gruda na lâmina da faca ao ser cortado. A quantidade de líquido acumulada entre o merengue e o recheio deve ser praticamente inexistente. Usar um recheio quente é uma maneira de ajudar a evitar esse problema, porque o calor do recheio ajuda a coagular as proteínas da clara na parte inferior do merengue, minimizando assim a quantidade de líquido acumulado.

RECEITAS DE TORTAS CREMOSAS E TORTAS-MERENGUE

Torta-merengue de limão

Para 2 tortas abertas individuais

	massa para 2 tortas abertas individuais (ver p. 328)
3 colheres (sopa)	amido de milho
¾ de xícara	açúcar
⅛ de colher (chá)	sal
¾ de xícara	água
1	gema, batida
2 colheres (chá)	manteiga ou margarina
3 colheres (sopa)	suco de limão
½ colher (chá)	raspas de limão
1	clara
2 colheres (sopa)	açúcar
⅛ de colher (chá)	cremor tártaro

Para 1 torta aberta de 23 cm

	massa para 1 torta aberta de 23 cm (ver p. 328)
6 colheres (sopa)	amido de milho
1 ½ xícara	açúcar
¼ de colher (chá)	sal
1 ¼ xícara	água
3	gemas, batidas
1 ½ colher (sopa)	manteiga ou margarina
6 colheres (sopa)	suco de limão
1 colher (chá)	raspas de limão
3	claras
6 colheres (sopa)	açúcar
¼ de colher (chá)	cremor tártaro

Tempo de preparo: 1 hora

Tempo para assar: forno a 220°C por 12 a 15 minutos, para a massa; 180°C por 12 a 15 minutos, para o merengue

1. Preaqueça o forno.
2. Prepare e asse a massa de torta. Abaixe a temperatura do forno para 180°C.
3. Com uma colher de pau, misture bem o amido de milho, o açúcar e o sal em uma panela de 1 litro.
4. Junte a água aos poucos, mexendo.
5. Aqueça a mistura até ferver, mexendo sempre e com cuidado, raspando toda a superfície interna da panela.
6. Retire do fogo e incorpore uma colherada da mistura quente à gema batida.
7. Repita o procedimento mais três vezes, depois junte a mistura de gemas à panela, mexendo.
8. Cozinhe em banho-maria por 5 minutos, ou até que o recheio engrosse um pouco e perca o brilho. (Pode-se cozinhar diretamente na chama do fogão, mas o calor jamais deve ser muito elevado para fazer a mistura ferver.) Mexa lentamente, enquanto a gema coagula.
9. Retire a panela do fogo e junte a manteiga, o suco e as raspas de limão. Tampe e reserve.
10. Bata as claras na batedeira até começarem a espumar.
11. Adicione o cremor tártaro. Junte aos poucos o açúcar, batendo sempre. Bata até obter picos médios.
12. Despeje o recheio na massa de torta parcialmente assada.
13. Cubra com o merengue; use uma espátula de borracha para espalhá-lo cuidadosamente sobre o recheio, para que encoste na borda ao redor da forma inteira.
14. Dê um formato decorativo ao merengue, mas sem levantar picos salientes.
15. Asse a 180°C por 12 a 15 minutos, ou até dourar.
16. Leve à geladeira por pelo menos 2 horas antes de servir, e mantenha sob refrigeração para evitar o risco de proliferação de microrganismos.

Torta cremosa de coco

Para 2 tortas abertas individuais

	massa para 2 tortas abertas individuais (ver p. 328)
2 $^2/_3$ colheres (sopa)	farinha de trigo, peneirada
$^1/_3$ de xícara	açúcar
$^1/_8$ de colher (chá)	sal
1 xícara	leite
1	gema
$^1/_2$ colher (chá)	margarina ou manteiga
$^1/_2$ colher (chá)	essência de baunilha
1	clara
$^1/_8$ de colher (chá)	cremor tártaro
2 colheres (sopa)	açúcar
$^1/_2$ xícara	coco ralado grosso, fresco ou reidratado

Para 1 torta aberta de 23 cm

	massa para 1 torta aberta de 23 cm (ver p. 328)
$^1/_3$ de xícara	farinha de trigo, peneirada
$^2/_3$ de xícara	açúcar
$^1/_4$ de colher (chá)	sal
2 xícaras	leite
3	gemas
1 colher (chá)	margarina ou manteiga
1 colher (chá)	essência de baunilha
3	claras
$^1/_4$ de colher (chá)	cremor tártaro
6 colheres (sopa)	açúcar
1 xícara	coco ralado grosso, fresco ou reidratado

Tempo de preparo: 1 hora

Tempo para assar: forno a 220°C por 12 a 15 minutos, para a massa; 180°C por 12 a 15 minutos, para o merengue

1. Preaqueça o forno.
2. Prepare e asse a massa de torta. Abaixe a temperatura do forno para 180°C.
3. Com uma colher de pau, misture a farinha, o açúcar e o sal em uma panela de 1 litro.
4. Junte o leite aos poucos, mexendo. Leve ao fogo e cozinhe, sem parar de mexer, até ferver.
5. Continue cozinhando até que a colher deixe um rastro na mistura.
6. Retire do fogo e incorpore uma colherada da mistura quente à gema batida.
7. Repita o procedimento mais três vezes, depois junte a mistura de gemas à panela, mexendo.
8. Cozinhe em banho-maria por 5 minutos, ou até que o recheio engrosse um pouco e perca o brilho. (Pode-se cozinhar diretamente na chama do fogão, mas o calor jamais deve ser muito elevado para fazer a mistura ferver.) Mexa lentamente, enquanto a gema coagula.
9. Junte a manteiga e a baunilha. Tampe a panela para ajudar a reter o calor enquanto prepara o merengue.
10. Bata as claras na batedeira até começarem a espumar; junte o cremor tártaro.
11. Bata por 15 segundos, na velocidade alta, antes de começar a acrescentar, aos poucos, o açúcar. Bata até obter picos médios.
12. Misture o coco ralado ao recheio.
13. Despeje na massa de torta parcialmente assada.
14. Coloque o merengue sobre o recheio e espalhe cuidadosamente sobre a superfície da torta. Use uma espátula de borracha para pressionar o merengue com firmeza contra a borda da massa. Faça um redemoinho decorativo na superfície do merengue para criar um pouco de contraste, mas sem levantar picos, para que estes não queimem antes que as outras partes estejam cozidas.
15. Asse a 180°C por 12 a 15 minutos, ou até que o merengue fique dourado.
16. Leve à geladeira por pelo menos 2 horas antes de servir, e mantenha sob refrigeração para evitar o risco de proliferação de microrganismos.

Torta cremosa de banana

Para 2 tortas abertas individuais

	massa para 2 tortas abertas individuais (ver p. 328)
2 ²/₃ colheres (sopa)	farinha de trigo, peneirada
¹/₃ de xícara	açúcar
¹/₈ de colher (chá)	sal
1 xícara	leite
1	gema, batida
½ colher (chá)	margarina ou manteiga
½ colher (chá)	essência de baunilha
1	clara
2 colheres (sopa)	açúcar
¹/₈ de colher (chá)	cremor tártaro
1	banana

Para 1 torta aberta de 23 cm

	massa para 1 torta aberta de 23 cm (ver p. 328)
¹/₃ de xícara	farinha de trigo, peneirada
²/₃ de xícara	açúcar
¼ de colher (chá)	sal
2 xícaras	leite
3	gemas, batidas
1 colher (chá)	margarina ou manteiga
1 colher (chá)	essência de baunilha
3	claras
6 colheres (sopa)	açúcar
¼ de colher (chá)	cremor tártaro
3	bananas

Observação: Outras tortas cremosas podem ser feitas usando-se as receitas da seção "Cremes à base de ovos e pudins" do Capítulo 8 (p. 207) como recheio para uma massa assada e coberta com merengue. Use a receita de merengue para a torta cremosa de banana. Às vezes, usa-se creme de leite batido no lugar de merengue como cobertura para as tortas cremosas.

Tempo de preparo: 1 hora

Tempo para assar: forno a 220°C por 12 a 15 minutos, para a massa; 180°C por 12 a 15 minutos, para o merengue

1. Preaqueça o forno.
2. Prepare e asse a massa de torta. Abaixe a temperatura do forno para 180°C.
3. Com uma colher de pau, misture a farinha, o açúcar e o sal em uma panela de 1 litro e junte, aos poucos, o leite.
4. Aqueça até ferver, sem parar de mexer.
5. Retire do fogo e incorpore uma colherada da mistura quente à gema batida.
6. Repita esse procedimento mais três vezes.
7. Despeje a mistura de gema de volta na panela, mexendo sem parar.
8. Cozinhe em banho-maria por 5 minutos, ou até que o recheio engrosse um pouco e perca o brilho. (Pode-se cozinhar diretamente na chama do fogão, mas o calor jamais deve ser muito elevado para fazer a mistura ferver.) Mexa lentamente, enquanto a gema coagula.
9. Retire do fogo, junte a baunilha e a manteiga, tampe e resfrie, mergulhando o fundo da panela em água com gelo.
10. Quando o recheio chegar à temperatura de cerca de 38°C, comece a preparar o merengue.
11. Bata as claras na batedeira até começarem a espumar.
12. Adicione o cremor tártaro.
13. Bata por 15 segundos, na velocidade alta, antes de começar a acrescentar, aos poucos, o açúcar. Bata até obter picos médios.
14. Corte a banana em rodelas e espalhe sobre o fundo da massa de torta.
15. Despeje o recheio por cima.
16. Espalhe o merengue sobre o recheio.
17. Use uma espátula de borracha para selar o merengue junto às bordas e desenhe um padrão decorativo na superfície, mas sem levantar picos salientes.
18. Asse a 180°C por 12 a 15 minutos, ou até que o merengue esteja corado.
19. Leve à geladeira por pelo menos 2 horas antes de servir, e mantenha sob refrigeração para evitar o risco de proliferação de microrganismos.

Capítulo 12 ▪ Tortas doces **339**

RECEITAS DE TORTA CHIFFON

Torta *chiffon* de limão

Para 2 tortas abertas individuais

	massa para 2 tortas abertas individuais (ver p. 328)
½	pacote de gelatina sem sabor
3 colheres (sopa)	água fria
¼ de xícara	açúcar
¼ de xícara	suco de limão
2	ovos, gema separada da clara
1 colher (chá)	raspas de limão
¼ de xícara	açúcar
a gosto	creme de leite batido, para servir

Para 1 torta aberta de 23 cm

	massa para 1 torta aberta de 23 cm (ver p. 328)
1	pacote de gelatina sem sabor
⅓ de xícara	água fria
½ xícara	açúcar
½ xícara	suco de limão
4	ovos, gema separada da clara
2 colheres (chá)	raspas de limão
½ xícara	açúcar
a gosto	creme de leite batido, para servir

Tempo de preparo: 1 hora

Tempo para assar: forno a 220°C por 12 a 15 minutos

1. Preaqueça o forno.
2. Prepare e asse a massa de torta (ver receitas na p. 328).
3. Amoleça a gelatina em água fria, em uma tigela que possa ser usada para banho-maria.
4. Junte, mexendo ao mesmo tempo, a primeira quantidade de açúcar, o suco de limão e as gemas batidas.
5. Aqueça em banho-maria, mexendo sempre, até que a mistura engrosse o suficiente para manter a forma por alguns segundos quando for despejada de volta na tigela.
6. Acrescente as raspas de limão.
7. Leve à geladeira até a mistura começar a gelificar.
8. Bata as claras na batedeira até começarem a espumar.
9. Adicione aos poucos o açúcar restante, sem parar de bater.
10. Bata até obter picos médios, que se curvam ligeiramente quando a espátula é retirada da mistura e virada para cima.
11. Incorpore com cuidado a mistura de gelatina às claras em neve, mexendo até obter um creme homogêneo.
12. Despeje na massa de torta assada.
13. Leve à geladeira. Sirva com creme de leite batido.

Torta *chiffon* ao perfume de amêndoas e rum

Para 2 tortas abertas individuais

	massa para 2 tortas abertas individuais (ver p. 328)
½	pacote de gelatina sem sabor
2 colheres (sopa)	água fria
2	gemas, batidas
¼ de xícara	açúcar
⅛ de colher (chá)	sal
¼ de xícara	água morna
¼ de xícara	açúcar
2	claras
⅛ de colher (chá)	noz-moscada ralada
1 colher (chá)	essência de rum
⅛ de colher (chá)	essência de amêndoa
½ xícara	creme de leite fresco
¼ de xícara	amêndoas laminadas, torradas

Para 1 torta aberta de 23 cm

	massa para 1 torta aberta de 23 cm (ver p. 328)
1	pacote de gelatina sem sabor
¼ de xícara	água fria
4	gemas, batidas
½ xícara	açúcar
¼ de colher (chá)	sal
½ xícara	água morna
½ xícara	açúcar
4	claras
¼ de colher (chá)	noz-moscada ralada
2 colheres (chá)	essência de rum
¼ de colher (chá)	essência de amêndoa
1 xícara	creme de leite fresco
½ xícara	amêndoas laminadas, torradas

Observação: Tortas *chiffon* podem ser feitas com vários tipos de massa. O recheio deve ser uniforme e ter uma textura leve, aerada, sem partículas evidentes de gelatina. A torta deve ser macia e fácil de cortar. Para obter melhores resultados, sirva-as no mesmo dia em que foram preparadas.

Tempo de preparo: 1 hora

Tempo para assar: forno a 220°C por 12 a 15 minutos

1. Preaqueça o forno.
2. Prepare e asse a massa de torta (ver receitas na p. 328).
3. Hidrate a gelatina em água fria.
4. Misture as gemas batidas com a gelatina hidratada, a primeira quantidade de açúcar, o sal e a água morna em uma tigela que possa ser usada no banho-maria.
5. Cozinhe em banho-maria, mexendo sempre, até a mistura engrossar.
6. Leve à geladeira até começar a gelificar.
7. Bata as claras na batedeira até começarem a espumar, então junte aos poucos o açúcar restante, batendo sempre, até obter picos médios.
8. Adicione a noz-moscada e as especiarias e misture bem.
9. Usando uma espátula de borracha, incorpore delicadamente a mistura de gelatina às claras em neve, mexendo até obter um creme homogêneo.
10. Despeje na massa de torta e leve à geladeira.
11. Sirva com o creme de leite batido e as amêndoas.

TORTAS FECHADAS

Fundamentos do preparo de tortas fechadas

Embora a massa de tortas fechadas seja preparada da mesma maneira que a de tortas abertas, seu ajuste na forma é diferente. A base das tortas fechadas é aparada rente à borda da forma.

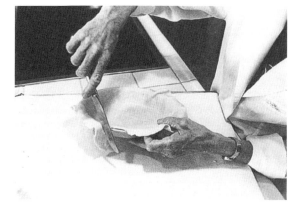

A parte de cima é aberta com o rolo e dobrada em quatro, ficando pronta para ser colocada sobre o recheio.

Em seguida, o recheio é preparado. Isso evita que o recheio fique em contato com a massa crua enquanto a parte de cima da massa é aberta, reduzindo assim a probabilidade de a base de massa ficar encharcada. Frutas frescas, como as maçãs, precisam ser arrumadas na cavidade da forma de modo que se possa colocar o máximo possível de recheio, para ajudar a compensar a perda de volume durante o cozimento. A menos que se tome cuidado nesse sentido, e na colocação da parte de cima da massa com firmeza, ainda que delicadamente, sobre as frutas, o recheio pode encolher muito durante o cozimento, criando uma bolha de ar de 2,5 cm ou mais entre a massa e a fruta cozida. Isso faz com que seja difícil servir a torta depois de pronta. Se frutas em calda ou congeladas forem usadas, praticamente não haverá redução no volume do recheio.

A parte de cima da massa é desdobrada sobre o recheio, formando primeiro um semicírculo, que é colocado sobre a metade da torta mais próxima a você, antes que se desdobre a outra metade para terminar de cobrir a torta. Aperte delicadamente a massa de cima contra a borda da massa de baixo ao redor da torta inteira.

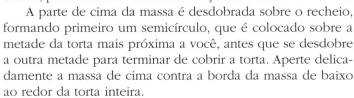

Use uma tesoura de cozinha para aparar o excesso da borda de cima, deixando uma sobra de 1,2 cm além da borda. Isso deve ser feito com cuidado e de maneira uniforme.

Finalize a montagem da torta dobrando a sobra de massa da parte de cima pelo lado de fora e colocando sua beirada sob a parte da massa de baixo que está sobre a borda da forma. Esse procedimento cria uma espécie de sanduíche, em que a massa de cima faz o papel do "pão" e a massa de baixo serve de "recheio". Essa técnica é eficaz para selar o recheio dentro da torta, reduzindo a possibilidade de que ele vaze.

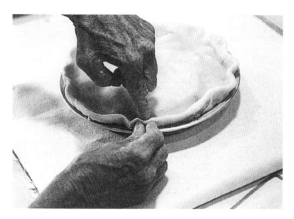

Para dar uma aparência mais atraente à torta e reforçar a vedação do recheio, faz-se uma borda decorativa. Uma borda simples pode ser feita desta maneira: posicione os dedos indicador e polegar da mão direita juntos pelo lado de fora da borda de massa e, com o indicador da mão esquerda, pressione a massa pelo lado de dentro, forçando-a entre os dois dedos da mão direita para formar uma indentação na massa. Esse processo deve ser repetido ao redor da borda da torta, com o cuidado de se ir colocando o polegar da mão direita ligeiramente após a indentação criada anteriormente. É importante apertar a massa com firmeza, para que o padrão canelado mantenha-se visível após o assamento. A massa tende a amolecer e achatar-se um pouco no forno.

Use uma faca afiada para fazer pequenos cortes na parte de cima da torta. Esses orifícios podem ter um desenho decorativo, que realça o visual da torta pronta e ao mesmo tempo serve a seu propósito utilitário de liberar o vapor do recheio durante o cozimento. As aberturas devem concentrar-se principalmente no centro da torta e, idealmente, ficarem a uma distância de pelo menos 4 cm da borda da torta. Isso ajuda a impedir que o recheio borbulhante vaze e escorra. Certifique-se de que as saídas de vapor sejam grandes o suficiente para permanecerem abertas durante todo o período de assamento. Aberturas com menos de 0,5 cm tendem a se fechar enquanto a torta assa. Quando o vapor do recheio não consegue escapar, a massa de cima fica encharcada.

Algumas pessoas acreditam que a aparência da massa assada fica mais atraente quando a crosta é polvilhada com um pouco de açúcar cristal, ou pincelada com um pouco de leite e açúcar antes de ser assada. Se desejar, faça isso nesse momento.

Para fazer uma treliça, deve-se cortar a massa de baixo 1,2 mm além da borda da forma, usando uma tesoura de cozinha. Depois de colocado o recheio, as tiras da treliça são colocadas por cima e aparadas no mesmo comprimento da sobra de massa da parte de baixo. Em seguida, a sobra e as pontas das tiras da treliça são dobradas para dentro e para cima antes de a borda ser canelada.

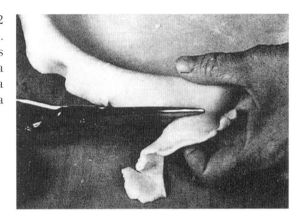

344 Preparo de alimentos

RECEITAS DE TORTAS FECHADAS

Massa para tortas fechadas

Massa para 2 tortas fechadas individuais

2 xícaras	farinha de trigo
½ colher (chá)	sal
²/₃ de xícara	gordura vegetal
¹/₃ de xícara	água

Massa para 1 torta fechada de 23 cm

2 xícaras	farinha de trigo
½ colher (chá)	sal
²/₃ de xícara	gordura vegetal
¹/₃ de xícara	água

1. Misture a farinha com o sal usando um garfo.
2. Incorpore a gordura à mistura usando um misturador de massas até que as pelotas estejam do tamanho de ervilhas secas.
3. Mexa a massa delicadamente com o garfo enquanto adiciona a água, gota a gota, distribuindo-a por toda a massa.
4. Amasse com o garfo até dar liga.
5. Vire a massa sobre uma folha de papel-manteiga e pressione firmemente para formar uma bola.
6. Divida a massa (ao meio para receitas grandes, e em quatro para as pequenas).
7. Sobre a superfície de trabalho ligeiramente polvilhada com farinha, forme uma bola com cada pedaço de massa.
8. Achate para formar um disco.
9. Polvilhe o rolo ligeiramente com farinha e abra a primeira porção de massa.
10. Quando a massa estiver com cerca de 3 mm de espessura e grande o suficiente para cobrir o fundo da forma, dobre-a em quatro.
11. Levante-a e coloque-a dentro da forma.
12. Desdobre-a com cuidado, encaixando-a dentro do recipiente.
13. Use uma faca de mesa para aparar a borda da massa rente à parte externa da borda da forma.
14. Abra a segunda parte da massa da mesma maneira.
15. Dobre em quatro e reserve até o momento de usar. Se estiver fazendo tortas pequenas, repita o procedimento para a próxima torta.

Torta de maçã

Para 2 tortas fechadas individuais

	massa para 2 tortas fechadas individuais (ver p. 344)
2	maçãs ácidas
½ xícara	açúcar
1 colher (sopa)	amido de milho
½ colher (chá)	canela em pó
1 colher (chá)	suco de limão
1 ½ colheres (chá)	margarina ou manteiga

Para 1 torta fechada de 23 cm

	massa para 1 torta fechada de 23 cm (ver p. 344)
5	maçãs ácidas
1 xícara	açúcar
2 colheres (sopa)	amido de milho
1 colher (chá)	canela em pó
2 colheres (chá)	suco de limão
1 colher (sopa)	margarina ou manteiga

Observação: A maçã pode ser substituída por pêssego ou pera frescos. Pode-se usar 1 colher de chá (receita grande) ou ½ colher de chá (receita pequena) de raspas de limão além da canela para aromatizar.

Tempo de preparo: 1 hora

Tempo para assar: forno a 200°C por 25 minutos, para tortas individuais; 35 minutos, para tortas grandes

1. Preaqueça o forno.
2. Prepare a receita de massa para torta fechada (ver p. 344).
3. Descasque as maçãs e descarte o miolo. Corte em fatias bem finas.
4. Em uma tigela, misture o açúcar, o amido de milho e a canela; junte a maçã fatiada e misture para cobrir bem as fatias.
5. Disponha a maçã dentro da base de massa crua, pressionando-a delicadamente para baixo para compactar bem o recheio.
6. Regue as maçãs com o suco de limão.
7. Distribua pelotinhas de manteiga por cima.
8. Desdobre a massa reservada sobre o recheio e centralize-a sobre a forma.
9. Pressione as bordas para que se ajeitem sobre a borda da forma.
10. Use uma tesoura de cozinha para cortar o excesso de massa, deixando 1,2 cm de sobra além da borda.
11. Dobre a sobra aparada para baixo pelo lado de fora, colocando a beirada da massa sob a borda da massa de baixo.
12. Faça o canelado na borda.
13. Use uma faca afiada para fazer cortes decorativos na parte superior central da torta, para que o vapor possa escapar.
14. Polvilhe a superfície com pouco de açúcar. Asse a 200°C até que o recheio comece a borbulhar e a massa tenha adquirido uma bonita cor dourada (cerca de 25 minutos para tortas individuais, ou 35 para tortas grandes).

Torta de ruibarbo (com treliça)

Para 2 tortas fechadas individuais

	massa para 2 tortas fechadas individuais (ver p. 344)
1 ½ xícara	ruibarbo fresco, lavado e cortado em pedaços de 1 cm
½ xícara	açúcar
½ colher (chá)	raspas de laranja
1 ½ colher (sopa)	farinha de trigo
1 ½ colher (chá)	margarina ou manteiga

Para 1 torta fechada de 23 cm

	massa para 1 torta fechada de 23 cm (ver p. 344)
3 xícaras	ruibarbo fresco, lavado e cortado em pedaços de 1 cm
1 xícara	açúcar
1 colher (chá)	raspas de laranja
3 colheres (sopa)	farinha de trigo
1 colher (sopa)	margarina ou manteiga

Tempo de preparo: 50 minutos

Tempo para assar: forno a 200°C por 25 minutos, para tortas individuais; 35 minutos, para tortas grandes

1. Preaqueça o forno.
2. Prepare a receita de massa para torta fechada (ver p. 344). Ao colocar a massa de baixo na forma, deixe uma sobra de massa de 1,2 cm para além da borda.
3. Abra a massa de cima e use um cortador para fazer as tiras que serão usadas para a treliça.
4. Em uma tigela, misture o açúcar com a farinha e as raspas de laranja, depois junte o ruibarbo.
5. Coloque dentro da base de massa crua e espalhe pedacinhos de manteiga sobre o recheio.
6. Disponha as tiras de massa por cima, formando uma treliça. Para fazer uma treliça rápida, coloque todas as tiras que correm em uma direção primeiro, depois coloque as outras por cima, formando ângulos retos, mas sem entrelaçá-las de fato.
7. Pressione as pontas das tiras com firmeza contra a borda da massa de baixo ao redor da forma inteira.
8. Usando uma tesoura de cozinha, apare as tiras para que fiquem do mesmo tamanho da sobra de massa da base.
9. Dobre a sobra e as tiras para cima e para dentro, formando uma tira ereta assentada sobre a borda da forma.
10. Faça o canelado. Asse a 200°C até que o recheio esteja borbulhando e a massa fique dourada (cerca de 25 minutos para tortas individuais, ou 35 para tortas grandes).

Capítulo 12 ▪ Tortas doces **347**

Torta de cereja em calda

Para 2 tortas fechadas individuais

	massa para 2 tortas fechadas individuais (ver p. 344)
½ xícara	açúcar
2 colheres (sopa)	amido de milho
⅓ de xícara	suco de cereja
1 ½ xícara	cerejas em calda (sem marrasquino), bem escorridas
1 colher (chá)	margarina ou manteiga
2 gotas	essência de amêndoa
a gosto	corante alimentício vermelho (opcional)

Para 1 torta fechada de 23 cm

	massa para 1 torta fechada de 23 cm (ver p. 344)
1 xícara	açúcar
¼ de xícara	amido de milho
⅔ de xícara	suco de cereja
3 xícaras	cerejas em calda (sem marrasquino), bem escorridas
2 colheres (chá)	margarina ou manteiga
4 gotas	essência de amêndoa
a gosto	corante alimentício vermelho (opcional)

Tempo de preparo: 1 hora

Tempo para assar: forno a 200°C por 30 minutos, para tortas individuais; 40 minutos, para tortas grandes

1. Preaqueça o forno.
2. Prepare a receita de massa para torta fechada (ver p. 344).
3. Em uma panela, misture metade do açúcar com o amido de milho e junte aos poucos o suco de cereja.
4. Aqueça até ferver, mexendo sem parar com uma colher de pau.
5. Cozinhe até que a mistura esteja espessa e transparente.
6. Retire do fogo.
7. Acrescente a outra metade do açúcar, as cerejas, a manteiga e a essência de amêndoa. Se desejar, coloque algumas gotas de corante alimentício vermelho.
8. Despeje o recheio na massa de torta crua e cubra com a massa de cima, conforme descrito na receita de torta de maçã.
9. Asse a 200°C até que o recheio esteja borbulhando e a massa fique dourada.

Torta de pêssego em calda

Para 2 tortas fechadas individuais

	massa para 2 tortas fechadas individuais (ver p. 344)
¼ de xícara	açúcar
2 colheres (sopa)	amido de milho
⅓ de xícara	suco de pêssego
1 lata grande (450 g)	pêssegos em calda, bem escorridos e fatiados
¼ de colher (chá)	canela em pó
2 gotas	essência de amêndoa
1 colher (chá)	margarina ou manteiga

Para 1 torta fechada de 23 cm

	massa para 1 torta fechada de 23 cm (ver p. 344)
½ xícara	açúcar
¼ de xícara	amido de milho
⅔ de xícara	suco de pêssego
2 latas grandes (900g)	pêssegos em calda, bem escorridos e fatiados
½ colher (chá)	canela em pó
⅛ de colher (chá)	essência de amêndoa
2 colheres (chá)	margarina ou manteiga

Tempo de preparo: 1 hora

Tempo para assar: forno a 200°C por 30 minutos, para tortas individuais; 40 minutos, para tortas grandes

1. Preaqueça o forno.
2. Prepare a receita de massa para torta fechada (ver p. 344).
3. Em uma panela, misture o açúcar com o amido de milho; junte aos poucos o suco de pêssego.
4. Aqueça até ferver, mexendo sem parar com uma colher de pau.
5. Cozinhe até a mistura ficar espessa e transparente. Retire do fogo.
6. Junte o pêssego escorrido, a canela, a essência de amêndoa e a manteiga.
7. Despeje o recheio na massa de torta crua e cubra com a massa de cima, conforme descrito na receita de torta de maçã.
8. Asse a 200°C até que o recheio esteja borbulhando e a massa fique dourada.

Avaliação das receitas produzidas – tortas doces

Receita	Observações sobre cor, textura, sabor e outras características	Comentários ou sugestões para preparo futuro

VOCABULÁRIO

Textura quebradiça

Textura arenosa ("podre")

Gelificação

Ação da gordura sobre o glúten

CAPÍTULO 13

Bebidas

Conceitos básicos, 351
Receitas de chá, 352
Receitas de café, 353

Receitas de chocolate quente, 356
Vocabulário, 357

Chás e cafés são o complemento preferido para muitos encontros e ocasiões sociais. A maneira como essas duas bebidas clássicas e universais são servidas pode diferir amplamente de país para país, e até mesmo dentro de uma mesma nação, mas são sempre símbolos inequívocos de hospitalidade. Você perceberá que é muito mais fácil agradar os convidados se souber preparar e servir essas bebidas. Depois de dominar as noções básicas, você poderá explorar as muitas variações disponíveis atualmente para adicionar mais variedade e interesse às refeições. Também aprenderá a fazer chocolate quente com cacau em pó e com chocolate em barra neste capítulo.

Objetivos

1. Preparar bebidas de qualidade, incluindo chás, cafés e chocolate quente.
2. Avaliar as bebidas de acordo com critérios reconhecidos de qualidade.
3. Identificar diferenças entre as bebidas produzidas usando equipamentos e/ou ingredientes diferentes.

Conceitos básicos

1. A cor, o aroma e o sabor dos chás são determinados pelo tratamento por que passam as folhas.
   a. O chá verde é feito com folhas não fermentadas, resultando em uma bebida de cor verde-clara, ligeiramente adstringente e de aroma suave.
   b. As folhas de chá do tipo *oolong* passam por uma ligeira fermentação e produzem uma bebida de cor dourada escura, com um sabor suave e um aroma agradável.
   c. O chá preto é feito de folhas que foram deixadas a fermentar por um tempo mais longo que o chá *oolong*, e a bebida resultante tem uma cor marrom dourada bem escura e um sabor forte e marcante.
2. Grãos de café são torrados em graus variados para atender às diversas preferências ao redor do mundo antes de serem moídos para preparar a bebida.
   a. A torra realça os sabores, mas a moagem faz com que o pó perca gradualmente os compostos aromáticos e de sabor, além de causar uma oxidação

prejudicial dos óleos contidos nos grãos pelo armazenamento prolongado.
   b. Atualmente, o café é mais comumente preparado pelo método de gotejamento nos Estados Unidos, embora o café produzido pela pressão do vapor também seja popular. Quando preparado pelo primeiro método (em um equipamento chamado *dripolator*) o sabor é geralmente mais forte e menos amargo do que o café feito pela ação do vapor.
3. Chocolates quentes, feitos com cacau em pó ou com chocolate em barra, são preparados com subprodutos do cacau.
   a. O preparo de chocolate quente, seja com cacau em pó ou chocolate em barra, requer a gelatinização do amido presente.
   b. Deve-se ter cuidado durante o preparo do chocolate quente para evitar que o leite aqueça demais e grude no fundo, formando muita espuma.

Figura 13.1 O chá cultivado em colinas no Sri Lanka é um produto importante, enviado para portos em todo o mundo.

RECEITAS DE CHÁ

Chá quente

Para 2 porções

2 colheres (chá)	folhas de chá, ou 2 saquinhos
1 ½ xícara	água fervente

Para 4 porções

4 colheres (chá)	folhas de chá, ou 4 saquinhos
3 xícaras	água fervente

Observação: Para comparar as características do chá verde, do chá *oolong* e de chás pretos e suas variações, prepare todos eles de acordo com o procedimento acima.

Tempo de preparo: 6 minutos

1. Aqueça água em uma panela tampada até ferver.
2. Encha um bule com água quente para aquecê-lo.
3. Descarte a água usada para aquecer o bule.
4. Coloque saquinhos ou folhas de chá dentro de um infusor para chá no bule vazio.
5. Despeje a água recém-fervida sobre o chá e tampe o bule.
6. Deixe tomar gosto por 3 minutos, retire as folhas de chá ou saquinhos e sirva a bebida.

Capítulo 13 ■ Bebidas 353

Chá gelado

Para 2 porções

2 colheres (chá)	folhas de chá, ou 2 saquinhos
¾ de xícara	água fervente
8	cubos de gelo

Para 4 porções

4 colheres (chá)	folhas de chá, ou 4 saquinhos
1 ½ xícara	água fervente
16	cubos de gelo

Tempo de preparo: 7 minutos

1. Prepare o chá quente, conforme a receita anterior.
2. Depois de deixar o chá tomar gosto por 3 minutos, descarte as folhas de chá ou saquinhos e despeje a bebida sobre cubos de gelo.

Critérios de avaliação

Chás quentes e gelados devem ser completamente transparentes e não devem ter nenhuma película na superfície. A cor, o aroma e o sabor devem ser agradáveis e característicos de acordo com o tipo de chá selecionado. O chá preto deve ter uma cor âmbar, sabor marcante, mas não amargo, e aroma agradável. O chá verde deve ser de um verde-amarelado pálido e ter aroma delicado. O chá *oolong* deve ter características intermediárias entre esses dois.

RECEITAS DE CAFÉ

Café por gotejamento (*dripolator*)

Para 2 porções

4 colheres (sopa)	café próprio para o equipamento em uso (coloque menos se desejar uma bebida mais fraca)
1 ½ xícara	água

Para 4 porções

8 colheres (sopa)	café próprio para o equipamento em uso (coloque menos se desejar uma bebida mais fraca)
3 xícaras	água

Observação: Cafeteiras automáticas que funcionam pelo sistema de gotejamento podem ser encontradas em vários modelos no mercado. Siga sempre as instruções do fabricante para cada modelo específico. A receita acima dá instruções básicas de como usar cafeteiras não automáticas que funcionam pelo mesmo sistema.

Tempo de preparo: 18 minutos

1. Aqueça água em uma panela tampada até ferver.
2. Meça o café, moído na espessura recomendada para o equipamento, e coloque-o no recipiente indicado (dependendo do modelo, será necessário forrar o compartimento com um filtro de papel antes de adicionar o café).
3. Despeje a água recém-fervida no compartimento contendo o pó e tampe.
4. Depois que toda a água tiver passado pelo pó de café, retire o recipiente de cima do bule.
5. Tampe o bule e sirva a bebida.

Figura 13.2 O fruto do cafeeiro é colhido e seco, e suas sementes (chamadas de grãos de café) são torradas antes de serem moídas para fazer a bebida.

Figura 13.3 Grãos de café sendo torrados por uma mulher nas terras altas da Etiópia, região onde o café se originou.

Capítulo 13 • Bebidas **355**

Café por pressão do vapor (cafeteira italiana)

Para 2 porções

4 colheres (sopa)	café próprio para cafeteira italiana (use menos, se desejar uma bebida mais fraca)
1 ½ xícara	água (use água fria para cafeteiras automáticas)

Para 4 porções

8 colheres (sopa)	café próprio para cafeteira italiana (use menos, se desejar uma bebida mais fraca)
3 xícaras	água (use água fria para cafeteiras automáticas)

Observações: Siga as instruções do fabricante, se estiver utilizando uma cafeteira automática de café *espresso*. Para fazer um café *espresso* numa cafeteira italiana não automática, use as instruções acima.

Tempo de preparo: 6 minutos

1. Coloque água no compartimento de baixo, encaixe a cesta onde se coloca o café e encha-a com o pó. Rosqueie a parte de cima da cafeteira e aperte bem.
2. Aqueça em fogo alto até que a bebida comece a subir para o compartimento superior. Ajuste a chama para que o líquido continue fluindo num ritmo contínuo e estável, mas não muito rápido.
3. Deixe no fogo até que todo o líquido tenha subido (uma espuma começará a escorrer no compartimento superior e a cafeteira começará a emitir um som).
4. Retire do fogo e espere alguns segundos, até que a pressão do vapor cesse totalmente. Sirva imediatamente.

Critérios de avaliação

Um café de qualidade deve ser saboroso, não amargo, de cor escura e pura e relativamente livre de sedimentos, apenas com traços de uma leve película gordurosa.

Avaliação das receitas produzidas – café

Receita	Aparência	Aroma	Sabor
Café por gotejamento			
Café por pressão do vapor			

RECEITAS DE CHOCOLATE QUENTE

Chocolate quente com cacau em pó

Para 2 porções

1 ½ colher (sopa)	açúcar
1 ½ colher (sopa)	cacau em pó
¼ de xícara	água
alguns grãos	sal
1 ¼ xícara	leite

Para 4 porções

3 colheres (sopa)	açúcar
3 colheres (sopa)	cacau em pó
½ xícara	água
uma pitada	sal
2 ½ xícaras	leite

Tempo de preparo: 5 minutos

1. Misture o açúcar com o cacau e o sal.
2. Acrescente a água e aqueça até começar a ferver, mexendo sempre.
3. Junte o leite e aqueça até quase ferver, mexendo lentamente.
4. Bata ligeiramente com uma batedeira manual.
5. Sirva bem quente.

Chocolate quente com chocolate em barra

Para 2 porções

30 g	chocolate amargo
½ xícara	água morna
2 colheres (sopa)	açúcar
alguns grãos	sal
1 ½ xícara	leite

Para 4 porções

60 g	chocolate amargo
1 xícara	água morna
4 colheres (sopa)	açúcar
uma pitada	sal
3 xícaras	leite

Tempo de preparo: 5 minutos

1. Derreta o chocolate na água misturada com o açúcar e o sal.
2. Aqueça até ferver.
3. Junte o leite aos poucos e aqueça até atingir a temperatura de servir.
4. Bata ligeiramente com uma batedeira manual.
5. Sirva bem quente.

Figura 13.4 Frutos do cacaueiro; suas sementes são fermentadas e moídas antes de serem transformadas em chocolate.

Critérios de avaliação

O chocolate quente, com cacau ou com chocolate em barra, deve ter um sabor agradável e delicado de chocolate, sem qualquer traço de sabor de leite queimado. Não deve ter espuma ou sedimentos.

Avaliação das receitas produzidas – chocolate quente

Receita	Aparência	Aroma	Sabor
Chocolate quente (com chocolate em barra)			
Chocolate quente (com cacau em pó)			

VOCABULÁRIO

Chá *oolong*

Chá verde

Chá preto

Polifenóis

Adstringente

Cafeína

Cafestol

Teína

Taninos

Formação de espuma

CAPÍTULO 14

Conservação de alimentos

Conceitos básicos, 359
Receitas de compotas e conservas, 360
Congelamento, 364

Geleias, 365
Receitas, 365
Vocabulário, 371

Objetivos

1. Demonstrar a conservação de alimentos pelo uso das seguintes técnicas: processamento por aquecimento, congelamento, secagem e adição de açúcar e/ou ácido.
2. Identificar as diferenças no processamento seguro de conservas de frutas e vegetais e as razões que justificam essas diferenças.
3. Ilustrar as vantagens e limitações da conservação de alimentos por técnicas variadas.

Alimentos podem ser preservados em casa por meio da produção de conservas em calda, por congelamento, por secagem e/ou pela adição de ácidos, açúcar ou sal. O método mais comumente usado é o congelamento, por sua rapidez e conveniência (especialmente para conservar sobras de comida). Técnicas comerciais de conservação de alimentos incluem o congelamento e muitas mais, como a irradiação e outras técnicas que exigem equipamentos mais sofisticados que os disponíveis em casa. Neste capítulo, você encontrará algumas receitas para conservar alimentos em casa. Se você por acaso morar numa área em que tem acesso a produtos com bons preços nas épocas em que sua produção é abundante, talvez se convença de que a conservação de alimentos pode ser uma atividade agradável e rentável. No entanto, muitas pessoas hoje em dia têm tempo livre limitado e pouco acesso a produtos sazonais de baixo custo; para elas, é provável que a conservação de alimentos em casa não seja viável.

Conceitos básicos

1. Um alimento a ser preservado deve estar em condições excelentes, para que o produto final possa ter qualidade suficiente para justificar o tempo e a energia gastos no preparo da conserva.

2. A conservação de alimentos requer o uso de algum método que impeça ou retarde drasticamente o crescimento de microrganismos e as reações químicas no interior do alimento. Por exemplo, temperaturas eleva-

das ou muito baixas são efetivas na conservação de alimentos porque eliminam ou reduzem consideravelmente os microrganismos e interrompem processos bioquímicos.

3. As conservas permitem o armazenamento seguro do excesso de alimentos produzidos numa determinada época até o momento em que estejam menos abundantes ou escassos.

RECEITAS DE COMPOTAS E CONSERVAS

Compota de maçã

Para 1 litro

750 g	maçã do tipo Rome Beauty, Winesap, ou Jonathan*
1 ½ xícara	açúcar
2 xícaras	água
½ colher (chá)	ácido ascórbico ou suco de limão

Para 16 litros

1 engradado (aprox. 20 kg/125 unidades)	maçã do tipo Rome Beauty, Winesap, ou Jonathan
9 xícaras	açúcar
12 xícaras	água
4 colheres (chá)	ácido ascórbico ou suco de limão

* N.T.: Variedades de maçã mais ácidas, de polpa firme, muito usadas para preparar purês e recheios nos EUA.

Tempo de cozimento no vidro: 20 minutos

1. Lave os recipientes em água quente e sabão e enxágue muito bem em água fervente. Use apenas vidros apropriados e em bom estado de conservação.
2. Misture a água com o açúcar e aqueça até começar a formar bolhas na lateral da panela.
3. Mantenha a calda quente e tampada enquanto descasca e fatia as maçãs.
4. Vá colocando as fatias em uma tigela com água e um pouco de suco de limão até que todas as maçãs estejam cortadas.
5. Coloque as fatias de maçã na calda quente e cozinhe em fogo brando por 5 minutos.
6. Encha os vidros com as maçãs quentes; deixe uma folga de pelo menos 1,2 cm até a borda.
7. Despeje a calda fervente sobre a fruta, enchendo apenas até cerca de 1,2 cm da borda do recipiente.
8. Use uma espátula de borracha para dar uma mexida dentro do vidro, liberando todas as bolhas de ar que possam estar presas entre os pedaços de fruta. Coloque a tampa, seguindo as instruções para o tipo que está sendo usado (seja qual for o modelo, use sempre borrachas novas, que permitam uma vedação perfeita do recipiente depois que a conserva estiver pronta).
9. Coloque os vidros dentro de uma panela com água borbulhante, sobre uma grade de metal, e aqueça, em fervura forte, por 20 minutos.
10. O nível da água deve ser mantido a pelo menos 3 a 5 cm acima dos vidros durante todo o período de cozimento.
11. Retire os vidros da água quente e deixe esfriar lentamente por 8 a 12 horas. Faça qualquer procedimento extra exigido pelo tipo de sistema de vedação que estiver usando assim que tirá-los da água.
12. Depois que os vidros estiverem completamente frios, verifique a vedação. Se estiverem hermeticamente fechados, o centro da tampa estará afundado.

Pêssego em calda

Para 1 litro

1 kg	pêssegos (de caroço solto)
1 xícara	açúcar
1 xícara	água
¼ de colher (chá)	ácido ascórbico ou suco de limão

Para 10 litros

1 caixa (11,5 kg/65 unidades)	pêssegos (de caroço solto)
8 xícaras	açúcar
8 xícaras	água
2 ½ colheres (chá)	ácido ascórbico ou suco de limão

Tempo de cozimento no vidro: 30 minutos

1. Lave os recipientes em água quente e sabão e enxágue muito bem em água fervente. Use apenas vidros apropriados e em bom estado de conservação.
2. Misture a água com o açúcar e aqueça até começar a ferver, sem borbulhar.
3. Mantenha a calda quente e tampada enquanto prepara os pêssegos.
4. Lave os pêssegos antes de mergulhá-los em água fervente por 30 segundos para soltar a pele.
5. Retire os pêssegos da panela e mergulhe-os imediatamente em água fria.
6. Trabalhando rápido, retire a pele dos pêssegos, corte-os ao meio e descarte o caroço e as fibras vermelhas que ficam ao seu redor.
7. Vá colocando-os em água misturada com suco de limão ou ácido ascórbico para evitar que escureçam.
8. Coloque as metades nos vidros, com o lado cortado virado para baixo.
9. Despeje a calda quente por cima. O nível da fruta e da calda não pode estar a mais de 12 mm da borda do vidro.
10. Use uma espátula de borracha para liberar bolhas de ar presas dentro do recipiente.
11. Tampe, seguindo as instruções do fabricante do recipiente que estiver usando, e cozinhe em água fervente por 30 minutos, conforme descrito na receita de compota de maçã.

Pera em calda

Para 1 litro

1 kg	pera
²/₃ de xícara	açúcar
1 ½ xícara	água
¼ de colher (chá)	suco de limão

Para 15 litros

7,5 kg	pera
6 xícaras	açúcar
12 xícaras	água
3 ¾ colheres (chá)	suco de limão

Tempo de cozimento no vidro: 25 minutos

1. Lave os recipientes em água quente e sabão e enxágue muito bem em água fervente. Use apenas vidros apropriados e em bom estado de conservação.
2. Prepare a calda conforme descrito na receita de pêssego em calda.
3. Lave e descasque as peras, corte em quatro cunhas e descarte o miolo.
4. Vá colocando na água com o suco de limão.
5. Coloque a pera na calda e cozinhe em fogo baixo por 5 minutos.
6. Transfira imediatamente para os vidros.
7. Despeje a calda quente sobre a fruta, deixando pelo menos 12 mm de espaço livre até a borda.
8. Coloque os vidros em uma panela contendo água fervente, apoiados sobre uma grade de metal.
9. Mantenha o nível de água a pelo menos 2,5 a 5 cm acima dos vidros durante os 25 minutos de cozimento.
10. Espere esfriar e verifique a vedação, conforme descrito anteriormente.

Vagem em conserva

Para 500 mL

500 g	vagem
2 xícaras	água
½ colher (chá)	sal

Para 1 litro

1 kg	vagem
4 xícaras	água
1 colher (chá)	sal

Tempo de cozimento na panela de pressão: 20 minutos, para vidros de 500 mL; 25 minutos, para vidros de 1 litro

1. Lave os recipientes em água quente e sabão e enxágue muito bem em água fervente. Use apenas vidros apropriados e em bom estado de conservação.
2. Lave as vagens, descarte as pontas e corte em pedaços menores, ou deixe-as inteiras.
3. Afervente em água com sal por 5 minutos.
4. Coloque as vagens e a água do cozimento nos vidros, deixando um espaço livre de 2,5 cm até a borda.
5. Consulte o manual da panela de pressão para instruções de como proceder. Acrescente mais 20 minutos ao tempo de cozimento se estiver usando uma panela de meia-pressão.
6. Coloque os vidros sobre uma grade de metal, deixando um espaço entre eles. Junte água suficiente para cobrir todos os vidros.
7. Aqueça até a panela pegar pressão (cerca de 10 minutos).
8. Regule a chama para manter uma pressão constante. O pino vai pular e girar várias vezes por minuto (leia as instruções do modelo que estiver usando).
9. Cozinhe pelo período de tempo indicado.
10. Espere a panela voltar à temperatura ambiente antes de tirar os vidros de dentro.
11. Deixe esfriar, como na receita de compota de maçã, e cheque a vedação.

Picles de beterraba

Para 500 mL

¹/₃ de xícara	açúcar
7/8 de xícara	vinagre destilado
¼ de xícara	água
¼ de colher (chá)	sal
½ colher (chá)	tempero para picles*
2	cravos-da-índia
¹/₃	canela em pau
2 xícaras	beterrabas fatiadas, cozidas

Para 1,5 litro

1 xícara	açúcar
2 ¾ xícaras	vinagre destilado
¾ de xícara	água
¾ de colher (chá)	sal
1 ½ colher (chá)	tempero para picles
6	cravos-da-índia
1	canela em pau
6 xícaras	beterrabas fatiadas, cozidas

* N.T.: Mistura de vários temperos usada tradicionalmente para fazer picles de vários vegetais. Contém, geralmente, canela em pau, mostarda em grão, folhas de louro, pimenta-da-jamaica em grão, semente de endro, cravos inteiros, pedaços de gengibre desidratado, grãos de pimenta-do-reino, sementes de coentro, bagas de zimbro, macis e sementes de cardamomo.

Tempo de cozimento no vidro: 30 minutos

1. Lave os recipientes em água quente e sabão e enxágue muito bem em água fervente. Use apenas vidros apropriados e em bom estado de conservação.
2. Lave as beterrabas e descarte as folhas, deixando uma parte do talo e a raiz principal intactas.
3. Coloque em uma panela com água fervente suficiente apenas para cobrir as beterrabas; cozinhe até ficarem macias.
4. Descasque e corte as beterrabas em fatias de cerca de 0,5 cm de espessura.
5. Enquanto isso, cozinhe todos os demais ingredientes em uma panela tampada por 10 minutos.
6. Coloque a beterraba nos vidros e cubra com o líquido temperado, depois de descartar a canela e o cravo.
7. Deixe um espaço de pelo menos 12 mm até a borda do recipiente. Leve os vidros ao fogo por 30 minutos, conforme as instruções da receita de compota de maçã.

Capítulo 14 ■ Conservação de alimentos **363**

Picles de pepino e endro

Para 500 mL

6	pepinos médios
3 ½ colheres (chá)	sal
½ xícara	vinagre
½ xícara	água
1 ½ colher (chá)	tempero para picles*
1 ½ colher (sopa)	açúcar
	ramos de endro secos

Para 2 litros

24	pepinos médios
4 ⅓ colheres (sopa)	sal
2 ¼ xícaras	vinagre
1 ¼ xícara	água
2 colheres (sopa)	tempero para picles
6 colheres (sopa)	açúcar
4	ramos de endro secos

* N.T.: Mistura de vários temperos usada tradicionalmente para fazer picles de vários vegetais. Contém, geralmente, canela em pau, mostarda em grão, folhas de louro, pimenta-da-jamaica em grão, semente de endro, cravos inteiros, pedaços de gengibre desidratado, grãos de pimenta-do-reino, sementes de coentro, bagas de zimbro, macis e sementes de cardamomo.

Tempo de cozimento no vidro: 15 minutos

1. Lave os recipientes em água quente e sabão e enxágue muito bem em água fervente. Use apenas vidros apropriados e em bom estado de conservação.
2. Amarre as especiarias em um pedaço de gaze e deixe ferver em fogo brando por 15 minutos em uma panela tampada que contenha o açúcar, o sal, a água e o vinagre.
3. Corte os pepinos ao meio ou em palitos e coloque nos vidros.
4. Retire o saquinho de especiarias da salmoura.
5. Aqueça até ferver e borbulhar, depois despeje sobre o pepino.
6. Coloque um raminho de endro em cada frasco.
7. Deixe um espaço vazio de pelo menos 0,7 cm até a borda.
8. Aqueça por 15 minutos na água fervente, conforme descrito na receita de compota de maçã.

Picles de pêssego

Para 500 mL

1 xícara	vinagre de vinho branco
1 xícara	água
¼ de colher (chá)	suco de limão
1 xícara	açúcar
1 ½	canela em pau
4	cravos-da-índia
4	pêssegos pequenos

Para 3 litros

2 xícaras	vinagre de vinho branco
2 xícaras	água
1 colher (chá)	suco de limão
2 xícaras	açúcar
3	canelas em pau
24	cravos-da-índia
24	pêssegos pequenos

Tempo de cozimento no vidro: 10 minutos

1. Lave os recipientes em água quente e sabão e enxágue muito bem em água fervente. Use apenas vidros apropriados e em bom estado de conservação.
2. Lave os pêssegos e mergulhe em água fervente por 30 segundos para soltar a pele.
3. Retire a pele dos pêssegos e vá colocando-os na água com suco de limão.
4. Misture o vinagre, a água, o açúcar e a canela; aqueça até ferver.
5. Espete um cravo em cada pêssego e coloque-os no líquido fervente.
6. Continue cozinhando até que estejam completamente aquecidos.
7. Coloque os pêssegos nos vidros.
8. Despeje o líquido fervente por cima, deixando um espaço vazio até a borda de cerca de 0,7 cm.
9. Cozinhe por 10 minutos, conforme as instruções da receita da compota de maçã.

CONGELAMENTO

Brócolis

Lave muito bem o brócolis fresco para retirar toda a sujeira e qualquer inseto. Separe os buquês e descarte a ponta dos talos onde começam a ficar mais lenhosos. Se forem muito grossos, dividida-os em quatro no sentido do comprimento. Coloque em um escorredor de metal e mergulhe em uma panela grande cheia de água fervente por 3 minutos (escalde por 4 minutos, se estiver preparando a receita em uma altitude de 1.300 m ou mais). Mergulhe o brócolis branqueado imediatamente em uma tigela de água gelada por 3 a 4 minutos. Escorra bem e coloque em sacos plásticos, ou outro recipiente relativamente hermético. Tente tirar o máximo possível de ar de dentro da embalagem. Anote o conteúdo e a data de processamento. Coloque no congelador imediatamente.

Aspargo

Lave os aspargos com muito cuidado para retirar todos os vestígios de terra e sujeira. Descarte a parte lenhosa dos caules. Deixe-os inteiros ou corte em pedaços menores. Branqueie em uma panela grande cheia de água fervente por 2 a 4 minutos, dependendo da espessura do caule. Resfrie em uma tigela cheia de água gelada por um tempo equivalente. Embale, rotule e armazene como sugerido nas instruções para o brócolis.

Espinafre

Lave muito bem o espinafre em uma pia cheia de água fria para retirar toda a terra. Descarte os talos mais grossos e quaisquer folhas danificadas ou estragadas. Branqueie em uma panela grande cheia de água fervente por 2 minutos. Resfrie imediatamente em uma tigela cheia de água gelada por 2 minutos. Embale, rotule e armazene como sugerido nas instruções para o brócolis.

Milho-verde

Retire a palha e todos os cabelos do milho. Lave bem as espigas. Branqueie por 4 minutos, se for congelar o milho em grãos, ou 8 minutos, se for congelar na espiga. Resfrie em uma tigela cheia de água gelada pelo mesmo tempo usado para branquear. Retire o milho da espiga, se desejar. Embale, rotule e armazene como sugerido nas instruções para o brócolis.

Vagem

Lave muito bem as vagens. Descarte as pontas e corte em pedaços menores, ou deixe-as inteiras. Branqueie por 3 minutos em uma panela grande cheia de água fervente, depois resfrie em água gelada por 3 minutos. Embale, rotule e armazene como sugerido nas instruções para o brócolis.

Morango

Lave muito bem os morangos. Use uma faca para retirar quaisquer pontos batidos ou moles das frutas. Retire os cabinhos. Se desejar, corte em fatias. Espalhe 2 xícaras da fruta em uma assadeira rasa e polvilhe com 6 colheres de sopa de açúcar. Mexa cuidadosamente até que todos os morangos estejam cobertos de açúcar e que este tenha dissolvido, formando uma calda. Coloque cuidadosamente em um recipiente de plástico ou outra recipiente relativamente hermético. Anote o conteúdo e a data de processamento na embalagem. Leve imediatamente ao congelador.

Pêssego

Primeiramente, prepare uma calda de açúcar levando ao fogo 1 ½ xícara de açúcar e 2 xícaras de água, mexendo até que o açúcar esteja completamente dissolvido. Junte ¼ de colher de chá de ácido ascórbico à calda, mexa bem e espere que esfrie completamente antes de usar. Lave bem os pêssegos. Mergulhe-os em água fervente por 30 segundos para soltar a pele. Retire a pele e descarte quaisquer partes machucadas ou estragadas. Corte-os ao meio, descarte o caroço e corte em fatias, se desejar. Coloque ½ xícara da calda de açúcar em um recipiente de plástico. Encha o recipiente com a fruta fatiada e despeje calda suficiente por cima para cobrir os pedaços completamente. Depois que retirar a pele dos pêssegos, evite demorar muito para cobrir os pedaços de fruta com a calda, para evitar que escureçam. A calda impede o escurecimento do pêssego resultante da oxidação. Guarde em recipiente hermeticamente fechado, etiquete e leve ao congelador imediatamente.

Pera

Prepare a calda conforme descrito nas instruções para o pêssego. Lave e descasque as peras. Corte-as em metades, cunhas ou fatias e proceda conforme indicado para os pêssegos.

Abacaxi

Corte o abacaxi em rodelas, gomos ou cubos, como desejar. Coloque a fruta com cuidado em um recipiente plástico. Vede bem, etiquete e leve ao congelador imediatamente.

GELEIAS

Antes de começar a fazer geleias, lave os recipientes cuidadosamente em água e sabão e enxágue bem com água fervente. Derreta a parafina comestível com cuidado em banho-maria. Mantenha o fogo relativamente baixo, mas certifique-se de que ela esteja totalmente derretida ao usar. Tenha muito cuidado para evitar que a parafina quente respingue ou entorne. Quando manipulada descuidadamente, a parafina derretida pode causar incêndios e queimaduras.

RECEITAS

Geleia de morango fresco que não vai ao fogo

Para 3 vidros de 240 mL

2 xícaras	morangos frescos
2 xícaras	açúcar
1 colher (sopa)	suco de limão
¼ de frasco*	pectina líquida comercial
ou	
½ pacote*	pectina em pó instantânea
6 colheres (sopa)	água (omita se estiver usando a pectina líquida)

Para 6 vidros de 240 mL

4 xícaras	morangos frescos
4 xícaras	açúcar
2 colheres (sopa)	suco de limão
½ frasco	pectina líquida comercial
ou	
1 pacote	pectina em pó instantânea
¾ de xícara	água (omita se estiver usando a pectina líquida)

* N.T.: Siga sempre a proporção recomendada na embalagem do produto que estiver usando.

Tempo de preparo: 25 minutos

1. Lave bem os vidros e enxágue em água bem quente.
2. Lave bem os morangos. Retire os cabinhos e apare quaisquer áreas estragadas ou machucadas.
3. Amasse-os bem.
4. Misture com o açúcar e o suco de limão e deixe descansar por 20 minutos.
5. Aqueça a pectina em pó diluída na água; assim que ferver, deixe cozinhar por 1 minuto. Se estiver usando a pectina líquida, não é necessário diluir nem aquecer.
6. Misture a pectina líquida ou reidratada com a mistura de açúcar e fruta e mexa por 3 minutos.
7. Despeje nos vidros e tampe bem. Guarde na geladeira por até três semanas, ou no congelador, para que dure mais.

366 Preparo de alimentos

Geleia de morango congelado que não vai ao fogo

Para 3 vidros de 240 mL

300 g	morango congelado
1 $^2/_3$ xícara	açúcar
¼ de frasco*	pectina líquida comercial
1 colher (chá)	suco de limão

Para 6 vidros de 240 mL

600 g	morango congelado
3 $^1/_3$ xícaras	açúcar
½ frasco	pectina líquida comercial
2 colheres (chá)	suco de limão

* N.T.: Siga sempre a proporção recomendada na embalagem do produto que estiver usando.

Tempo de preparo: 10 minutos

1. Lave bem os vidros e enxágue em água bem quente.
2. Deixe o morango descongelar até chegar à temperatura ambiente.
3. Junte o açúcar à fruta e misture muito bem. Certifique-se de que o açúcar está completamente dissolvido. Se necessário, leve ao fogo rapidamente para terminar de dissolver.
4. Acrescente a pectina e mexa até que esteja totalmente misturada à fruta.
5. Despeje nos vidros.
6. Guarde na geladeira em potes hermeticamente fechados por um período máximo de seis semanas.

Geleia de ruibarbo

Para 5 vidros de 240 mL

750 g	ruibarbo
2 colheres (sopa)	raspas de laranja
¾ de xícara	água
½ frasco*	pectina líquida comercial
5 ½ xícaras	açúcar
	parafina comestível

Para 10 vidros de 240 mL

1,5 kg	ruibarbo
4 colheres (sopa)	raspas de laranja
1 ½ xícara	água
1 frasco	pectina líquida comercial
11 xícaras	açúcar
	parafina comestível

* N.T.: Siga sempre a proporção recomendada na embalagem do produto que estiver usando.

Tempo de preparo: 10 minutos

1. Lave bem os vidros e enxágue em água bem quente.
2. Lave muito bem os talos de ruibarbo e fatie finamente, sem descascar.
3. Aqueça o ruibarbo na água, em uma panela tampada, até ferver; cozinhe em fogo bem baixo até amaciar (cerca de 1 minuto).
4. Coloque 3 xícaras de ruibarbo (6 para a receita maior) em uma panela grande.
5. Junte o açúcar.
6. Leve ao fogo alto e cozinhe por 1 minuto depois que borbulhar.
7. Retire do fogo.
8. Acrescente a pectina líquida e misture muito bem, incorporando-a completamente à mistura.
9. Por 5 minutos, vá mexendo e retirando toda a espuma que se formar na superfície.
10. Despeje nos vidros e cubra a superfície, imediatamente, com uma camada de cerca de 0,5 cm de parafina comestível derretida.

Geleia de laranja

Para 6 vidros de 240 mL

3	laranjas-Bahia
2	limões-sicilianos
¹/₈ de colher (chá)	bicarbonato de sódio
1 ½ xícara	água
5 xícaras	açúcar
½ frasco*	pectina líquida comercial
	parafina comestível

Para 12 vidros de 240 mL

6	laranjas-Bahia
4	limões-sicilianos
¼ de colher (chá)	bicarbonato de sódio
3 xícaras	água
10 xícaras	açúcar
1 frasco	pectina líquida comercial
	parafina comestível

* N.T.: Siga sempre a proporção recomendada na embalagem do produto que estiver usando.

Tempo de preparo: 45 minutos

1. Lave bem os vidros e enxágue em água bem quente.
2. Com uma faca afiada, corte a casca das laranjas e dos limões em quatro e arranque-a das frutas. Raspe aproximadamente metade do albedo (parte branca da casca) e descarte.
3. Corte as cascas em tirinhas muito finas, ou lascas.
4. Adicione a água, misturada com o bicarbonato.
5. Cozinhe em fogo baixo, em panela tampada, por 20 minutos, mexendo de vez em quando.
6. Enquanto isso, descarte as sementes das frutas e corte a polpa em pedaços pequenos.
7. Junte à panela com as cascas e continue cozinhando, em fogo brando, por mais 10 minutos.
8. Coloque 3 xícaras desta mistura (6 para a receita maior) em uma panela bem grande e junte o açúcar, misturando bem.
9. Aqueça em fogo alto até começar a ferver e borbulhar, então cozinhe por 1 minuto, mexendo sem parar.
10. Retire do fogo e junte a pectina líquida imediatamente, misturando muito bem.
11. Por 7 minutos, vá mexendo e retirando toda a espuma que se formar na superfície.
12. Despeje nos vidros.
13. Cubra a superfície imediatamente com uma camada de 0,5 cm de parafina comestível derretida.

Geleia de mirtilo

Para 5 vidros de 240 mL

2 xícaras	mirtilos (*blueberries*), frescos ou congelados
1 colher (sopa)	suco de limão
2 xícaras	açúcar
½ pacote*	pectina em pó instantânea
	parafina comestível

Para 9 vidros de 240 mL

4 xícaras	mirtilos (*blueberries*), frescos ou congelados
2 colheres (sopa)	suco de limão
4 xícaras	açúcar
1 pacote	pectina em pó instantânea
	parafina comestível

* N.T.: Siga sempre a proporção recomendada na embalagem do produto que estiver usando.

Tempo de preparo: 10 minutos

1. Lave bem os vidros e enxágue em água bem quente.
2. Amasse os mirtilos e junte a pectina, misturando bem.
3. Acrescente o suco de limão e aqueça em fogo alto até ferver, mexendo lentamente.
4. Adicione o açúcar e continue mexendo, enquanto a mistura cozinha em fervura forte por 1 minuto.
5. Retire do fogo. Descarte a espuma da superfície.
6. Por 5 minutos, vá mexendo e retirando toda a espuma que se formar na superfície antes de despejar nos vidros.
7. Vede imediatamente com uma camada de 0,5 cm de parafina comestível derretida.

Geleia de uva

Para 6 vidros de 240 mL

2 xícaras	suco de uva engarrafado
3 $^2/_3$ xícaras	açúcar
½ frasco*	pectina líquida comercial

Para 12 vidros de 240 mL

4 xícaras	suco de uva engarrafado
7 xícaras	açúcar
1 frasco	pectina líquida comercial

* N.T.: Siga sempre a proporção recomendada na embalagem do produto que estiver usando.

Tempo de preparo: 8 minutos

1. Lave bem os vidros e enxágue em água bem quente.
2. Aqueça o suco e o açúcar até ferverem.
3. Junte a pectina líquida e deixe ferver por 1 minuto, mexendo sem parar.
4. Retire do fogo.
5. Enquanto espera esfriar por 2 minutos, retire a espuma da superfície.
6. Despeje nos vidros.
7. Cubra a superfície imediatamente com uma camada de 0,5 cm de parafina comestível derretida.

Geleia de maçã

Para 4 vidros de 240 mL

2 kg	maçã ácida madura
6 ½ xícaras	água
7 ½ xícaras	açúcar
½ frasco*	pectina líquida comercial
	parafina comestível

Para 9 vidros de 240 mL

4 kg	maçã ácida madura
13 xícaras	água
15 xícaras	açúcar
1 frasco	pectina líquida comercial
	parafina comestível

* N.T.: Siga sempre a proporção recomendada na embalagem do produto que estiver usando.

Tempo de preparo: 25 minutos

1. Lave bem os vidros e enxágue em água bem quente.
2. Corte as maçãs em quatro, com a casca, e descarte o calo e a parte de baixo da fruta. Pique em pedaços pequenos. Não retire o miolo ou as sementes.
3. Coloque numa panela com a água e aqueça, em fogo forte, até ferver.
4. Abaixe o fogo e cozinhe por 10 minutos.
5. Esmague a fruta dentro da panela e continue cozinhando em fogo brando.
6. Forre um escorredor de macarrão com duas camadas de gaze.
7. Despeje a fruta no escorredor, coletando o caldo.
8. Meça 5 xícaras (10 para a receita maior) desse caldo e misture com o açúcar em uma panela grande.
9. Leve ao fogo e aqueça, sem parar de mexer, até ferver.
10. Acrescente a pectina e misture muito bem.
11. Aqueça até ferver.
12. Cozinhe por 1 minuto, sem parar de mexer.
13. Retire do fogo, descarte a espuma da superfície e despeje nos vidros.
14. Cubra imediatamente com uma camada de 0,5 cm de parafina comestível derretida.

Capítulo 14 ▪ Conservação de alimentos **369**

Geleia de pera e framboesa fresca

Para 3 vidros

3	peras Barlett (2 xícaras de pera amassada)
²/₃ de xícara	framboesas frescas (bem apertadas na xícara)
1 ½ colher (sopa)	suco de limão
½ pacote*	pectina em pó instantânea
1 ¾ xícara	açúcar
	parafina comestível

Para 7 vidros

6-8	peras Barlett (4 xícaras de pera amassada)
1 ¹/₃ xícara	framboesas frescas (bem apertadas na xícara)
3 colheres (sopa)	suco de limão
1 pacote	pectina em pó instantânea
3 ½ xícaras	açúcar
	parafina comestível

* N.T.: Siga sempre a proporção recomendada na embalagem do produto que estiver usando.

Tempo de preparo: 15 minutos

1. Lave bem os vidros e enxágue em água bem quente.
2. Descasque as peras, descarte o miolo e pique bem; amasse os pedaços na tábua com um garfo e aperte bem na xícara-medida.
3. Lave e escolha bem as framboesas, aperte bem na xícara--medida.
4. Misture as frutas com o suco de limão e a pectina em uma panela; aqueça até ferver.
5. Cozinhe em fogo alto por 1 minuto, mexendo.
6. Junte o açúcar de uma só vez e cozinhe, mexendo, até começar a ferver novamente.
7. Cozinhe em fogo bem alto por 1 minuto.
8. Retire do fogo; por 5 minutos, vá mexendo, para esfriar um pouco, e retirando a espuma que subir para a superfície.
9. Despeje nos vidros esterilizados; cubra a superfície com uma camada de parafina comestível derretida.

Geleia de pera e framboesa congelada

Para 4 vidros

750 g	peras Barlett (3 xícaras de pera amassada)
150 g	framboesa congelada, em temperatura ambiente, com o líquido do descongelamento
3 ¾ xícaras	açúcar
uma pitada generosa	sal
2 colheres (sopa)	suco de limão
1 ½ colher (chá)	raspas de laranja
¼ de frasco*	pectina líquida comercial
	parafina comestível

Para 9 vidros

1,5 kg	peras Barlett (6 xícaras de pera amassada)
300 g	framboesa congelada, em temperatura ambiente, com o líquido do descongelamento
7 ½ xícaras	açúcar
¹/₈ de colher (chá)	sal
¼ de xícara	suco de limão
1 colher (sopa)	raspas de laranja
½ frasco	pectina líquida comercial
	parafina comestível

* N.T.: Siga sempre a proporção recomendada na embalagem do produto que estiver usando.

Tempo de preparo: 15 minutos

1. Lave bem os vidros e enxágue em água bem quente.
2. Descasque as peras, descarte o miolo e pique.
3. Misture todos os ingredientes, com exceção da pectina, em uma panela; aqueça até borbulhar e cozinhe, em fervura forte, por 1 minuto.
4. Retire do fogo, junte a pectina e mexa bem, por 5 minutos, retirando a espuma que se formar na superfície.
5. Despeje nos vidros esterilizados; cubra com uma camada de parafina comestível derretida.

Lâminas de frutas

Para 3 lâminas

115 g	ameixa-preta seca, sem caroço
115 g	pêssego desidratado
230 g	damasco seco
1 xícara	açúcar de confeiteiro

Para 6 lâminas

230 g	ameixa-preta seca, sem caroço
230 g	pêssego desidratado
460 g	damasco seco
2 xícaras	açúcar de confeiteiro

Observação: Lâminas de fruta são uma novidade interessante. São uma maneira rápida e prática de transportar e consumir frutas no dia a dia ou em viagens.

Tempo de preparo: 9 horas

Tempo para assar: forno a 65°C.

1. Processe todas as frutas até obter uma pasta fina.
2. Polvilhe um disco de açúcar de confeiteiro (com cerca de 33 cm de diâmetro) sobre uma superfície limpa.
3. Coloque $1/3$ da fruta moída (ou 1/6, na receita maior) sobre o açúcar.
4. Cubra com um pouco mais do açúcar e abra com o rolo para formar um disco com cerca de 0,3 cm de espessura.
5. Coloque em uma assadeira rasa e asse até adquirir uma consistência de couro (cerca de 8 a 9 horas).
6. Enrole em filme plástico depois de frio.
7. Guarde na geladeira, em um saco plástico.

Avaliação das receitas produzidas – alimentos em conserva

Receita	Observações sobre cor, textura, sabor e outras características	Comentários ou sugestões para preparo futuro

VOCABULÁRIO

Pectina

Ácido péctico

Ácido pectínico

Protopectina

Botulismo

Salmonela

Mofos

Geleia com pedaços de frutas

Geleia sem pedaços de frutas

Queimadura de congelador

CAPÍTULO 15

Planejamento de refeições

Conceitos básicos, 373
Aspectos do planejamento, 374
   Nutrição, 374
   Estética, 375

Tempo, 375
Custo, 375
Sugestões de atividades, 377

Objetivos

1. Integrar os princípios de preparo de alimentos ao planejamento alimentar diário individual.
2. Planejar refeições adequadas do ponto de vista nutricional, que atendam a parâmetros econômicos ao mesmo tempo em que estejam de acordo com as preferências alimentares e padrões culturais específicos.
3. Planejar cronogramas de execução para menus selecionados e avaliar a gestão do tempo.
4. Avaliar o planejamento do menu, a compra de ingredientes, o preparo e a apresentação de refeições selecionadas.

Os capítulos anteriores forneceram o conhecimento básico necessário para se preparar todas as partes de uma refeição. O segredo é planejar uma refeição completa para que atenda às necessidades nutricionais ao mesmo tempo em que seja agradável de degustar e não exija muito tempo, energia ou dinheiro para preparar. De fato, há muita coisa para se coordenar no planejamento e no preparo de refeições.

Este capítulo lhe dará a chance de começar a usar o conhecimento que adquiriu sobre o preparo de alimentos para uma boa causa. O desafio de gerenciar refeições pode ser satisfatório e gratificante. As receitas dos capítulos anteriores podem servir de base para montar menus criativos. Há muitos outros recursos que também podem ser explorados para ajudar a despertar a criatividade no planejamento de refeições.

Conceitos básicos

1. Refeições devem ser planejadas para que forneçam a quantidade recomendada de nutrientes, sejam agradáveis e combinem com o estilo de vida da pessoa.

2. Menus podem ser avaliados com base no seu valor nutritivo, na satisfação sensorial que proporcionam (sabor, cor, aroma e textura) e no seu custo (tempo, energia e dinheiro).

ASPECTOS DO PLANEJAMENTO

Uma boa refeição exige um planejamento sólido do tempo e do orçamento disponíveis, bem como o conhecimento do preparo de alimentos específicos. O sucesso requer a utilização de conhecimentos sobre nutrição, gestão de recursos, aplicação da ciência dos alimentos e habilidades práticas no preparo de alimentos e na utilização de princípios estéticos e psicológicos. Os exercícios práticos propostos fornecem o formato necessário para ilustrar todos os aspectos envolvidos na gestão de uma boa refeição.

Nutrição

Um menu diário deve ser planejado com cuidado para que forneça o equilíbrio exigido pelas diretrizes do *MyPlate** e para que satisfaça as necessidades diárias de calorias e nutrientes do indivíduo. Visite o site do *MyPlate* para mais informações e sugestões (em inglês): http://www.choosemyplate.gov/.**

As quantidades diárias recomendadas para os diversos grupos de alimentos, considerando uma dieta de 2.000 calorias, são:

- Grãos e cereais – 180 g (100 g de grãos integrais, 80 g de grãos refinados)
- Legumes e verduras – 2,6 xícaras
- Frutas – 2,1 xícaras
- Leite e derivados – 3,1 xícaras
- Alimentos proteicos – 170 g (incluindo 250 g de frutos do mar durante uma semana)

---

* N.T.: Programa oficial de diretrizes nutricionais do governo norte-americano.
** N.T.: Para mais informações sobre a Política Nacional de Alimentação e Nutrição (PNAN), no Brasil, acesse: http://nutricao.saude.gov.br..

Para a maioria das pessoas, é importante incluir uma boa fonte de ácido ascórbico no café da manhã. Para garantir uma nutrição ideal para começar bem o dia, inclua um ovo ou outra fonte saudável de proteína, além de um copo de leite e um pouco de cereais ou uma torrada. O almoço e o jantar devem ser planejados para balancearem as quantidades restantes de alimentos recomendadas para cada grupo pelo *MyPlate*, além de algum alimento adicional para satisfação e energia.

Estética

Planeje os alimentos em um menu para que forneçam cor, textura, aparência e sabor excelentes. Com um menu e uma ocasião em mente, selecione o tipo mais adequado de serviço e de arrumação da mesa. Pense cuidadosamente sobre todos os detalhes da refeição, para que seja agradável aos olhos, à mente e ao paladar.

Tempo

Um cronograma de atividades bem planejado é essencial quando se está começando a aprender como coordenar uma refeição inteira. É preciso levar em conta na programação o tempo necessário para arrumar a mesa, preparar os alimentos para cozinhar e servi-los. Isso requer um exame cuidadoso de todos os detalhes, para que a refeição seja servida na hora planejada.

Custo

Pode-se aprender a gerenciar e limitar os custos por meio de um planejamento de refeições feito com base em anúncios de supermercados. Para tirar melhor proveito da experiência, planeje uma refeição e depois observe quais modificações poderiam ser feitas para adaptar o plano inicial a um orçamento mais baixo, médio ou alto. Se possível, faça a compra dos alimentos no supermercado, de fato.

A compra e o preparo eficientes e econômicos de alimentos são benéficos para todos os que têm como responsabilidade preparar refeições. Muitos tipos de informações que podem ajudar os consumidores nessas tarefas estão disponíveis atualmente. A seguir, fornecemos algumas que podem ser muito úteis na hora de comprar e preparar alimentos.

Medidas equivalentes

1 colher (sopa)	3 colheres (chá)
15 mL	1 colher (sopa)
¼ de xícara	4 colheres (sopa)
1 xícara	16 colheres (sopa) ou 250 mL
2 xícaras	500 mL
4 xícaras	1 litro

Medidas equivalentes

1 oz (abreviação de *ounce* = onça)	28,35 g
1 lb (abreviação de *pound* = libra)	16 oz ou 453,6 g
2,21 lb	1 kg

Substituições

1 xícara de leite desnatado	1 xícara menos 1 colher (sopa) de água + $1/3$ de xícara de leite em pó desnatado instantâneo
1 xícara de leitelho (*buttermilk*)	1 xícara de iogurte
1 xícara de leite integral	1 xícara de iogurte + ½ colher (chá) de bicarbonato de sódio + 1 colher (chá) de manteiga; reduza o fermento em pó em 1 colher (chá) em receitas de bolo e outras massas moles
1 xícara de leite acidulado (*sour milk*) ou leitelho (*buttermilk*)	1 colher (sopa) de suco de limão ou vinagre + leite suficiente para completar uma xícara
1 colher (sopa) de amido de milho	2 colheres (sopa) de farinha
1 xícara de farinha de trigo especial para bolo	1 xícara + 2 colheres (sopa) de farinha de trigo comum
1 envelope de fermento biológico seco (30 g)	1 colher (sopa) de fermento biológico seco
1 envelope de fermento biológico seco (30 g)	1 tablete de fermento biológico fresco
1 colher (chá) de fermento em pó químico	¼ de colher (chá) de bicarbonato de sódio + ¾ de colher (chá) de cremor tártaro
1 colher (chá) de fermento em pó químico	¼ de colher (chá) de bicarbonato de sódio + $1/3$ de colher (chá) de melado
1 colher (chá) de fermento em pó químico	¼ de colher (chá) de bicarbonato de sódio + ½ xícara de leite acidulado
30 g de chocolate amargo	3 colheres (sopa) de cacau em pó (sem açúcar) + 1 colher (sopa) de manteiga

Equivalências de medidas aproximadas

1 xícara de creme de leite fresco	2 xícaras de creme de leite batido
500 g de manteiga ou margarina	2 xícaras
500 g de queijo	4 xícaras de queijo ralado
500 g de farinha de trigo comum	4 xícaras
1 xícara de arroz	1 $2/3$ xícara de arroz cozido
1 xícara de trigo para quibe	2 ¾ xícaras de trigo cozido
1 xícara de macarrão curto seco ou espaguete crus	2 ¼ xícaras macarrão cozido
1 xícara de macarrão oriental pré-cozido	1 ¼ xícara de macarrão cozido
1 gema	1 colher (sopa)
1 clara	2 ½ colheres (sopa)
500 g de açúcar branco	3 xícaras
500 g de açúcar mascavo	2 ¼ xícaras
500 g de oleaginosas	3 a 4 xícaras, dependendo do tipo
500 g de pó de café	5 xícaras de pó de café
500 g de pó de café	40 a 50 xícaras de café (bebida preparada)
500 g de biscoito *cream cracker*	5 xícaras de biscoito moído fino
500 g de *graham crackers*	4 $1/3$ xícaras de biscoito doce moído

Tamanhos de latas e embalagens comuns nos Estados Unidos

Lata/embalagem (termo na indústria)	Descrição para o consumidor		Principais produtos
	Peso aproximado por *fl oz**(Vide rótulo)	Xícaras (aprox.)	
8 oz (237 mL)	8 oz (237 mL)	1	Frutas, legumes, comidas prontas para famílias pequenas (2 porções)
Picnic	10 ½ a 12 oz (310 a 355 g)	1 ¼	Principalmente as sopas concentradas. Algumas frutas, legumes, carnes, peixes e comidas prontas (2 a 3 porções)
12 oz, *vac* (340 g, embalado a vácuo)	12 oz (340 g)	1 ½	Principalmente milho embalado a vácuo (3 a 4 porções)
No. 300	14 a 16 oz (400 a 450 g)	1 ¾	Carne de porco com feijão, *baked beans***, produtos de carne, molho de *cranberry*, mirtilos, comidas prontas (3 a 4 porções)
No. 303	16 a 17 oz (450 a 482 g)	2	Tamanho mais comum para frutas e legumes. Alguns produtos de carne, sopas prontas para servir e outras comidas prontas (4 porções)
No. 2	20 oz ou 18 fl oz (568 g ou 532 mL)	2 ½	Sucos, sopas prontas para servir, algumas comidas prontas, abacaxi, maçã fatiada. Já não é mais tão usado para a maioria das frutas e vegetais (5 porções)
No. 2 ½	27 a 29 oz (765 a 822 g)	3 ½	Frutas, alguns vegetais (abóbora, chucrute, espinafre e outras verduras de folha, tomates) (5 a 7 porções)
No. 3 *cyl**** ou 46 *fl oz*	51 oz ou 46 fl oz (1.446 g ou 1.360 mL)	5 ¾	Sucos de frutas e de vegetais, carne de porco com feijão. Tamanho industrial padrão para sopas condensadas e alguns vegetais (10 a 12 porções)
No. 10	6 ½ a 7 ⅓ lb (2.950 a 3.317 g)	12 a 13	Tamanho industrial padrão para frutas, vegetais e outros alimentos (25 porções)
Outras			Carnes, aves, peixes e frutos do mar são anunciados e vendidos quase inteiramente de acordo com o peso da embalagem

* N.T.: Abreviação de *fluid ounce*, onça líquida, que equivale a 29,54 mL.
* N.T.: Feijão cozido em molho geralmente à base de tomate, contendo açúcar mascavo e especiarias.
*** N.E.: Abreviação de *cylinder*, o volume do cilindro.

SUGESTÕES DE ATIVIDADES

1. Usando os formulários a seguir, planeje todas as refeições de um dia para uma família de quatro pessoas.
2. Prepare uma das refeições e avalie o seguinte:
    a. planejamento do tempo
    b. custo da refeição
    c. adequação da lista de compras
    d. qualidade do alimento preparado
    e. arrumação da mesa
    f. serviço

Menu do café da manhã

Planejamento do tempo	Decoração da mesa
Preparo:	Toalha ou jogo americano:
Dia da refeição:	Pratos:
Tipo de serviço:	Talheres:
Horário da refeição:	Copos e taças:
	Acessórios:
	Esboço da disposição dos utensílios:

Lista de compras – café da manhã

Ingrediente	Quantidade	Preço unitário	Custo total
Produtos lácteos			
Carnes, peixes, aves, ovos			
Produtos hortifrutigranjeiros			
Enlatados e congelados			
Pães e cereais			
Óleos e gorduras			
Diversos			

Custo total de refeição:_____

Custo por pessoa:_____

Menu do almoço

Planejamento do tempo	Decoração da mesa
Preparo:	Toalha ou jogo americano:
Dia da refeição:	Pratos:
Tipo de serviço:	Talheres:
Horário da refeição:	Copos e taças:
	Acessórios:
	Esboço da disposição dos utensílios:

Lista de compras – almoço

Ingrediente	Quantidade	Preço unitário	Custo total
Produtos lácteos			
Carnes, peixes, aves, ovos			
Produtos hortifrutigranjeiros			
Enlatados e congelados			
Pães e cereais			
Óleos e gorduras			
Diversos			
		Custo total de refeição:_____	
		Custo por pessoa:_____	

Menu do jantar

Planejamento do tempo	Decoração da mesa
Preparo:	Toalha ou jogo americano:
Dia da refeição:	Pratos:
Tipo de serviço:	Talheres:
Horário da refeição:	Copos e taças:
	Acessórios:
	Esboço da disposição dos utensílios:

Lista de compras – jantar

Ingrediente	Quantidade	Preço unitário	Custo total
Produtos lácteos			
Carnes, peixes, aves, ovos			
Produtos hortifrutigranjeiros			
Enlatados e congelados			
Pães e cereais			
Óleos e gorduras			
Diversos			
		Custo total de refeição:_____	
		Custo por pessoa:_____	

Complete a tabela a seguir com os menus planejados para o café da manhã, almoço e jantar e avalie a adequação nutricional desse planejamento. Se houver categorias sub-representadas, sugira maneiras de melhorar os menus.

Resumo do menu modelo para um dia

Grupo de ingredientes	Item do menu	Porções		
		Recomendadas	Empregadas	Adequação
Grãos e cereais		180 g		
Legumes e verduras		2,6 xícaras		
Frutas		2,1 xícaras		
Leite		3,1 xícaras		
Carnes e leguminosas		170 g		
Óleos e azeites		7,2 colheres (chá)		
Recomendações:				

APÊNDICE

Sistemas de medida

O sistema métrico tem sido usado para pesar e determinar medidas na Europa e em muitas outras partes do mundo há bastante tempo. Os Estados Unidos, no entanto, baseia suas receitas (e a maioria de sua indústria) em xícaras e libras, e não litros e quilogramas. O comprimento é indicado em polegadas e jardas, e não centímetros e metros, e a temperatura é em graus Fahrenheit, não em Celsius.

As diferenças entre sistemas de medida podem soar pouco importantes, mas são a fonte de muitos problemas no comércio internacional. Por causa das dificuldades econômicas e de comércio decorrentes dessas diferenças, os Estados Unidos, anos atrás, criou uma lei para converter todo o seu sistema para o sistema métrico em um período de 10 anos. Grandes investimentos foram feitos na indústria e na educação para essa importante mudança. No entanto, a disposição para fazer a transição foi se perdendo gradualmente ao longo do processo.

Apesar do fato de que os consumidores nos Estados Unidos não adotaram o sistema métrico, os profissionais precisam ser capazes de interpretar as unidades de pesos e medidas desse sistema, já que o mundo técnico e industrial funciona hoje em um cenário internacional, e a linguagem entendida nesse mundo é a do sistema métrico.

A linguagem dos laboratórios técnicos da indústria de alimentos, onde se faz pesquisa e se promove o desenvolvimento da área, também é o sistema métrico. Engenheiros de alimentos e outros cientistas que trabalham nesses laboratórios competitivos nos Estados Unidos devem estar totalmente familiarizados com esse sistema e ser capazes de trabalhar com ele. Também devem ser capazes de converter receitas para a linguagem do consumidor atual do país, seu sistema de pesos e medidas anglo-saxão.

O sistema métrico não é usado no dia a dia das residências norte-americanas, embora seja essencial para os profissionais da área de alimentos. Esses profissionais devem ser capazes de converter de um sistema a outro com confiança e precisão. O sistema métrico é um sistema lógico, baseado em unidades múltiplas de dez. O conhecimento dos prefixos e das medidas básicas de pesos, volumes e comprimentos é essencial. As informações-chave necessárias para a indústria de alimentos, incluindo a conversão de temperaturas, são apresentadas a seguir.

Os prefixos para as unidades que são comumente usadas no preparo dos alimentos são:

quilo-	= 1.000	= 10^3
centi-	= 1/100	= 10^{-2}
mili-	= 1/1.000	= 10^{-3}

Conceitos básicos

1. O sistema métrico é o sistema de medidas usado para expressar volume, peso e temperatura na maioria dos países atualmente.

2. O conhecimento de algumas equivalências básicas entre o sistema métrico e o anglo-saxão tornará mais fácil a conversão entre os dois, bem como entre esses sistemas e o sistema de medidas caseiras.

Conversões entre o sistema métrico e anglo-saxão podem ser feitas com facilidade usando-se as seguintes equivalências:

Peso:
1 quilograma (kg) = 2,2 *pounds* (= libras – *lb*)
1 *lb* = 454 gramas (g)

Volume:
1 litro (L) = 1,06 *quarts* (= quarto de galão – *qt*)
1 xícara = 236 mililitros* (mL)

Comprimento:
1 metro (m) = 39,37 *inches* (= polegadas – *in* ou ")
1 *in* = 2,54 centímetros (cm)

As fórmulas para a conversão de temperaturas são:
°C = 5/9 (°F – 32)
°F = (9/5 °C) + 32

Calcule as seguintes equivalências:

1 ½ xícaras		_____ mL (métrico) / _____ mL (anglo-saxão)
472 mL		_____ xícara(s) (anglo-saxão)
3,3 kg	=	_____ *lb*
5 kg	=	_____ *lb*
9 *in*	=	_____ cm
25 cm	=	_____ *in*
300°F	=	_____ °C
400°F	=	_____ °C
220°C	=	_____ °F
100°C	=	_____ °F
190°C	=	_____ °F

A seguir, apresenta-se um exemplo de receita de bolo de mirtilo nos sistemas caseiro e métrico. Observe especialmente o uso das escalas de temperatura nas duas versões, os tamanhos de forma e as designações de quantidade dos ingredientes.

---

* N.T.: A xícara-medida do sistema anglo-saxão tem esse volume pois equivale a ¼ do *quart*, que seria 946 mL. No sistema métrico, 1 xícara equivale a ¼ de litro, isto é, 250 mL.

Bolo de mirtilo

Sistema métrico*:

125 mL	açúcar
125 mL	gordura vegetal
1	ovo grande
500 mL	farinha de trigo, peneirada
10 mL	fermento em pó químico
1 mL	sal
125 mL	leite
500 mL	mirtilos (*blueberry*), bem escorridos
125 mL	açúcar mascavo
125 mL	farinha de trigo
3 mL	canela em pó
30 mL	margarina derretida

Forno: 175°C

1. Preaqueça o forno.
2. Bata a gordura com o açúcar até obter um creme leve e fofo.
3. Junte o ovo, bem batido.
4. Peneire os ingredientes secos. Acrescente um terço dessa mistura ao creme batido e misture bem.
5. Junte metade do leite, misture bem.
6. Repita o procedimento com os ingredientes restantes, alternando os secos com o leite.
7. Despeje em uma assadeira bem untada. Sistema métrico: 20 cm × 30 cm.
8. Espalhe os mirtilos na superfície da massa.
9. Misture o açúcar mascavo, a farinha, a canela e a margarina derretida, e polvilhe sobre os mirtilos.
10. Asse a 175°C por 35 a 45 minutos, ou até que, ao inserir um palito no meio do bolo, ele saia limpo.

* N.T.: A autora usa volume (em mL) para medir ingredientes secos, o que não é comum em receitas escritas no sistema métrico.

Medidas caseiras:

½ xícara	açúcar
½ xícara	gordura vegetal
1	ovo médio*
2 xícaras	farinha de trigo
2 colheres (chá)	fermento em pó químico
¼ de colher (chá)	sal
½ xícara	leite
2 xícaras	mirtilos (*blueberry*), bem escorridos
½ xícara	açúcar mascavo
½ xícara	farinha de trigo
½ colher (chá)	canela em pó
2 colheres (sopa)	margarina derretida

Forno: 350°F

1. Idem sistema métrico.
2. Idem sistema métrico.
3. Idem sistema métrico.
4. Idem sistema métrico.
5. Idem sistema métrico.
6. Idem sistema métrico.
7. Despeje em uma assadeira bem untada. Sistema anglo-saxão: 8" x 12".
8. Idem sistema métrico.
9. Idem sistema métrico.
10. Asse a 350°F por 35 a 45 minutos, ou até que, ao inserir um palito no meio do bolo, ele saia limpo.

* N.T.: O ovo é médio nesta receita, e não grande, porque a xícara do sistema anglo-saxão é menor que a do sistema métrico, conforme explicado na nota da página anterior.

ÍNDICE REMISSIVO

A

Abacaxi
  congelamento, 365
  enzimas, 123
  fresco, 123
Abóbora(s)
  abóbora madura, 20, 27
  abóbora-espaguete, 50
Abobrinha, 20, 27
  abobrinha ao perfume de limão, 52
  abobrinha italiana, 20
    como saltear, 51
Ácidos, 18, 140
Açúcar, 129-137
  balas e docinhos de açúcar, 134-136
  calda de açúcar queimado, 145
  doces de calda de açúcar cristalizado, 130-133
  mascavo, medição, 10
  medidas equivalentes, 375
Ajuste de altitude, 303
Alabote ao forno, 226
Alasca, 200
Alcachofra, 20, 22, 27
  -de-jerusalém, 20
  Alcachofra com manteiga de alho, 28
  Camarão com alcachofra, 244
  comum, 20, 22-23, 28
Alcalino, 18
Alface, 97-98
  armazenamento, 97
  folhas inteiras, 98
Amidos
  como espessantes, 139-140
  medidas equivalentes, 376
  receitas, 143-146
Angel food cake, 286-291
Antocianinas, 16-17
Antoxantinas, 16-17

Arroz

Arroz
  Arroz-doce e com passas, 147
  Arroz-selvagem ao forno, 151
  como cozinhar, 148
  rendimento depois de cozido, 376
  Riz à l'amande, 82
Aspargo, 20, 27
  congelamento, 364
Aspic de tomate com caranguejo, 122
Assar
  na panela, 223-224
  no forno, 25, 212-222

B

Bagels, 283
Baked beans (feijão de forno), 70
Baked potato, 59
Balas e docinhos, 134-136
  Bala puxa-puxa, 135
  Caramelo duro de amêndoas, 134
  Caramelos, 135
  Torrão de amendoim, 136
Banana
  Bolo de banana com ameixa-seca, 85
  Pão rápido de banana e nozes, 81
  Torta cremosa de banana, 338
Base de biscoito moído para torta, 83
Batata ao forno, 60
Batata(s), 20, 27, 55-59
  armazenamento, 59
  Baked potato, 57, 59
  Batata Anna, 60
  Batata ao forno, 60
  Batata assada recheada, 62
  Batata *au gratin*, 61
  batata-doce, 20
  Batata frita em palitos, 58
  Batata *Hash brown* (batata assada na frigideira), 61

cerosas, 55-57

como escolher, 55-57

como fritar, 56

cozida, 56, 57

enxuta/farinhenta, 55-57

pré-preparo, 55-57

Purê de batata, 56, 58

Salada de batata, 114

Salada de batata com atum, ervilha fresca e tomate, 106

Salada morna de batata com bacon, 113

Sopa cremosa de batata, 163

Batedeira(s), 8

elétrica, 8

Bebida(s), 350-357

café, 353-355

chá, 352-353

chocolate quente (com cacau em pó), 356-357

chocolate quente (com chocolate em barra), 356-357

de inverno de laranja, 92

Berinjela, 27

Berinjela à italiana, 40

Beterraba, 20, 27

Beterraba polonesa com creme de leite azedo, 30

folhas de, 20

Picles de beterraba, 362

Bife de panela empanado, 233

Bife suíço, 241

Biscoito(s)

doce moído, rendimento, 376

Biscoito em três camadas, 319

Biscoitos de aveia, 316

Biscoitos de gengibre, 319

Biscoito doce rápido, 318

Bolinhas de nozes, 317

Bolos, 286-321

aerados, 287-298

Angel food cake, 288-291

chiffon, 295-298

Pão de ló, 292-294

amanteigados, 298-315

Bolo amanteigado com farofa doce, 264

método cremoso, 299-301, 303

método cremoso para massa úmida, 304

método direto, 302, 307

método indireto (pão de ló), 305

método massas merengadas, 305

método *muffin,* 302, 306

ajuste de altitude, 303

Bolo branco, 305

Bolo Califórnia, 265

Bolo caseiro de gengibre e canela, 308

Bolo de banana com ameixa, 85, 309

Bolo de carne moída, 227

Bolo de chocolate, 304

Bolo de especiarias, 310

Bolo de sementes de papoula, 312

Bolo dourado de gemas, 307

Bolo quatro quartos, 311

Bolo simples, 303

chiffon, 295-298

Bolo *chiffon* de açúcar queimado e nozes, 296

Bolo *chiffon* de café com chocolate, 295

Bolo *chiffon* de cacau, 298

Bolo *chiffon* de limão, 297

com claras em neve, 288-298

fundamentos, 288-290, 299-302

Rocambole, 293

Rocambole havaiano, 294

Branquear, 18

Brasear, 231

Brócolis, 20, 24, 27

Brócolis na salamandra, 30

congelamento, 364

Creme de brócolis, 32

Salada chinesa de brócolis, 31

Suflê de brócolis, 195

Bromelina, 123

Bruschetta, 266

Buttermilk Biscuits, 255

C

Cabelinho-de-anjo colorido, 150

Cacau em pó, chocolate quente com, 356-357

Bolo *chiffon* de cacau, 298

substituições, 375-376

Café, 353-355

Café por gotejamento, 353

Café por pressão do vapor, 355

grãos de, 354

Camarão com alcachofra, 244

Caramelos, 135
   Caramelo duro de amêndoas, 134
   Torrão de amendoim, 136
Carne(s), 211-245
   Bolo de carne moída, 227
   bovina
      cortes, 213
      Fricassée de carne com *curry*, 235
      ossos, 214-215
      tempo de cozimento, 220
   com osso braseada, como trinchar, 240
   como assar, 212-222
   como assar na panela, 223-224
   como brasear, 231
   como escolher, 211-212
   como fritar em pouco óleo, 224
   como fritar por imersão, 6, 224-225
   como grelhar na salamandra, 222-224
   como trinchar, 215, 240
   cortes
      de carne bovina, 213
      de cordeiro, 218
      de porco, 217
      de vitela, 216
   Costeletas de porco com feijão-branco, 66
   Carne ensopada, 240
   Kaldomar (charuto de repolho escandinavo), 36
   métodos de cozimento por calor seco, 212-224
   métodos de cozimento por calor úmido, 231-232
   ossos, 214-215
   pontos de cozimento, 220-222
   pré-preparo, 212
   receitas, 225-231, 233-244
   suína
      cortes, 217
      Costeletas de porco com feijão-branco, 66
      Costeletas de porco recheadas com frutas, 231
      Ensopado de joelho de porco com feijão-de-lima, 68
      ossos, 214-215
      tempo de cozimento, 221
   tempos de cozimento, 220-222
Carolinas, 266
Carotenoides, 16
Cebolas, 27
   como cozinhar, 20, 34
   Cebola-pérola com ervas, 47

Celulose, 17
Cenouras, 20, 24, 27
   Cenouras ao gengibre, 37
   Enformado de cenoura com especiarias, 38
   espirais de, 111
Cereja de gala, 84
Chá, 352-353
   Chá gelado, 353
   Chá *oolong*, 351
   Chá preto, 351
   Chá quente, 352
   Chá verde, 351
   tipos, 349
Charutinhos de folha de uva (*Dolmas*), 154
Charuto de repolho vegetariano, 34
Chiles rellenos, 39
Chili de feijão-fradinho, 67
Chocolate
   Bolo de chocolate, 304
   Creme de chocolate, 208
   Flan de chocolate, 146
   quente, 354-355
   substituições, 375-376
   Suflê de chocolate, 197
Cinnamon rolls (bolinhos de canela), 272
Clorofila, 16
   a, 16
   b, 16
Cobbler de frutas, 78
Cobertura(s)
   de coco e nozes, 315
   de *marshmallow*, 314
   infalível, 314
   para bolos, 311-315
Coco
   Cobertura de coco e nozes, 315
   Frango com *chutney* e coco, 234
   Torta cremosa de coco, 337
Cogumelo
   aperitivo, 41
   Cogumelos recheados com pinhole, 42
   Sopa cremosa de cogumelo, 163
Cole Slaw, 118
Como desenformar gelatina, 124
Como fazer calda de açúcar queimado, 145
Como trinchar peças grandes de carne,

Carne ensopada, 240

pernil de cordeiro, 216

Conceitos básicos, 3-13

Congelamento, 364-365

Conservação de alimentos, 358-371

em calda, 360-363

geleias com pedaços de frutas, 365-367, 369

geleias sem pedaços de frutas, 368

picles, 362-363

por congelamento, 364-365

por secagem, 370

Cookies, biscoitos salgados e doces, 315-320

Biscoito doce rápido, 318

Biscoitos de aveia, 316

Biscoitos de gengibre, 319

Biscoito em três camadas, 319

Bolinhas de nozes, 317

Cookies de *cranberry* com coco, 317

Barrinhas de limão, 318

Suspiro de coco e nozes, 203

Coq au Vin, 236

Cordeiro

como trinchar um pernil de cordeiro, 215

cortes, 218

Ensopado de cordeiro, 237

ossos, 214-215

Stinco de cordeiro ao limão-siciliano, 243

tempo de cozimento, 222

Coroa doce recheada, 272

Costeletas de porco recheadas com frutas, 231

Couve-de-bruxelas, 20, 21, 27

Couve-flor, 20, 27

Salada de couve-flor com mostarda, 99

Couve-flor inteira gratinada, 38

Cozinhar em água

batata, 57

cebola, 23

legumes e verduras, 19-24

repolho, 19

temperaturas, 13

Cozinhar em líquido, 232

Cozinhar no micro-ondas

Cheesecake de micro-ondas, 176

legumes e verduras, 26-27

Maça assada, 75

Pudim de micro-ondas, 206

Quiche de micro-ondas, 170

Cozinhar no vapor, 24

Creme

batido, 204

de baunilha, 207

de gemas cítrico, 88

de leite batido

rendimento, 376

mascavo, 209

Crème brûlée, 205

Cremes e *flans* à base de amido de milho, 144-146

Flan de baunilha, 144

Flan de caramelo, 145

Flan de chocolate, 146

Croissants de fermento biológico, 281

Croquettes, 141

D

Descascador de legumes, 7

Dip de roquefort, 55

Divinity, 133

Doces de calda de açúcar, 130-133

Divinity, 133

Fondant, 132

Fudge, 131

Penuche, 130

Dolmas (charutinhos de folha de uva), 154

Doughnuts de fermento químico, 263-264

E

Emulsão, 125-127

estável, 126

semiestável, 125

temporária, 125

Ervilha, 20, 27

seca, 63

Sopa de ervilha partida, 69

Espinafre, 30, 21-22, 27

congelamento, 364

Espinafre à espanhola, 43

Espinafre salteado, 44

Recheio para quiche florentina, 43

Salada morna de espinafre, 109

Spanakopita (torta grega de espinafre), 45

Estética, 375

F

Faca
de *chef*, 7
de uso geral, 7
Farinha de trigo
comum, 246-247
especial para bolo, 246-247
medição, 9-10
rendimento, 376
substituições, 375-376
teor de glúten, 247-248
Feijões, 62-70
feijão-branco
Baked beans (feijão de forno), 70
Costeletas de porco com feijão-branco, 66
graúdo, 63
miúdo, 64
feijão-carioquinha, 63
Feijão *el rancho*, 64
feijão-de-lima, 63
Ensopado de joelho de porco com feijão-de-lima, 68
feijão-fradinho, 53
Chili de feijão-fradinho, 67
feijão-rosinha, 63
feijão-vermelho, 63
Salada de feijão-vermelho, 69
feijões agridoces ao forno, 65
Sopa de ervilha partida, 69
Sopa de lentilha, 70
tipos de, 63
Feofitina, 16
Ferver, 4, 147, 204, 268, 365
em fogo baixo, 4-5, 28, 30, 73, 75, 80, 82, 92, 232
Filé
Filé com cogumelos, 230
Bife de panela empanado, 233
Flan
Flan de baunilha, 144
Flan de caramelo, 145
Flan de chocolate, 146
Flavonoides, 16
Fondant, 132
Fondue à la Suisse, 172
Fontes de calor,
segurança, 4-5

Formação de coalho, 159
Creme de gemas cítrico, 89
Fraldinha recheada, 241
Frango, 223
Coq au Vin, 236
Frango assado com *coulis* de tomate, 229
Frango com *chutney* e coco, 234
Frango com frutas, 238-239
Frango Dijon, 228
Frango frito, 228
Salada de frango *à la* Greco, 103
Salada de frango com castanha-de-caju, 120
Fricassée
Fricassée de carne com *curry*, 235
Fricassée de vitela, 242
Fritar
em pouco óleo, 224
por imersão, 6, 225
Frutas, 73-93
como cozinhar, 73-74
Salada de frutas *frozen*, 110
Frutas secas em calda, 86
receitas com frutas, 74-92
receitas com maçã, 73-76
Fudge, 131

G

Gelatina, 120-124
Aspic de tomate com caranguejo, 122
como desenformar, 124
como hidratar, 120
Salada confete, 115
Salada de damasco e abacaxi, 121
Salada enformada de cereja, 123
Salada enformada de morango, 122
Salada espumante, 123
Salada luz do sol, 124
tortas *chiffon*, 339-340
Gelatinização, 139-140
Geleia(s)
Geleia de laranja, 367
Geleia de morango congelado que não vai ao fogo, 366
Geleia de morango fresco que não vai ao fogo, 365
Geleia de pera e framboesa, 369
Geleia de ruibarbo, 366
Geleia de uva, 368

Geleias com pedaços de frutas, 365-367

Geleias sem pedaços de frutas, 368

Gestão de tempo, 375

Glacê 7 minutos, 315

Glúten, 247

bolas de, 248-249

Gorduras, como medir, 11

Grades do forno, 5

Grão-de-bico, 63

Grãos e cereais, 147-155

como preparar, 147-148

receitas, 149-155

Grapefruit

Grapefruit caramelizada, 79

Salada de *grapefruit* e abacate, 117

Grelhar na salamandra, 25

assar na panela, 223-224

carnes, 222-223

Grelhar no forno, 25

H

Higiene na cozinha, 3-4

I

Ingredientes secos

medição, 9-11

K

Kaldomar (charuto de repolho escandinavo), 36

Kolache de ameixa, 282

L

Lactose, 159

Lâminas de frutas, 370

Lasanha de ricota e linguiça, 175

Latas e embalagens, tamanhos, 377

Legumes e verduras, 15-71

batata, 55-62

como assar, 25

como cozinhar em água, 19-24

como cozinhar no micro-ondas, 26-27

como cozinhar no vapor, 27

como escolher, 17-18

como fritar por imersão, 26, 225

como grelhar na salamandra, 18, 25, 222-223

como grelhar no forno, 102

como refogar à chinesa, 26

como saltear, 28

leguminosas, 62-71

molhos para, 52-54

pigmentos, 15-17

pré-preparo, 18-27

receitas, 28-70

Sopa cremosa, 161

textura, 17

Leguminosas, 62-71

como cozinhar, 62

receitas, 64-70

tipos, 63

Leite, 158-177

efeito de ingredientes adicionados, 161

receitas, 161-165

substituições, 376

talhamento, 161

tipos, 160

Lentilha, 63

Sopa de lentilha, 70

Licopeno, 16

Limão

Barrinhas de limão, 318

Bolo *chiffon* de limão, 297

Creme de limão, 185

Ensopado de cordeiro, 237

Molho de limão, 52

Omelete aerado de limão, 185

Sopa fria de limão e iogurte, 164

Stinco de cordeiro ao limão-siciliano, 243

Torta *chiffon* de limão, 339

Torta merengue de limão, 336

Torta rápida de limão-siciliano, 83

Líquidos

medição, 12

M

Maçã, 73-76

Apple dumplings (maçã embrulhada em massa), 76

compotas e conservas, 360

Geleia de maçã, 368

Maçã assada, 75

Purê de maçã, 74

Rodelas de maçã em calda, 75

tipos de, 74

Torta de maçã, 345

Macarrão, 147-157

Cabelinho-de-anjo colorido, 150

como cozinhar, 147-148

Lasanha de ricota e linguiça, 175

Macaroni and cheese, 173

Macarrão nobre, 152

Penne com tomate, abobrinha e manjericão, 149

Pesto, 149

receitas de, 149-150

Salada de macarrão à italiana, 153

Salada de macarrão primavera, 107

Salada de *maccheroni*, 119

Maionese, 126

Massa curta seca,

Macaroni and cheese, 173

rendimento, 376

Salada de *maccheroni*, 119

Massa(s) de torta

de óleo, 329

fundamentos, 324-328

para tortas abertas, 328

para tortas fechadas, 344

Medição, 9-12

Medidas equivalentes, 375

Menu

do almoço, 379

do café da manhã, 378

do jantar, 380

Merengues, 199-204, 336-338

Alasca, 200

como cobertura, 336-338

como fazer, 305

Oeufs à la Neige, 201

Suspiro, 202

Suspiro de coco e nozes, 203

tortas, 336-338

Método

cremoso, 299-301, 303

para massa úmida, 304

direto, 302, 307

indireto (pão de ló), 305

Métodos de cozimento por calor seco, 212-224

receitas, 225-231

Métodos de cozimento por calor úmido, 231-232

receitas, 233-244

Milho, 20, 27

Bolo Califórnia, 265

congelamento, 364

Mirtilo (*blueberry*)

Bolo de mirtilo, 79

Geleia de mirtilo, 367

Muffins de mirtilo, 260

Molho(s), 52

Calda de abacaxi, 294

Dip de roquefort, 55

Molho agridoce, 54

Molho branco, 53, 141-143

espesso/grosso, 141, 143

firme, 141, 143

ralo, 141, 143

Molho cozido para salada, 126

Molho cremoso, 53

Molho de limão, 52

Molho de queijo, 53

Molho holandês, 54

Molho holandês rápido, 54

Molho para bolo de carne moída, 227

Molhos para salada, 125-126

Maionese, 126

Molho cozido para salada, 126

Molho francês, 125

Molho francês sabor tomate, 125

Morango

congelamento, 364

Consommé de morango, 77

Geleia que não vai ao fogo com fruta congelada, 366

Geleia que não vai ao fogo com fruta fresca, 365

Morangos com mascarpone, 91

Salada enformada de morango, 122

Muffin, 255-260

como fazer, 255-258

receitas, 259-260

MyPlate, 374-375

N

Nabo-roxo, 20, 27

Nutrição, 374-375

O

Oeufs à la Neige, 201

394 Índice remissivo

Oleaginosas, rendimento, 376
Omelete(s)
  de forno, 184-185
    Omelete aerado de limão, 185
    Omelete francês (tradicional), 183
Ovos, 179-209
  claras, rendimento, 376
  como agente espessante, 203-206
  cremes à base de, 203-207
  fora da casca, 180-182
  gemas, rendimento, 376
  merengues, 199-203, 336-338
  na casca, 180
  omeletes, 183-184
  Ovos cozidos, 180
    com gema dura, 180
    com gema mole, 180
  Ovos fritos, 181
  Ovos mexidos, 182
  Ovos pochê, 181
  quiche, 207
  sobremesas à base de, 207-209
  suflês, 186-199

P

Pães e doces, 246-285
  Bagels, 283
  Biscuits, 250-255
  Bolo amanteigado com farofa doce, 264
  Bolo Califórnia, 265
  Bolo de mirtilo, 79
  Bruschetta, 266
  Buttermilk Biscuits, 255
  Carolinas, 266
  caseiro, 273-274, 276
  Croissants de fermento biológico, 281
  Croissants de massa levedada amanteigada, 273-274, 276
  de forma, 271-272
  de fermento biológico, 262-285
    fundamentos, 262-274
  de fermento químico, 250-255
    fundamentos, 250-254
    receitas, 254-255
  Doughnuts de fermento químico, 263-264
  Kolache de ameixa, 282

Muffins, 255-260
Palitos de pão, 271
Pão ao estilo francês, 279
Pão branco, 278
  Pãezinhos brancos simples, 275
Pão de banana e nozes, 81
Pão de centeio sueco, 276
Pão de colher, 196
Pão de forma branco, 278
Pão de forma integral, 280
Pão de ló, 292-294
  Pão de ló verdadeiro, 292
Popovers, 261
rápidos, 249-267
Rolinhos de canela com farofa doce, 277
Waffles, 262
Pãezinhos
  fundamentos, 267-274
  Pãezinhos brancos simples, 275
  Pãezinhos em camadas, 27, 272
  Pãezinhos em forma de nó simples, 271
  Pãezinhos em forma de roseta, 271
  Pãezinhos trevo, 271
  receitas, 273-275
Panquecas americanas, 262
Pastinaca, 20, 27
Pavlova com recheio de tangerina e menta, 90
Pectina, como reidratar, 365
Peixes e frutos do mar, 223-224
Penne com tomate, abobrinha e manjericão, 149
Penuche, 130
Pepino
  Sopa fria de limão e iogurte, 164
Pera
  congelamento, 365
  Delícia de pera, 92
  Geleia de pera e framboesa, 369
  Pera em calda, 87, 361
  tipos, 92
Pernil de cordeiro, como trinchar, 215
Peru
  como assar, 219
  Peru com recheio tropical, 231
  Salada quente de peru, 117
  temperatura interna, 222
  tempo de cozimento, 222

Pêssego
   congelamento, 364
   Pêssego em calda, 361
   Pêssegos na manteiga, 86
   Picles de pêssego, 363
   Torta de pêssego em calda, 348
Pesto, 149
Picles, 362-363
   Picles de beterraba, 362
   Picles de pepino e endro, 363
   Picles de pêssego, 363
Pigmentos, 15-17
Pimentão, como assar, 102
Pizza de linguiça, 174
Planejamento de refeições, 373-381
   menus, 374-375, 378-381
Pontos de cozimento de carnes, 12-13
Popovers, 261
Preparações à base de calda de açúcar cristalizado, 130-136
   açúcar cristalizado, 130-133
   açúcar fundido, 134-136
   Bala puxa-puxa, 135
   Caramelos, 135
   Caramelo duro de amêndoas, 134
   Divinity, 133
   Fondant, 132
   Fudge, 131
   Penuche, 130
   Torrão de amendoim 136
Pressão osmótica, 73
Processo de amassar
   de massas de fermento biológico, 270
   de massas de fermento químico, 251-252
Pudim
   Creme batido, 204
   Pudim básico, 205
   Pudim de micro-ondas, 206
Purê de batata, 58

Q
Queijo, 165-176
   Cheesecake de micro-ondas, 176
   mascarpone, 90
   Molho de queijo, 53
   natural, 165
   Palitos de queijo, 168

processado, 165
ralado, 375
Rarebit, 167
receitas de, 166-176
rendimento, 376
Sopa de queijo, 171
Suflê, 186-194
   fundamentos, 186-193
Quiabo, 20
   Delícia de quiabo, 46
Quiche
   Quiche apimentado de linguiça, 206
   Quiche florentina, 43
   Quiche Lorraine, 169
   Quiche no micro-ondas, 170

R
Ratatouille, 48
Recheio de ruibarbo para torta, 346
Refogado chinês de ervilha-torta, 49
Refogar à chinesa, 26
Rendimentos, 376
Repolho, 20, 23, 27
   Charuto de repolho vegetariano, 34
   Cole Slaw, 118
   Kaldomar (charuto de repolho escandinavo), 36
   Repolho holandês, 35
   Repolho-roxo agridoce, 33
   Supremo de repolho, 37
Riz à l'amande, 82
Rocambole, 293
   Rocambole havaiano, 294
Rodelas de maçã em calda, 75
Rolinhos de canela com farofa doce, 277
Rolinhos de linguado e macadâmia, 226
Rosas de rabanete, 98
Roux, 28
Rutabaga, 20

S
Saccharomyces cerevisiae, 267
Sagu de laranja, 146
Salada(s), 97-127
   armazenamento, 97-98
   de folhas, 97-98
   de gelatina, 120, 124

396 Índice remissivo

molhos para, 125-127

receitas, 99-120, 121-124

Salada *Caesar*, 116

Salada colorida, 111

Salada confete, 115

Salada da horta, 102

Salada de abóbora-espaguete, 50

Salada de folhas mistas com rosbife e gorgonzola, 105

Salada de frango com castanha-de-caju, 120

Salada de frango e *cranberry* ao *curry*, 101

Salada de frutos do mar, 115

Salada de leguminosas, 112

Salada de macarrão à italiana, 153

Salada de macarrão primavera, 107

Salada de trigo-sarraceno, 108

Salada de vegetais e lombinho canadense, 100

Salada enformada de cereja, 123

Salada enformada de morango, 122

Salada espumante, 123

Salada luz do sol, 124

Salada morna de batata com bacon, 113

Salada morna de espinafre, 109

Salada primavera, 99

Salada quente de peru, 117

Salmão ao *pesto*, 225

Salsão com cogumelos e amêndoas, 39

Saltear, 25

Sauerbraten, 242

Segurança na cozinha, 3-8

Semolina, 148

Sistemas de medidas, 383-385

Sobremesas à base de ovos, 207-209

Creme de baunilha, 207

Creme de chocolate, 208

Creme mascavo, 208

Sobremesas cremosas

à base de ovos, 207-209

engrossadas com amido, 144-146

Soluções, 129

saturadas, 129

supersaturadas, 129

Sopa(s)

Sopa de ervilha partida, 69

Sopa de lentilha, 70

Sopa de queijo, 171

Sopa fria de frutas, 80

Sopa fria de limão e iogurte, 164

Sopas cremosas, 161-163

Sopa cremosa, 161

Sopa cremosa de batata, 163

Sopa cremosa de cogumelo, 163

Sopa cremosa de tomate, 162

Spanakopita (torta grega de espinafre), 45

Stinco de cordeiro ao limão-siciliano, 243

Strata de presunto, 166

Substituições, 375-376

Suculentas, verduras de folha, 97

Suflês, 186-196

fundamentos, 186-193

Pão de colher, 196

Suflê de brócolis, 195

Suflê de chocolate, 197

Suflê de laranja, 198

Suflê de queijo, 186-194

Suflê *mocha* individual, 199

Suspiro, 202

Suspiro de coco e nozes, 203

T

Técnicas de corte, 7

Temperaturas da água, 13

Tênder, tempo de cozimento, 221

Tesoura de cozinha, 7, 272, 326, 342-343

Textura, 15-17

Tomate

Sopa cremosa de tomate, 162

Tomate recheado *provençale*, 51

Torrão de amendoim, 136

Torta(s), 323-349

aberta

massa de torta aberta, 328

com recheio à base de ovos, 329-332

fechada, 341-348

massas de, 344

Torta de cereja em calda, 347

Torta de maçã, 345

Torta de pêssego em calda, 348

Torta de ruibarbo, 346

fundamentos, 324-328

massa (aberta) para, 328

massas de, 328

massa de óleo para, 329

Torta *chiffon*, 339-340

    Torta *chiffon* ao perfume de amêndoas e rum, 340

    Torta *chiffon* de limão, 339

Torta coberta com treliça, 343

Torta com recheio à base de ovos, 329-332

Torta-creme, 332

Torta cremosa, 337-338

    Torta cremosa de banana, 338

    Torta cremosa de coco, 337

Torta de abóbora com especiarias, 331

Torta de cereja em calda, 347

Torta de limão, 165

Torta de maçã, 345

Torta de noz-pecã, 330

Torta de pêssego em calda, 348

Torta de ruibarbo, 346

Tortas-merengue, 199, 332-338

    Torta-merengue de limão, 336

Torta nevada de cereja, 88

Torta rápida de limão-siciliano, 83

Treliça (para cobrir tortas), 346

Trigo com frutas secas, 155

    Trigo para quibe, 155

U

Uva Suzette, 94

V

Vagem, 20, 27, 362

    congelamento, 364

    Vagem ao forno *deluxe*, 29

    Vagem carnavalesca, 28

    Vagem em conserva, 362

Verduras de folha, 97

Vitela

    cortes, 216

    Fricassée com *curry*, 242

    ossos, 214

    tempo de cozimento, 218

W

Waffles, 262

Wraps de frios e salada, 104

X

Xantofilas, 16